H. LAMMENS S. J.

L'ARABIE OCCIDENTALE

AVANT L'HÉGIRE

IMPRIMERIE CATHOLIQUE
BEYROUTH
1928

AVANT - PROPOS

On trouvera ici, réunies sous un titre commun, six études qui ont paru dans divers recueils et qui n'avaient pas été tirées à part. Nous y avons supprimé quelques passages, introduit des retouches de style et ajouté un petit nombre de références.

Les quatre premiers mémoires étaient primitivement destinés à figurer dans un ouvrage d'ensemble où nous nous proposions d'étudier la religion préislamique. Devaient également en faire partie *Les sanctuaires préislamiques dans l'Arabie occidentale,* parus dans les *Mélanges de l'Université St Joseph* de Beyrouth (X, fasc. 2, 1926). Si nous ne rééditons pas ici cette étude, c'est parce qu'elle a été tirée à part.

Nous rappelons que notre numéro 6 : *L'ancienne frontière entre la Syrie et le Hiǧāz,* composé en 1916, publié en 1917, est de dix ans antérieur aux contestations territoriales, élevées récemment entre Ibn Sa'oūd du Naǧd et l'émir 'Abdallah de Transjordanie. En 1916, rien ne permettait de prévoir que le souverain wahhābite revendiquerait un jour les districts de 'Aqaba et de Ma'ān ni que l'Angleterre aurait l'occasion de se ranger derrière l'émir hāšimite.

Université St Joseph
Août 1928

ERRATA

Page	5,	note	3 :	« Labīb »,	lire	« Labīd ».
»	13,	ligne	11 :	« Haiqaṭān »,	»	« Ḥaiqaṭān ».
»	20,	»	9 :	« ḥanīf »,	»	« ḥalīf ».
»	21,	note	7 :	« Al-Fakhīr »,	»	« Al-Fāḥir ».
»	74,	»	3 :		«	Geschichte, I ,150-152.
»	104,	ligne	3 :	« laisser »,	»	« laissé ».
»	109,	»	1 :	« Haboūd »,	»	« Habboūd ».
»	146,	»	7 :	« Ṣāfa »,	»	« Ṣafā ».
»	»,	»	8 :	« Marwā »,	»	« Marwa ».
»	159,	note	5 :	« Assadite »,	»	« Asadite ».
»	173,	»	5 :	« Labīb »,	»	« Labīd ».
»	315,	»	3 :	« Go'ḍām »,	»	« Goḍām ».

LES CHRÉTIENS A LA MECQUE
A LA VEILLE DE L'HÉGIRE (*)

S'il faut en croire Wellhausen (1), ce n'est pas le judaïsme mais la religion chrétienne qui aurait exercé une influence prépondérante sur les *débuts* de l'islam. « Les ascètes chrétiens ont jeté la semence spirituelle de l'islam... le levain ne provient pas d'Israël, mais plutôt et en majeure partie la farine, laquelle fut ajoutée plus tard (2) ».

Nous avons eu l'occasion (3) de nous prononcer à l'encontre de cette affirmation ; mais il sera à propos de passer brièvement en revue les arguments apportés par Wellhausen à l'appui de sa théorie, avec cette tranquille assurance qui en a imposé jusqu'ici. Disons dès maintenant avec Leszynsky (4) que ses arguments « ne résistent pas à un examen scientifique ».

A la Mecque, nous voyons Mahomet se prononcer pour les Grecs en lutte contre les Perses (5). Quoi de plus naturel ? Aux yeux du prédicateur de l'unité de Dieu, ces derniers n'étaient que des polythéistes, avec

---

(*) Paru dans le *Bulletin de l'Institut français d'archéologie orientale*, Le Caire, T. xiv, (1918).

(1) *Reste arabischen Heidentums*, 234.

(2) *Ibid.*, 242.

(3) Cf. notre article *Une adaptation arabe du monothéisme biblique*, dans *Recherches de science religieuse*, VII, 161-184.

(4) *Die Juden in Arabien zur Zeit Mohammeds*. Ce travail aurait gagné à un dépouillement méthodique du ḥadīt.

(5) Début de la 30ᵉ sourate.

lesquels il ne voulait avoir rien de commun. Mais il serait illogique d'établir, d'après cette seule constatation — ainsi le prétend Wellhausen (1) — une démarcation nette et rigide dans les sympathies monothéistes du Prophète; de décider si elles l'attirent vers Israël de préférence à l'Évangile.

Celles-ci s'adressent en bloc aux deux grandes religions *scripturaires*, aux *Kitābīs*, avec lesquels, antérieurement à l'hégire, il s'imaginait marcher d'accord. Dans sa persuasion que lui aussi était appelé à travailler parmi les siens au triomphe du monothéisme, quoi de plus logique de le voir alors prendre parti pour les Byzantins, « contrairement à l'attitude ouvertement adoptée par les Juifs (2) » ? Il n'avait pas, comme les derniers, à régler avec l'empire chrétien une liquidation de rancunes, un long arriéré de comptes, dont il ne soupçonnait pas même l'existence, naïvement convaincu que les Scripturaires devaient s'entendre sur les grandes questions, comme il pensait s'entendre avec eux. La *sourate des Grecs* témoigne de sympathies monothéistes (3), rien de plus. L'attitude des Juifs médinois l'amènera plus tard à préciser et à distinguer.

On ne saurait pourtant « reconnaître une inspiration judaïque là où le Qoran place Jésus bien au-dessus des autres prophètes de l'Ancien Testament » (4). Ce recueil en fait sans conteste la plus sympathique figure dans son étrange galerie prophétique. Inspiration d'artiste ou de polémiste ? Il est permis de se le demander. Il n'en demeure pas moins avéré que, parmi les illustrations bibliques, ce n'est pas le Christ, « fils de Marie », qui paraît avoir le plus puissamment impressionné, attiré

---

(1) Dont Wensinck (*Der Islam*, II, 286 etc.) adopte, au moins partiellement, la théorie.

(2) Wellhausen. Leur attitude eût déconcerté Mahomet, s'il en avait eu connaissance.

(3) Avec la même décision — en somme logique — elles seraient allées aux Juifs, s'ils s'étaient trouvés en conflit avec des païens.

(4) Wellhausen, *Reste*, 236.

l'auteur (1). « Ce sont Abraham et Moïse, les deux plus grands noms de l'histoire juive. Ceux-là, il les admire, on le sent ; il les comprend franchement, il souhaiterait les reproduire en sa personne (2). » En les contemplant, il n'éprouve pas le besoin d'élever une protestation, d'émettre des réserves dans son admiration.

Je mourrai mieux que toi ! Ta mort fut trop sublime,
O Jésus !... (3).

A part le rôle de thaumaturge — Mahomet en avait besoin pour sa théorie de la révélation (4) — le Christ des sourates ne rappelle en rien celui des Évangélistes. Simple continuateur des prophètes juifs, ʿIsā paraît uniquement préoccupé d'atténuer l'ampleur de sa mission, de voiler l'éclat de sa naissance virginale et de ses miracles. Cette figure falote, indécise sur sa propre personnalité, ne saurait être d'inspiration chrétienne (5). N'allons pas nous laisser égarer par les qualifications d'*Esprit de Dieu*, de *Verbe*. Si Mahomet les a empruntées au vocabulaire johannite, son interprétation réaliste le met à cent lieues du *Logos* de saint Jean. Nous ne craignons pas de le redire : « Même quand il s'exprime chrétiennement, il pense judaïquement » (6). La note, indéniablement sympathique, accordée au Christ et à ses adhérents — principalement (7) accentuée dans les

----

(1) Une autre figure néo-testamentaire, celle de Yaḥyā, Jean-Baptiste, demeuré حصور « célibataire », embarrasse Mahomet et l'islam. Cf. notre *Fāṭima et les filles de Mahomet*, 32.

(2) *Adaptation*, 170. Voir dans Nasā'ī, I, 77, la légende du *miʿrāǧ*. Abraham et Moïse se trouvent placés plusieurs *étages* au-dessus de Jésus. Le premier donne à Mahomet le titre de *fils* ; les autres prophètes le traitent de frère.

(3) Henri de Bornier, *Mahomet*, II, scène 6.

(4) Elle affirme sans cesse la nécessité de la preuve-miracle, que Mahomet se déclare impuissant à fournir pour lui-même.

(5) Cf. *Adaptation*, 178.

(6) *Adaptation*, 176-177. Dans sa *Chronique*, II, 403, le patriarche jacobite Michel le Syrien fait également partir Mahomet du judaïsme.

(7) Ou même exclusivement, puisque *Qoran*, XXII, 17 est certainement médinois. Voir نصارى dans les *Concordances* du Qoran.

sourates médinoises — pourrait n'être qu'un artifice de polémique, suggéré au cours de la lutte passionnée contre la *Diaspora* du Ḥiǧāz (1), tout spécialement par le désir de dégager sa cause d'Israël, si imprudemment exalté jusqu'alors par le Qoran.

Leszynsky (2) n'exagère pas en affirmant que le nom de Jésus, avec son orthographe suspecte de *'Isā* (3), ne se rencontre pas dans les anciennes sourates mecquoises, littéralement envahies par les souvenirs et la légende d'Abraham et de Moïse. La sourate XIX est la première à mentionner des personnages néo-testamentaires : Marie, Zacharie, Jean et Jésus. L'exégèse, *tafsīr*, musulmane rattache cette sourate à l'émigration abyssine. L'auteur peut fort bien les avoir connus par ses amis, les judéo-chrétiens d'Abyssinie, les compatriotes des fameux *Aḥābiš*, esclaves, manœuvres, marchands et condottieri (4), qui remplissaient les quartiers et le bazar de la Mecque. Même remarque au sujet de l'Évangile : nous ne le trouvons nommé que dans les sourates médinoises (5), quand Mahomet a depuis longtemps eu connaissance du Pentateuque et du Psautier (6). Ces constatations ne doivent pas être négligées. Les traits sympathiques, subsistant dans la christologie qoranique, ne comportent donc pas la valeur imaginée par Wellhausen. Ils ne prouvent pas qu'en les consignant dans son recueil Mahomet ait entrevu un idéal supérieur au prophétisme de l'Ancien Testament. L'ensemble du tableau nous paraît postérieur à l'hégire et vise les Juifs, qui causèrent alors d'amères déceptions à

---

(1) Nous l'étudions ailleurs. Cf. *Les Juifs à la Mecque à la veille de l'hégire.*

(2) *Op. cit.,* 40.

(3) Dont on prouvera malaisément la provenance chrétienne. Cf. J. Horovitz, *Koranische Untersuchungen,* 1926, pp. 128-129.

(4) Cf. nos *Aḥābiš et l'organisation militaire de la Mecque au siècle de l'hégire,* dans *Journ. Asiat.,* 1916², 425-482 (cité ici comme *Aḥābiš*). On rencontre également des mercenaires nègres armés dans les troupes du Prophète (I. S., *Ṭabaq.,* II¹, 90, 4). Comparez Ǵāḥiẓ, *Kitāb al-Ḥaiawān,* III, 12, bas. Remarquez سُودانك !

(5) La 48ᵉ et la 57ᵉ sont indubitablement postérieures à l'hégire.

(6) Voir ces vocables dans les *Concordances* du Qoran.

Mahomet. N'avaient-ils pas « atrocement calomnié Marie », mère du Christ (1) ?

Wellhausen (2) table ensuite sur la qualification de *Ṣābi*, donnée aux premiers musulmans dans la *Sīra* et les *Ṣaḥīḥ* (3). Il croit y reconnaître les Mandéens et autres sectes *baptistes* de l'Asie Antérieure. Dans l'emploi de l'épithète *Ṣābi* nous entrevoyons, nous, un simple artifice de rédaction, le recours aux archaïsmes, aux *nawādir* ou *Ġarīb* « expressions rares » affectés par les *ṣawwāġ* (4) ou ciseleurs de ḥadīṯ, avec le dessein de donner à leur style une saveur d'antiquité, laquelle, dans leur opinion, غريب, devait constituer la meilleure preuve d'authenticité. Le procédé est maintenant assez connu (5) pour nous dispenser d'insister. Les compilateurs des *Mosnad* et des *Sonan*, après avoir fait de *ḥanīf* l'usage abusif que l'on sait, ont voulu exploiter dans leurs compositions un autre vocable qoranique, *Ṣābi*, qu'ils ne se résignaient pas à laisser sans emploi. On ne doit pas l'oublier, leur but est moins historique qu'exégétique : traduire en anecdotes pittoresques « les allusions les plus obscures, les sous-entendus les moins intelligibles des versets, faire la chasse à l'anonyme, à l'impersonnel, si déconcertants dans la lecture des sourates » (6).

---

(1) *Qoran*, IV, 155 ; trait où il semble difficile de ne pas deviner une polémique antijuive.

(2) *Reste*, 236.

(3) Ibn al-Aṯīr, *Nihāia*, II, 248. Le vers de Labīd (*Aġ.*, XV, 138) nous paraît suspect. Il doit justifier la conversion antidatée du poète (*Aġ.* sigle pour *Aġāni*).

(4) Ibn al-Aṯīr, *Nihāia*, III, 5. Le vocable aurait été trouvé par Aboū Horaira, un des favoris du ḥadīṯ, à la faconde justement suspecte ! (*Fāṭima*, 55).

(5) Cf. *Fāṭima*, 27. Voir un exemple dans Moslim, *Ṣaḥīḥ*[2], II, 540-543, où abonde le *ġarīb*. Autres cités dans notre *Califat de Yazīd I*[er] (= *Yazīd*), 345. Ibn al-Aṯīr (*Nihāia*, III, 145, 3) mentionne des « ḥadīṯ qu'il faut croire sans en discuter la modalité », مما يُؤمَن به وبامثاله ولا يُدخَل في كيفيته .

(6) Avant-propos de *Fāṭima*. Comp. Ḍahabī, *Mīzān*, II, 226, 10 etc., 339 bas, textes vagues du Qoran pour lesquels on a composé des anecdotes destinées à en préciser le sens ; et dans les *Ṣaḥīḥ* les paragraphes : ... باب في قوله تعالى

Rakoŭsyya (1), nom d'une secte chrétienne d'Orient, ne se rencontre que dansle ḥadīṯ de ʿAdī ibn Ḥātim. S'il avait appartenu au lexique du Qoran, les traditionnistes n'auraient pas manqué de lui composer une petite littérature anecdotique (2), un dossier pseudo-historique. Avec ces préoccupations, le vocable Ṣābi devait forcément attirer leur attention. Au lieu de songer aux Mandéens de la Babylonie — Mahomet ne paraît pas les avoir connus avant l'hégire (3), puisqu'il ne nomme les Ṣābi que dans des versets médinois — les compilateurs ont comparé entre elles les trois mentions honorables accordées aux Ṣābi dans le Qoran (4). Ce recueil les présente en qualité de monothéistes ; il les dit distincts des juifs et des chrétiens, admettant l'unité de Dieu et le jugement dernier, en d'autres termes, le credo de l'islam primitif. Rien n'empêchait donc, ont-ils conclu, de transformer la qualification de Ṣābi en synonyme désignant, chez les contemporains du Prophète, les premiers disciples du Prophète.

Wellhausen n'a pas deviné ce manège, même après la mésaventure de Sprenger avec les *ḥanīf*, qu'il n'a pas manqué de relever (5). Avant tout il n'aurait pas dû oublier que la pratique des ablutions date de Médine et fut empruntée aux Juifs de cette oasis (6). Wellhausen convient qu'« on n'en peut prouver l'existence chez les Mandéens » (7). S'il en est ainsi, on se demande ce qu'il subsiste du rapprochement imaginé entre les Mandéens, les Ṣābi du Qoran et les premiers musulmans.

---

(1) Cf. *Maśriq* (articles Anastase, Cheikho, Lammens), VI, 574, 777, 928 ; VIII, 504 ; X, 1120 ; XI, 480. *Osd*, III, 392 bas, avec la note marginale : « secte tenant le milieu entre les chrétiens et les Ṣābi ».

(2) Comme pour l'incise consacrée au miel (*Qoran*, xvi, 71) « remède pour l'humanité ». Cf. notre *Ṭāif*, p. 40 etc.

(3) Ni peut-être après ; rien ne prouve que Ṣābi désigne les Mandéens de préférence à une autre secte orientale.

(4) ii, 59 ; v, 73 (simples doublets) ; xxii, 17 : verset médinois, cf. Nöldeke-Schwally, *Geschichte des Qorans*, 214.

(5) *Reste*, 238.

(6) *Osd*, IV, 323, 324,

(7) *Reste*, 238.

Nous serons encore plus expéditif à propos des *ḥanīf*; autre argument imaginé par Wellhausen. Il se figure en avoir renouvelé la portée, en supposant derrière ce vocable des « ascètes chrétiens »; hypothèse branlante qu'il cherche à étayer sur des traductions extrêmement risquées de textes anciens. Nous avons eu fréquemment l'occasion d'exprimer notre sentiment (1) sur l'existence historique des *ḥanīf*, une des plus audacieuses inventions de la *Sīra* et des *Ṣaḥīḥ*, à l'effet de combler les vides de la préhistoire islamique, de créer des cadres et des fidèles au *dīn* d'Abraham, enfin des précurseurs à Mahomet. Cette épithète a rencontré une fortune prodigieuse. Dans le lexique du Qoran, *ḥanīf* est un simple adjectif, signifiant orthodoxe et plus habituellement monothéiste ; en cette qualité il accompagne fréquemment, pour le déterminer, le vocable *musulman*. Jamais il n'a désigné une secte ou une catégorie spéciales de personnes. On pourra adopter ou repousser notre explication. Mais dans tous les exemples allégués par Wellhausen (2), le sens de *païen* s'adapte aussi bien, sinon mieux, que celui qu'il nous oppose. Ḥanīf est un de ces vocables intentionnellement détournés de leur sens primitif par l'auteur du Qoran (3). Celui-ci paraît s'être rendu compte de cette déviation. Dans le cliché qoranique si fréquent كان حنيفاً مسلماً وما كان من المشركين (4), je traduis hardiment : « il était monothéiste musulman sans avoir rien de commun avec les polythéistes ». Mahomet se souvenait donc vaguement du sens primitif de *ḥanīf*, et la correction وما كان — à moins d'y voir une puérile tautologie — s'efforce de l'écarter.

____

(1) Cf. *Mahomet fut-il sincère ?* p. 14 ; *La Chronologie de la Sīra*, 229 ; *Califat de Yazīd* Ier (= *Yazīd*) ; *Adaptation*, etc.

(2) *Reste*, 236-240. L'auteur affirme que *rāhib* et *ḥanīf* sont des synonymes, et cela sur l'unique exemple de l'appellation de *rāhib* accordée à Aboū ʿĀmir de Médine. Mais le ḥadīt l'emploie indistinctement pour des Juifs et même des païens. Voir plus bas. Sur le *tarahhob* chez les *ḥanīf*, cf. Ibn al-Atīr, *Nihāia*, III, 18-19.

(3) Nöldeke, *Neue Beitr. zur semit. Sprachwissenschaft*, 23 etc.

(4) *Qoran*, ii, 129 ; iii, 60, 80, iv, 124 ; vi, 79, 162 ; x, 105 ; xvi, 121, 124 ; xxx, 29. Les *ḥanīf* apparaissent principalement dans les versets médinois.

Plus faible encore nous paraît l'argument (1) tiré du jugement dernier. Le Qoran peut l'avoir emprunté aussi bien aux Juifs qu'aux Chrétiens. Enfin, nous n'avons jamais compris de quel droit on prête à « l'islam primitif une direction ascétique » (2), assertion également admise par Goldziher (3). Les longues vigiles nocturnes, vantées par les sourates mecquoises, ont pu avoir été suggérées par la discipline du monachisme oriental. Dans le Qoran elles représentent de simples développements oratoires d'un thème, d'un idéal religieux, entrevu par Mahomet; mais lui-même — grand dormeur, d'après les *Saḥīḥ* (4) —, moins encore ses premiers Compagnons, n'ont jamais songé à urger cet idéal (5). La prière, et sa pratique, ne furent définitivement réglées qu'à Médine. Antérieurement elle demeurait un exercice instamment recommandé, mais chacun priait où et quand il voulait. « Pendant la période mecquoise, dit excellemment Caetani, si l'on s'en tient au seul texte du Qoran, il paraît que le bon musulman pouvait se contenter de croire en Dieu et de renoncer au culte des idoles. A part cette large croyance religieuse, il ne semble pas avoir été astreint à des observances rituelles précises (6) et jouissait d'une quasi totale liberté d'action » (7). Représenter les anciens musulmans,

---

(1) Adopté par Wensinck, *loc. cit.*

(2) *Reste*, 241.

(3) *Vorlesungen über den Islam*[1], 139. L'auteur recule parfois devant les conclusions contenues dans les prémisses des *Muhammedanische Studien*.

(4) Dārimī, *Mosnad* (éd. lithogr.), p. 5, d. l. ; Hanbal, *Mosnad*, I, 245, 343 ; Ibn al-Atīr, *Nihāia*, III, 187 ; Nasā'ī, *Sonan*, I, 111, 168 ; 280-81, 284, Dahabī, *Mīzān*, III, 315 ; Bohārī, *Saḥīḥ*, C., I, 37, 43, 44, 171 ; VII, 148 (C. = édit. de Constantinople du *Saḥīḥ*).

(5) A propos d'un de ces ḥadīt, comp. la note critique dans Dahabī, *Mīzān*, I, 160 : حديث حسن غريب ولا يصح . Quand on parcourt dans Bohārī, *Saḥīḥ*, C., II, 41, etc. « le livre de la prière », on se représente la primitive communauté islamique comme une association monacale, passant les nuits à prier, à psalmodier. Aboû Dāoûd (*Sonan*, I, 130, bas) avoue que ces prescriptions ont été abrogées. C'est un idéal (Tab., *Tafsīr*, XXIX, 68, 121).

(6) Ni prière commune ni jeûne prescrits.

(7) *Studī*, III, 67.

« Mahomet en tête, passant des nuits complètes en prières », c'est se mettre
à la remorque de la Tradition (1), oublier que les descriptions accueillies
par la *Sira* et les *Ṭabaqāt* sont des transcriptions anecdotiques d'exhor-
tations pieuses, contenues dans les sourates mecquoises. Wellhausen n'a-
t-il pas concédé que « la période mecquoise de la *Sira* a été complètement
envahie, *überwuchert*, par la légende » (2) ?

I

Pour aider à la solution de ces questions controversées, nous croyons
utile d'examiner quelle était, à la veille de l'hégire, la situation et la
proportion numérique des chrétiens dans la métropole des Qoraiśites. Les
évolutions de la pensée de Mahomet sur les données christologiques,
l'époque tardive où il semble en avoir obtenu la première connaissance,
insinuent que les chrétiens n'ont pu s'y rencontrer en groupes compacts
vers le temps où le Prophète se crut appelé à devenir le héraut du monothéisme pour ses concitoyens.

Un texte de Ya'qoūbī engagerait à supposer le contraire. « Parmi les
clans arabes chrétiens, nous dit ce compilateur, il faut mentionner ceux
de Qoraiś », امّا مَن تنصّر من احياء العرب فقوم من قريش (3). A la suite de cette
assertion, si pleine de promesses, Ya'qoūbī se contente de citer deux
Qoraiśites ayant donné des gages à la religion de l'Évangile, et parmi eux
l'inévitable Waraqa, le propre cousin de Hadīǧa (4). Chiffre modeste, on
en conviendra. Mais si l'on veut s'en tenir aux authentiques Qoraiśites,

---

(1) Cf. *Osd*, III, 148, 162, 259.

(2) *Götting. gelehrt. Anzeiger*, 1913, p. 315 (citation empruntée à son
compte-rendu de *Fāṭima*).

(3) *Hist.*, I, 298, 1 (éd. Houtsma). Recueil intéressant pour l'étude des
théories 'alides, mais sans acribie pour les détails historiques.

(4) Ibn Hiśam, *Sira*, 144, surnommé القسّ; Balāḏorī, *Ansāb Qoraiś* (ms. de
Paris), 64. Le *Ǧāmi' al-Fawā'id* (ms. de Berlin, n° 1320), II, 144 *b*, énumère
ses *manāqib*. Nous discuterons plus loin cette mystérieuse personnalité.

nous sommes d'avis que dans leurs rangs le nombre des chrétiens demeura toujours restreint. Les sceptiques marchands mecquois se montraient trop attachés à leur religion peu encombrante et traditionnelle, « au culte hérité des ancêtres », ما وجدنا عليه آباءنا — ainsi les fait parler le Qoran (1) — pour céder à l'attrait d'une croyance exotique. Les compilations consacrées aux *Ṣaḥābīs*, Compagnons de Mahomet, citent un certain Šam'oūn (2) qui devait être chrétien ou juif — les Arabes avant l'hégire n'ayant pas eu l'habitude de porter des noms bibliques (3). Mais sa qualité de Qoraišite a été justement contestée (4). C'est au sein des colonies étrangères, fixées à la Mecque, qu'il faut aller chercher les disciples du Christ. Une des plus importantes fut incontestablement celle formée par les Abyssins ; elle l'est demeurée jusqu'à nos jours.

La cité qoraišite releva, au moins temporairement, de la vice-royauté éthiopienne du Yémen. C'est la moins hasardée des conclusions à dégager de l'épisode de l'*Éléphant*, popularisé par le Qoran. Nous ignorons la durée exacte de cette occupation abyssine dans le Tihāma. Mais son influence a dû s'exercer au profit du christianisme. C'était l'intérêt des nouveaux occupants, et la *Sīra* elle-même ne l'a pas compris différemment. Elle suppose tous les compagnons d'Abraha animés d'un ardent prosélytisme chrétien. Cette passion les aurait poussés, assure-t-elle, à tenter la destruction de la Ka'ba. Mais, même après le départ des conquérants

---

(1) v, 103 ; vii, 27, اذا فعلوا فاحشة قالوا وجدنا عليها اباءنا, et *passim*, xxi, 54, xxxi 20 ; xliii, 21, 22, etc.

(2) *Osd*, III, 260, bas. On le dit ici Azdî.

(3) Cf. *Fāṭima*, 3 ; A. Tammām, *Ḥamāsa*, É., I, 189 (É. = édition d'Égypte).

(4) Cf. *Osd* (= Osd al-ǧāba), III, 4. Dans *Osd*, V, 132, les Yoūsof, les Yoūnos sont des Ṣaḥābīs douteux. Même remarque pour les Ibrahīm ; cf. *Osd*, I, 40, etc., ils sont Médinois, *maulâs* ou douteux, pour ne pas ajouter apocryphes. Le Médinois Aboū Solaimān, avant l'hégire, devait être juif ou chrétien ; *Aǧ.* (= Kitāb al-Aǧāni), IV, 42 d. l. Dans *Osd*, II, 350, etc., les Ṣaḥābīs du nom de Solaimān sont apocryphes ou leur nom a été changé ; même remarque pour les Ismaʿīl (*Osd*, I, 79-80), pour les Yaḥyā, etc.

africains, on trouve en grand nombre des Abyssins établis à la Mecque :
esclaves, ouvriers et commerçants (1), sans parler des condottieri *Aḥābiš*.

La *Sira* s'en est souvenue à propos pour enrichir d'une anecdote la
légendaire histoire du petit Mahomet. On n'arrivera jamais à dénombrer
les trésors d'imagination dépensés par les auteurs de cette compilation,
quand ils cherchent à voiler l'oubli, l'indifférence où les contemporains
laissèrent végéter l'orphelin haśimite (2). Le ḥadīṯ trahit parfois naïvement cet état d'esprit. « Un jour le calife 'Omar fit appel aux souvenirs
des visiteurs encombrant son antichambre et leur posa cette question :
qui d'entre vous peut attester un détail se rapportant à la vie du Prophète
antérieurement à sa vocation ? », هل فيكم احد وقَعَ اليه خبر من امر رسول الله صلعم في
الجاهليّة قبل ظهوره (3). Seul un Arabe âgé de 160 ans (*sic*) se trouva en mesure de répondre (4). C'est une des raisons de l'intérêt témoigné par la
tradition musulmane à la littérature apocryphe des *Mo'ammaroūn* ou
Centenaires (5). La vaillante mémoire de ces vieillards décrépits doit
combler la séculaire lacune chronologique séparant la « période de l'Elé-
phant » de la génération des *tābi'is*, ou successeurs des Compagnons, quand,
un demi-siècle après la mort du Maître s'éveilla le désir d'écrire son
histoire. On s'est alors fort opportunément rappelé les compatriotes
d'Abraha (6).

---

(1) Négresses à la Mecque (*Osd*, V, 475, 488) ; une d'elles est ماشطة
« coiffeuse » de Ḥadīǧa (*Osd*, V., 584 ; comp. IV, 320).

(2) Les Banoū Haśim, demeurés eux-mêmes sans influence avant l'hégire.

(3) *Osd*, III, 52, bas.

(4) *Osd*, III, 53. A propos de l'âge des moḥaddiṯ, le chiffre de 160 ans est
fréquent (voir Ḍahabī, *Mīzān*, I, 80, 3 ; II, 107, bas ; 254, etc. ; « 180 ans » ; *ibid.*,
I, 106, 2 ; 230).

(5) Cf. notre *Chronologie de la Sira*, 214. Attitude sceptique de Ḍahabī.
Mīzān, I, 248, 424 ; III, 125, etc., à l'égard de ces « centenaires ». Sa réflexion,
III, 213, 1 : انظر الى هذا الحيوان التهم « vois cet animal (justement) suspect ; il af-
firme, l'an 200 H., avoir vu 'Āiśa » !

(6) Il est mentionné par Qais ibn al-Ḥaṭīm, *Divan*, XIV, 15, avec l'épithète de Yéménite.

Ainsi donc, au moment précis où « la nourrice bédouine du petit Mahomet le ramenait du désert à la Mecque, elle se vit accostée par des chrétiens abyssins. Ceux-ci, ayant remarqué l'enfant, l'examinèrent avec la plus vive attention, puis s'adressant à la Bédouine : « Nous allons, dirent-ils, l'emmener avec nous pour le conduire à notre roi. Un brillant avenir attend ce petit ! » La nourrice éprouva toutes les peines du monde pour échapper aux mains » (1) de ces étrangers suspects.

Ce n'est pas la seule occasion où nous rencontrons des groupes d'Abyssins de passage à la Mecque. Ainsi une députation d'une vingtaine de chrétiens éthiopiens auraient éprouvé le besoin de venir présenter leurs hommages à Mahomet (2). N'était-il pas « l'apôtre des noirs et des rouges » (3), en d'autres termes, de toute l'humanité ? Rien n'empêche d'admettre qu'une caravane de marchands aksoumites aient senti la curiosité, à leur passage par la cité qoraišite, de visiter le réformateur arabe, affichant pour lors une vive sympathie pour l'Évangile et les *Scripturaires*. Ainsi agiront à leur tour les chrétiens de Naǧrān et leurs coreligionnaires de Ḥīra (4), si nous pouvons en croire la Tradition.

Dans l'Arabie occidentale, la Mecque était devenue un des plus importants marchés d'esclaves. C'était un commerce trop lucratif pour n'avoir pas allumé les convoitises des financiers qoraišites, des Maḫzoū-mites surtout (5). Les trafiquants de Qorais fréquentaient assidûment les rives africaines de l'Érythrée, pour y renouveler incessamment leur stock d'ébène vivante, les سُودان. C'est parmi les Abyssins que la Mecque recrutait en majorité ses troupes mercenaires, les fameux *Aḥābīš* (6).

---

(1) Ibn Hišām, *Sīra*, 107. Dans I. S. *Ṭabaq.*, I¹, 71, ce sont des Juifs.

(2) Ibn Hišām, *Sīra*, 259, 2.

(3) Voir les *ḥadīt*, passim ; nos *Études sur le règne du calife omaiyade Mo'āwia Ier*, 427, n. 1 (= *Mo'āwia*).

(4) Voir plus bas.

(5) Cf. nos *Aḥābīš*, passim.

(6) Cf. *Les Aḥābīš et l'organisation militaire à la Mecque* dans *Journ. Asiat.*, 1916², 425-482.

Cette dénomination (1) suffirait pour dénoncer leur nationalité (2). Comment l'orientalisme ne s'en est-il pas douté plus tôt ? Parmi le personnel des grandes familles mecquoises, on comptait de nombreux esclaves noirs (3), en qualité de serviteurs ou d'hommes de peine assujettis à la *darîba*, taxe quotidienne. Les *Ṣaḥîḥ* et les recueils canoniques n'ont pas manqué d'en introduire plusieurs dans la domesticité du Prophète. Citons Śaqrân, maulâ de Mahomet (4). On pourra reprocher aux auteurs de ces recueils de n'avoir pas toujours gardé la discrétion souhaitable. Il paraît difficile d'admettre que parmi les familiers attachés au service d'Aboû'l Qâsim se soit rencontré le propre frère du négus (5). Dès le premier siècle H., au témoignage du poète Ḥaiqaṭân (Ǧâḥiz, *Opuscula*, 60-61), la conversion à l'islam du négus lui-même n'était pas mise en question (6). Les traditionnistes aiment à réunir autour du Prophète les plus fiers d'entre les *sayyd* arabes, les Moǧîra ibn Śo'ba (7), les Aboû Moûsâ al-Aś'arî, le futur calife Mo'âwia (8), tous empressés à lui rendre les services les moins reluisants. Ils devaient en outre renseigner la postérité sur les détails de l'existence intime du Maitre, devenu le « beau modèle » أسوة حسنة des croyants.

------

(1) Comp. Ibn Baṭṭoûṭa, I, 278 : la garde de la mosquée de Médine est confiée à des فتيان من الاحابيش (Ibn Ǵobair, *Travels²*, 194).

(2) Wellhausen (*Reste*, 86) y reconnaît les alliés politiques de Qoraiś !

(3) Ibn Hiśâm, *Sîra*, 267, esclave abyssine d'Omm Hâni ; *Osd*, V, 554 ; Nubienne chez Fâṭima (*Osd*, V, 530).

(4) *Osd*, III, 2-3. Une de ces négresses boit l'urine du Prophète, *Osd*, V, 408 ; sa gouvernante ; *Osd*, V, 427, 567. Aboû Laqîṭ, abyssin ou nubien, son maulâ ; *Osd*, V, 286.

(5) Cf. *Osd*, II, 144.

(6) Mahomet préside pour lui un service funèbre (*Osd*, V, 373). Fils du négus, esclave de 'Alî, renonce à la succession royale (Samhoûdî, *Wafâ'*, II, 349, haut). Pour l'islam du négus, cf. Boḫârî, *Ṣaḥîḥ*, C., II, 71, 88, 89, 90, 91 ; Ibn al-Aṯîr, *Nihâia*, IV, 161, 5. Nasâ'î, *Sonan*, I, 265, 275, 280, 287.

(7) Cf. notre *Ziâd ibn Abîhi*, p. 3 ; Nasâ'î, *Sonan*, É., I, 29, 30.

(8) Ḥanbal, *Mosnad*, IV, 101 ; *Aǧ.*, XVI, 34, 2 ; *Osd*, V, 8 ; Tirmidî, *Ṣaḥîḥ* (Dehli), II, 212.

Quoi qu'on puisse en penser, cette foule d'Abyssins fixés à la Mecque (1) paraissent avoir montré un plus réel attachement à leurs croyances chrétiennes que le fameux nègre Bilāl, le muezzin-huissier de Mahomet et son frère, désigné par les érudits musulmans par la *konia* d'Aboū Rowaiḥa, si caractéristique chez un nègre (2). Ces sujets du négus ont vraisemblablement enrichi le vocabulaire qoraišite des termes abyssins qu'on y peut relever (3). Il n'y a pas lieu de s'étonner si, après avoir longtemps fréquenté ces groupes africains, Mahomet et ses compagnons — nommons l'inévitable Aboū Horaira — aient retenu nombre de leurs expressions les plus usuelles (4). On peut en retrouver dans le texte de la prière prononcée par le Prophète à l'occasion de la mort du négus (5). Ainsi l'affirment du moins les rédacteurs de nos *Ṣaḥīḥ* loquaces. Nous n'aurons garde d'urger la signification de ces témoignages. Avec le même Aboū Horaira, un Dausite pourtant, Mahomet s'entretient en perse (6). Sur son ordre, Zaid ibn Ṭābit apprendra le syriaque à Médine (7). Il n'est pas interdit de reconnaître en ces anecdotes la louche activité des *Ṣo'oūbyya* (8), tous désireux de tirer le Prophète de leur côté et de leurs idiomes nationaux, qu'ils sentaient menacés par la suprématie de l'arabe au sein de l'islam (9). Les Šo'oūbyya, originaires ou protagonistes de

(1)　Cf. Azraqī, Wüst., 97.

(2)　Cf. *Aḥābiš*, 434.

(3)　Nöldeke, *Neue Beitr. zur semit. Sprachwiss.*, 31-66.

(4)　Moslim, *Ṣaḥīḥ²*, II, 189, 12 d. l. ; *Osd*, V, 579.

(5)　Boḥārī, *Ṣaḥīḥ*, É., IV, 254.

(6)　Ṭab., *Tafsīr*, I, 199, 10.

(7)　Ḥanbal, *Mosnad*, V, 182.

(8)　Autres exemples dans Soyoūṭī, *Mauḍoū'āt*, I, 6 : « Allah se fâche, révèle les lois sévères en *arabe ;* sinon, use du persan ». Ḥadīṭ en sens contraire : *ibid.*, II, 151. Les Šo'oūbyya revendiquaient l'égalité de tous les musulmans, sans distinction d'origine.

(9)　L'arabe serait la langue du Paradis (cf. Ḍahabī, *Mīzān*, I, 188). Par contre, les anges « porteurs du trône d'Allah parlent persan » ; Ḍahabī, *Mīzān*, I, 188 ; II, 227. Comp. *ibid.*, III, 220, une autre de leurs prétentions : « les Compagnons du Prophète étaient des Bédouins grossiers ; nous les Persans, nous avons dégrossi la religion », فجئنا نحن ابناء فارس فلخصنا هذا الدين .

l'Afrique nègre, ont voulu montrer que les hommes de couleur ne se montrèrent pas les derniers à deviner et à reconnaître la mission mondiale de Mahomet.

La *Sīra* ne tarit pas sur les multiples relations commerciales des Qoraiś avec l'Abyssinie. « Nous ne nous sommes établis à la Mecque, proclame Ṣafwān ibn Omayya, que dans le but de trafiquer avec l'Abyssinie et avec la Syrie (1). » Dans sa partialité chauvine, ce recueil oublie malheureusement d'appuyer sur l'activité économique déployée par les Ethiopiens en Arabie. Ces Africains trafiquaient alors avec les ports de l'Inde, et d'aussi audacieux navigateurs auraient négligé les marchés du Higāz, dont les séparait un simple bras de mer ! A qui le fera-t-on croire ? La marchandise suit le pavillon. Or la navigation entre la côte d'Afrique et l'Arabie occidentale (2) était tombée sous leur dépendance (3). Nous le savons par les annales de la Mecque. Jamais pour les communications avec le royaume d'Aksoum, ces chroniques ne mentionnent un vaisseau arabe (4). Les boutres abyssins venaient décharger sur la plage de Śo'aiba voisine de la Mecque ; le port de Ǵedda étant postérieur à l'hégire (5).

Longtemps après la mort du Prophète, la crainte d'un débarquement des marins éthiopiens arrêtera tout développement en cette échelle maritime. Pour y encourager le séjour, on attribuera à Mahomet l'assurance que Ǵedda l'emporte sur « les principales portes du Paradis, à savoir

----

(1) Wāqidī, *Kr.*, 196.

(2) Comp. *Mo'āwia*, 48, 52-53, 270, 279.

(3) I. S., *Ṭabaq.*, I¹, 139, 12 ; à la page 93, 14 etc., on mentionne un capitaine de vaisseau « roūmī ».

(4) Excepté peut-être (?) dans *Osd*, III, 345, bas. Dans le *'ahd* de Aila sont mentionnés : Syriens, Yéménites et « gens de la mer » (= Abyssins etc.) ; Ibn Hiśām, 902, bas. Sur l'activité de la marine éthiopienne, cf. Lammens, *La Mecque à la veille de l'hégire*, 287 etc.

(5) I. S., *Ṭabaq.*, I¹, 93 ; 136, 12 ; Ibn Hiśām, 223, bas. Plus souvent on naviguait directement entre le Yémen et l'Abyssinie (cf. *Osd*, V, 146, 1). Cf. *La Mecque à la veille de l'hégire*, 284, 288.

Alexandrie, Ascalon (1)..., autant que la maison d'Allah (la Ka'ba) l'emporte sur les maisons ordinaires », فضل جدة على مولاه كفضل بيت الله على سائر البيوت (2). Gedda, cet enfer de l'Erythrée, comparée aux portes du ciel ! Ce rapprochement en dit long.

*
* *

La Mecque entretenait des relations actives avec Naǵrān et les autres centres chrétiens du Yémen (3). Ce mouvement explique la place considérable occupée par les Naǵrānites dans la *Sīra* et dans l'exégèse du Qoran (4). Quand on a voulu nommer les « Scripturaires » ou *Kitābīs*, figurant dans la scène traditionnelle de la *mobāhala* (5), spontanément les commentateurs ont pensé aux Naǵrānites. Apparemment leur présence à la Mecque ne devait pas constituer un fait exceptionnel. On leur doit sans doute la diffusion parmi les Qoraišites des tissus fabriqués dans l'industrieuse cité yéménite (6) qui servaient à voiler la Ka'ba et les bétyles fétiches (7). Après le *fath* ou reddition de la Mecque, les insoumis de Qoraiš se réfugient à Naǵrān (8). Ces dissidents en connaissaient donc le chemin et comptaient y rencontrer des sympathies.

En retour, on voit arriver dans la métropole du Tihāma les habitants de Naǵrān نصارى من اهل نجران , venus pour discuter avec le Prophète. Ainsi

---

(1) Exposés aux insultes des escadres byzantines. Privilèges d'Ascalon : Ḏahabī, *Mīzān*, III, 170. Comp. I, 285 ; III, 260, bas, et dans la revue *Les Études*, 5 mars 1918, notre article *Au pays des Philistins*, p. 546.

(2) Ḏahabī, *Mīzān*, II, 154. Du vivant de Mahomet, les Abyssins attaquent la côte, voisine de la Mecque (I. S., *Ṭabaq.*, II¹, 118, haut).

(3) Cf. *Yazīd*, 329, etc.

(4) Cf. *Fāṭima*, 70, 76, 97.

(5) *Qoran*, III, 54 ; *Yazīd*, 344.

(6) *Fāṭima*, loc. cit.

(7) Qais ibn al-Ḥaṭīm, *Divan* (éd. Kowalski), V, 14.

(8) *Osd*, III, 159-160. Vers d'un évêque anonyme de Naǵrān ; Ǵahiẓ, *Ḥaiawān*, III, 27.

assure gravement la *Sira* (1), s'inspirant vraisemblablement des *Asbāb an-nozoūl*, commentaires anecdotiques du Qoran, où l'on prétend replacer dans un cadre historique les moindres incises du رمز ou « révélation ». Ces visiteurs étaient, pensons-nous, des représentants du commerce de l'active république chrétienne (2). Leur présence a pu coïncider avec les importantes foires annuelles de 'Okāẓ, de Doū'l Maǵāz. Un de ces chrétiens naǵrānites, 'Abda ibn Moshir مشر, est signalé comme s'étant entretenu avec le Prophète. Son nom a été recueilli par les Encyclopédies consacrées aux *Compagnons*, toujours en quête de nouveaux titulaires pour grossir (3) leurs compilations. Interrogé sur sa patrie, 'Abda répondit en désignant « la Ka'ba de Naǵrān » (4). C'était le nom de la principale église de cette ville, sanctuaire célèbre dans toute l'Arabie (5). Ces foires se tenaient pendant les deux mois précédant le grand pèlerinage. Elles étaient fréquentées par les nomades et les trafiquants des quatre coins de la vaste Péninsule. Les marchands chrétiens de Ḥīra, important marché de la vallée inférieure de l'Euphrate, ont dû paraître à 'Okāẓ, se trouver mêlés à la caravane officielle, expédiée annuellement par le suzerain de leurs phylarques laḥmides, le roi de Perse. La dernière en date des foires du Tihāma, celle de Doū'l Maǵāz, précédait immédiatement l'ouverture du pèlerinage ; Minā appartenait au *haram*, territoire sacré de la

-----

(1) Ibn Hišām, *Sira*, 259.

(2) *Osd*, IV, 256. L'évêque de Naǵrān visite Mahomet à la Mecque (*Osd, ibid.*).

(3) Au moyen de quels artifices, voir *Aḥābīš*, 434, n. 2. Ajoutez dans *Osd*, IV, Ṣaḥābīs *dédoublés*, 51, 105, 109, 115, 129, 142, 145, 152, 200, 205, 218, 226, 229, 235, 247, 267 etc. ; *triplés*, 85, 181, 193 ; *quadruplés*, 170-171. Autres exemples de triplicata parmi les *Compagnons* : *Osd*, V, 219, 294-295 ; 430, 553, 577, 578.

(4) *Osd*, III, 327, 10 d. l. On cite également la « Ka'ba de Ṭāif... » (Goldziher, *Zāhiriten*, 132, n. 2). Que vaut cette terminologie ?

(5) Cf. *Yazīd*, 340. Doū'l Ḥalaṣa, également appelé « la Ka'ba du Yémen » (Boḥārī, *Ṣaḥīḥ*, C., VII, 152). On soupçonne un cliché.

Mecque. Parmi les pèlerins et les marchands, bien peu sans doute prenaient le chemin du retour, sans avoir visité les échoppes et les banques de la métropole qoraišite. Elle fut peut-être du nombre, la mission envoyée par l'évêque de Ḥīra pour s'informer (1) sur place de la doctrine de Mahomet (2). Nous sommes donc autorisés à supposer pour sa ville natale un va-et-vient incessant de chrétiens venus du dehors.

*
* *

Au nombre des esclaves réunis à la Mecque, les Éthiopiens ne se trouvaient pas seuls représentés (3). Les ennemis de Mahomet l'accusaient (4) de s'inspirer, pour la compilation de ses sourates, auprès d'étrangers parlant un idiome exotique, لسان اعجمي . « Soir et matin, ils lui détaillaient les légendes », اساطير الاولين, dont les rédactions ont été accueillies par le Qoran. Parmi ces étrangers, les *Asbāb an-nozoūl* nomment des esclaves de ʿAin at-tamr en Mésopotamie (5). Un autre de ces esclaves, également étrangers à l'Arabie, *aʿǧamī*, et fréquentés par le Prophète, appartenait, assure-t-on, à la *famille*, ou domesticité des Maḫzoūm (6). Cette précision ne témoigne pas d'un effort d'esprit considérable chez les *moḥaddiṯ* « traditionnistes ». Pour l'imaginer, il leur a suffi de se rappeler combien ce clan qoraišite s'adonnait à l'esclavagisme.

------

(1) C'est la version de la Tradition. Plus bas pourtant nous verrons ʿAddās, fixé à la Mecque, ignorer la mission de Mahomet. Que penser des gens de Ḥīra ?

(2) *Osd*, IV, 244, 8 d. l. Cette légende dit l'évêque marié.

(3) Ils formaient la grande majorité de la population servile.

(4) Par exemple *Qoran*, xvi, 105 ; xxv, 5, 6 ; I. Hišām, 260 ; Caetani (*Annali*, I, 235) entrevoit l'influence exercée par Zaid ibn Ḥariṭa, esclave kalbite (donc christianisé), devenu fils adoptif de Mahomet. Elle expliquerait sa fortune prodigieuse dans la *Sīra* ; cf. *Fāṭima*, 27, 40, etc.

(5) Waḥidī, *Asbāb an-nozoūl*, 212, 5.

(6) *Osd*, III, 131, 10. Ancienne esclave grecque, affranchie des Maḫzoūm ; *Osd*, V, 462 ; autre Grecque de condition servile ; *Osd*, V, 194, 7 d. l.

Par la chronique de la vie intime du Prophète, nous connaissons l'existence d'esclaves égyptiens des deux sexes dans les centres urbains du Ḥiǧāz. Plusieurs auraient accompagné en Arabie la belle Māryya, concubine d'Aboū'l-Qāsim (1). Un esclave copte, d'abord propriété de 'Abbās, fut cédé par ce banquier à son neveu Mahomet (2). Une autre esclave, grecque d'origine, habita le harem du même 'Abbās (3). Une affranchie, *maulāt*, nommée Māryya — donc juive ou chrétienne (4) — se souvenait d'avoir connu le légendaire *ḥanīf* Zaid ibn 'Amrou (5). Parmi les affranchis de l'influent Qoraišite Ṣafwān ibn Omayya, on distinguait un certain Nasṭās ou Anastase ; évidemment un chrétien, le nom l'indique suffisamment (6). Chrétiens encore Mīnā ou Menas, غير منسوب — c'est-à-dire n'appartenant à aucune tribu arabe —, qui rencontra Mahomet auprès du Ḥiǧr, et Yoḥannas ou Jean, esclave de Ṣohaib (7), ce dernier lui-même d'origine syrienne. Ajoutons un certain « Nasṭoūr (Nestor) ar-roūmī, le Byzantin ». Son fils Ǵa'far prétendait avoir, au cours d'un voyage, ramassé le fouet du Prophète. En retour de ce service, celui-ci pria Allah de prolonger l'existence du charitable disciple. « A la suite de ce vœu, affirme Ǵa'far, j'ai survécu 320 ans au Prophète. » Ce Ǵa'far,

---

(1) *Osd*, IV, 268 ; autres esclaves coptes à Médine (*Osd*, V, 128 ; IV, 342 bas). Tadros (donc un Copte), maulā mecquois de Ḥizām ibn Ḥakīm (Ḍahabī, III, 134, bas).

(2) *Osd*, I, 77.

(3) *Osd*, I, 212 ; IV, 232.

(4) Les Arabes préislamites païens n'ayant pas connu l'usage des noms bibliques, le Médinois Aboū Ḥanna devait être d'origine juive (I. S., *Ṭabaq.*, III², 45-46) ; Sāra, nom de femme à Médine (*ibid.*, 54, 21). Pour « Ḥanna » voir J. Horovitz, *Koran. Untersuch.*, 158.

(5) *Osd*, I, 387. Ḥanna fille de 'Abdmanāf (I. S., *Ṭabaq.*, I¹, 43, 5).

(6) *Aǵ.*, IV, 42 ; Ibn Hišām, *Sīra*, 640 ; *Osd*, II, 230 ; Wāqidī, Kr., 353, 1.

(7) *Osd*, III, 32 ; IV, 427 ; Samhoūdī, *Wafā'*, I, 280 ; Ḍahabī, III, 225. Femme perse fixée à la Mecque (*Osd*, V, 402, 10). Le mari de Somayya, mère du Ṣaḥābī 'Ammār, était un esclave grec (*Osd*, V, 481). Prédiction de Mahomet relative à la future multiplication des esclaves grecques et perses (Samhoūdī, *Wafā'*, I, 87, 5).

reprend à son tour Ḍahabī, l'honnête auteur du *Mizān al-i'tidāl* (I, 194) « ne mérite pas qu'on s'arrête à ses mensonges », هو استقط من ان يشتغل بكذبه (1).

Nous rencontrons de même, fixé à la Mecque, Forāt ibn Ḥayyān, un des plus habiles conducteurs de caravane à cette époque (2), le type du *dalīl* ou « guide » capable de diriger, « les yeux fermés », à travers les solitudes les plus inhospitalières. Forāt appartenait à la tribu bakrite des Banoū 'Iǧl, demeurés chrétiens longtemps après l'hégire (3). Il s'était rallié en qualité de *ḥalīf* au clan qoraišite de Sahm. Un des plus intimes amis de Mahomet, vraisemblablement un de ses premiers bailleurs de fonds, fut Ṣohaib ibn Sinān, surnommé le *Roūmī*, le Byzantin, parce que originaire des provinces syro-mésopotamiennes de l'empire grec (4). D'abord associé du riche financier Ibn Ǧod'ān, Ṣohaib réussit à se créer à la Mecque une situation de fortune fort enviable.

Lorsqu'au lendemain de l'hégire il songea à rejoindre Mahomet réfugié à Médine, les Qoraiš voulurent l'intimider: «Tu n'étais, lui dirent-ils, qu'un gueux à ton arrivée dans notre ville et te voilà à la tête de capitaux considérables amassés parmi nous » (5).

Au début de sa mission, le Prophète, chargé de gérer la maison, commerciale de sa femme Ḥadīǧa, aimait à fréquenter les foires (6) du

---

(1) Dans le volume III, 230, Ḍahabī nie simplement son existence, conclusion plus logique. A la ligne 6, lire سوط « fouet », au lieu de صوت « voix ». A la page 201, il le qualifie de طير غريب متهم بالكذب « oiseau fantastique soupçonné de mensonge ». Nous avons cité plus haut une locution synonyme, trahissant le scepticisme judicieux de ce critique musulman.

(2) I. S. *Ṭabaq,,* II¹, 7, l. 27, كان متيما بمكّ; d'après Aboū Dāoūd, *Sonan,* I, 262, aurait été ḥalīf des Anṣārs (? ?); blessé à Badr (*Ṭabaq,,* II¹, 7-8).

(3) Cf. notre *Mo'āwia,* 436.

(4) *Osd,* III, 30-31. « Il était extrêmement rouge, ce qui lui valut l'épithète de Roūmī » (Balāḍorī, *Ansāb,* 110, *b*).

(5) Ibn Hišām, *Sīra,* 321, bas.

(6) Ses adversaires en font la remarque ; *Qoran,* xxv, 8, 22 ; cf. Ḍahabī, *Mizān,* II, 105 ; notre *Fāṭima,* 95.

A LA VEILLE DE L'HÉGIRE 21

Ḥiǧāz dans l'espoir d'y recruter des adhérents. Cette démarche a pu lui avoir été suggérée par l'exemple des missionnaires et des moines chrétiens, visitant dans la même intention les grandes réunions des nomades. Ainsi le mythique Qoss ibn Sä'ida aurait prêché à 'Okāẓ (1). Mahomet croyait même se rappeler y avoir jadis entendu un sermon du célèbre prédicateur. En son enfance, le même Mahomet avait été guéri par un moine oculiste يعالج الامين d'un mal d'yeux (2). Ce religieux s'appelait Samï' et aurait traité son petit patient en lui appliquant de la poussière du mont Sinaï (3). La présence des médecins et des charlatans (4) ne peut être mise en question pour 'Okāẓ et pour les autres foires arabes. Ces anecdotes prétendent traduire en traits pittoresques et vivants plusieurs tendances distinctes : la licéité du recours à un spécialiste infidèle (cf. *Aǧ.*, XIV, 173, 3), ces *ḥadīt* sont contemporains de l'époque où les grands médecins étaient tous juifs ou chrétiens — subsidiairement expliquer les sympathies monacales d'Aboū'l-Qāsim attestées par le Qoran (5). Ainsi les *Ṣaḥīḥ* feront, sur l'ordre de Mahomet, confier le traitement de Sa'd ibn Abi Waqqāṣ, du collège des *Mobaśśara* ou Prédestinés, au ṭaqafite infidèle Ḥāriṯ ibn Kalada, « le médecin par excellence de l'Arabie ». Plus intéressant, sinon mieux assuré, est le séjour d'un stylite signalé à la Mecque vers cette époque (6). On aimerait à apprendre si son éloquence (7)

(1) *Aǧ.*, XIV, 41-42 ; *Śo'arā*, Cheikho, 211-218 ; Soyoūṭī, *Al-Aḥādīt al-mauḍoū'a*, 95-100.

(2) Ibn Ǵauzī, *Wafā* (ms. de Leyde), p. 31 *b* ; autre prêtre oculiste ; *Aǧ.*, XI, 43, 3 ; *Sīra ḥalabyya*, I, 121.

(3) *Maǧmoū'a* (ms. de Berlin, n° 9623).

(4) Ǵāḥiẓ, *Ḥaiawān*, IV, 119. Médecin ambulant proposant à Mahomet de guérir 'Āiśa ensorcelée ; Ibn Ḥanbal, VI, 40.

(5) Voir III, 109 ; V, 85 ; LVII, 19, etc. Les médecins sont juifs ou chrétiens ; Caetani, *Annali*, année 11, par. 27, n. 1 ; cf. *Mo'āwia*, 9 ; Ǵāḥiẓ, *Avares*, 109. Religieux chrétiens soignant la rage ; Maqdisī, *Géogr.*, 146, 16.

(6) Mofaḍḍal, *Al-Fākhir*, éd. Storey, 235, 236 ; la légende paraît conserver le souvenir d'un représentant du stylitisme, forme d'ascétisme très admirée des Bédouins.

(7) Cf. spécimens cités, *Al-Fākhir*, loc. cit., et composés d'après le *saǧ'* qoranique.

reproduisit la fougue oratóire du grand patron de la corporation des stylites, saint Siméon l'Ancien, haranguant dans l'Antiochène les Sarrasins accourus au pied de sa colonne. Les couvents, les ermitages chrétiens ne faisaient pas défaut dans l'Arabie occidentale, principalement au nord du Ḥiǧāz, le long de la route commerciale menant en Syrie (1), aux approches du *limes*, dans la région des oasis et palmeraies du Wādi'l-Qorā et à Madian (2), sans doute aussi à Taboük. Dans cette dernière oasis séjourna jusqu'après la bataille de Moūta un poste d'auxiliaires ġassānides au service de l'empire byzantin (3). La *Sīra ḥalabyya* (I, 75, 6) signale la résidence d'un moine à Marr aẓ-Ẓahrān, donc dans la région de la Mecque. Nous savons par ailleurs que le clergé des chrétientés arabes se recrutait exclusivement dans les rangs des moines (4). Seuls ces hommes, formés de par leur austère vocation à toutes les privations, étaient en mesure d'affronter les épreuves d'un aussi crucifiant ministère que l'évangélisation au désert.

*
* *

Les marchands de Syrie approvisionnaient de céréales, d'huile et de vin l'agglomération qoraiśite (5), fixée dans « une vallée offrant l'image de la plus désolante stérilité », وادٍ غير ذي زرع (6). Même dans l'oasis médinoise, où l'on parvenait à récolter de l'orge (7), le froment était importé

---

(1)   Cf. notre article *L'ancienne frontière entre la Syrie et le Ḥiǧāz*, dans *Bulletin de l'Institut français d'archéologie orientale*, XIV, 95.

(2)   Cf. *Berceau*, I, 189-190 ; Ṭab., *Tafsīr*, VII, 4, 1.

(3)   *Ancienne frontière*, 86 ; *Osd*, V, 176, 9.

(4)   Cf. *Yazīd*, 340 ; *Aǧ.*, XIV, 49 ; *Osd*, III, 63, 3. Moine-curé, un Arabe de Ṭayy ; Nasā'ī, *Sonan*, I, 114. Moines dans l'île de Socotora ; Hamdānī, *Ǧazīra*, 53, 5-6.

(5)   Le Syrien Tamīm ad-dārī vend de l'huile et des lampes ; cf. *Osd*, V, 145 ; Azraqī, W., 375, 7, d. l. Kīsān, Ṣahābī ancien marchand de vin originaire de Damas ; *Osd*, IV, 259.

(6)   *Qoran*, xiv, 40.

(7)   *Osd*, II, 189.

du Nord (1). La vente sur place se trouvait entièrement monopolisée par les Juifs de Yaṯrib, infiniment plus entreprenants, mieux pourvus de capitaux que leurs concitoyens arabes, les Anṣārs indolents. Mais l'importation du blé à la Mecque, un marché autrement considérable que celui de Médine, était concentrée entre les mains des *Anbāṭ* ou indigènes de Syrie. Ces chrétiens ont dû y posséder des entrepôts, des magasins, formant une sorte de bazar, peut-être une église ou chapelle. Il est question de l'arrivée à la Mecque d'un *šammās*, sans doute un étranger, puisque son exotique beauté produisit sensation parmi la population de la cité (2), dont la tradition s'est pourtant donné le mot pour vanter les charmes physiques (3). Dans les anciens ḥadīṯ, le vocable *šammās* désigne fréquemment le prêtre chrétien (4). Ces textes, intentionnellement farcis de vocables archaïques, les distinguent nettement des moines proprement dits, les *rohbān* ou اصحاب الصوامع « possesseurs d'ermitage » (5). ʿAddās, l'esclave chrétien de l'Omayyade ʿOtba ibn Rabīʿa, celui-là même qui accueillit le Prophète en visite à Ṭāif, s'est vu étourdiment transformé par Sprenger (6) en « a monk of Ninîveh » (7). A ce Mésopotamien, vendu

----

(1) Du Balqāʾ, du Ḥaurān, grandes régions frumentaires de l'Arabie occidentale ; Ibn Hišām, *Sīra*, 911, 4. A Médine, au temps du Prophète, le pain de froment est une rareté ; Ḍahabī, *Mīzān*, III, 244.

(2) Ibn Hišām, *Sīra*, 489 ; comp. 349, 7 d. l. ; *Osd*, III, 375, bas.

(3) Comp. notre *Yazīd*, 58 ; *Osd*, IV, 148, bas.

(4) Comparer les recommandations du calife Aboū Bakr à Yazīd : « tu rencontreras des hommes (قد فحصوا رؤسهم فهر الشمامسة قد حلقوا رؤسهم) à la tête rasée»; Aboū ʿObaid, *Ḡarīb al-ḥadīṯ* (ms. Kuprulu), 212 a. L'évêque quitte son costume noir et revêt des habits blancs pour célébrer la liturgie ; *Osd*, III, 41, 8, d. l.

(5) اصحاب الصوامع فانه يعفي الرهبان (Aboū ʿObaid, *loc. cit.*). Pour la tonsure cléricale, voir également Ibn al-Aṯīr, *Nihāia*, I, 271.

(6) *Life of Mohammed* (Allahabad, 1851), p. 99. Cf. Samhoūdī, *Wafāʾ*, II, 186, 5, où il est appelé عديس (ʿOdais ?).

(7) Sur la foi de *Sīra ḥalabyya*, I, 260 qui en fait un « vieux moine » quand Ḥadīǧa le consulte pour la première fois. Pour devenir Ṣaḥābī il a pourtant dû

en Arabie, nous ignorons à la suite de quelles aventures, les recueils musulmans accordent l'eulogie de la *tarḍia*, après avoir inséré son nom dans les recueils réservés aux Ṣaḥābīs (1). Il aurait entouré d'une enceinte en pierres, حوّط بحجارة, tous les *masǧid* ou *moṣallā*, où le Prophète était censé avoir accompli ses dévotions dans les montagnes du Sarāt (2). Apparemment la sceptique population de Ṭaif s'était déchargée de ce soin pieux sur un esclave omayyade.

Les *kāhin* ou devins jouent un rôle prépondérant dans les *Dalā'il an-nobouwa* ou « preuves de la mission » de Mahomet. A ce titre, le ḥadīṯ leur voue une attention spéciale. Ce recueil cite donc « le *kāhin* chrétien Ma'moūn ibn Mo'āwia, très versé dans son art et dans la connaissance des augures. Un aigle (3) venait à intervalles réguliers le visiter et, à la suite de ces entrevues, Ma'moūn se trouvait en mesure de prédire l'avenir. Un jour de Vendredi, le génie familier se présenta comme de coutume et le *kāhin* annonça l'avènement imminent du Prophète. » Par malheur, le récit de cette aventure d'un caractère si manifestement légendaire (4), prêtée à un Ṣaḥābī imaginaire de 160 ans, oublie de préciser si le devin chrétien habitait la Mecque ou un autre canton du Tihāma (5). Quelque opinion qu'on adopte sur la valeur de cette littérature apocryphe, où défilent les ministres du culte chrétien, rien n'autorise à supposer l'existence à la Mecque d'une hiérarchie ecclésiastique organisée (6).

---

survivre au fatḥ de la Mecque. Wāqidī, Kr., 27, 29 le dit mort à Badr, dans les rangs qoraišites ; Moṭahhar Maqdisī, Cl. Huart, V, 122, 2 ignore sa qualité de musulman.

(1) Cf. 'Oġaimī, *Akhbār Ṭāif* (ms. Biblioth. Royale du Caire), p. 19, *a*.

(2) *Osd*, III, 389-390.

(3) Le *tābi'*, génie familier des kāhin, prend volontiers la forme d'oiseaux. Cf. I. S., *Ṭabaq.*, I⁴, 110, 3, 15 ; 126, 26.

(4) Comp. le kāhin chrétien Satīḥ (Ibn Hišām, 9, 28, 45, 47).

(5) *Osd*, III, 53, haut.

(6) Comp. pourtant Cheikho, *Christianisme en Arabie*, I, 117, où Aġ., XIII, 109, doit se lire يَسْقُط عليه et non لا يَسْقُط عليه . Aboū Qais Ṣorma, cité *ibid.* 120, était un Anṣārien, non un Qoraišite (cf. notre *Chronologie de la Sīra*,

Ainsi 'Abdalmoṭṭalib s'entretient au pied de la Ka'ba « avec un évêque, أسقف, à savoir un chef des chrétiens », ajoute candidement le narrateur. L'aïeul du Prophète amène son interlocuteur à lui détailler d'avance l'histoire merveilleuse de son petit-fils (1). Inutile de se demander quel était ce prélat ni à quelle église d'Arabie il se trouvait préposé. Ce serait témoigner d'une déférence imméritée pour l'imagination créatrice des rédacteurs de la *Sîra*. Comme précédemment ses collègues de Naǵrān et de Ḥīra, l'intervention de l'évêque anonyme doit attester le retentissement profond produit dans toute la Péninsule par l'avènement du Prophète national. Moins encore semble-t-il permis de tabler sur le titre fantaisiste de قسّ, « prêtre », accordé à Waraqa ibn Naufal (2). Le sens de cette appellation ne doit pas être urgé, pas plus que celui de *rāhib*, « moine » (3), porté par le Médinois Aboū 'Amir, père du martyr de Oḥod, Ḥanẓala, *ǵasīl al-malā'ika*.

Les marchands étrangers, fixés à la Mecque, quand ils n'étaient pas affiliés, *ḥalīf* (4), à un clan qoraišite, s'y trouvaient assujettis au payement d'une capitation (5). Cette fiscalité est confirmée par un passage du *Kitāb al-Ḥarāǵ* de Yaḥyā ibn Adam. On y voit le Prophète imposer la taxe annuelle d'un *dīnār* ou *aureus* byzantin à un chrétien, vraisemblablement un

---

228-231). Le *Taqwīm* nestorien place un évêché à Médine et à 'Okaẓ, mais garde le silence sur la Mecque. Ce *Taqwīm* est un apocryphe très moderne. Cf. notre *Ṭāif à la veille de l'hégire*, p. 86.

(1) Fayyoūmī, *Aḫbār* (ms. 'Āsir effendi, Stamboul), p. 5, a. *Sîra ḥalabyya*, I, 118.

(2) Voir précédemment (Balāḏorī, *Ansāb*, 64).

(3) تحنّث ، تأله ، ترّهب et تحنّث indiquent les formes diverses de l'ascétisme chez les anciens Arabes; *Osd*, V, 200 : *rāhib* pour un personnage biblique. Accordé à un païen Aboū Ṣaifī ar-Rāhib, fixé à la Mecque (*Osd*, V, 475).

(4) Lesquels coopéraient aux dépenses générales du clan, à la *dya* ou rachat du talion, des captifs, etc.

(5) Droit de séjour, licence de commercer, etc.

trafiquant non arabe, ضرب رسولُ الله صلّم على نصراني رِبكَة ديناراً كلَّ سنة (1).
Devenu maître de sa ville natale, Mahomet s'empressa d'en adopter les
institutions financières. Par ailleurs le renseignement est destiné à légitimer le régime fiscal du califat à l'égard des tributaires (2), et cette considération pratique lui a valu d'être consigné dans les traités concernant
la matière. Mais à l'encontre de la législation islamique postérieure, chez
les anciens Qoraišites la taxe frappait non le chrétien ou le juif comme
tels, mais les commerçants du dehors, à titre d'étrangers. « Leur qualité
de chrétiens ne n'empêche pas d'aimer les chrétiens » ; ainsi chante le
poète Aboū'ṭ-Ṭamaḥān (Ǧāḥiẓ, Ḥaiawān, V, 52).

II

En dehors du commerce, ces étrangers (3) exerçaient les métiers, les
professions les plus disparates : bouchers, forgerons, poseurs de ventouses.
Nous savons par l'histoire d'Aboū Lou'lou'a, sous le califat de 'Omar,
l'habileté professionnelle, les aptitudes variées de ces artisans, esclaves ou
affranchis (4). C'est un menuisier copte ou grec qui aurait, plusieurs
années avant la vocation de Mahomet, charpenté la terrasse de la
Ka'ba (5), demeurée jusque-là sans toit, لا سنف عليه . L'entreprenante famille
des Maḥzoūm employait des équipes d'esclaves abyssins dans la préparation industrielle des matières premières importées de leurs factoreries

---

(1)　*Kitāb al-Ḫarāǧ*, 53. Cf. I. S. *Ṭabaq*, I¹, 39.

(2)　Le ḥarāǧ ou ǧizia dont le principe est tout différent.

(3)　Toujours appelés علوج (*Osd*, IV, 75). Au temps du Prophète, Médine ne
possédait qu'un seul *naǧǧār* (Samhoūdī, *Wafā'*, I, 280).

(4)　*Osd*, IV, 76, 11 ; 226, d. l. Armurier chrétien du Prophète (*Osd*, IV,
348). Esclave charpentier (*ibid.*, V, 507) ; un nègre sculpteur d'idole (*sic*) à
Médine (*ibid.*, V, 591). Esclave savetier (*Osd*, V, 124).

(5)　Ibn Hišām, *Sīra*, 122 ; *Osd*, I, 163 ; *Chroniken*, W., III, 50 ; *Sīra
ḥalabyya*, I, 155 ; Ibn al-Aṭīr, *Nihāia*, I, 282 ; Samhoūdī, *op. cit.*, I, 280. Le
nom *Baqoūm*, Pacôme, suggère plutôt la nationalité copte.

du Yémen. Aux périodes de crise politique, on s'empressait d'armer ces ilotes étrangers (1), et les Banoū Maḫzoūm en firent la proposition à Mahomet, peu de jours avant la bataille de Honain. Aboū'l-Qāsim refusa d'y accéder (2). Se défiait-il du loyalisme de ces noirs, dont il avait éprouvé la bouillante valeur à la journée de Oḥod ?

Antérieurement à l'hégire, le Prophète aimait à visiter les échoppes où travaillaient les ouvriers chrétiens. Il allait, prétendaient ses adversaires, chercher des inspirations dans ces humbles milieux (3). Le Réformateur se défendit de son mieux contre ces rumeurs malveillantes. « Mon Qoran, répliqua-t-il, est composé en une langue très pure, tandis que mes prétendus informateurs balbutient péniblement notre idiome (4). » Les critiques des Qoraišites constataient un fait, visaient le fond de sa doctrine, à laquelle ils déniaient le mérite de l'originalité (5). Le polémiste leur répond en déplaçant la question sur le terrain linguistique. Plus tard, se sentant plus fort, il adoptera une attitude plus tranchée. Il défiera « les hommes et les *ǧinn* », tout l'univers enfin, de composer une seule sourate capable de soutenir la comparaison avec les siennes (6). Cette controverse offre pour notre sujet un intérêt incontestable. Elle témoigne de la présence à la Mecque d'un groupe d'étrangers (7) monothéistes fréquentés par Mahomet. Ce dernier n'essaye pas de nier cette assiduité. Nous ne songerons pas davantage à discuter les manipulations très personnelles auxquelles son esprit a soumis les renseignements historiques et doctrinaux obtenus par le canal de ces informateurs de fortune. Au remanie-

(1) Cf. nos *Aḥābiš*, 473 et *passim*.

(2) *Aǧ.*, I, 32, 4, etc.

(3) *Qoran*, XVI, 105 ; XXV, 5.

(4) *Qoran*, XVI, 104.

(5) En lui reprochant de débiter de « vieilles histoires » (*Qoran*, VI, 25 ; VIII, 31 ; XVI, 26 ; XXIII, 85 ; XXV, 6 ; XXVII, 70 ; XLVI, 16 ; LXVIII, 15 ; LXXXIII, 13).

(6) Cf. notre *Mahomet fut-il sincère ?*, 17.

(7) Rareté des esclaves juifs au Ḥiǧāz ; nous en traiterons plus loin. Cf. *Les Juifs à la Mecque à la veille de l'hégire*.

ment de Mahomet nous devons le « miracle » musulman, « l'insupérabilité », اعجاز, du Qoran, l'incontestable maîtrise philologique prouvée par l'auteur de ce recueil. Remercions-le de nous avoir incidemment renseignés sur l'origine ethnographique de ses amis monothéistes, tous étrangers au domaine géographique de l'arabe classique, le Ḥiǵāz et le Naǵd. La pureté de l'arabe, Mahomet ne pouvait l'exiger des chrétiens de Ḥīra et de Naǵrān, pas davantage des *Anbāṭ* ou Arabes aramaïsés de Syrie, ni même des nomades superficiellement christianisés, vaguant sur les confins du *limes* syro-mésopotamien — tels les Banoū Kalb (1). Ces derniers usaient d'un dialecte mêlé, et chez eux, antérieurement à l'hégire, on ne rencontra jamais un poète de valeur, puisque Zohair ibn Ǵanāb appartient au domaine de la légende (2) créée pendant la période omayyade.

Outre leur habileté manuelle, les étrangers fixés à la Mecque s'étaient assuré le monopole des arts et des professions libérales supposant des connaissances techniques ou une formation scientifique, toujours rares parmi les Arabes, surtout à cette époque reculée. Des compilateurs — nous pouvons citer Ibn Rosteh (3) et Ibn Qotaiba (4) — nous ont conservé la liste des métiers exercés par les *aśrāf*, patriciens de Qoraiś. On y rencontre des Omayyades, des Maḥzoūmites faisant partie des syndicats de forgerons, de tailleurs, de bouchers, etc. Il nous paraît difficile de méconnaître dans cette érudition suspecte l'intervention des Śo'oūbyya, farouches partisans de l'égalité politique pour tous les musulmans, et leur désir d'humilier les prétentions aristocratiques des maîtres qoraiśites. Dans l'ancienne satire on rencontre peu de qualificatifs aussi redoutés

---

(1) Auxquels se rattachait son fils adoptif Zaid ibn Ḥariṯa. Il a dû être plus âgé que Mahomet, puisqu'il épousa la gouvernante, حاضنة, de ce dernier (cf. *Mo'āwia*, 413), la négresse Omm Aiman.

(2) Cf. *Berceau*, I, 320. Ses poésies sont certainement apocryphes. Un autre Kalbite, Daḥia ibn Ḥalīfa, passait pour l'ange Gabriel. Mais il n'apparaît qu'à Médine. Pour le dialecte des Kalbites, cf. *Aǵ.*, XX, 121.

(3) *Géogr.* (éd. de Goeje), 215.

(4) *Ma'ārif*, É, 193-194.

que celui de *qain*, « forgeron » (1). Ibn Rosteh a négligé de s'en souvenir, en transcrivant sa liste. Cette distraction doit sembler encore plus surprenante chez Ibn Qotaiba, le fanatique auteur du *Kitāb al-'Arab*, apologie consacrée à établir la prééminence absolue de la race arabe, *über alles* !

Les médecins, les chirurgiens, les dentistes, sortaient donc des milieux chrétiens. Dans ce pays de razzias incessantes, parmi ce peuple à l'humeur vindicative, où l'individu devait accepter d'être enclume ou marteau, l'habileté de ces spécialistes ne pouvait passer pour une sinécure. On leur attribuait des opérations passablement délicates. Ainsi ils remplaçaient en or ou en argent (2) les nez coupés (3); ils aurifiaient les dents ou rajustaient au moyen de ligatures d'or les rateliers ébranlés de leurs clients. A la Mecque, ville commerçante et bancable, on écrivait beaucoup. Le *Tafsīr* ou exégèse qoranique n'en a tenu aucun compte quand il prétend interpréter *ommī* par « illettré ». Après la défaite de Badr, les prisonniers qoraišites de cette journée se voient réduits par les Anṣārs victorieux au métier de pédagogue. Or tous ces captifs, même les plus indigents, se trouvent en état d'enseigner l'écriture aux fils des paysans de Yaṯrib (4). Jamais pourtant les chroniques de cette époque ne nous ont transmis le nom d'un maître d'école qoraišite fonctionnant à la Mecque. L'enseignement de la lecture et de l'écriture y était assumé par des étrangers. Les concitoyens de Mahomet n'hésitaient pas à aller les chercher jusque dans

---

(1) Cf. notre *Chantre des Omiades*, 172; *Aġ.*, V, 159; VII, 184; Aḫṭal, *Divan*, p. 222; Ǧāḥiẓ, *Ḥaiawān*, I, 153, haut.

(2) Intéressante discusssion du renseignement dans Ibn al Aṯīr, *Nihāia*, III, 199; IV, 205-206; Tirmiḏī, *Ṣaḥīḥ*, (éd. des Indes), II, 209; Baġawī, *Maṣābīḥ*, II, 85; *Osd*, III, 51, 192, 400 ; Ibn Ḥanbal, *Mosnad*, IV, 342; V, 23.

(3) Nombreux sont les ــخ « nez écrasé »; *Aġ.*, XIII, 103; *Osd*, III, 102, 107; (comp. le poète médinois Qais ibn al-Ḥaṭīm). Dans une querelle, des femmes se cassent les dents (*Osd*, V, 452). *Aslat* = nez coupé, autre nom commun (Ibn Doraid, *Ištiqāq*, 266, 1; Aboū Zaid, *Nawādir*, éd. Beyrouth, 114); cf. Lammens, *La Mecque*, 210, 217, 302.

(4) I. S., *Ṭabaq.*, II¹, 14, l. 15, etc. Peut-être une satire anṣārienne, le métier de pédagogue étant fort déconsidéré au 1er siècle H. (*Mo'āwia*, 359-361).

la ville chrétienne de Ḥīra (1). Mentionnons enfin un cimetière réservé aux chrétiens à la Mecque (2), attestant l'existence en cette ville d'un noyau chrétien.

*
* *

Le personnel féminin était considérable dans les grandes familles qoraišites. La politique, la nécessité de se concilier l'appui des chefs bédouins contribuaient à multiplier les alliances matrimoniales (3). Un *ḥalīf*, « allié », venait-il à mourir, il était entré dans les mœurs d'épouser sa veuve (4). C'était une façon d'assurer à la femme du mort une retraite honorable, en lui garantissant un lendemain.

A la fin de la diatribe de Ḥafṣa contre sa rivale ʿAiša (5), Henri de Bornier fait dire à la fille de ʿOmar (*Mahomet*, acte II, scène 4) :

> *Et puis un peu chrétienne au fond, comme sa mère,*
> *Lisant dans l'Evangile une journée entière !*

La mère de ʿAiša, Omm Roûmān, aurait donc été chrétienne. Cette curieuse trouvaille repose sans doute sur le nom *Roûmān*, où l'on a pensé découvrir une transcription de *Romanos*. Les Banoû Roûmān formaient un clan dans la tribu chrétienne des Ṭayy, et l'étymologie arabe indiquée par Ibn Doraid (6) paraît certainement fantaisiste. Par ailleurs, rien dans la notice de la femme d'Aboû Bakr (7) ne permet de soupçonner une

---

(1) Cf. Qotaiba, *Maʿārif*, É., 187.

(2) Azraqī, W., 501 (dans les *Chroniken der Stadt Mekka* de Wüstenfeld = W.).

(3) A sa conversion, Ṣafwān ibn Omayya avait six femmes (*Osd*, V, 501).

(4) I. S., *Ṭabaq.*, V, 186 ; Qotaiba, *Maʿārif*, 57.

(5) En réalité, toujours d'accord entre elles (cf. *Triumvirat*, 121), pour intriguer contre leurs compagnes.

(6) *Ištiqāq*, 228, 7 ; Hamdānī (*Ġazīra*, 180) cite un Ibn Roûmānos, de la tribu de Kalb, en majorité chrétienne. Cf. Jos. Horovitz, *op. cit.*, 158.

(7) Cf. *Osd*, V, 583. Chrétiennes arabes du Yémen, épouses de musulmans en Égypte (*Osd*, V, 107, 14), peu après la conquête.

origine chrétienne. Quoi qu'il faille en penser, au sein des clans aristocratiques de la Mecque les *halîf* chrétiens ne formaient pas une exception.

Nous aurons l'occasion de nous en convaincre plus loin. Dans la première moitié du siècle consécutif à l'hégire, les califes 'Otmān, Mo'āwia et Yazīd n'auront qu'à se féliciter d'avoir choisi des épouses parmi les chrétiens de Kalb (1). Peut-être ces souverains se rappelèrent-ils l'exemple laissé par le chef de la famille, Aboū Sofiān. L'illustre Omayyade avait tenu à se donner au moins un beau-père chrétien (2). Il distingua également un mari chrétien (3) pour sa fille Omm Ḥabība, « une des plus jolies fiancées de l'Arabie », au jugement de son père (4). Le Prophète, avant de se décider en faveur de 'Otmān (5), l'homme de tous les dévouements, avait marié une sœur de Fāṭima à 'Otba, fils d'Aboū Lahab. Cette dernière combinaison matrimoniale devint l'occasion de cuisantes humiliations pour l'amour-propre d'Aboū'l-Qāṣim. On croit en recueillir l'écho dans la sourate violente, éternisant le nom d'Aboū Lahab. Tout est demeuré mystérieux dans la rupture qui s'ensuivit, et les explications embarrassées de la Tradition (6) n'ont pas contribué à dissiper le mystère. 'Otba étant devenu chrétien s'empressa de renvoyer la fille de Mahomet. Ainsi du moins l'affirme un texte resté isolé de l'*Aḡāni* (7),

---

(1) Cf. notre *Califat de Yazīd Ier*, passim ; *Mo'āwia*, 309-312.

(2) Cheikho, *Christianisme*, 120.

(3) I. S., *Ṭabaq.*, VIII, 68 ; Ibn Hišām, *Sîra*, 143-144 ; Qotaiba, *Ma'ārif*, É., 42. De ce mari on rapporte que يقال غرق في الخمر ويقال بل غرق في البحر (Balaḍorī, *Ansāb* (ms. Paris), 284 a). Le fait de la mort en mer aurait-il donné naissance à l'étrange légende de l'émigration en Abyssinie ? Sur son christianisme, cf. *Sira ḥalabyya*, I, 359, 9. Le nègre Waḥśi de même « meurt noyé dans le vin » (Ibn al-Aṯīr, *Nihāia*, III, 159).

(4) Moslim, *Ṣaḥīḥ¹*, II, 264.

(5) Il déclare : « si j'avais 40 filles, je les donnerais à 'Otmān » (Dahabī, *Mîzān*, III, 237, 1).

(6) Cf. *Osd*, V, 456.

(7) *Aḡ.*, XV, 2 ; cf. *Fāṭima*, 3.

et l'on est tenté d'y reconnaître une charge (1) contre la famille d'Aboū Lahab. A ma connaissance, aucun autre témoignage ne vient confirmer chez le jeune Lahabide 'Otba la qualité de chrétien. Non seulement le mariage, mais le nombre des filles de Mahomet soulèvent des difficultés. Nous les avons discutées dans *Fāṭima et les filles de Mahomet* (2) ; nous nous permettons de renvoyer le lecteur à cette monographie.

Par contre, le christianisme de 'Otmān ibn al-Howairiṭ du clan asadite de Qoraiś n'a jamais été contesté. Seulement les chroniqueurs mecquois s'entendent pour placer sa conversion sur les terres de l'empire byzantin (3). C'est la manie de ces auteurs de reléguer à l'étranger les conversions des Qoraiśites de marque, comme aussi d'y intéresser le *basileus* de Constantinople (4). Ainsi feront-ils pour les premiers maris de deux parmi les épouses du Prophète, Sauda et Omm Habība, devenus chrétiens, affirment-ils, pendant leur séjour en Abyssinie (5). L'Asadite 'Otmān a dû se décider à cette démarche bien avant son départ pour les provinces grecques. Précisément sa qualité de chrétien lui suggéra l'idée de recourir à César, protecteur-né du christianisme oriental, pour l'exécution de ses desseins ambitieux (6). A Médine, les marchands syriens se livraient publiquement à la propagande en faveur de leurs croyances (7). Rien ne prouve que les concitoyens d'Ibn Ǵod'ān et d'Aboū Oḥaiḥa se soient

-----

(1) L'auteur sacrifie incessamment à ses préjugés de Śī'ite ; fait nié par Nöldeke ; cf. Ḍahabī, *Mīzān*, II, 223, bas, lequel signale cette anomalie chez un Omayyade.

(2) Voir pp. 2-12.

(3) Ya'qoūbī, *Hist.*, I, 298, 1.

(4) Cf. *Aǧ.*, XIII, 112. Comp. un exemple grotesque cité dans *Osd*, IV, 143. Il a été inspiré par la légende d'Amroulqais.

(5) Balāḍorī, *Ansāb*, 123 a ; 137 b ; Ibn Hiśām, *Sīra*, 143-144 ; *Osd*, III, 131 ; V, 457, 573. Cf. Caetani, *Studi*, III, 14-15 ; Ibn al-Atīr, *Nihāia*, II, 248, haut.

(6) Dans notre monographie de la Mecque, [nous étudions en détail cette affaire, montrant la lutte d'influence des puissances en Arabie.

(7) *Osd*, V, 172 ; Waḥidī, *Asbāb*, 58, 9 d. l.

montrés plus intolérants à la Mecque que les Anṣārs. Nous y voyons
Mahomet fréquenter librement les milieux chrétiens. Personne n'y trouvait à redire. Quelques mauvaises langues profitaient de ces entrevues
pour plaisanter le Réformateur, pour prétendre que dans ses conversations
il recueillait les éléments de ses sourates (1). A l'occasion, ces détracteurs
s'empressaient de prémunir les monothéistes contre les séductions de
Mahomet ; ils n'hésitaient pas à proclamer la supériorité du dogme évangélique sur les rêveries de leur jeune (2) compatriote. Nous les entendons
interpeller 'Addās : « Attention, ne te laisse pas débaucher par ce visionnaire ; ta religion vaut cent fois la sienne », ويحك يا عدّاس لا يصرفنّك عن دينك
فإن دينك خير من دينو (3). Jamais le syndicat des financiers qoraiśites, représentés par la *Mala'* ou le *Dār an-nadwa*, ne prit ombrage de la présence
des moines et de leurs prédications, pendant la tenue des foires voisines
de leur cité.

A propos d'un autre Asadite, le célèbre Waraqa ibn Naufal (4), nos
annalistes n'éprouvent aucun embarras à adopter une attitude plus
franche. Ainsi l'exigeait le rôle attribué par eux à ce cousin de Ḥadīǧa
dans l'exposé légendaire de la vocation prophétique. Pourquoi l'ont-ils
choisi de préférence à sa doublure traditionnelle, le *ḥanīf* Zaid ibn
'Amrou (5) ? Je n'entreprendrai pas de l'expliquer (6). Waraqa a été
chargé de garantir l'authenticité de cette haute mission (7), au nom du
christianisme mondial, de représenter près du berceau de l'islam cette

---

(1)   *Qoran*, xvi, 105 ; xxv, 5 ; Balāḏorī, *Ansāb*, 64 a.

(2)   فق et غلام, comme ils le qualifiaient ; cf. notre *Chronologie de la Sira*,
passim.

(3)   Ibn Hiśām, *Sira*, 280 ; *Osd*, III, 390.

(4)   Vers peu édifiants qu'on voudrait lui attribuer (Nöldeke, *Beiträge*,
81-83).

(5)   Cf. notre *Yazīd*, 290-291. La tradition hésite régulièrement entre ces
deux pour l'attribution des prétendues poésies ḥanīfites (cf. Samhoūdī, *Wafā'*,
II, 282, 1).

(6)   On peut songer à la parenté avec Ḥadīǧa de notre Waraqa.

(7)   *Osd*, III, 207.

importante fraction de l'humanité, dépositaire d' « une portion de la science révélée », الذين اوتوا نصيبًا مِن العلم (1), pour parler le langage du Qoran. Dans les *Dalā'il an-nobouwa*, « les preuves de la prophétie », ce rôle grandiose ne pouvait décemment être assumé par un néophyte, par un chrétien vulgaire. En réalité, dans le concept de la *Sira*, le personnage de Waraqa représente l'universalité des Scripturaires. Les expressions نصيب من العلم ou مِن الكتاب appartiennent au lexique des sourates médinoises. C'est après l'hégire, au contact plus intime des Juifs, que Mahomet connut la distinction radicale entre l'Ancien et le Nouveau Testament et les caractérisa comme formant respectivement « une portion de la Révélation, du *Kitāb* » ou Bible (2) que le Qoran prétendait compléter.

Précédemment, « l'aide consciencieuse », la وزير صدق, placée par Allah, en ces délicates circonstances, aux côtés d'Aboū'l-Qāsim, Ḥadīǧa, avait consulté pour la même fin l'esclave chrétien 'Addās (3). Il faut supposer aux rédacteurs de la *Sira* ou à 'Addās une bien courte mémoire, puisque ce Mésopotamien s'imaginera, une décade plus tard, à Ṭāif, faire la première connaissance du Prophète. Cet esclave omayyade, depuis de longues années fixé à la Mecque, ne l'y avait donc jamais rencontré, cependant que d'après le récit de la *Sira* toute la métropole qoraišite ne s'entretenait que du Novateur ! A Ṭāif, en l'entendant prononcer le nom biblique de Jonas, 'Addās lui posera étourdiment la question : « Sais-tu seulement ce que représente Jonas ? », وما يدريك ما يونس (4). Preuve indirecte de la rareté des noms bibliques chez les Arabes préislamites, sans en excepter celui d'Isma'īl (5), leur ancêtre, dont Mahomet connut tardive-

---

(1) Ou simplement أوتوا العلم, ou encore ارتوا نصيبًا مِن الكتاب (*Qoran*, iii, 22 ; iv, 47, 54, 118 ; vi, 137 ; xvi, 58 ; xxii, 53).

(2) Dont *Kitāb* est la traduction.

(3) Balāḏorī, *Ansāb*, 66 *b* ; 67 *a*.

(4) *Osd*, III, 390, 11. En conférant le nom de Yaḥyā, le Prophète affirme qu'il n'a pas encore été porté (en Arabie) ; *Osd*, V, 100, bas.

(5) Comp. *Osd*, IV, 311, 5. A Médine, centre juif, les Yaḥyā se rencontrent en nombre (*ibid.*, V, 99-101).

ment la légende, en conversant avec les monothéistes (1). Authentique
ou non, l'intervention de 'Addās, — un esclave après tout — a paru insuffisante et l'on a cherché de toutes façons à grandir l'importance de
Waraqa (2). Non seulement les collections canoniques lui accordent complaisamment le titre de قسّ, « prêtre », mais elles le présentent comme un
savant, s'étant, au bout d'études approfondies, approprié tous les secrets
de la théologie et de la littérature religieuse chez les chrétiens et les
Scripturaires, استحكم في النصرانيّة واتّبع الكتب من اعلمِها حتى عالم علمًا من اهل الكتاب (3).
Il pouvait les consulter dans les versions originales ; l'hébreu lui-même
lui était devenu familier (4),

Théologie, exégèse, intimité avec les langues, les littératures bibliques : aucun moyen de contrôle ne lui a donc fait défaut. Aussi dans
l'exposé du *wahi*, de la vocation prophétique de Mahomet, Waraqa est-il
devenu un facteur indispensable. On ne pouvait décemment supposer des
connaissances aussi étendues à des Qoraišites ordinaires, même à des
hanīf de longue date, tel Zaid ibn 'Amrou, après les avoir tous déclarés
ommī, « illettrés ». Waraqa devait donc être chrétien et chrétien de
marque. Rien ne permettait de le remplacer par un membre de la *Diaspora* judaïque, dont le Qoran ne cesse d'attester les dispositions jalouses et
hostiles à la nouvelle doctrine.

Etant donné le nombre restreint de Qoraišites authentiques, صلبيّة ou
من المسلمين, dans le groupe chrétien de la Mecque — ajoutons un marchand,

---

(1) Voir Snouck Hurgronje, *Het Mekkaansche Feest*, passim.

(2) Ibn al-Atīr (*Nihāia*, I, 266) admet que sa légende est incohérente ;
voir sa généalogie incertaine dans *Osd*, V, 88, lequel cite plusieurs Waraqa ibn
Naufàl, tous peu connus, 88-89. On le dit aveugle au moment de la première
révélation (Bohārī, C., I, 3), sans doute pour expliquer son manque d'empressement à suivre le Prophète. Cf. Caetani, *Annali*, I, 235, 238, 260.

(3) Bohārī, *Sahīh*, C., I, 3 ; Hišām, *Sīra*, 243, bas ; Balādorī, *Ansāb*, 6 a.

(4) *Osd*, V, 436. Comparez les divers *Sahīh*, aux endroits cités.

affranchi hāšimite, d'origine chrétienne (1) — les membres de ce groupe étaient généralement qualifiés d'étrangers, علوج. Beaucoup même parlaient péniblement l'arabe (2). Nulle part pourtant on ne les voit inquiétés. Au sein de leur clan et dans la république marchande, les rares Qoraiš, disciples de l'Evangile, continuent à occuper le rang que leur assignent leur naissance et leurs talents (3). 'Otmān ibn al-Ḥowairiṭ et Waraqa ibn Naufal, en leur qualité de descendants de Qoṣayy, ancêtre des familles aristocratiques, ont dû conserver leur place au conseil de la Mala' ou sénat mecquois, et on les voit jouir parmi leurs concitoyens de la considération générale. Il est facile de s'en apercevoir à l'abus du nom de Waraqa dans la *Sīra*, très empressée à placer ce personnage en vedette aux débuts du وحي ou révélation qoranique. A 'Otmān, son titre de chrétien avait facilité l'appui de César. Fort de cette protection, cet ambitieux Mecquois faillit s'emparer de l'autorité suprême dans sa ville natale. Ce furent les instincts anarchiques de ses compatriotes et non la répugnance contre la religion professée par Ibn al-Ḥowairiṭ, qui amenèrent l'échec de son audacieuse tentative (4). Aboü Sofiān était sans contredit l'homme le plus qualifié de la Mecque. « Quand il émettait un avis, personne ne se fût avisé de le contredire », لا يخالف له رأي في الجاهلية (5). Cette haute situation ne l'empêcha

---

(1) *Osd*, III, 390-391 ; comp. 390, 2 d. l. Nous n'hésitons pas à y adjoindre — voir plus haut — les maris de Sauda et d'Omm Ḥabība, plus tard mariées au Prophète.

(2) Comp. *Qoran*, xvi, 105.

(3) On se serait montré moins coulant pour le ḥanīf Zaid ibn 'Amrou, du clan modeste des Banoü 'Adī. Sur Zaid et son collègue Waraqa, voir comment la Tradition s'en débarrasse au moment où ils deviennent gênants; *Yazīd*, 290-291.

(4) Voir notre monographie de la Mecque, pp. 270 etc. et *Berceau*, I, 317.

(5) Je ne retrouve plus l'original de cette citation, empruntée, je suppose, au recueil *Osd al-Ġāba* d'Ibn al-Atīr.

pas pourtant, on l'a vu, de choisir des gendres et des beaux-pères chrétiens, et Mahomet le suivit dans cette voie (1). Wellhausen (2) observe chez les *ḥanīf* du Ḥiǧāz des sympathies plus marquées pour le christianisme que pour la religion juive. Je ne puis m'empêcher d'estimer cette considération oiseuse. Toute la documentation traditionnelle, relative aux *ḥanīf*, dérive en droiture du Qoran (3). Or dans ce recueil les chrétiens se trouvent notablement avantagés, quand on les compare aux Juifs, المغضوب عليهم , « objets de la colère divine » (4). Les *Ṣaḥīḥ* ne pouvaient moins faire que de souligner les préférences chrétiennes des *ḥanīf*. On s'épargnerait toute méprise à cet égard en reconnaissant l'origine principalement qoranique de la *Sīra*.

III

Parmi les clans qoraišites, celui des Banoū Asad paraît avoir surtout manifesté des sympathies chrétiennes. C'est dans leur milieu que nous avons rencontré des chrétiens appartenant au patriciat de la Mecque. Plus d'un parmi les maulās, affranchis des Asadites, a pu partager leurs croyances: مولى القوم منهم ou من انفسهم , « le maulā d'un clan est considéré comme en faisant partie » (5), affirmait un dicton populaire. Cette relevance, cette communauté s'étendaient fréquemment aux croyances religieuses. En outre, nous voyons les Asadites accorder le titre de *ḥalīf*, « affilié » (6),

---

(1) Voir plus haut, p. 31.

(2) *Reste*, 234. Ḥanna, nom (monothéiste ?) porté par une sœur et une fille de Hašim (Yaʻqoūbī, *Hist.*, I, 270, 6 ; 283, 3). Monothéiste à la Mecque ; *ibid.*, II, 6, 2 d. ; 14, 8. Pour Aboū Ḥanna, voir plus haut.

(3) Cf. notre *Qoran et Tradition*, passim ; Caetani, *Annali*, I, 182, etc.

(4) Première sourate et *Qoran*, passim ; v, 85 ; les chrétiens ne montrent pas aux musulmans l'hostilité des Juifs.

(5) Cf. *Osd*, V, 425 et *passim*.

(6) Cf. Azraqī, W., 466, bas. Les Asad de Qoraiš paraissent avoir été plus ouverts aux influences religieuses que le reste de leurs concitoyens.

à plusieurs membres de l'illustre tribu syro-chrétienne de Gassān (1).

A la Mecque, les étrangers se trouvaient généralement relégués dans les quartiers excentriques, les faubourgs ou ظواهر (2), dans les شِعاب, gorges abruptes ouvertes dans le flanc des montagnes, encerclant la cité. Ils y dressaient leur خَيمة, tente de branchage ou de toile (3), à côté des cavernes, des bouges, des ergastules, où gîtaient les nègres, les esclaves, pêle-mêle avec les marchands de vin, les femmes galantes (4) et les faméliques Bédouins du Tihāma et de la montueuse région des Azd, laquelle fournissait à la Mecque ses Auvergnats et ses hommes de peine. La *Baṭḥā'* ou *Abāṭiḥ*, le cœur de la cité, demeurait réservée aux vieilles familles. Or les logements de ces Gassānides, *ḥalif* asadites, se trouvaient dans le voisinage immédiat de la Ka'ba, le coin de terre le plus sacré de la Mecque (5), مسجد الحرام. C'est dire l'influence, la considération dont ils jouissaient. Dans cette faveur, le prestige du phylarcat gassānite entrait sans doute en ligne de compte. Les trafiquants mecquois comprenaient combien il importait de ménager les sujets, les protégés des puissants émirs, les Banoū Gafna (6). Si ces derniers n'avaient aucun droit au titre de « rois de la Syrie », ملوك الشام, comme les appelaient complaisamment les poètes bédouins, ils assumaient la garde, la surveillance du *limes* et pouvaient à leur gré interdire l'accès des marchés byzantins. Aucune de ces considérations n'échappait au flair politique, à ce *ḥilm*, si justement vanté chez les dirigeants qoraišites.

---

(1) *Osd*, V, 15, mentionne un Ṣaḥābī, Aboū Mariam, gassānide, donc chrétien, mais sans spécifier s'il fréquenta le Prophète à la Mecque ou plus tard.

(2) Habités également par les Qoraiš de second ordre, appelés pour ce motif قريش الظواهر, plus rarement قريش الضواحي ; Ibn Atīr, *Nihāia*, III, 44, 59.

(3) خيمة تاجر : *Osd*, I, 381, d. l. ; Ibn Hišām, *Sīra*, 771, 10.

(4) Comp., à Médine, ce texte : سفينة طويلة فيها بغايا ; Samhoūdī, *Wafā'*, I, 113, 4). Pour la Mecque, cf. *Osd*, V, 389, bas.

(5) Azraqī, W., 458, 460. L'espace s'y trouvait mesuré, les maisons écrasant de leur voisinage la Ka'ba et empiétant sur le *fanā'* ou parvis sacré.

(6) On les redoute au Ḥigāz ; Ibn Atīr, *Nihāia*, IV, 158 ; Boḥārī, *Ṣaḥīḥ*, C., VII, 27 ; Ibn Hišām, *Sīra*, 911, 6 etc.

L'hétérodoxe, l'étranger professant une croyance différente, ne participant pas au culte de la région, où il avait momentanément élu domicile, ne passait donc pas pour un être impur, ـغ (1). Il faudra l'exégèse qoranique (2), la sophistique de casuistes formés à l'école du Talmud, pour introduire cette conception parmi les Arabes, jusque là réfractaires à l'intolérance. Aux *halīf* des descendants de Qoṣayy on n'aurait pas même refusé, en certains cas, l'accès du *Dār an-nadwa* (3). Grâce à cette concession, plus d'un affilié étranger de ces familles patriciennes — les Omayyades comptaient les leurs (4) — a pu siéger à côté des « sénateurs » de la Mecque (5). Autant d'indices témoignant d'une incontestable largeur d'idées en matière de religion, parmi les compatriotes païens de Mahomet ; libéralisme attesté par certains passages dans les plus anciennes sourates, celles de la période mecquoise.

Les Qoraiśites s'empresseront d'accueillir les monothéistes exilés volontaires de Médine. A Aboū 'Amir ar-Rāhib et à son groupe de chrétiens médinois, ils ouvriront les rangs de leur armée, à la bataille d'Oḥod (6). Toutes ces marques de tolérance envers les disciples du Christ, qu'ils fussent indigènes ou étrangers, méritent d'être relevées. C'est que l'adoption de l'Évangile n'obligeait pas les chrétiens arabes à se singulariser, à s'isoler parmi leurs compatriotes, ainsi qu'il arrivait aux Juifs, imbus de préjugés talmudiques sur la pureté légale, infatués de leur supériorité sur les *ommīs* ou gentils sarracènes qu'ils affectaient

---

(1) La xénophobie, dans le sens *impérialiste*, date également du califat (cf. *Yazīd*, 304).

(2) *Qoran*, ix, 28 ; cf. notre *Mo'āwia*, 401, etc.

(3) Azraqī, W., 465, 7. Halīf étrangers devenus Qoraiśites de plein droit : voir Ġāḥiẓ, *Opuscula*, 6, bas. Nous y reviendrons dans la monographie de Ṭāif, p. 121 etc.

(4) Et parmi eux des Ḡassānides (Azraqī, W., 458, 460).

(5) Pourquoi le Prophète, descendant de Hāśim, n'y eut-il pas accès ?

(6) Ibn Hiśām, *Sīra*, 561-562.

de considérer comme des barbares. «Envers ces derniers ils ne se reconnaissaient pas d'obligations », قالوا ليسَ علينا في الاميّين سبيل (1), « à moins que le gentil ne possédât les moyens de les y contraindre » (2). Combien différente l'attitude adoptée par les chrétiens ; ils n'imposaient pas à leurs néophytes une législation aussi assujettissante, aussi antipathique à l'indépendance des Arabes que celle du Talmud. Eux-mêmes ne rompaient avec aucune coutume de la tribu ni avec les liens du clan. Leur dogme, leur discipline, n'impliquaient pas une organisation sociale différente de celle prévue par les règlements de Qoṣayy, une quasi-renonciation — comme chez les Juifs — à la nationalité arabe (3).

*
* *

Par ailleurs le libéralisme témoigné à leur égard rend plus difficile à comprendre l'opposition tenace des Qoraišites à leur concitoyen Mahomet. Ce dernier, parallèlement à sa réforme religieuse, aurait donc été soupçonné de poursuivre des visées subversives, de semer la division dans l'État, تفريق الجماعة ; grief mis en avant par ses adversaires (4). Jamais imputation analogue n'a été articulée contre les chrétiens de l'Arabie. Leur latitudinarisme doctrinal leur aurait même permis de vénérer la Ka'ba et de concilier ces hommages traditionnels avec les croyances monothéistes (5). Le fait d'ailleurs demanderait à être plus complètement élucidé. La présence de chrétiens, même en groupes, leurs visites à la

---

(1) *Qoran*, iii, 69.

(2) *Qoran*, iii, 68 : إلاّ ما دُمْت عليهِ قائماً .

(3) Comme les en accuse le Qoran. Voir nos *Juifs à la Mecque*.

(4) Ibn Hišām, 225, 19. Cf. *Mahomet fut-il sincère ?*, p. 28 etc. Le poète chrétien (?) Motalammis jure par Al-Lāt et les *anṣāb*, et son contribule Ṭarafa par les *anṣāb* (Śo'arā', 319, 1. Comp. notre remarque dans *Mo'āwia*, 426, sur la religion dans les poètes préislamites).

(5) Cf. notre *Mb'āwia*, 403-404 ; Wellhausen, *Reste*, 78 ; Snouck Hurgronje, *Feest*, 28, n. 2. Les chrétiens arabes portaient des croix d'or (Ibn al-Atīr, *Nihāia*, IV, 194, haut ; comp. notre *Chantre des Omiades*, 14-15).

Mecque, à Minā, aux stations du pélerinage qoraiśite, ne peuvent passer pour des preuves irréfragables de laxisme théologique. Je me demande si l'on a suffisamment en cette matière tenu compte de la synonymie entre *mawāsim* et *manāsik*. Le premier vocable englobe· les opérations de la foire commerciale proprement dite, le second désigne les cérémonies cultuelles. Opérations économiques et cérémonies religieuses coïncidaient et se développaient parallèlement pendant les réunions de 'Okāẓ (1), de Ḍoū'l-Maǵāz, de Minā. La présence au *mausim* n'entraînait pas forcément la participation aux détails du culte. Les intérêts de leur commerce ont certainement attiré à 'Arafa, à Minā, les trafiquants chrétiens de passage ou fixés dans la métropole qoraiśite. Mais rien ne prouve qu'ils se soient associés aux sacrifices, aux évolutions, aux manifestations *litholâtriques* exécutées autour des bétyles locaux ou dans l'enceinte des hauts-lieux, les *maś'ar* ou *masǵid ḥarām* du Tihāma, ni qu'ils aient pris part à la *'omra*, le petit pèlerinage, de la Mecque. L'interdiction théologique de la *communicatio in sacris* n'était pas encore fixée (2) avec la précision, la rigueur que nous lui avons connues depuis. Ne l'oublions pas, les communautés chrétiennes dans l'Arabie anarchique, ennemie de la contrainte, se répartissaient entre les diverses fractions hétérodoxes (3) du christianisme oriental ; elles se trouvaient fatalement soustraites, en vertu de leur situation excentrique, à l'opportune surveillance d'une hiérarchie ecclésiastique organisée (4), en mesure de réprimer les écarts dangereux pour la pureté des croyances et des règlements disciplinaires.

---

(1) Qui fut également un sanctuaire, comme les autres foires préislamiques. Les Ġassānides fréquentent 'Okāẓ (I. S., *Ṭabaq.*, I¹, 145, 19).

(2)· Les Bédouins chrétiens ne paraissent pas en soupçonner l'existence.

(3) Nous n'y connaissons pas de communautés chrétiennes orthodoxes. Les Abyssins du Yémen appellent le Christ « leur prophète » ; *Aǵ.*, XVI, 73, 8.

(4) Cette lacune explique également — on l'oublie encore — leur faible résistance à la poussée islamite. La *Sira ḥalabyya*, 1, 144, mentionne la secte chrétienne des *Isrā'ilyya*, divinisant la sainte Vierge.

A l'époque de Mahomet, le sanctuaire de la Ka'ba semble être demeuré anonyme. Sur des indices d'une incontestable fragilité, Wellhausen met ici en avant le nom de Hobal (1), une divinité importée du Nord et exclusivement mentionnée dans les généalogies kalbites (2). A la suite de Balāḏorī, on pourrait avec autant de raison se prononcer pour la déesse Manāt, اعظم اصنامهم عندهم, « la principale des divinités qoraišites » (3). Les plus subtiles recherches ont échoué à découvrir le nom spécifique, à dégager la personnalité mythologique du *Rabb al-bait*, « du Maître de la Ka'ba », de la divinité attestée dans les serments poétiques des rimeurs chrétiens, à côté d'Allah et de la Croix (4). Encore y a-t-il lieu de se demander si ces formules, bizarrement panachées, ne sont pas des interpolations érudites (5), œuvre d'archéologues, ou des corrections de la période impérialiste. On n'exagérera jamais la part de ces retouches dans la multiplication des apocryphes littéraires à cette époque d'intense mais peu scrupuleuse activité intellectuelle. La prudence nous conseille de ne pas perdre de vue la tendance représentée par cette revision sournoise au profit du dogme de l'hégémonie qoraišite. A cette doctrine, devenue une des bases du califat arabe (6), nous devons le concept de la Ka'ba, sanctu-

---

(1) Il ne réapparaît dans aucun théophore, à l'encontre de la triade qoraišite. La vogue très limitée de Hobal me semble due au zèle de quelque archéologue arabe.

(2) Cf. *Osd*, IV, 207.

(3) *Ansāb* (ms. cité), 23 a. Ibn Sa'd (*Ṭabaqāt*, II¹, 105, 18) revendique cet honneur pour 'Ozzä, oubliant que, p. 99, 2, il l'avait concédé à Hobal.

(4) *Aġ.*, II, 24 ; comp. *Mo'āwia*, 403-404 ; Wellhausen, *Reste*, 87 ; Snouck Hurgronje, *Feest*, 28, n. 2 ; la revue *Al-Mašriq*, 1913, pp. 678, 679. Les *Ṣaḥābīs* jurent également par les dieux qoraišites (A. Daoûd, *Sonan*, II, 45). Nasā'ī, II, 140.

(5) Par exemple *Šo'arā'*, 279, 8.

(6) Cf. *Yazīd*, 38, etc.

aire national pour toute la Péninsule (1), autour de laquelle on rassemble les représentants de la Sarracène préislamite. Ainsi plus tard on inscrira d'office (2) sur la liste des *wofoūd*, députations, à Mahomet, toutes les tribus de l'Arabie, sans oublier les Taḡlib chrétiens des lointains confins mésopotamiens. On profite de cette fiction pour leur imposer au nom du Prophète des restrictions odieuses, inspirées en réalité par l'absolutisme et l'intolérance des ʿAbbāsides (3).

Quelle que soit la valeur de ces considérations, on devine malaisément les motifs qui pouvaient décider un rimeur chrétien, ʿAdī ibn Zaid, un citadin de Ḥīra, attaché à la chancellerie de Ctésiphon, à attester « le dieu de la Mecque », à côté de la croix (4). Mais il importait aux polygraphes chauvins de la période ʿabbāside de montrer la puissance d'attraction, le rayonnement en dehors de l'Arabie du prétendu sanctuaire national (5).

Ibn Isḥāq, l'auteur de la célèbre *Sīra*, ne se faisait pas scrupule de fournir aux rimeurs de son temps le canevas de ḥadīṯ, destinés à figurer dans sa rédaction, après avoir été préalablement mis en vers, ۥيبطى الشعراء الاحاديث يقولون عليها الشعر (Ḍahabī, *Mīzān*, III, 22, comp. p. 21). Nombre de ces apocryphes ont été discrètement soulignés, ou même désavoués par son éditeur, l'honnête Ibn Hiśām. Un exégète se prétendait en mesure de citer 50,000 vers anciens à l'appui de gloses et de commentaires qoraniques, ذكر انه يحفظ خمسين الف بيت من الشعر شواهد للقران . Allons-nous nous montrer plus crédules que Ḍahabī, lequel, après avoir cité le trait, ajoute en manière

---

(1) Roi chrétien de Ḥīra à la Kaʿba (Ibn Faqīh, *Géogr.*, 19). Un autre Laḫmide y envoie les tribus de Bakr et Taḡlib renouveler leur traité de paix (*Aǧ.*, IX, 178, bas). C'est la même tendance.

(2) Comp. pourtant *Berceau*, I, 320, n. 2 ; *Moʿāwia*, 397-399.

(3) Cf. l'aveu de Ḍahabī, *Mīzān*, II, 112.

(4) *Aǧ.*, II, 24, d. l.

(5) Cf. *Yazīd*, loc. cit. Le ورَب الجلّ والدَّر م du même ʿAdī ; Boḥtorī, *Ḥamāsa*, Cheikho, nº 337, 1, ne désigne pas nécessairement le dieu de la Mecque. Comp. *Śoʿarā*, 279, 8.

de corollaire la note sceptique قالة اعلم (*Mīzān*, III, 18) ? *Credat Judaeus Apelles !*

Avec une telle conception de la probité littéraire, quelle considération aurait pu empêcher les grammairiens, les auteurs de *ǵarīb*, d'expressions rares — lesquels s'accusent mutuellement de faux (1) — de remanier, d'interpoler les compositions des poètes chrétiens ? Si ces morceaux, si les vers de ʿAdī ibn Zaid et de ses coreligionnaires préislamites peuvent prétendre à l'authenticité, il est permis d'y retrouver une indication que le dieu anonyme, le patron divin de la Kaʿba, se dissimulait derrière Allah, la divinité interpellée par tous les poètes de la préhistoire islamite. Au milieu de cette confusion, il suffisait aux chrétiens de s'abstenir des rites spécifiquement idolâtriques. C'est la solution adoptée par la *Sīra* pour expliquer l'attitude énigmatique des *ḥanīf*, toujours présentés comme très attachés au culte de la Kaʿba (2). Pourquoi dénier la même perspicacité aux visiteurs chrétiens de la Mecque ?

Dans les affaires de conscience, le régime qoraišite, les fortes têtes de la *Mala'* mecquoise ne se croyaient pas le droit d'intervenir. Abandonné à son naturel réaliste, le véritable Arabe ne devient ni sectaire, ni intolérant. Bien avant le Qoran, il a professé l'axiome : «pas de contrainte en matière de religion », لا اكراة في الدين (3). Il s'est haussé jusqu'à ce libéralisme sans effort comme sans mérite.

Du *dīn* (4), de la religion, il s'était formé le concept le moins encombrant qu'il soit possible d'imaginer, et cela pour lui avoir conservé un caractère strictement particulariste et patriarcal. La réunion de plusieurs

----

(1) Comp. Aboū Zaid, *Nawādir*, éd. Beyrouth, 58, bas.

(2) Sans cesser d'être monothéistes. Chez des chrétiens, comme Aḫṭal, les serments païens sont de simples clichés littéraires (cf. *Moʿāwia*, 404) ; *Aǵ.*, VII, 173, 13.

(3) *Qoran*, ii, 257.

(4) Qu'il confond avec mœurs, coutumes, les *mores majorum*, le *usus longævus*.

familles constituait un clan, une tribu. Il a donc admis que la pratique du culte pouvait englober les descendants d'un commun ancêtre, tous ceux qui avaient reçu la *waṣyya* (1). Ce testament religieux de l'aïeul comprenait surtout des recommandations morales, peu ou point de considérations théologiques. Les pères au lit de la mort — comme le Jacob de la Bible — ont soin de confirmer la *waṣyya*, de la promulguer à nouveau, en imposant aux leurs, en vertu de la *'azma* ou *monāśada*, obtestation solennelle, à laquelle personne ne pouvait se dérober, l'obligation de s'y conformer. Voilà pourquoi le Scénite n'a jamais possédé de temples. Ses lieux de culte (2) sont la tente familiale — jouissant du droit d'asile — ensuite les مجلس قوم , encore appelés dans la langue ancienne مسجد قوم , les assemblées des anciens, des notables de la tribu (3). C'est là qu'en dehors des rares réunions auprès du fétiche du groupe nomade, dressé dans l'enceinte sacrée du شعر الحرام , s'exerce la liturgie si peu compliquée du culte litholâtrique des Arabes. Pour y être admis, il faut tenir par les liens du sang à la tribu ou lui être affilié à la suite de rites spéciaux. Non seulement le Sarracène de la préhégire n'a jamais soupçonné une religion universelle, mais il ne conçoit pas même la possibilité d'un culte dont les circonscriptions coïncident avec les limites d'une région géographique, en passant par-dessus les relations ethniques et les liens du sang.

Le premier probablement parmi ses compatriotes, Mahomet dans son *'ahd* ou convention de Médine, ensuite dans les prolixes sourates, postérieures à l'émigration mecquoise, a émis la prétention d'établir la fraternité religieuse sur d'autres liens que ceux du sang, sans tirer pourtant les dernières conséquences contenues dans ce principe fécond. L'islam, religion mondiale (4), est un concept datant du califat, né au contact des

---

(1) Nous l'étudierons plus tard. Cf. *Le caractère religieux du « ṭār »*.

(2) Habituels, en dehors de rares *ḥaram* ou enceintes sacrées.

(3) Pour la synonymie *maǵlis, masǵid*, voir notre *Ziād ibn Abīhi*, 89 etc.

(4) Cf. Snouck Hurgronje, *Mohammedanism*, 45-46 ; Lammens, *Ṭāif à la veille de l'hégire*, pp. 8, 161.

révélations scripturaires (1). Son éclosion devait être favorisée par la poussée des théories impérialistes et chauvines, qui présentaient le peuple arabe comme destiné à recueillir l'héritage spirituel des nations devenues infidèles à leur mission :

> *Chaque peuple à son tour a brillé sur la terre,*
> *Par les lois, par les arts et surtout par la guerre.*
> *Le temps de l'Arabie est à la fin venu.*
> *Ce peuple généreux, trop longtemps inconnu,*
> *Laissait dans ses déserts ensevelir sa gloire* (2).

On pensait, dans ce programme nationaliste, reconnaître la réalisation de cette promesse d'Allah : هو الذي جعلكم خلائف في الارض « c'est Lui qui vous a établis sur cette terre les héritiers (3), les remplaçants des nations déchues » (4).

Le particularisme des concitoyens d'Aboù Sofiän et du Prophète n'entrevit jamais rien de pareil. Leur individualisme se refusait à admettre pour la religion un rôle qui ne fût pas étroitement national, contenu dans les limites des institutions qu'ils s'imaginaient tenir de l'ancêtre Qoṣayy, dans le *dīn Qoṣayy,* comme ils aimaient à s'exprimer. Avec ces principes, tout prosélytisme leur demeurait étranger. En traitant avec les chrétiens, ses concitoyens ou ses hôtes, le Qoraiśite pouvait leur adresser, mais sans aucune acrimonie, le langage que Mahomet tiendra dans les débuts à ses compatriotes récalcitrants : « Je n'adore pas ce que vous adorez ; de votre côté, vous n'adorez pas ce que j'adore... vous avez votre religion et moi la mienne », لكم دينكم ولي ديني (sourate cix).

---

(1) Cf. *Moʿāwia,* 420-427.
(2) Voltaire, *Mahomet,* II, scène 5.
(3) Comp. *Qoran,* ii, 137, et la fin de cette étude.
(4) *Qoran,* vi, 165 ; x, 15, 75 ; xxxv, 37.

*
* *

A la fin de cette fastidieuse et décevante enquête, nous voici ramenés à notre point de départ. Après avoir péniblement interrogé les textes épars dans les diverses rédactions de la *Sira*, dans les *Saḥīḥ*, les *Sonan*, les *Mosnad* et leurs manipulations variées, avoir tourné et retourné l'énorme dossier traditionnel de la primitive histoire musulmane, nous pouvons nous rendre compte pourquoi, à l'encontre des affirmations de Wellhausen, le christianisme doctrinal s'est trouvé dans l'impossibilité d'exercer une influence prépondérante sur les débuts de l'islam, pendant la décade antérieure à l'hégire (1). De la première jeunesse de Mahomet nous ignorons tout, à l'exception des discrètes allusions contenues dans la sourate XCIII (6-8). Nous ignorons si, comme le suppose l'*Evangelium infantiae Mahumeti*, auquel les Ibn Isḥāq, les Ibn Hišām, les Ibn Saʿd, etc., ont attaché leur nom, l'obscur orphelin hāšimite a entrepris des voyages en dehors des frontières de la Sarracène, si ces déplacements — nous n'aurons garde d'en nier la grande probabilité — l'ont mis en rapports intimes avec les chrétiens orientaux. Incidemment, la prolixe et très imprécise littérature, développée autour de la *Sira*, nous a appris que, antérieurement à l'émigration médinoise, la religion du Christ se trouva assez mal représentée à la Mecque, tant pour le nombre que pour la qualité, pour la situation sociale, pour la valeur intellectuelle de ses adhérents. A travers les renseignements incohérents, déformés par les préjugés tenaces des compilateurs musulmans, nous n'avons pas réussi à découvrir la trace d'une organisation religieuse, d'une communauté chrétienne constituée parmi les étrangers, les *mercantis* fréquentant les bazars de la Mecque et les foires du Tihāma. Les évêques, les ecclésiastiques, prêtres, diacres, moines, *qiss*, *šammās*, etc., défilant dans ces récits sont des personnages de convention, inventés pour communiquer au récit une vie factice.

––––––––––––

(1) La seule en discussion. A Médine, l'influence prépondérante du judaïsme ne saurait être mise en question.

Leur caractère officiel, leur rang dans la hiérarchie chrétienne, sont censés assurer plus de poids à leur intervention, apporter une pseudo-garantie d'impartialité à la révélation qoranique, à la mission du Prophète. Ne commettons pas l'imprudence de nous illusionner à cet égard. Ce n'est pas dans ces légendes qu'on trouvera des renseignements pour la future refonte de l'*Oriens christianus* de Lequïen, les matériaux pour la rédaction d'une *Arabia sacra*.

Il ne peut donc être question d'une chrétienté indigène à la Mecque, si l'on ne consent à donner ce nom à une douzaine de Qoraišites authentiques et de *ḥalif* étrangers affiliés aux clans mecquois, dont les textes nous permettent d'attester l'existence. En revanche, nombres d'esclaves, d'aventuriers, de marchands chrétiens, brocanteurs, débitants de vin, fixés temporairement ou de passage dans la métropole du Tihāma. En majorité des Abyssins, de condition servile, des manœuvres, hommes de peine, ou mercenaires enrôlés dans le contingent auxiliaire des Aḥābīš, tenants du judéo-christianisme éthiopien. Mais tous demeurés isolés, sans direction spirituelle au point de vue religieux, séparés les uns des autres par les différences de langue, par l'opposition des intérêts, par l'antipathie de race et non moins par les divisions doctrinales, par les nombreux schismes qui déchiraient l'Eglise orientale, vers l'époque où l'empereur Héraclius patronnait la malheureuse combinaison du monothélisme. On se figure malaisément les Syro-Byzantins fraternisant, fusionnant avec les grossiers compatriotes de Bilāl, des Aboū Rowaiḥa, des Waḥšī, qui peuplaient les bouges, les ergastules des *Zawāhir* ou faubourgs.

Ce n'est pas dans des milieux aussi mêlés, aussi incompétents que Mahomet avait chance de recueillir des informations précises sur le christianisme, le jour où s'éveilla sa conscience religieuse. Par ailleurs cet entourage si nettement « laïque », l'isolement doctrinal du Novateur, expliquent les tenaces illusions de la période mecquoise, les lacunes de sa christologie, les hésitations, les évolutions de son intelligence, abandonnée à ses propres inspirations. L'arrivée à Médine commencera à lui ouvrir les yeux ; il s'y heurta à l'opposition des Juifs. Si dans sa ville natale il lui avait été donné de consulter des interprètes autorisés des croyances évangéliques, de fréquenter des chrétiens moins indifférents que le commun des trafiquants et surtout moins ignorants en matière doctrinale, Mahomet n'aurait pu persister aussi longtemps à confondre les deux confessions *scripturaires*, à se croire d'accord avec elles dans sa campagne monothéiste. La *Diaspora* médinoise se chargea de le détromper brutalement. Mais bientôt ses succès militaires et politiques, la découverte de la légende d'Abraham, père d'Ismaël, ancêtre de la race arabe et fondateur de la Ka'ba, le déterminèrent à prêcher une religion indépendante, à restaurer, assurait-il, « la religion d'Abraham » (1), lequel « ne fut ni juif ni chrétien, mais *ḥanīf*, sans être polythéiste » (2). S'adressant aux disciples de Mahomet, Allah leur manifeste son dessein à cet égard, ainsi que la déchéance des Juifs et des Chrétiens, anciens dépositaires de la révélation : « Voici que nous vous avons établis, vous, la nation élue أمة وسطا , pour devenir devant les hommes les témoins (de la vérité) comme le Prophète est votre témoin » (3). Nous avons montré ailleurs (4) comment l'islam « finira par devenir une adaptation du mosaïsme postérieur (5) *ad usum Arabum* ».

----

(1) *Qoran*, ii, 129. Les Naǧrānites font d'Abraham un chrétien (Ibn Hišām, 384, 1).

(2) *Qoran*, ii, 129, 134.

(3) *Qoran*, ii, 137.

(4) *Adaptation*, 186 ; comp. Renan, *Marc-Aurèle*, 633, « une édition du judaïsme, accommodé au goût des Arabes ».

(5) Ou talmudique.

LES JUIFS A LA MECQUE
A LA VEILLE DE L'HÉGIRE (*)

A la veille de l'hégire, quelle était à la Mecque la situation des chrétiens et des Juifs ? En quelle proportion numérique s'y trouvaient représentés les adhérents des deux grandes confessions monothéistes ? La réponse à ces questions ne peut être considérée comme indifférente pour la critique de la *Sīra*, vie traditionnelle de Mahomet, ni pour l'exégèse scientifique du Qoran, laquelle demeure encore à ses débuts.

A l'endroit des monothéistes, le Prophète paraît avoir entretenu d'étranges et tenaces illusions, pendant toute la période préhégirienne de sa carrière mouvementée. Ses appels constants au témoignage des *Scripturaires*, « Kitābīs », invitent à penser qu'il s'estimait en définitive d'accord avec eux, qu'il voyait en eux des alliés (1). D'autre part, ses tâtonnements, les remaniements successifs de la légende d'Abraham, attestent surtout la difficulté, éprouvée par lui, de trouver dans son entourage immédiat, dans le milieu de la Mecque, des informateurs autorisés pour les données bibliques (2), des représentants qualifiés des religions unitaires. Les païens de Qoraiś vont de leur côté à Médine consulter les

---

(*) Paru dans *Recherches de science religieuse*, VIII, 1918, 145-193.

(1) Avec eux, il identifie sa cause et sa prédication : *Qoran*, xxvi, 195-196 ; xxix, 45 ; xlii, 11 ; liii, 37 ; lxxxvii, 19 ; lxxiv, 32, (une des plus anciennes sourates). « Dans tes doutes, consulte-les ! » lui dit Allah, x, 94.

(2) Cf. Snouck Hurgronje, *Muhammedanism*, 31. A Médine, il finit par s'orienter dans la descendance d'Abraham ; *Qoran*, ii, 127, 130, 131.

Juifs de cette ville (Ibn Hišām, 192). Preuve que la Mecque ne renfermait pas une communauté israélite qu'on pût interroger. C'est seulement à Médine, dans le contact, dans les frottements quotidiens avec les Juifs, si nombreux en cette oasis, que Mahomet découvre les relations intimes de parenté, rattachant Abraham à Ismaël, le fils de l'Égyptienne Agar (1). Découverte capitale, bientôt utilisée pour le développement de son système et pour l'élaboration de la préhistoire islamite. Son élévation gratuite — «Allah choisit qui il veut » (2) — à la dignité prophétique ne laissait pas de le déconcerter, plus qu'il ne consentait à en convenir. On le devine au travail de sa pensée, à la fermentation de son intelligence : «Qu'ils le sachent, disait-il aux Scripturaires, leur élection est un effet de la libre volonté d'Allah. Allah distribue ses grâces, selon son bon plaisir » (3). Ce raisonnement opportuniste ne rassure qu'à demi le débutant dans la carrière prophétique. Il cherchait des répondants et des ancêtres. En exploitant la trouvaille d'Abraham, père d'Ismaël, il se trouvera conduit à proclamer l'autonomie absolue du monothéisme qoranique, ensuite la fondation de la Ka'ba (4) et l'institution par Abraham du grand pélerinage national. Ces évolutions de sa pensée semblent déjà l'indiquer: les chrétiens et les juifs n'ont pu se rencontrer en nombre, en groupes compacts et organisés à la Mecque, au cours des années où Mahomet recueillait laborieusement les premiers éléments de sa doctrine, cherchait à voir clair dans son système.

Après avoir traité des *Chrétiens à la Mecque à la veille de l'hégire*, nous voudrions en apporter la démonstration, en nous bornant aux seuls Israélites. Leurs coreligionnaires de Médine ont été l'objet de plusieurs monographies ; nous aurons l'occasion de les citer (5). Jusqu'ici aucune

(1) Voir Snouck Hurgronje, *Het Mekkaansche Feest*, Leiden, 1880.

(2) *Qoran*, LVII, 29 ; LXII, 4 ; cf. II, 84, 99, 248 ; XIV, 13 ; XVI, 2.

(3) *Qoran*, LVII, 29.

(4) *Qoran*, XIV, 38, etc. ; XV, 41 ; versets médinois, insérés dans des sourates mecquoises, peut-être intentionnellement, par les éditeurs.

(5) Le travail de Leszynsky, *Die Juden in Arabien*, s'occupe principalement de Médine.

étude analogue n'a été consacrée aux Juifs, fixés ou de passage à la Mecque, dans les environs de l'hégire. Si l'on y a renoncé, c'est, tout porte à le présumer, que la pénurie et le vague des renseignements ont découragé les chercheurs. Efforçons-nous de surmonter cette impression démoralisante.

I

La Mecque, ville bancable, centre de grosses spéculations commerciales, n'avait pu être négligée, perdue de vue par les Juifs de la *Diaspora* médiévale. Pareille incurie attesterait l'oubli de toutes les traditions, qui ont fait la force, maintenu l'influence de cette race entreprenante. *Ubicumque fuerit corpus, ibi congregabuntur et aquilae.* Nous pouvons, sans nous exposer au soupçon d'insinuations malveillantes, appliquer cet axiome évangélique à l'activité économique d'Israël. On est sûr de le trouver représenté partout où il y a des profits à réaliser.

Au début de notre septième siècle, dans le Ḥiǧāz proprement dit (1), plus exactement dans la région dont l'oasis de Médine forme le centre géographique, la ténacité juive avait réussi à se reconstituer une petite patrie, régie par la législation talmudique. Les meilleurs cantons, les districts les plus productifs, en cette région désolée, se trouvaient aux mains des Israélites.

Au milieu de l'émiettement produit par l'anarchie arabe, du morcellement indéfini en tribus, d'une véritable poussière de clans, incessamment soulevés, se heurtant dans des luttes stériles, les Juifs, treize siècles avant la proclamation Balfour, avaient réalisé l'idéal *sioniste*. Ils formaient des groupes, cimentés par le lien religieux, par le sentiment d'une unité nationale, par la possession d'un territoire commun. Ce phénomène, unique dans l'histoire de la Sarracène d'avant l'hégire, explique comment Ḥassān ibn Ṯābit (2) a pu parler des « Juifs du Ḥiǧāz ». Avec presque autant de raison, le poète ansârien aurait été autorisé à renverser les termes

____

(1) Cf. notre *Berceau de l'Islam*, I, 10 etc.
(2) *Divan*, éd. Hirschfeld, 84, 2.

de ce rapport géographique et à mentionner le « Ḥiǵāz des Juifs ».

Sur aucun autre point de l'Arabie — à l'exception peut-être du Yémen — les Juifs ne se rencontraient groupés en agglomérations plus compactes, plus florissantes. Cette prospérité, fruit de leur intelligente activité (1), commençait dès lors à exciter la jalousie de leurs voisins arabes. Aux bravades, aux provocations de ces adversaires, les Israélites se sentaient assez forts pour répondre :

Essayez ! Nous avons des châteaux forts, des villes,
Qui se défendront bien contre vos hordes viles ;
Nous avons le Khaibar, Matat (2), Naïm, Cammous ;
Arabes, l'Arabie est aux Juifs, comme à vous (3).

Sans l'intervention de l'Islam, juifs et chrétiens auraient sans doute fini par se partager l'Arabie. Cette éventualité ne nous paraît pas pouvoir être sérieusement contestée. L'énumération géographique, par nous empruntée à H. de Bornier, a le tort de n'envisager que le seul district de Ḥaibar. Pour la compléter, il aurait fallu ajouter une série d'établissements, à peine moins importants : Médine, Wādi'l-Qorā, Fadak, Taimā', c'est-à-dire les plus belles oasis de l'Arabie occidentale, commandant les routes de la Mecque en Syrie. En revanche, le sud du Ḥiǵāz, plus exactement les régions brûlées du Ǵaur et l'aride Tihāma, ne possédaient aucun groupe formé par Israël. Dans ces parages, une seule exception devrait être admise en faveur de Ǵoḥfa, oasis malsaine (4), peu prospère et sans relations suivies avec la Mecque. Elle avoisinait la lagune ou «ǵadīr de Homm », célèbre dans les récits des Šī'ites. Ce ǵadīr se composait d'une suite de bassins, de marécages aux exhalaisons pestilentielles(5). Mahomet

---

(1) Cf. notre *Berceau de l'Islam*, I, 154 etc.

(2) Lire *Naṭāt* ; cf. Samhoūdī, *Wafā al-wāfā*, II, 383.

(3) De Bornier, *Mahomet*, I, sc. 2.

(4) Son histoire est mal connue. Jamais il n'est question d'un Juif originaire de Ǵoḥfa.

(5) Cf. *Berceau de l'Islam*, I, 30. Desséchés au temps de Maqdisī, 77, 16 ; mais l'endroit demeure fiévreux ; 78, 106, 107 ; Iṣṭaḥrī, 20, 22.

y aurait prononcé la fameuse *ḥoṭba*, harangue, où il est censé exalter les privilèges apocryphes de son gendre ʿAlī (1). Ṭāif, économiquement moins importante que la métropole qoraišite du Tihāma, renfermait elle aussi une colonie juive. Ce centre ṭaqafite la devait à son voisinage du Yémen, d'où elle s'était vue expulser, à la suite de guerres religieuses. Aucune donnée ne nous permet d'évaluer numériquement le total de ces réfugiés israélites dans le mont Sarāt. Mais ce chiffre n'a pu être bien élevé. Car on ne retrouve nulle part la mention des Juifs de Ṭāif. A moins de considérer comme tel Aboū Mariam, le cabaretier, connu par l'histoire tendancieuse d'Aboū Sofiān et de Somayya (2). Le commerce et la vente du vin (3) étaient une industrie exploitée par les Juifs d'Arabie (4). Ceux-ci ne paraissent pas avoir été représentés parmi les éléments de la population, fixée à la Mecque (5), ville située pourtant à moitié chemin entre le Ḥiġāz septentrional et les premiers districts du Yémen : deux régions, où les Juifs se rencontraient en nombre, nous l'avons dit plus haut.

Puisant ses inspirations principalement dans le Qoran, la *Sīra* a conformé ses jugements historiques à l'esprit développé dans « le Livre d'Allah » : esprit devenu foncièrement hostile aux enfants d'Israël. Rien d'étonnant, si, à leur endroit, la Vie officielle du Prophète ne témoigne d'aucune bienveillance. Ces préventions n'empêchent pas cette compilation d'utiliser leur intervention pour varier l'exposition et le développement de la préhistoire islamique. Apostrophant les infidèles, le Qoran s'écrie triomphalement : « Que diriez-vous, si un témoin parmi les fils

---

(1) *Osd*, III, 93, 147, 307 ; I. Aṯīr, *Nihāia*, IV, 116 ; Hamdānī, *Ǵazīra*, 184-185.

(2) Cf. notre *Ziād ibn Abīhi*, 20 etc. — *Osd*, IV, 280.

(3) Cf. Mofaḍḍal, *Fāḫir*, éd. Storey, 102.

(4) Cf. notre *Moʿāwia II ou le dernier des Sofiānides* (dans *Rivista degli studi orientali*, VII, 8), 8 ; Mofaḍḍal, *Fāḫir*, 102-103.

(5) Wensinck se contente de dire : « A la Mecque, il ne demeurait pas beaucoup de Juifs » : *De Joden te Medina*, p. 4. « Peu de chrétiens, point de Juifs », affirme Hirschfeld, *New researches into the exegesis of the Qoran*.

d'Israël venait nous apporter l'autorité de son témoignage (1) ? » Impossible de se montrer moins exigeant pour la quantité et plus flatteur à l'égard des Juifs. « Dépositaires des deux Bibles, du double Testament, *Kitābān'*», les disciples de Moïse et ceux du Christ se trouvaient tout désignés pour se coudoyer au berceau de la nouvelle religion, pour garantir les prétentions prophétiques de Mahomet. Quel spectacle plus éloquent que ce rendez-vous ? Comment imaginer un témoignage plus désintéressé que l'attestation concordante de ces *Scripturaires* : au demeurant ennemis irréductibles, continuant à se combattre avec des textes, des arguments empruntés « à la même Bible (2) » ?

Au même titre que les chrétiens, les Juifs reçoivent la qualification de « *ahl al-'ilm*, interprètes de la science », à savoir, la science révélée. Au nom de cette science, le monothéisme juif et chrétien est appelé, dans la personne de ses adhérents, à venir déposer en faveur du système qoranique, à attester la parfaite conformité (3) de la doctrine nouvelle avec les révélations antérieures (4), avec les enseignements divins conservés dans les anciens livres sacrés, transmis aux prophètes des siècles passés (5). Parmi les livres saints, on accorde une mention spéciale à la *Taurāt*, au Pentateuque des Juifs (6). L'attestation fournie par ces derniers acquiert une valeur particulière, vu son caractère d'indiscutable impartialité. Impartialité par ailleurs sans mérite, puisque arrachée par l'évidence de la vérité islamique ! Comment en douter ? Non seulement les Juifs sont étrangers à la race arabe (7), mais des étrangers malveillants, des rivaux, jaloux de la révélation accordée aux compatriotes du

---

(1)   *Qoran*, vi, 114 ; xvii, 103, 108, 109 ; xxvi, 197 ; xlvi, 9 et *passim*.

(2)   *Qoran*, ii, 107.

(3)   Voir, par exemple, *Qoran*, x, 38, et textes cités plus haut.

(4)   *Qoran*, ii, 38, 83, 85, 91, 95 ; iii, 2, 75 ; iv, 50 ; v, 50, 52 ; x, 38 ; xxxv, 28 ; xlvi, 29 ; lxi, 6.

(5)   *Qoran*, aux endroits cités.

(6)   *Qoran*, iii, 58, 87 ; v, 47, 50 ; vii, 156, *passim*.

(7)   *Aġ.*, III, 13, 4 ; XIII, 137, 3 ; Ibn Hiśām, *Sīra*, 1005, 131 ; comp. *Qoran*, lviii, 15.

Prophète (1). « Tu découvriras, dit Allah à Mahomet, les plus acharnés ennemis des croyants parmi les Juifs (2). » Ce genre d'argument, l'exploitation du motif nationaliste, Aboū'l-Qāsim a dédaigné de s'en servir contre les chrétiens. Nulle part il ne leur conteste le bénéfice de la nationalité arabe. Il leur attribue par contre une étonnante tendresse de sentiments. « En entendant réciter les versets du Qoran, dit encore Allah, tu verras des larmes abondantes s'échapper de leurs yeux, sous l'empire de la vérité reconnue par eux. » « Seigneur, s'écrient-ils, inscris-nous au nombre des témoins de la révélation (3). » Ces illusions, certains chrétiens, surtout parmi les compatriotes du nègre Bilāl, ont pu les nourrir pendant la période mecquoise — époque de lutte courageuse contre le polythéisme — où l'attitude de Mahomet ne manque pas de grandeur. « Ces Scripturaires, affirme Mahomet, croient en Dieu et admettent le caractère révélé de la Bible et du Qoran (4). » D'après la *Sira*, le Négus aurait professé l'islam ; et parmi les émigrés musulmans d'Abyssinie plusieurs passèrent, nous le savons, au grossier christianisme éthiopien. Entre les deux *Credo* existait une marge à peine perceptible (5), du moins pour des esprits aussi novices dans les matières religieuses que Mahomet et ses premiers compagnons.

Chez ces représentants du composite monothéisme abyssin, rien n'empêche donc d'admettre les sentiments prêtés par H. de Bornier au moine Georgios (6), le légendaire mentor du Prophète débutant.

---

(1) *Qoran*, ii, 99, 103 ; iv, 57 ; v, 57, 64 ; Ibn Hišām, *Sira*, 135 ; Samhoūdī, *Wafā'*, I, 112, 192 ; Wāqidī, Kr., 359 ; *Sira ḥalabyya*, II, 363 ; I. S. (= Ibn Sa'd) *Ṭabaq*. (Ṭabaqāt), I[1], 101, 104, 108.

(2) *Qoran*, v, 85.

(3) *Qoran*, v, 86 ; xiii, 36 ; xvii, 108, 109.

(4) *Qoran*, iii, 198.

(5) Cf. Caetani, *Studi*, III, 14-15.

(6) Le pendant du Baḥīra traditionnel, appelé tantôt Nestor, tantôt Georges ; *Sira ḥalabyya*, I, 127. On en a fait également (*ibid.*, I, 127) un Juif de Taimā'. Nestor dans I. S. *Ṭabaq.*, I[1], 102. Cf. dans *Recherches*, VII, 166, notre *Adaptation arabe du monothéisme biblique*.

Aujourd'hui, Mahomet, tu veux de ta patrie
— Et ce courage est beau — chasser l'idolâtrie...
Une force est en toi, je le sens, le devine ;
Oui, tu peux à ton tour servir l'œuvre divine (1).

Il est certain que nulle part la *Sīra* ne traite d'étrangers les Sarracènes disciples du Christ. Dans ce silence, il nous est permis de reconnaître un nouvel indice, montrant que les chrétiens de la Péninsule ne rompaient pas avec l'organisation sociale de la tribu, ni avec les institutions de leur pays. On n'en peut dire autant de la *Diaspora* juive d'Arabie ; nous le verrons bientôt.

*
* *

Il n'est pas besoin d'une bien longue familiarité avec la littérature de la *Sīra* pour y découvrir des anecdotes calquées sur les épisodes évangéliques. Comme pendant à *l'étoile des Mages*, un Juif établi à la Mecque s'est donc vu chargé d'annoncer le lever de « l'étoile d'Aḥmad (2) », second nom qoranique de Mahomet (3). Un autre Juif, tombant au milieu d'un groupe de femmes qoraišites, réunies auprès de la Ka'ba, leur apprit la naissance prochaine d'un prophète et formula le souhait de voir choisir parmi elles la mère de cet élu du ciel (4). Toujours vers le même temps, un troisième de leurs coreligionnaires « se livrait au commerce à la Mecque ». La nuit de la nativité de Mahomet, il déclara aux Qoraišites assemblés qu'à ce moment précis devait naître le futur prophète arabe (5). Cette nuit fatidique présenta d'ailleurs les phénomènes les moins usuels. Un mouvement extraordinaire avait pu être observé dans le firmament.

---

(1) *Mahomet*, I, sc. 4.
(2) Bakrī, *Mo'ǧam*, 140 ; I. S. *Ṭabaq.*, I¹, 104, 107, 110.
(3) *Qoran*, LX, 6.
(4) *Sīra ḥalabyya*, I, 151, haut.
(5) I. S., *Ṭabaq.*, I¹, 106-107, nombreuses variantes de ce trait ; *Sīra ḥalab.*, I, 74-75.

« Les étoiles se rapprochèrent de la terre au point qu'une spectatrice pensa se voir écrasée dans leur chute (1). » Ces amplifications nous montrent les procédés utilisés par les *mohaddit*, traditionnistes, dans leurs efforts pour plagier, en s'efforçant de les distancer, les récits évangéliques.

Lorsque, quelques années plus tard, les Qoraišites, à la suite des destructions périodiques de la Ka'ba, se résolurent à relever l'édifice sacré, la pioche des démolisseurs mit à découvert des inscriptions araméennes, enfoncées dans les pierres des fondations. Un Juif, se trouvant à la Mecque, fut prié de déchiffrer ces textes. Les Mecquois réclamèrent, assure-t-on, le même service à un chrétien séjournant parmi eux (2). Auraient-ils songé à contrôler l'une par l'autre les deux interprétations ? Il serait oiseux de se le demander. La seconde variante de l'anecdote offre un développement légendaire d'un thème unique. Les monothéistes sont appelés, nous le savons, « les représentants, les mandataires, *ahl*, de la science, *'ilm*, et du *Livre* ». Le *Kitāb*, c'est en première ligne le *Livre* par excellence, la Bible ou la « Révélation » *ut sic*, signification adoptée et vulgarisée par le Qoran (3). Mais ce vocable désigne aussi un *écrit* en général. A ce titre, les Scripturaires ou *Kitābīs* devaient posséder les secrets de l'épigraphie et des alphabets exotiques, demeurés lettre fermée pour les *ommyyoūn*, les *gentils* analphabets de la Sarracène. Ceux-ci avouent ingénument leur incompétence à cet égard, en face des monothéistes (4) : « En leur qualité de gens du *Livre*, eux savent ce que nous ignorons (5). » Aveu touchant, sous la plume des rédacteurs *impérialistes*

____

(1) Ibn al-Atīr, *Osd*, V, 526 ; exploitation anecdotique de *Qoran*, ii, 8, 9 ; cf. xxxvii, 6-10.

(2) Azraqī, Wüst., 42, 3 ; Ibn Hišām, *Sīra*, 124.

(3) Voir les concordances s. v. *Kitāb*. Dans le *Qoran*, *'ilm*, révélation : xiii, 37 ; xix, 44 ; xx, 113. Les Scripturaires en sont les dépositaires : xvii, 108 et *passim*.

(4) Autre exemple : Samhoūdī, *Wafā'*, I, 111.

(5) Ibn Hišām, *Sīra*, 134.

de la *Sīra*. Il le deviendrait davantage, si on ne le soupçonnait d'avoir été inspiré par l'exégèse qoranique traditionnelle.

Le jeûne du jour de 'Asoūrā aurait été, affirme-t-on, en honneur parmi les anciens Qoraišites (1). Comme il s'agit d'une pratique essentiellement juive (2), nous nous trouverions sans doute en droit de conclure que cette coutume fut empruntée par eux à leurs concitoyens israélites, partant de supposer l'existence d'une communauté de Talmudistes à la Mecque. On serait tenté de tirer la même conclusiou, en lisant la transcription arabe du vocable *Mišnāh* (3) dans la sourate XV, v. 87, si le verset en question n'appartenait à la période posthégirienne (4). L'auteur du Qoran n'a pas attendu, nous le savons aussi, son arrivée à Médine, pour enrichir son vocabulaire religieux aux dépens des monothéistes.

D'autre part, c'est seulement en fréquentant les Juifs de Médine, que les compagnons de Mahomet connurent l'existence du jeûne en question. En réalité, le ḥadīṯ, relatif au soi-disant jeûne qoraišite (5) de 'Asoūrā, est destiné à nous inspirer une haute idée du « taḥannoṯ », de la profonde religiosité régnant parmi les Mecquois préislamites (6), tout en écartant l'hypothèse odieuse d'un emprunt judaïque.

Mais cette anthologie anecdotique dans la littérature apocryphe ne nous met pas sur la trace d'un établissement juif, ni d'une communauté

---

(1) Aboū Dāoūd, *Sonan*, 243 ; Boḫārī, *Ṣaḥīḥ*, Kr., I, 472 ; Moslim, *Ṣaḥīḥ*, I, 310, etc. ; Ḥanbal, *Mosnad*, VI, 50.

(2) Aboū Dāoūd, *loc. cit.* ; Wensinck, *De Joden te Medina*, 121, etc. Mahomet la dénonce comme une pratique juive ; Ibn al-Aṯīr, *Nihāia*, I, 114, bas ; Dahabī, *Mīzān*, I, 321 ; II, 210.

(3) Par ailleurs mal interprété dans le *Qoran* ; cf. Nöldeke, *Neue Beiträge*, 26. Le vocable reparaît, xxxix, 24 et, semble-t-il, dans un complexe mecquois.

(4) Nöldeke-Schwally, *op. cit.*, 129-30, ne discutent pas ce détail, dont l'importance leur a échappé.

(5) Le paganisme arabe ignora la pratique du jeûne religieux ; cf. I. Aṯīr, *Nihāia*, I, 102.

(6) Sujet développé par Ibn Qotaiba, *Kitāb al-'Arab*, 290-291. Il doit également prouver la persistance de la ḥanafyya et de « la religion d'Abraham ».

talmudiste, fixée à la Mecque. Elle atteste tout au plus que des Israélites
y ont séjourné, au moins temporairement, qu'ils y ont entretenu des relations d'affaires. L'impression générale se dégageant des renseignements
relatifs à cette période, si mal connue, c'est que les Juifs ont toujours vécu
dans la Sarracène en groupes plus ou moins compacts et invariablement
sédentaires. Ils ont redouté de rester isolés, comme si l'éparpillement
devait les rendre infidèles, hors d'état de satisfaire aux minutieuses prescriptions de la législation talmudique, pour laquelle ils paraissent avoir
professé un profond attachement. Cet obscur instinct de conservation
a fortifié leur résistance à la poussée victorieuse de l'islam. Nous n'en
pouvons dire autant du christianisme arabe, réduit à l'impuissance par
l'absence d'une hiérarchie religieuse (1) et par son éparpillement au sein
de tribus nomades. Cette décadence ne saurait être attribuée — ainsi le
voudrait M. Margoliouth (2) — au déficit d'une version en langue vulgaire des Livres saints ; les Juifs ne se trouvant pas mieux partagés sous
ce dernier rapport.

Une colonie juive à la Mecque suppose une synagogue, des écoles (3),
des rabbins, des réunions religieuses, la pratique du sabbat. Or, antérieurement à l'hégire, Mahomet n'a rien soupçonné de cette organisation
complexe, laquelle lui aurait révélé dès lors les dispositions hostiles à son
égard des Israélites (4). Elle lui aurait mis sous les yeux le spectacle
d'offices et d'une liturgie mosaïques, au cours de ses promenades à travers
les faubourgs, *zawāhir*, de sa ville natale, où demeuraient les étrangers.
A son esprit observateur, cette constatation n'aurait pas manqué de

______

(1) Partant, de culte organisé. Comp. Caetani, *Studi*, III, 30.

(2) *Mohammed*, 35-36.

(3) Comme à Médine, J. S. *Ṭabaq.*, I¹, 104 ; I. Hišām, *Sīra*, 383, 388 ;
I. Aṯīr, *Nihāia*, II, 20. *Midrās*, synagogue et école ; J. S. *Ṭabaq.*, I¹, 108, 5, 14.
Bait al-midrās (*ibid.*) correspond évidemment à *bêth-hammidrās*, « maison
d'étude», nom des écoles d'exégèse dans le Talmud. Cf. I. Doraid, *Ištiqāq*, 17, 7.
Dans un ḥadīt, cité I. Aṯīr, *Nihāia*, II, 20, 5, *midrās* est interprété par rabbin.
L'évêque de Naǧrān est « ṣāḥib midrās » (non *madāris*, comme on transcrit
parfois) ; *Osd*, IV, 256, bas.

(4) Cf. Caetani, *Studi*, III, 89.

révéler la lacune, subsistant dans l'islam primitif : l'absence de culte, de liturgie. En cent endroits, les sourates mecquoises exaltent la valeur de la prière. Du Prophète, on a pu dire sans trop d'exagération :

Sa bouche était toujours en train d'une prière (1).

Après avoir constaté cette assiduité à la prière, on se demande comment il a pu d'abord concevoir une religion, où la récitation de versets qoraniques devait en tenir lieu. Certains de ces versets forment, d'ailleurs, de véritables formulaires de prières (2), et nous comprenons comment *qara'a*, réciter, est devenu synonyme d'oraison liturgique (3). Voilà pourquoi la présidence de la cérémonie devait être dévolue au croyant qui « savait par cœur le plus grand nombre de versets », quand même il aurait été le plus jeune de la bande (4). A Médine, impressionné par ses visites à la synagogue, suggestionné par la vue des observances juives, le Prophète introduisit une forme moins rudimentaire de la prière. Ce progrès devint la supplication, la *çalât* officielle ; un vocable araméen, désignant un ensemble de formules et d'attitudes, prostrations, inclinaisons du corps, strictement réglementées. Aux siens, il recommanda désormais :

En priant, que vos corps touchent partout la terre (5),
L'enfer ne brûlera dans son fatal mystère (6),
Que ce qui n'aura point touché la cendre, et Dieu
A qui baise la terre obscure, ouvre un ciel bleu (7).

---

(1) V. Hugo, *Légende des siècles*, I, *L'islam*. Comp. *Qoran*, LXXIII, 1-7, 20. Témoignage d'Ibn Rawāḥa dans Boḫārī, C. VII, 109, 3.

(2) Cf. *Qoran*, II, 285-286 ; III, 6-7, 25-26, 188-193 ; V, 86-87.

(3) Cf. Boḫārī, *Saḥīḥ*, C. I, 122, bas ; 166 ; « le *Qoran* (= prière) de l'aurore » ; *Qoran*, XVII, 80 ; comp. Boḫārī, I, 159 ; *Qoran*, LXXIII, 20.

(4) Samhoūdī, *Wafā*, II, 346 ; cf. *Qoran*, XI, 117 ; LXXIII, 20 ; LXXXIV, 21. Boḫārī, *Saḥīḥ*, C. I, 170 ; VII, 97 ; Dahabī, *op. cit.*, I, 247.

(5) La trace des prostrations doit demeurer marquée au front des croyants ; *Qoran*, XLVIII, 29. Dans *Qoran*, XI, 89, *çalât* = religion. La signification n'était pas encore définitivement fixée.

(6) Cf. Boḫārī, *Saḥīḥ*, C. VII, 205, bas ; I, 196.

(7) V. Hugo, *loc. cit.*

Egalement à Médine, il se détermina à instituer la réunion du vendredi (1). Ce choix lui fut inspiré par le sabbat observé, découvert par lui dans la *Diaspora* médinoise. Ces modestes initiatives suffiront pour épuiser sa faculté de créations liturgiques. Si cette faculté novatrice demeura comme engourdie à la Mecque, c'est qu'il lui manqua la salutaire provocation, l'influence exercée par un milieu juif, organisé en communauté. Dans sa ville natale, il ne rencontra que des chrétiens et des juifs isolés.

Signalons ici le surnom porté par le Maḫzoûmite 'Oṯmān, un des plus anciens adhérents de Mahomet. Ce *Compagnon* l'aurait reçu à l'arrivée d'un *šammās* syrien, dont la beauté produisit sensation à la Mecque. Entre le séduisant étranger et le qoraišite 'Oṯmān, physiquement non moins favorisé, la comparaison ne tarda pas à s'établir. Elle valut à ce dernier le nom de Šammās (2). Ce terme d'origine syriaque désigne non seulement un ministre du culte chrétien (3), mais, à l'époque posttalmudique, שַׁמָּשׁ se disait également du *ḥazzān*, sacristain de la synagogue (4). Serait-il trop hasardé de supposer des relations avec cet office clérical subalterne aux nombreux *Šammās* de Médine (5), mentionnés dans les listes généalogiques des Anṣārs ? D'autre part, nous soupçonnons que les annalistes mecquois ont tenté de dissimuler ces rapports, et conséquemment l'adhésion au mosaïsme, chez un membre de l'aristocratique famille des Maḫzoûm. A cet effet, ils ont jugé habile de rappeler le passage à la Mecque d'un « šammās quelconque », sans spécifier sa qualité de chrétien ou de juif (6). Avec les préventions antijuives dominant la *Sira*, cette

---

(1) *Qoran*, LXII, 9-10. Cf. Wensinck, *op. cit.*, 112, 115-116.

(2) I. Hišām, *Sira*, 212, 241, 489 ; *Osd*, III, 3, 371-72.

(3) S. Fraenkel, *Aram. Fremdwörter*, 276.

(4) Cf. E. Mittwoch, *Entstehungsgeschichte des islam. Kultus*, 25, n. 1, extrait des *Abhandlungen* de l'Académie des sciences de Berlin, 1913.

(5) I. S. *Ṭabaq.*, II¹, 116. Juifs médinois ; Samhoûdī, *Wafā*, I, 220, 1 ; Ibn Doraid, *Ištiqāq*, 268 ; I. Hišām, *Sira*, 637, 691; *Aǧ.*, XV, 162, 164.

(6) Ibn Hišām, *Sira*, 212. Chrétien, dans *Osd*, III, 375. Voir les remarques de J. Horovitz, *Koranische Untersuchungen*, pp. 160-161. Verbe *šammasa*, célébrer la liturgie, dans un vers apocryphe d'Aboū Qais Ṣorma ; I. Hišām, 349, 7, a. d. l.

explication ne peut être rejetée *a priori*. La généalogie de ce Maḫzoûmite paraît avoir été embrouillée à dessein (1). Il y a lieu de se demander, si la fierté bien connue des Banoû Moḡïra (2) s'est rebiffée et a refusé de reconnaître pour un des leurs ce sacristain de synagogue. Seul le surnom de *Šaṃmās* (3) mérite d'être retenu et aussi les efforts des étymologistes pour dérouter la critique, en fabriquant à ce vocable exotique une dérivation arabe (4).

Pour la rareté du fait, rappelons le dévouement d'un juif compatissant, demeuré anonyme, lequel accepta de guider depuis la Mecque — où il résidait sans doute — jusqu'à Médine, l'*hégire* d'une Qoraišite musulmane, une certaine Omm Šarïk (5). La démarche de ce *bon Samaritain* israélite paraîtra surtout méritoire, si elle est postérieure à la guerre d'extermination déclarée par Mahomet à ses coreligionnaires dans le Ḥiḡāz septentrional.

A propos d'Israël, les annales de la Mecque se montrent encore plus sobres de renseignements que la *Sïra*. La tendance générale, presque un mot d'ordre, semble de supprimer, à tout le moins d'atténuer, le rôle de la *Diaspora*. L'histoire de Médine nous aurait offert le même phénomène, si elle n'avait dû se préoccuper de commenter anecdotiquement les philippiques antijuives conservées dans les prolixes sourates posthégiriennes. Incidemment les chroniques qoraišites mentionnent un Juif protégé, *ḡār*, de 'Abdalmoṭṭalib, l'aïeul de Mahomet, et profitant de ce patronage pour « visiter les marchés du Tihāma dans l'intérêt de son commerce » (6).

---

(1) *Osd*, III, 371-372.

(2) Aucune famille, observe Ḡaḥiẓ, *Ḥaiawān*, IV, 123, ne fut louée comme eux par les poètes.

(3) Un de ces Šaṃmās médinois s'efforce de sauver le Juif Zabïr (cf. I. Hišām, 691), en qualité, croyons-nous, d'ancien coreligionnaire, beaucoup plus que par motif de reconnaissance, comme prétend I. Hišām, 691, 6.

(4) Ibn Doraid, *Ištiqāq*, 64, 156.

(5) *Osd*, V, 594.

(6) Balāḏorï, *Ansāb* (ms. de Paris), 42, b. Ibn Aṯïr, *Kāmil*, E, II, 6 ; *Sïra ḥalabyya*, I, 4.

Colporteur, changeur, prêteur d'argent, marchand de vin, détaillant de merceries ou brocanteur ? Autant de métiers exercés par les Juifs ! Le contexte arabe, la signification flottante du vocable *māl* ne permettent pas de décider à laquelle de ces opérations se livrait le protégé de ʿAbdalmoṭṭalib, dans ses courses à travers les foires voisines de la Mecque. Ce client hāśimite fut tué par Ḥarb ibn Omayya, le père du célèbre Aboū Sofiān ; on oublie de nous apprendre à la suite de quels incidents.

C'est un des nombreux traits, où la tradition s'efforce, en l'antidatant, d'expliquer l'antagonisme postérieur, créé par l'ambition entre les deux grandes dynasties arabes des Omayyades et des ʿAbbāsides (1). Rien n'a été négligé, à l'effet de dramatiser cette situation, pour donner une haute idée de l'importance — au fond fort minime — des ʿAbbāsides, antérieurement à l'hégire. Elle voudrait établir qu'à l'instar des Omayyades, les Hāśimites, « membres du haut patriciat mecquois, jouirent d'un prestige incontesté, avant comme après l'islam (2) ». Pendant la période agitée qui précéda l'hégire, les rivaux d'influence des Omayyades furent, non les descendants de Hāśim, clan demeuré dans l'obscurité, mais ceux de Maḫzoūm (3), des Mecquois doués d'un remarquable esprit d'initiative et disposant de grands capitaux. Cependant que — d'après les aveux de la *Sīra* — les fils de ʿAbdalmoṭṭalib, les Aboū Ṭālib (4), les ʿAbdallah, le propre père de Mahomet, se débattent contre l'indigence et se trouvent dans l'impossibilité d'entretenir leur famille (5).

____

(1) Cf. I. S. *Ṭabaq.*, I¹, 44.

(2) Formule consacrée (*Aǧ.*, X, 104, 2-3), pour expliquer les quartiers de noblesse islamite.

(3) I. S. *Ṭabaq.*, II¹, 41, 22 ; Waqidī, W., 164. Situation reconnue par Mahomet en personne. Cf. Ǧaḥiẓ, *Ḥaiawān*, IV, 123, et notre monographie *La Mecque*, p. 210 etc.

(4) Pour A. Ṭalib voir une remarque très pertinente de Caetani, *Studi di storia orientale*, III, 22 ; notre *Fāṭima*, 30.

(5) Cf. *Fāṭima*, 30 ; I. S. *Ṭabaq.*, I¹, 111, 8 etc.

*
* *

A l'égal de l'Omayyade Ḥarb, les chefs des autres clans qoraišites ont pu redouter, pour l'avenir commercial de la cité, la concurrence juive. Cette question de la concurrence étrangère domine, nous le savons, toute la politique économique de la Mecque, demeurée très étroitement nationaliste. Les fréquentes communications des Mecquois avec Yaṯrib, leurs séjours prolongés en cette ville, les rapports de leurs associés et de leurs agents dans le Ḥigâz du Nord, ne leur permettaient pas d'ignorer les conditions déplorables au milieu desquelles se débattait la fraction arabe de la population médinoise. Intellectuellement moins développés, affaiblis par leurs divisions intestines (1), par les guerres civiles, Aus et Hazraġ (2) se trouvaient sous la dépendance des Juifs. Ceux-ci sont les détenteurs des capitaux et de la fortune (3), de l'industrie et des plus florissants domaines. « Rois de l'Oasis (4) », ils avaient réduit les Arabes à la condition de clients. « Esclaves des Juifs » ! Voilà comment Sokaina, petite-fille de 'Alī, traite les Anṣârs (*Aġ.*, XIV, 172, 12 a. d. 1.) Les Juifs détenaient — ne l'oublions pas — le sol de l'oasis, quand s'y présentèrent les immigrés arabes, et ils entendirent toujours maintenir leur privilège de premiers occupants vis-à-vis des métèques ismaélites, accueillis par eux. A telles enseignes que parmi ces derniers, certains se trouvèrent complètement à leur merci, eux, leur avoir, leurs familles (5) et leurs enfants (6).

---

(1) Comp. *Qoran*, xlix, 9, etc., et toute la sourate 49ᵉ ; cf. iii, 98, 118. Les Juifs forment la majorité à Médine ; Samhoûdî, *op. cit.*, I, 260.

(2) Ibn Hišâm, *Sira*, 372, bas.

(3) Samhoûdî, *Wafâ*, I, 125 ; Caetani, *Studi*, III, 42, etc.

(4) Samhoûdî, II, 269. Wensinck, *op. cit.*, 35 et *passim*. « Maulâs des Juifs » signifie non « patroni Judaeorum », mais « alliés » des Juifs, ou même leurs clients, cf. I. Hišâm, 372, 4 d. l. Même méprise dans Caetani, *Studi*, III, 39.

(5) Ibn Hišâm, *Sira*, 551, bas ; 1. S. *Tabaq.*, II¹, 23 ; Boḫârî, *Saḥîḥ*, Kr., II, 115.

(6) Waḥidî, *Asbâb*, 175 ; Samhoûdî, *Wafâ*, I, 153 ; Aboû Dâoûd, *Sonan*, I, 214, 11 ; notre article *l'Islam primitif en face des arts figurés*, dans *Journal asiatique*, septembre 1915, pp. 38, 40.

Cette tension, dans les rapports entre les deux fractions principales de la population médinoise, facilita singulièrement l'établissement de Mahomet au moment de l'hégire. Il réussira sans peine à lâcher contre leurs créanciers « les débiteurs anṣāriens, engraissés de la substance d'Israël ». C'est le reproche mérité qu'adresseront à ces profiteurs sans scrupules certains Médinois arabes, animés d'un sentiment plus exact de la justice (1). Les Israélites achevèrent de renforcer leur primatie, en agitant la menace de soutenir un des deux groupes médinois belligérants. Perspective redoutable, que cette menace au milieu de l'anarchie des clans anṣāriens ! Dans cette agglomération agricole, réunion de fermes et de hameaux, ils possédaient les plus forts donjons, *oṭom*, les seuls dépôts d'armes et d'instruments aratoires (2).

Cette situation, humiliante pour l'amour-propre des Arabes, invitait les Qoraišites à réfléchir. Ces politiques avisés, calculateurs exacts des réalités — le *sal terrae* au sein de la race arabe (3), affirmait Mahomet—, ont dû se promettre d'écarter de leur république une aussi redoutable éventualité. Cette décision a pu leur inspirer des préventions, hostiles à la constitution, en leur cité, d'une communauté israélite : préoccupations qu'ils ne paraissent pas avoir entretenues à l'égard des chrétiens. Pour écarter plus efficacement ce danger, pour éloigner la compétition de l'activité israélite, peut-être ont-ils décrété contre eux des taxes de séjour, encore plus lourdes que celles prélevées sur les trafiquants étrangers (4). Ils avaient sous les yeux l'exemple de Ṭāif, où cette fiscalité se trouvait

---

(1) *Osd*, II, 74 ; IV, 335 ; cf. Wāqidī, Kr., 180, 191 ; Ibn Ḥanbal, *Mosnad*, III, 391, 395. Le poète ʿAbbās ibn Mirdās cité dans Ibn Hišām, *Sira*, 660, bas ; cf. *Osd*, III, 142 ; *Aǵ.*, XIX, 95.

(2) Waḥidī, *Asbāb*, 311, 312 ; Wāqidī, Kr., 180 ; cf. Leszynsky, *op. cit.*, 19 ; I. S. *Ṭabaq.*, II¹, 77, 79. Mahomet emprunte leurs outils pour creuser le « Ḥandaq » ou tranchée à Médine.

(3) Ibn Qotaiba, *op. cit.*, 292. Ailleurs, cf. Ḍahabī, *Mīzān*, I, 116, la locution évangélique se trouve appliquée aux compagnons du Prophète ; Baǵawī, *Maṣābiḥ*, II, 194.

(4) Nous les étudions dans notre monographie de *La Mecque*, 45, 117.

appliquée par les Ṭaqafites aux Juifs immigrés du Yémen. Si ces mesures restrictives ont existé, elles n'empêchèrent pas toutefois des *mercantis* juifs de s'établir parmi les Qoraiś (1). Ces représentants d'Israël estimèrent la position trop bonne pour y renoncer sans lutte. Ils n'ont pu y vivre entièrement isolés, puisque nous connaissons l'existence d'un cimetière juif à la Mecque (2).

A l'encontre de la constatation faite pour les chrétiens, il nous a été impossible de découvrir des Juifs, jouissant de *l'indigénat* à la Mecque, ou membres de familles qoraiśites. De Waraqa ibn Naufal, si célèbre dans l'histoire de la *préparation* islamique, des compilateurs postérieurs ont essayé de faire un Juif, devenu plus tard chrétien (3). Renseignement intéressant (4), s'il ne représentait le remaniement maladroit d'une légende inconsistante. Je ne connais rien de plus déconcertant que la reprise, la manipulation arbitraires des données, admises par Boḫārī et les auteurs des recueils canoniques ; triturations auxquelles n'ont cessé de se livrer les rédactions de la *Sīra*, postérieures au troisième siècle. Cette intempérance alla jusqu'au point de provoquer les protestations de nombreux érudits musulmans (5). Même les clans des « faubourgs », beaucoup moins exclusifs, moins férus de préjugés xénophobes et aristocratiques, n'ont manifesté aucun empressement pour adopter les Juifs ou pour embrasser les croyances mosaïques. En revanche, on ne signale (6) que rarement à cette époque des esclaves juifs au Ḥigāz (7) ; tandis que

(1) I. S. *Ṭabaq.*, I¹, 71, 106, 20.

(2) Moslim, *Ṣaḥīḥ*, II, 375.

(3) *Sīra ḥalabyya*, I, 134.

(4) Probablement influencé par Boḥtorī, *Ḥamāsa*, Cheikho, n. 1354 ; cf. Nöldeke, *Beiträge*, 81.

(5) Voir par exemple, Ḍahabī, *Mīzān al-i'tidāl*, 3ᵉ vol, *passim*.

(6) Serviteur juif chez le Prophète, mais rien ne prouve qu'il fût esclave ; Boḫārī, C. II, 97. Cf. *ibid.*, VII, 6, 4.

(7) Esclaves et affranchies juives ; *Osd*, I, 387 ; V, 585 ; I. S. *Ṭabaq.*, II¹, 98, 10 ; Ibn Ḥanbal, *Mosnad*, III, 260 ; Boḫārī, *Ṣaḥīḥ*, Kr., I, 340. Pourtant, d'après I. Hiśām, *Sīra*, 758, depuis Ḥaibar, « les esclaves juifs se multiplient parmi les musulmans » ; cf. *Sīra ḥalabyya*, II, 371.

les chrétiens se trouvent représentés en nombre parmi la population servile
de la Mecque.

Cette rareté d'esclaves juifs mérite d'être notée. Leurs coreligionnaires du Higāz auraient-ils racheté tous les *Mosaïstes* réduits en servi-
tude ? Cette conduite charitable (1), une œuvre de miséricorde aussi
évangélique — le Qoran (ii, 79) leur en donne acte — nous invitent à ne
pas prendre à la lettre le grief, formulé contre eux dans le même recueil
(*ibid.*), « d'avoir expulsé une partie des leurs, de s'être concertés pour
accabler criminellement des frères infortunés »; comme quoi enfin « Allah
aurait jeté parmi eux l'esprit de haine et d'inimitié jusqu'au jour du jugement (2) ». Ailleurs, le Qoran (xlvi, 16) semble faire allusion à des
divergences d'interprétation, relatives à la législation religieuse (3).
Mahomet s'en déclare on ne peut plus scandalisé. Il parle de prétendues citations bibliques, qu'ils lui auraient alléguées pour l'induire en erreur (4).
Il les accuse d'avoir voulu battre monnaie sous prétexte de lui communiquer la Bible (*Qoran*, iii, 184). Aveu précieux, montrant combien il
souffrait de ne pouvoir consulter par lui-même les Livres saints !

Que visent ces récriminations ? Faut-il songer à des opinions d'écoles
talmudiques ou à des subtilités de casuistique ? Mahomet s'autorise
peut-être de ces discordances pour accuser les Israélites d'avoir falsifié les
Écritures (5). Le manque d'union entre eux, leurs mésintelligences, c'est

------

(1) Cf. Leszynsky, *Die Juden in Arabien*, 14. Où avaient passé les femmes
des B. Qoraiza, toutes vendues comme esclaves ? Mystère et contradiction !

(2) *Qoran*, v, 69. Dans iv, 56, accusés d'égoïsme. Comp. la conduite charitable des leurs à Wadi'l-Qorā envers les exilés Juifs de Médine ; Wāqidī,
Kr., 181.

(3) Cf. *Qoran*, ii, 209 ; iii, 17 (il s'agit des juifs, cf. iii, 20), 101 ; x, 93 ;
xcviii, 3.

(4) *Qoran*, iii, 72. Après le désastre des Qoraiza, des esclaves juives se
rachètent elles-mêmes, *Sīra halabyya*, II, 371. Rachat pratiqué par les Juifs ;
ibid., II, 395, 2 ; Ibn Hiśām, *Sīra*, 653.

(5) Sur ce reproche cf. Leszynsky, *op. cit.*, 56.

là encore une accusation reprise par la *Sīra*, à la suite du Qoran. Leurs clans s'y trouvèrent entraînés par le jeu des alliances particulières avec les tribus arabes, enfin par leur dédain pour leurs voisins ismaélites et par une confiance exagérée en leur supériorité intellectuelle. Tous ces griefs ont été mis en avant, afin de rendre moins invraisemblable la ruine foudroyante de la puissance juive en Arabie. Dans cet effondrement mal expliqué jusqu'ici, la trahison des clients médinois d'Israël (1), l'abandon de ses prosélytes sarracènes (2), jouèrent croyons-nous, un rôle plus important que « la terreur jetée par Allah au cœur des Scripturaires » (3). Cette dernière explication équivaut à un aveu d'impuissance.

On comprend d'autre part la proportion relativement considérable d'esclaves chrétiens au Ḥiǵāz. Ce prorata élevé tenait au voisinage, à l'extension des frontières byzantines, aux fréquentes razzias des Bédouins, qui opéraient sur les confins, laissés sans défense (4), du vaste *limes* syro-mésopotamien ; enfin à l'importance du réservoir d'esclaves qu'était devenue l'Éthiopie (5). En face des grands États chrétiens (6) de l'Orient, aux débuts du septième siècle de Jésus-Christ, les Israélites ne peuplaient que de minuscules oasis en Arabie. S'ils réussissaient à y vivre en paix avec leurs voisins scénites, c'était parfois au prix de concessions fort humiliantes pour leur amour-propre.

Ainsi ceux de Ḥaibar s'étaient vus forcés de contracter alliance avec les remuants Banoū Fazāra. Ces sortes de fédérations, jamais gratuites, entre Bédouins et sédentaires, supposent d'ordinaire pour ces derniers l'abandon d'une partie (7) de la récolte au profit des nomades. Ceux-ci en

---

(1) Que leur reproche le poète 'Abbās ibn Mirdās ; *Aǵ.*, XIX, 95 ; I. Hišām, 660.

(2) Dont on a sousévalué la proportion numérique.

(3) Comp. Boḫārī, *Saḥīḥ*, C. I, 113 ; Ibn Hišām, *Sīra*, 776.

(4) Surtout depuis les guerres d'Héraclius contre la Perse.

(5) Voir nos *Aḥābīš*.

(6) Byzance et l'Abyssinie.

(7) A Ḥaibar, c'était la moitié ; Samhoūdī, *op. cit.*, I, 214.

retour assument l'obligation de protéger (1) leurs amis ou alliés contre les déprédations des tribus étrangères. En réalité, les Scénites s'engagent, en vertu de ce contrat, à défendre contre les autres larrons du désert la part qui leur revient. Ils n'en demeurent pas là. Le plus souvent ils finissent par entrer si complètement dans leur rôle de gendarmes qu'ils en arrivent à se considérer comme les propriétaires véritables des palmeraies, et les sédentaires comme des tenanciers. Ces mœurs, ces coutumes demeurent toujours en vigueur sur la frontière syrienne, limitrophe du désert. Les paysans y payent aux Bédouins sous le nom de *ḫowwé* (2), fraternité, une contribution consistant dans le partage de la récolte. De nos jours, au témoignage de Ch. Huber (3), les Bédouins continuent à prélever à Haibar la moitié des produits de l'oasis.

La situation se trouvait être sensiblement la même dans le Ḥiǧāz, au septième siècle de notre ère (4). Mahomet s'en autorisa pour rédiger les stipulations de la convention avec les Juifs de Ḥaibar. Cet accord, rapproché de la coutume précitée, jette une curieuse lumière sur la politique et la stratégie militaire du Prophète ; deux matières à propos desquelles ses biographes ont vulgarisé les plus étranges erreurs. Il spécifia que les Ḥaibarites, pour obtenir le retrait de ses troupes, lui céderaient la moitié de leur récolte annuelle (5). En d'autres termes, il se substitua aux Bédouins de Fazāra. Tout comme à Médine, le Maître l'emporta à Ḥaibar par sa stratégie diplomatique autant que par la force des armes.

---

(1) Comment les Bédouins réussirent à s'y enrichir ; voir *Aǧ.*, XII, 8, l. 12, etc.

(2) Cf. Ibn al-Aṯīr, *Nihāia*, II, 7 : on y retrouvera la forme dialectale « ḫowwa ».

(3) *Voyage dans l'Arabie centrale*, 121, 129. Même situation à Fadak ; Samhoūdī, II, 355, 7 ; à Wādi'l-Qorā ; Yāqoūt, *Moʿǧam*, W., IV, 81.

(4) Pour Ḥaibar, voir Samhoūdī, *loc. cit.*

(5) I. S. *Ṭabaq.*, II¹, 82. Pour écarter les B. Fazāra, Mahomet leur offre d'abord le maintien de leur « part » à Ḥaibar. Texte fort instructif à cet égard dans Samhoūdī, *op. cit.*, II, 283, 3, etc.

Cernés dans leurs fortins, tremblant pour leurs palmeraies (1), pour leurs florissants domaines, les Juifs se décidèrent à traiter. Ils accceptèrent d'échanger l'alliance de Mahomet contre celle des Fazāra. De part et d'autre, la paix revenait au même prix. Seulement l'adroit Aboū'l-Qāsim saurait tirer de la convention meilleur parti que les Bédouins imprévoyants et anarchiques. Le tort des Ḥaibarites fut de ne pas s'en être rendu compte.

Dans son parallèle entre les deux religions scripturaires — parallèle sous-entendu dans la plupart des anciennes sourates médinoises — on ne peut s'empêcher de remarquer combien le Qoran (2) insiste sur les prétentions des Israélites pour les opposer à la modestie des chrétiens ! Ceux-là Mahomet les désigne par ces termes : « Une fraction de Scripturaires (3) », ou encore « ceux qui détiennent une portion, *naṣīb*, de la révélation (4) », à savoir l'Ancien Testament ; par opposition aux islamites, lesquels « admettent la révélation complète (5) », comprenant, selon eux, les deux Testaments et le Qoran. Non moins que leurs coreligionaires de Médine, l'orgueil empêcha ceux de Ḥaibar de deviner en Mahomet le politique tenace préparant graduellement la ruine des Juifs et leur asservissement total. Ils s'obstinèrent à ne voir en lui qu'un « gentil », *ommī*, en d'autres termes, un barbare (6), dont leur supériorité intellectuelle finirait par avoir raison, comme elle avait jusque-là triomphé (7) de ses compatriotes. On commet un non-sens quand on parle d'une véri-

---

(1) Il avait commencé à les abattre ; *Sīra ḥalabyya*, III, 39.

(2) v, 85. Particularisme dédaigneux des juifs arabes, cause de leur ruine ; Caetani, *Studi*, III, 43-44.

(3) *Qoran*, iii, 95.

(4) Voir ce vocable dans les concordances du *Qoran*, iii, 22 ; iv, 47, 54.

(5) *Qoran*, iii, 115 ; ix, 112 ; comp. ii, 3.

(6) Comp. Boḫārī, *Ṣaḥīḥ*, C. VII, 113, bas.

(7) Hassān ibn Tābit, *Divan*, pièce 201, accuse à tort les Ḥaibarites de lâcheté.

table conquête à Ḥaibar (1). Plus tard cette hypothèse a été mise en avant, pour exalter les mérites militaires du Prophète. Il s'agissait d'autre part de légitimer la conduite des Compagnons, désireux de se tailler gratuitement des apanages dans les bonnes terres de l'oasis et de justifier par avance l'expulsion des légitimes propriétaires, décrétée sous 'Omar.

II

L'animosité du Qoran à l'endroit des Juifs s'explique sans doute, en première ligne, par l'opposition des Israélites médinois à l'œuvre du Prophète. Observons que cette hostilité ne se trahit nulle part dans les sourates préhégiriennes (2). Celles-ci débordent de tendresse, d'admiration pour « le peuple privilégié d'Israël, dépositaire du *Livre*, de la sagesse, de la prophétie, comblé de biens (3) », objet de toutes les complaisances d'Allah. Conscient de sa situation subordonnée d'*ommī*, l'auteur a débuté par sentir toute son infériorité en face de ce glorieux passé ; il s'est contenté de s'enrôler, en qualité de simple messager, *naḏīr, baśīr*, à la suite des prophètes juifs. Le farouche 'Omar lui-même commence par avoir des amis parmi les Israélites de Médine (4). En quête d'auxiliaires monothéistes, Mahomet s'est jugé d'accord avec les *Scripturaires*, détenteurs de la « Science révélée ». « Quand tu seras dans le doute, lui déclare Allah, au sujet de nos révélations, interroge ceux qui lisaient l'Ecriture avant toi » (5). Impossible d'afficher une plus entière confiance que celle attestée dans cette intimation divine (6).

---

(1) Juifs de Ḥaibar, exemptés de la capitation. Samhoūdī, *op. cit.*, I, 229, montre qu'il s'agit d'un apocryphe ; comp. I. S. *Ṭabaq.*, II¹, 80, 1-5. Leszynsky, *op. cit.*, 96 etc., croit à une grande action militaire, sur la foi de sources aussi peu sûres que le Ḥumīs et la *Sīra ḥalabyya.*

(2) Ou bien il y a lieu de supposer alors que les versets antijuifs ont été déplacés.

(3) *Qoran*, xlv, 15.

(4) *Osd*, III, 126, bas.

(5) *Qoran*, x, 94. Le singulier le montre, l'ordre s'adresse directement au Prophète.

(6) Comp. *Qoran*, xiii, 43.

Sa rancune devait éclater le jour où il s'est aperçu de sa méprise.
Les Juifs n'usèrent d'aucun tempérament pour regagner ses sympathies.
Rien ne prouve pourtant qu'à la Mecque il n'ait pas déjà épousé à leur
détriment les préventions politico-économiques, les préjugés xénophobes
de ses concitoyens. Remarquons-le en passant : les légendes empruntées
à l'Ancien Testament sont déjà esquissées dans les sourates mecquoises.
Ces récits écourtés ne peuvent, pour l'ampleur, soutenir la comparaison
avec les amplifications biblico-qoraniques, encombrant les révélations de
la période médinoise. Les premières, il les aura, selon toute vraisemblance,
recueillies sur place, dans son voisinage immédiat, parmi les colporteurs
juifs et les Judéo-chrétiens d'Abyssinie, habitant les *Zawāhir*, faubourgs
de la Mecque, fréquentant les bazars et les foires, où lui-même aimait à
flâner (1). L'imprécision de ces rapsodies, leur naïveté fournissent un
nouvel indice pour le nombre restreint d'Israélites (2), de passage ou fixés
dans sa ville natale. De même que l'étalage d'érudition haggadique, cons-
tatée à Médine, trahit l'influence d'un milieu talmudiste (3).

Nous le savons par l'histoire de la *Diaspora* israélite dans le Ḥiǧāz
septentrional ; celle-ci y formait des communautés compactes, des groupes
puissamment constitués autour d'un centre commun, de préférence dans
des oasis fertiles, au carrefour de voies commerciales. Nulle part trace
d'un nomadisme juif (4). On y découvre en revanche des éléments d'organisation qu'on chercherait vainement dans la république mecquoise.
Celle-ci représente pourtant le suprême effort, l'essai le moins imparfait
de vie politique et sociale, auquel aient réussi à s'élever les Bédouins du
Ḥiǧāz. Dans ces milieux juifs, le sentiment de la solidarité semble avoir

---

(1) Cf. notre *Fāṭima*, 95.

(2) Ou de monothéistes auxquels fait allusion le *Qoran*, xvi, 105 ; xxv, 5.

(3) Pour ce motif, nous repoussons l'origine mecquoise de la sourate de
Joseph, admise par Nöldeke-Schwally, *Geschichte*, 152-153. En particulier, xii,
38, est certainement posthégirien.

(4) Ils possèdent peu de troupeaux. Pour partir, les Juifs de Médine
doivent louer des chameaux.

été plus développé que chez leurs concitoyens ismaélites. Ainsi à Médine et à Haibar, nous constatons l'existence d'écoles (1), d'un trésor (2). Il était destiné à promouvoir les intérêts, le développement de la communauté et vraisemblablement était alimenté par des contributions particulières. Mahomet ne l'ignorait pas : à Haibar, il ne se donna aucun repos avant d'avoir reçu livraison de la caisse commune qui semble avoir été déposée en cette place forte du judaïsme arabe.

A la tête de la collectivité, et à côté des *ašrāf*, chefs des familles les plus influentes, nommés *sayyd*, comme dans les tribus bédouines, se trouvaient des rabbins, *aḥbār* (3). Ceux-ci jouissaient d'un crédit assez bien établi pour que le Qoran (4) ait pu les accuser de se faire idolâtrer par les leurs (5). Dans cette incrimination, il trouvera moyen d'envelopper les chrétiens, en considération des égards témoignés aux moines. Remarquons que le rabbinat n'est mentionné dans aucune sourate mecquoise, le Prophète n'ayant découvert l'institution que plus tard. Elle lui deviendra odieuse, on devine pourquoi. Comme le clergé belge au cours de la grande guerre, les rabbins médinois ont soutenu la résistance patriotique des Juifs. Malgré tout, Mahomet se voit forcé de rendre hommage à leur savoir, en même temps qu'il laisse deviner l'influence dont ils jouissent (6).

On ne saurait trop énergiquement réagir contre les préjugés historiques popularisés par la *Sīra* et si facilement acceptés par

---

(1) Voir précédemment, p. 61.

(2) Ibn Hišām, *Sīra*, 543, 763 ; Waqidī, W., 278 ; *Aḡ.*, VI, 100, 3 ; I. S. *Ṭabaq.*, I¹, 77, 80, 81 ; *Sīra ḥalabyya*, III, 48, 49. Moṭahhar Maqdisī, Huart, V, 14.

(3) Ou *rabbānyyoūn* (Qoran, loc. cit.). Curieuse étymologie dans Boḥārī, C. I, 25.

(4) Cf. III, 73 ; v, 48, 68 ; ix, 31. Ils étudient la Tora ; I. Hišām, *Sīra*, 659, 11 ; la récitent au chevet des malades ; I. S. *Ṭabaq.*, I¹, 115.

(5) *Qoran*, ix, 31.

(6) Cf. *Qoran,* loc. cit.

l'orientalisme (1). « Toute corde est bonne pour étrangler un malheureux », avait dit un poète arabe (2). Prend-on la peine de contrôler ces accusations, il n'est pas rare de les reconnaître controuvées.

C'est le cas pour la désunion des Juifs, leurs divisions intestines et aussi pour leur manque de courage (3). Encore une accusation, demeurée inconnue aux Arabes préislamites. Quand Mahomet, après la victoire de Badr, menaça les Banoū Qainoqā', ceux-ci, en dépit de leur petit nombre, relevèrent fièrement le gant (4). Leur seul tort fut d'escompter le secours solennellement promis par leurs alliés arabes qui les abandonnèrent honteusement. Avant d'avoir raison de la résistance des Banoū Naḍīr, Mahomet dut emporter rue par rue, quartier par quartier (5). Ḫaibar n'opposa pas une moins énergique résistance, dont une adroite diplomatie seule eut raison. Au cours des guerres civiles qui désolèrent Médine, à la veille de l'hégire, les Juifs firent preuve de vaillance et leurs concitoyens ismaélites allèrent jusqu'à leur confier le commandement suprême (6). Nous possédons à cet égard le témoignage de l'illustre chef médinois Ibn Obayy (7), ceux du poète guerrier 'Abbās ibn Mirdās (8) et d'un autre poète préhégirien, Qais ibn al-Ḥaṭīm (9), un Arabe païen de Médine :

---

(1) Rappelons l'infanticide, attribué aux Arabes ; cf. *Mo'āwia*, 77 : accusation maintenue par Wellhausen, dans *Die Ehe bei den Arabern*.

(2) *Aġ.*, IX, 159, 6.

(3) *Qoran*, II, 90 ; v, 25-27. Comp. Leszynsky, *op. cit.*, 10, 19. Adresse des archers de Ḫaibar ; *Sīra ḥalabyya*, III, 30. Trahisons juives signalées à Ḫaibar ; *ibid.*, III, 40, 46, 49.

(4) Wāqidī, Kr., 178.

(5) Wāqidī, Kr., 361.

(6) Cf. *Aġ.*, XXI, 92.

(7) Waqidī, Kr., 179.

(8) Ibn Hišām, *op. cit.*, 661, 4-5.

(9) Autres témoignages : voir son *Divan*, II, 13 ; xiv, 6 ; xvii, 2 ; distique dans Samhoūdī, *Wafā'*, I, 125, bas, non cité dans le *Divan*.

« Voici qu'accourent les contingents des « deux Kāhin (1) » les vaillants de Mālik, de Ṭaʿlaba, le clan d'Ibn Ǧālib.

« Guerriers, quand on les appelle, ils se précipitent au devant de la mort, avec la fougue du chameau non dompté (2) ».

Même après les avoir surpris (3), le Prophète n'arriva pas à triompher pleinement des Juifs, puisque, à l'exception des Qoraiẓa, ils se retirèrent avec les honneurs de la guerre (4). L'intervention d'Ibn Obayy a été mise en avant pour atténuer l'impression de cet échec. Les Arabes de Médine n'étaient pas des foudres de guerre. Leur compatriote Qais ibn al-Ḥatīm, cité plus haut, les déclare « plus adroits à planter des palmiers qu'à manier des coursiers (5) ».

*
* *

En face de cette *Diaspora* compacte, produisant l'impression de l'unité, de la force, quand on vient à la comparer à l'anarchie bédouine, où elle se trouvait noyée, les Qoraiš rencontraient des chrétiens, répandus à l'état sporadique sur la surface du Tihāma et dans les rares agglomérations de sédentaires. C'étaient généralement des étrangers (6), groupes sans importance numérique, formés de marchands, d'affranchis et d'esclaves. Entre eux aucun lien, nulle trace d'organisation, mais le morcellement causé par la diversité d'intérêts, de secte, d'origine, de pays, de langue. On se figure mal les subtils Syro-Byzantins, frayant avec les rudes mercenaires *Aḥābīš* (7), avec les esclaves chrétiens des faubourgs,

---

(1) Deux clans juifs de Médine, « les deux prêtres ».

(2) *Divan*, éd. Kowalski, IV, 12-13. Ṭaʿlaba, un clan judaïsé ; *Aġ.*, XIX, 95 ; Samhoūdī, *op. cit.*, I, 114, 115 ; Caetani, *Annali*, I, 413.

(3) Cf. *Qoran*, VIII, 60.

(4) Avec tambours et trompettes ; Ibn Hišām, *Sira*, 653. Leurs arsenaux étaient extraordinairement bien fournis ; autre indice d'un tempérament plutôt militaire.

(5) Voir son *Divan*, treizième fragment, p. 44 (texte arabe).

(6) Les « aʿǧamī » du *Qoran*, XVI, 105 ; XLI, 44.

(7) Voir nos *Aḥābīš et l'organisation militaire de la Mecque*, passim ; dans *Journ. Asiatique*, nov. 1916.

où ceux-ci exerçaient les métiers déconsidérés (1) de bouchers, *laḥḥām*, de poseurs de ventouses, *ḥaǵǵām* (2), de forgerons. Une cléricature quelconque, un embryon de hiérarchie auraient obvié à ces graves inconvénients. Elles auraient travaillé à rallier cette *dispersion* chrétienne autour de leurs guides religieux, comme à la suite des rabbins (3) la *Diaspora* judaïque ; servi enfin de trait d'union entre les éléments centrifuges de la Communauté. Nous en avons vainement cherché la trace à la Mecque, sans réussir à découvrir la moindre prélature *in partibus*, une délégation présumée d'autorité ecclésiastique. (Voir l'étude sur *les chrétiens à la Mecque à la veille de l'hégire*).

Assurément l'émiettement doctrinal de la chrétienté orientale, a cette époque, n'était pas de nature à promouvoir cette mission unificatrice. Mais aucune secte, aucune église, Melkites, Nestoriens, Jacobites, ne s'est intéressée à ces lointains représentants de la civilisation occidentale. Les visites très espacées de moines gyrovagues, l'apparition de missionnaires (4), de prédicateurs ambulants (5) aux foires du Tihāma ne suffisent pas pour modifier notre jugement sur l'abandon où languissent les chrétiens isolés de la région mecquoise.

Un marchand chrétien, « Ǵassānide de Syrie », se proclame lui-même « sans relations de famille, de parenté à la Mecque ». En revanche, il bénéficiait du titre de *ḥalīf*, affilié à la puissante famille des Qmayyades. En d'autres termes, il était devenu leur associé commercial, leur commanditaire et représentant pour l'exploitation du trafic syrien. Cette affiliation

---

(1) Déconseillés par Mahomet, même aux esclaves; *Osd*, V, 515 ; Ḍahabī, *Mīzān*, I, 253 ; II, 236, 279. Ailleurs il recommande le métier de *ḥaǵǵām* ; Ḍahabī, *Mīzān*, II, 15. Toutes les tendances se trouvent représentées dans les ḥadīt.

(2) Boḥārī, C. VII, 67 ; *Osd*, V, 126.

(3) Dans un cas au moins, le *Qoran*, v, 68, admet leur influence salutaire sur les leurs.

(4) Rappelons le légendaire Qoss ibn Saʿida.

(5) Ils ont inspiré au *Qoran*, ix, 113 ; lxvi, 5, l'épithète de *sāʾiḥ* errant, c'est-à-dire, ascète.

équivalait à une demi-naturalisation ; elle préparait la grande, octroyée
à de rares privilégiés (1). Aussi le Prophète lui accorda-t-il, au lendemain de l'occupation de la Mecque, l'autorisation de « s'y marier à son
choix dans n'importe quelle famille qoraišite (2) ». Le cas de ce
Gassānide a dû se renouveler pour d'autres trafiquants chrétiens. Dans
leur isolement, où ils ne relevaient d'aucune association, ces déracinés,
prêts à fusionner — nous le voyons — avec les maîtres de la Mecque, ne
pouvaient inspirer des inquiétudes, au rebours des groupes de mercantis
israélites. On le devine à l'empressement, apporté pour leur accorder le
bénéfice d'un patronage, d'une affiliation, par ailleurs profitables aux
intérêts mecquois. Les Juifs ne paraissent pas avoir joui de la même
facilité, ni peut-être l'avoir recherchée. Pour eux, au lieu du *ḥilf* ou
affiliation, ils doivent se contenter d'une protection, *ǧiwār*, temporaire (3)
et toujours résiliable. Une simple déclaration suffisait d'ordinaire, sans
l'intervention de rites religieux, comme dans le cas du *ḥilf* (4). D'autre
part, rien ne prouve que les Juifs se soient livrés dans le Tihāma au prosélytisme, à l'imitation de leurs coreligionnaires dans le nord du Ḥigāz ;
propagande fort inopportunément contestée par Wellhausen (5).

Cette divergence dans le traitement politique répond à la situation
différente des deux grandes communautés monothéistes. Les chrétiens se
rattachaient à une collectivité considérée comme lointaine. Les Juifs

---

(1) Ġāḥiẓ, *Opuscula* (éd. Van Vloten), p. 6, bas.
(2) Azraqī, W., 460, haut ; cf. 458, bas.
(3) Voir précédemment ; Mofaḍḍal, *Fāḫir*, 102-103.
(4) Cf. *Sīra ḥalabyya*, II, 339.
(5) Voir notre *Yazīd*, 286-287 ; Leszynsky, *op. cit.*, 33 ; cf. Samhoūdī, *op.
cit.*, I, 199 ; Wellhausen, *Reste arab. Heidentums*, 230 (opinion sur laquelle
il est revenu dans *Skizzen*, IV) ; Ya'qoūbī, *Hist.*, I, 298. Juifs de Balī ;
Yāqoūt, *Mo'ǧam*, E. IV, 390, 5. Le célèbre compagnon Aboū Ayyoūb (comp.
son nom) aurait été d'origine juive ou judaïsé ; Samhoūdī, I, 189. Expulsés de
Médine, les B. Ḥāriṭa séjournent à Ḥaibar ; donc partiellement judaïsés ; Samhoūdī, I, 136. Ṭayyite juif ; Ibn Hišām, 548. La femme de 'Orwa ibn al-Ward,
une prosélyte juive de Mozaina ; *Aǧ.*, II, 191.

touchaient pour ainsi dire aux frontières du Tihāma. Par ailleurs, les premiers pouvaient à l'occasion escompter la protection de Byzance et de l'Éthiopie, puissances avec lesquelles les Mecquois tenaient à conserver des relations amicales, dans l'intérêt de leur commerce. Pour ce qui est des Israélites, rien n'obligeait à ces ménagements. Dans la région du Nord et de l'Est, leurs florissants établissements surveillaient et pouvaient au besoin barrer les routes de la Syrie et de la Babylonie. Il ne l'ignorait pas, Aboū Sofiān, le personnage le plus représentatif de la mentalité qoraišite, le modèle achevé du *ḥilm*, du libéralisme, système politique adopté plus tard par la dynastie omayyade. S'il comptait des gendres chrétiens — rappelons le premier mari d'Omm Ḥabība — il entretenait des rapports, empreints de cordialité, avec les Juifs de Médine. Ceux du Yémen venaient de relever la tête, depuis la retraite des Abyssins ; leurs synagogues restaient en communications épistolaires avec celles de Médine, de Syrie et de l'Iraq arabe (1). Propriétaires des oasis, industriels, trafiquants, financiers dans les villes, ils cherchaient à influencer le marché économique de la Péninsule, un domaine où les Qoraišites ne souffraient pas de rivaux. A Taimā' le Juif Samau'al avait, à l'ombre de son castel Al-Ablaq, institué une foire. Médine possédait le marché permanent (2) des Qainoqā'; double tentative de concurrence pour dériver vers le Nord et aux dépens de la Mecque les caravanes marchandes. Ce n'étaient pas les seuls motifs de défiance nourris au sein de la république qoraišite et partagés par la majorité des Arabes.

*
* *

Aux Hébreux affectant de faire bande à part (3), l'opinion publique

---

(1) Wāḥidī, *Asbāb*, 103. Juifs Yéménites à Médine ; Samhoūdī, *op. cit.*, I, 114, 115 ; autres, p. ex. Marḥab à Ḥaibar ; Ibn Hišām, *op. cit.*, 761. Comp. Samhoūdī, I, 129 ; I. Hišām, 135-136.

(2) Samhoūdī, II, 325. Efforts de Mahomet (Samhoūdī, I, 539-40) pour créer à Médine un marché indépendant des Juifs. Opposition de ces derniers.

(3) Leszynsky, *op. cit.*, 45, bas, les dit « unarabisch » ; Caetani, *Studi*, III, 43-44.

reprochait des mœurs étranges, tout un ensemble d'institutions, de coutumes, qui achevaient de les singulariser, de les isoler de la masse des Arabes ; tout le talmudisme enfin. Ils en imposaient l'observance aux Ismaélites qui manifestaient l'intention d'embrasser leurs croyances. Mentionnons le repos du sabbat (1), leur refus de manger la chair du chameau (2), surtout la graisse (3). Cette répugnance semblait contre nature aux Bédouins, grands amateurs de nourritures adipeuses (4). Mahomet ne se l'explique pas mieux, et le Qoran croit y reconnaître « un châtiment de leur infidélité et de leur obstination (5) ». Pareillement, les Juifs usaient entre eux d'un dialecte particulier (6), sorte de *Yiddisch* sarracène, farci de tournures, de locutions spéciales, vraisemblablement teintées d'aramaïsmes. Les vocables d'origine syriaque abondaient dans leur langue religieuse, dans la terminologie liturgique, dont plusieurs ont passé dans l'idiome du Qoran (7). Dans ce recueil, certains reproches, adressés aux Israélites, ne s'expliquent que par une compréhension

---

(1) *Qoran*, ii, 61 ; iv, 50, 153 ; vii, 163 ; xv, 135. Le vendredi soir, on prépare le repas du lendemain ; Wāqidī, Kr., 364 et Wāqidī, W., 206 ; Wensinck, *op. cit.*, 52 ; Ibn Hiśām, *Sīra*, 578, 686 ; Samhoūdī, *op. cit.*, I, 202, 216, 218 ; II, 153 ; *Sīra ḥalabyya*, II, 363.

(2) Wāqidī, W., 217 ; Ibn Hiśām, *Sīra*, 92, 375, 376 ; *Qoran*, iv, 158 ; xvi, 119, 125 ; I. S. *Ṭabaq.*, I⁴, 115-116.

(3) *Qoran*, vi, 147 ; I. Aṯīr, *Nihāia*, I, 117 ; Wāḥidī, *Asbāb*, 44, 84 ; I. S. *Ṭabaq.*, II², 36 ; Aboū Dāoūd, *Sonan*, II, 63. Pour la vente de la graisse chez les juifs, cf. Leszynsky, *op. cit.*, 27. Chez un juif, manger du chameau signifie embrasser l'islam ; I. Hiśām, 692.

(4) Cf. le trait cité, *Aǧ.*, X, 28 ; *Berceau*, I, 245.

(5) *Qoran*, aux endroits cités.

(6) Compris de travers par le Prophète ; d'où certaines méprises du *Qoran*, p. ex. ii, 87, 89 ; iii, 177.

(7) Cf. Fraenkel, *Aramäische Fremdwörter*, I. S. *Ṭabaq.*, II¹, 66⅓; Wāḥidī, *Asbāb*, 22 ; Boḥārī, *Ṣaḥīḥ*, C. VII, 194, 11 ; Nöldeke, *Neue Beitr. z. semit. Sprachwissenschaft*, 23, etc.

imparfaite des locutions juives (1). Ces quiproquos semblent avoir défrayé la causticité de ses rusés adversaires, très redoutée du Prophète, inhabile ou renonçant à manier l'arme de l'ironie (2). Il lui arrivait de prendre peur des questions insidieuses qu'ils s'amusaient à lui poser (3). Les rabbins lui auraient-ils fait remarquer que dans le Qoran (xxi, 104) le vocable *sigill*, dérivé du latin *sigillum*, s'était mystérieusement métamorphosé (4) ? Aucune de ces causes de mésentente ne séparait les chrétiens de la Péninsule du reste de leurs compatriotes païens.

Elles ont pu inspirer à l'égard des Juifs une tolérance moins large, suggérer le désir de les abaisser, de s'opposer à leurs prétentions, de se défendre contre leurs tendances envahissantes. Dans la cité de Ṭaif, parmi les sceptiques Ṭaqafites, il semble bien qu'on les ait soumis au régime du *ḥarāǧ* ou capitation (5). Or, cette humiliante *diminutio capitis* ne fut nulle part imposée aux chrétiens en Arabie. Jamais leurs croyances particulières ne privèrent ces derniers (6) de l'*isopolitie*, ne les empêchèrent d'exercer la plénitude des droits civiques, au même titre que leurs contribules païens. On n'en serait pas demeuré à ces procédés d'autant plus mortifiants pour l'amour-propre des Israélites qu'ils ne pouvaient ignorer leur supériorité intellectuelle sur « la gentilité » sarracène. Ils commettaient même l'imprudence de proclamer brutalement leur conviction à cet égard (7) ; bravade maladroite que le Qoran n'a pas manqué de relever.

---

(1) *Qoran*, cité plus haut ; Leszynsky, *op. cit.*, 32 ; Nöldeke, *op. cit.*, 23, etc.

(2) La Tradition lui attribue pourtant la *doʻāba*, l'art de la plaisanterie ; I. Aṯīr, *Nihāia*, II, 23 ; Ġāḥiẓ, *Opuscula*, 132.

(3) Ibn ʻAbdalḥakam, *Fotoūḥ Miṣr* (éd. Massé), 33.

(4) Ḍahabī, *Mizān*, I, 283, 1 ; cf. Nöldeke, 27-28.

(5) Cf. notre *Moʻāwia*, 433.

(6) Citons Waraqa et ʻOṭmān ibn al-Ḥowairiṭ. Ce dernier joua à la Mecque un rôle politique considérable. Cf. Lammens, *La Mecque*, 270 etc.

(7) *Qoran*, iii, 69.

Par moments, il est facile de surprendre chez les Ismaélites une tendance à les ridiculiser (1) ; nous l'avons constaté ailleurs (2). Inutile, pour en citer des preuves, de descendre, avec Wellhausen (3), jusqu'à la période posthégirienne. A cette époque d'exaltation *impérialiste*, les préjugés antijudaïques, surexcités par la lecture du Qoran, perdent toute retenue. L'épithète de juif équivaudra alors à la dernière des injures (4) ; maudire un Juif remplacera l'élargition d'abondantes aumônes (5). Pourquoi se gêner ? Le Qoran (LXII, 5) avait comparé les Israélites, « chargés de transmettre la Bible et devenus infidèles à cette mission, à l'âne porteur de livres sacrés. La triste ressemblance que celle de ces prévaricateurs, exploitant déloyalement la révélation d'Allah » ! Comparaison d'autant plus désagréable, quand on vient à la rapprocher d'autres allusions aussi peu flatteuses que les sourates (6) font à l'âne et de celles encore plus déplaisantes que la zoologie qoranique suggérera.

Les souris évitent, assurent gravement les Bédouins, de toucher au lait de chamelle. Armé de cette observation, Mahomet — affirment-ils — en aurait déduit que cette répugnance devait attester chez ces rongeurs une origine juive (7). Cette conclusion paraîtra moins extraordinaire, si l'on veut se rappeler que, au dire des sourates médinoises (8),

---

(1) Nöldeke, *Beiträge*, 84 ; Samhoūdī, *op. cit.*, I, 129.

(2) *Mo'awia*, 65, 124, 429, etc. Cf. Boḥārī, Kr., II, 357.

(3) *Reste*, 230. Le serment cité, *Aǧ.*, V, 140, 14, date du premier siècle H.

(4) Tirmiḍī, *Ṣaḥīḥ*, I, 276 ; Soyoūṭī, *Mauḍoū'āt*, II, 109. Infection particulière aux cadavres juifs, d'après Mahomet ; Ibn Ḥanbal, *Mosnad*, I, 200, 201 ; Dahabī, *Mīzān*, I, 109. Le ǧarqad, buisson épineux, serait un arbre juif, j'ignore pourquoi ; Baǧawī, *Maṣābīḥ*, II, 131.

(5) Soyoūṭī, *op. cit.*, II, 401. Faire les ablutions après avoir touché un juif ; Dahabī, *Mīzān*, II, 257, 306 ; *ibid.*, II, 69, 5 (cf. l. 11) lire : *la'ana* — maudire, au lieu de *'alana*, que porte le texte ; III, 325. Parmi ceux qu'on ne doit pas saluer, les Juifs sont nommés au premier rang ; *ibid.*, II, 35.

(6) XXXI, 18 ; LXXIV, 15.

(7) Qotaiba, *'Oyoūn al-aḫbār*, 480 ; Ibn Ḥanbal, *Mosnad*, III, 42 ; Waqidī, W., 217 ; Moslim, *Ṣaḥīḥ*, II, 536.

(8) II, 61 ; VII, 166. *Sīra ḥalabyya*, II, 362 ; *ibid.*, grave discussion sur les

des Juifs furent jadis métamorphosés en pourceaux, en singes. Rien ne prouve que ces fables saugrenues — jamais retournées par les Arabes contre les chrétiens — n'aient déjà couru les bazars de la Mecque préislamite (1). Avant de pénétrer dans les oasis malsaines du Ḥiġāz, principalement à Haibar, la plus malfamée (2) de toutes, il était recommandé de recourir au *ta‘sīr*. Recette infaillible, prétendait-on, contre les atteintes de la malaria et du paludisme, endémiques en ces parages. Elle consistait à ramper à quatre pattes, puis à contrefaire dix fois — d'où le nom de *ta‘sīr* (3) — le braiment de l'âne. Bien avant l'islam, les poètes avaient qualifié cette pratique bizarre de « superstition judaïque (4) ».

Le lecteur devra reconnaître le ton agressif des sourates médinoises, à propos des Israélites. Ces longues diatribes opposent leurs prétentions, leur particularisme, leur obstination et surtout leur mauvaise foi, à la modestie, à la mansuétude des chrétiens, disciplinés — le Qoran en convient — par leurs prêtres et par leurs moines (5). Dans ce parallèle, Mahomet pourrait bien n'être que l'écho des sentiments de ses concitoyens mecquois. Il nous paraît aventuré de parler de « l'impopularité des moines », même « avant que le Prophète eût stigmatisé cette institution,

---

conséquences de ces métamorphoses au point de vue biologique. Autres conclusions déduites de *Qoran*, vii, 28 ; Dahabī, *Mīzān*, II, 142, bas. Les bâtards ressusciteront sous la forme de singes et de pourceaux ; *ibid.*, I, 365.

(1) Cf. Hirschfeld, *New researchcs*, 108 ; Waqidī, Kr., 370 ; Ǵaḥiz, *Haiawān*, VI, 24, 162.

(2) Mahomet en rapporta une fièvre qui le tourmentera jusqu'à son dernier jour. A cette occasion, la *Sîra* parle d'un poison administré par les Juifs.

(3) Maṣdar de *‘assara* = reprendre *dix* fois, nombre exact des pauses dans le braiment des ânes, d'après I. Atīr, *Nihāia*, III, 98, 5 ; Ibn Doraid, *Istiqāq*, 199, bas.

(4) *So‘arā* (éd. Cheikho), 912 ; Ǵaḥiz, *Haiawān*, VI, 118-119 ; Samhoūdī, *op. cit.*, I, 41 ; II, 275, 315, en usage parmi les Juifs médinois.

(5) *Qoran*, v, 82, 85 ; cf. ii, 59-70, 84, 103 ; iv, 57.

comme une innovation (1) ». Contre cette prétendue impopularité proteste tout le répertoire du Parnasse arabe (2). Le blâme repose sur l'inintelligence d'un verset inséré dans la sourate LVIIe. C'est un des nombreux contresens, qui déparent les traductions du Qoran ; contresens favorisés par le style abrupt du Prophète et complaisamment acceptés par l'orientalisme. A propos de monachisme (3), « le Livre d'Allah » parle, il est vrai, d'innovation. Mais il en prend l'occasion d'exprimer son admiration pour « les disciples du Christ ; ceux-ci, non contents d'offrir en leurs personnes des modèles de bonté, de miséricorde ont, dans l'unique dessein de se rapprocher de Dieu et sous son inspiration, institué la vie religieuse ou ascétique ; œuvre de pure surérogation, qu'aucune loi révélée ne leur imposait (4) ». L'orthodoxie chrétienne n'eût pas trouvé de formule plus complète, sinon plus claire.

Aussi avons-nous légèrement paraphrasé le texte arabe, afin de suppléer les lacunes, les sous-entendus de l'expression parfois fragmentaire de l'auteur. Si quelque chose a pu donner le change sur le sens du verset, celui d'une admiration sans restrictions, c'est l'étrange clausule : « ils ne l'ont pas observé (l'ascétisme), comme il fallait. » Devons-nous y reconnaître l'expression d'une réserve sur certaines exagérations du monachisme oriental, ou bien soupçonner un remaniement postérieur ? L'éloge a pu paraître trop explicite aux éditeurs du Qoran et les aurait amenés à préférer parmi les variantes, *ahrof*, qu'ils avaient sous les yeux, la leçon embarrassée, accueillie dans la version officielle, la recension attribuée à 'Otmān.

---

(1) Margoliouth, *Mohammed*, 3, 40.

(2) Hoṭaï'a, *Divan*, 218 ; Ǧahiz, *Haiawān*, V, 145 ; VI, 121 ; *Berceau*, I, 30.

(3) *Rahbānyya* signifie également ascétisme.

(4) *Qoran*, LVII, 27. *Ibtada'oū* devait venir après *'alaihim*. « La vie religieuse, — notre législation divine (c'est Allah qui parle) ne la leur imposait pas, — ils l'ont innovée (c'est-à-dire inventée) à la seule fin de s'assurer le bon plaisir d'Allah. » Voilà la traduction littérale.

Quoi qu'il en soit, le spirituel Ğāḥiẓ me paraît préciser l'observation du Maître, quand il rappelle les prétentions, le sot orgueil (1) « des Juifs de son temps, malgré leur situation humiliée de tributaires (2) ». S'il est permis de s'en rapporter aux récits de la *Sîra* et des *Saḥîḥ*, les Juifs adoptèrent trop souvent à l'endroit des musulmans, surtout avant la victoire de Badr, un ton, des procédés provocants (3). Ils s'ingénièrent à mortifier l'amour-propre des premiers croyants, non seulement des naïfs Anṣārs, leurs clients de la veille, mais encore des Compagnons qoraišites, infiniment moins endurants (4). Leurs poètes, hommes et femmes, criblèrent le Prophète de traits mordants. A ce dernier il est arrivé de pardonner à ses ennemis ; mais de toutes les amnisties il a toujours et nommément exclu les auteurs de satires. Provocations maladroites, mais combien explicables chez les Juifs en possession, fiers d'une civilisation millénaire, d'une organisation sociale, supérieures à celles des Arabes de la préhégire. Seules des mesures violentes, l'exil et le massacre, auront raison de leur résistance. « Si tu redoutes une trahison, recommande Allah à son Prophète (Qoran, vIII, 60), n'hésite pas à prendre les devants.» Ce verset, ajoute la *Sîra*, suffit à Mahomet pour attaquer les Juifs (5). N'ayant pu, le jour, achever d'appliquer la terrible loi de guerre, en usage alors, il présidera, de nuit, au massacre des prisonniers Qoraiẓa (6), le dernier clan juif demeuré à Médine.

*
* *

Voilà l'attitude parfois complexe gardée par les Arabes préislamites

---

(1) Cf. Caetani, *Studi*, III, 43-44.

(2) *Haiawān*, VII, 22, 4 ; cf. Ibn Ḥaldoūn, *Prolégomènes*, I, 282.

(3) *Qoran*, III, 177-179 ; cf. Leszynsky, *op. cit.*, 55 ; Boḥārī, *Saḥîḥ*, C. VII, 80, 81, 133, 165, 166 ; I. Hišām, *Sîra*, 377-378, 380-381 ; I. S. *Ṭabaq.*, I¹, 115.

(4) Boḥārī, C. I, 40 ; Ḍahabī, *Mîzān*, I, 268 ; II, 42 ; Aboū Bakr aurait repoussé les avances d'un Juif ; *ibid.*, I, 235-236.

(5) I. S. *Ṭabaq.*, II¹, 19, 17.

(6) *Sîra ḥalabyya*, II, 367.

vis-à-vis d'Israël. S'il est possible d'y découvrir des traces d'impopularité, celle-ci visait — il faut le remarquer — non les croyances religieuses, mais bien plutôt les tendances séparatistes des Juifs. Elles ont été signalées par le Qoran (1). On leur reprochait la prétention de former une communauté fermée, se dressant en face des « gentils » ismaélites, qu'ils affectaient de considérer comme des barbares, comme une race inférieure. Avant d'accueillir les prosélytes arabes, ils leur imposaient de rompre avec leur passé, avec leurs coutumes nationales, leur milieu familial et social, pour embrasser l'assujettissante législation talmudique. Prétention odieuse et humiliante pour l'amour-propre de leurs voisins ! Et ce n'était pas la seule ; ils se proclamaient « les élus d'Allah à l'encontre du reste des humains (2) » ; ils accaparaient « pour eux seuls (3) l'éternité bienheureuse à l'exclusion des autres (4) ». Cet exclusivisme orgueilleux devait froisser leurs voisins, les Arabes anciens, si tolérants en matière religieuse. Comment demeurer indifférent devant l'affirmation brutale que les descendants d'Abraham « ne se trouvaient liés par aucun engagement envers la *gentilité* (5) » ? En d'autres termes que, dans les affaires, il leur devenait loisible d'exploiter, de rançonner les non-Juifs, quand l'occasion s'en présentait. On comprendra donc les reproches d'usures exorbitantes, formulés par le Qoran (6), ensuite de « recommander la justice sauf à s'en dispenser eux-mêmes (7) ».

---

(1) Longue énumération de griefs ; *Qoran*, iv, 154, etc.

(2) *Qoran*, lxii, 6. Ils se disent « fils de Dieu », v, 21. Mahomet comprend littéralement. Les païens ont pu en faire autant.

(3) Cf. Leszynsky, *Mohammed. Traditionen über das jüngste Gericht*, 51 etc. ; I. S. *Ṭabaq.*, II¹, 84.

(4) *Qoran,* ii, 88, 105. L'enfer n'est que temporaire pour Israël ; *ibid.*, ii, 74 ; iii, 23 : une donnée talmudique. Même prétention chez les musulmans ; Boḫārī, C. VII, 202-206 ; Leszynsky, *loc. sup. cit.*

(5) *Qoran*, iii, 69.

(6) iv, 159 ; v, 67.

(7) *Qoran*, ii, 47. Banquiers peu scrupuleux pour leurs clients, d'après *Qoran*, iii, 68, du moins pour les petites sommes *(sic)*.

Après ses multiples avances, Aboū'l-Qāsim, constatant l'inutilité de ses efforts, se proclamera scandalisé de leurs revendications au monopole de la révélation, de leur refus dédaigneux d'examiner la valeur de ses titres prophétiques. Il reprochera aux Scripturaires « d'avoir avec le temps abusé de la grâce, endurci leur cœur (1) ». Le blâme vise en premier lieu le *populus dura cervice* de l'Écriture, mille fois «plus endurci que la pierre ; car des rochers jaillissent des torrents ; les rocs se fendent pour laisser sourdre l'eau (2) ». Puisque son Qoran admet, confirme toute leur Bible, secours inespéré dans la lutte commune contre le polythéisme, pourquoi leur mauvaise foi repousse-t-elle la main qu'il leur tend (3) ? C'était jouer double jeu : ils prétendaient vouloir amener les païens au monothéisme et voilà qu'ils les tenaient à distance (4), en écartant dédaigneusement le prédicateur arabe du monothéisme. L'argumentation eût comporté une tout autre valeur, si Mahomet n'y avait gratuitement sous-entendu la légitimité de sa mission, plagiée, affirmaient les Israélites, sur l'histoire de leurs prophètes. Comment qualifier la fin de non-recevoir opposée par eux à « la gentilité » ? Puisque Dieu « dans sa miséricorde » a accordé aux Arabes la grâce d'une révélation comme à eux (5). Appelés à s'en tenir au jugement de la Bible, les Mosaïstes se dérobent devant cet arbitrage (6). Leur orgueil cèle aux autres les divines révélations, qu'il leur incombait de répandre (7). Mais le Prophète les a découvertes et se fait fort de les signaler (8). Ces récriminations en disent long sur les blessures d'amour-propre reçues par Mahomet dans ses discussions avec

---

(1) *Qoran*, LVII, 15.

(2) *Qoran*, II, 69.

(3) *Qoran*, II, 38, 83.

(4) Leszynsky, *Die Juden*, 59.

(5) *Qoran*, III, 66.

(6) *Qoran*, III, 22, 23.

(7) *Qoran*, III, 184. A savoir les preuves de la mission de Mahomet. Cent anecdotes de la *Sira* se chargent d'illustrer cette assertion.

(8) *Qoran*, v, 18.

les rabbins. Mais comment tenir tête à des adversaires, familiarisés par
l'étude du Talmud avec les subtilités de la dialectique ? Les Juifs d'Arabie, aveuglés par leurs rêveries messianiques (1), ne semblent pas avoir
tenu compte de ces malentendus ; moins encore ont-ils travaillé loyalement (2) à dissiper certaines de ces préventions.

*
* *

Par ailleurs, « les gens des deux Livres », Juifs et Chrétiens, jouissaient dans la Sarracène d'une universelle et particulière estime, basée
sur la reconnaissance de leur double supériorité intellectuelle et morale.
A Médine, qui ne possédait pas une communauté chrétienne organisée,
les mères confiaient volontiers leurs nourrissons aux Juifs, et ces enfants
finirent par s'attacher entièrement à leurs éducateurs, jusqu'à vouloir
les suivre dans la disgrâce de l'exil. Assurément la préférence s'adressait
aux disciples de « 'Isā fils de Mariam ». Ceux-ci on les trouvait plus
humains, plus abordables, ils ignoraient la morgue judaïque (3). On attribuait le bénéfice de cette sociabilité, de ces mœurs plus traitables, à
l'influence de leurs prêtres et de leurs moines (4). Ces derniers, principalement les moines (5), jouissaient, au témoignage des poètes, d'une véritable popularité parmi les Bédouins, à l'encontre des rabbins arrogants
et disputeurs (6). Mais enfin, les deux groupes monothéistes passaient
pour « *ahl kitāb wa 'ilm*, les détenteurs de la révélation et du savoir ». Ces
titres, attestés par le Qoran, suffisaient pour les signaler à l'admiration

---

(1) Cf. I. S. *Ṭabaq.*, I¹, 105, 108 ; I. Hiśam, 134, 136, 286. Elles sont
exploitées par l'apologétique musulmane ; I. S., *l. l.* ; I. Hiśam, 686.

(2) Cf. Caetani, *Studi*, III, 92.

(3) *Qoran*, LVII, 25 ; Renan, *Marc-Aurèle*, 570.

(4) Voir plus haut.

(5) Cf. notre *Califat de Yazīd*, 340.

(6) Cf. Leszynsky, *op. cit.*, 55. Les versets contre les « disputeurs » les
visent en première ligne.

des Scénites illettrés. Les Arabes aimaient donc à les consulter, et les moins empressés n'étaient pas ces Qoraišites, auxquels Mahomet aurait reconnu « deux fois plus d'esprit qu'au reste des Bédouins (1) ». « Vous qui lisez les Livres saints (2), vous savez ; quant à nous, nous sommes des ignorants (3) ». Ainsi parlent aux Juifs les païens, concitoyens du Prophète.

La verve gouailleuse des Bédouins ne manquait pas de s'exercer aux dépens des Juifs, à propos de certaines pratiques et répugnances, qui leur paraissaient inexplicables. La suspension de toute activité extérieure, au jour du sabbat, les a certainement divertis (4). Aboū Sofiān, l'esprit le plus libéral de ce temps-là, ne leur pardonna pas de mettre en avant ce prétexte, pendant des opérations militaires qui avaient été combinées d'avance. Rappelons le refus de manger la chair du chameau : une nourriture de choix, « délicate entre toutes les *ṭayybāt*, » affirme le Qoran (5). Dans l'estime des Scénites, « le morceau superfin, délicat par excellence était, devinez !... la bosse de la chamelle, cette pelote tremblante de graisse onctueuse (6) ». Ces dissonances peuvent s'observer chez tous les peuples voisins et ne tirent pas à conséquence.

Parmi les Ismaélites, les chefs les plus distingués rivalisaient pour s'assurer l'alliance d'Israël. Tels Ibn Obayy, si injustement malmené dans la *Sira* (7) et 'Obāda ibn aṣ-Ṣāmit, à Médine. Ce dernier finira par oublier la foi des serments et, les services que lui avaient rendus ses anciens alliés

---

(1) Qotaiba, *Kitāb al 'Arab*, 292. Aussi supposent-ils que leur compatriote s'est fait aider par eux dans la rédaction de son *Qoran*; xvi, 105 ; xxv, 5.

(2) Ibn Hišām, *Sira*, 286 ; Waḥidī, *Asbāb*, 102 ; Ṭabarī, *Annales*, I, 1464.

(3) Ṭabarī, *Tafsir*, V, 79, 80 ; Waḥidī, *op. cit.*, 115 ; comp. Ibn Hišām, *op. cit.*. 134, 192.

(4) Cf. Wāqidī, Kr., 369-370.

(5) iv, 158 ; vi, 147 ; vii, 176 ; xvi, 118.

(6) Perron, *Femmes arabes*, 26.

(7) Antérieurement à l'hégire, il proteste contre les félonies des siens au détriment des juifs ; Samhoūdī, I, 154 ; *Aġ.*, XV, 162, 6 etc.

juifs. Aux reproches d'Ibn Obayy, 'Obāda se contenta de répliquer : « Nos cœurs sont changés et l'islam annule toutes les conventions antérieures (1) ». Le fier Solaimite, 'Abbās ibn Mirdās, poète et fils de la poétesse Hansā', consacra une de ses plus touchantes élégies au désastre des Banoū Naḍīr (2). Ces vers lui furent plus tard objectés en présence du calife 'Omar. 'Abbās n'eut garde de désavouer les éloges décernés par lui « aux ennemis du Prophète ». « Ces infortunés, répondit-il, s'étaient montrés à mon égard des amis dévoués, les plus généreux des hôtes. J'aurais cru me déshonorer en trahissant le devoir de la reconnaissance » (3).

A la Mecque, Aboū Sofiān, le digne père du sympathique et libéral calife Mo'āwia, partageait les mêmes sentiments. La Tradition veut bien lui prêter une dévotion marquée pour le culte de Hobal, un des dieux qoraišites. Cette ferveur ne l'empêcha pas d'entretenir avec les Israélites de Médine les relations les plus cordiales. Il les hébergeait pendant leur séjour à la Mecque (4) et, au cours de ses voyages, recevait à Yaṯrib leur hospitalité, qu'il a galamment célébrée en vers (5). Au temps des longues sécheresses — elles duraient parfois quatre et même sept ans (6) — qui périodiquement venaient désoler le Ḥiġāz (7), on aimait à s'adresser aux Juifs, afin d'obtenir par leur intermédiaire la cessation du fléau (8). Spontanément on leur déférait alors de présider les prières, les cérémonies de l'*istisqā'* ou rogations. Ils sont choisis comme arbitres dans des joutes poétiques (*Aġ.*, XIX, 113). Par ailleurs on leur supposait une

____

(1) Wāqidī, Kr., 180.

(2) Juifs médinois, expulsés par Mahomet ; I. S. *Ṭabaq.*. II¹, 40 etc.

(3) *Aġ.*, XIII, 71 ; Ibn Hišām, *op. cit.*, 660.

(4) D'autres Mecquois agissent comme lui ; I. Hišām, *Sīra*, 548.

(5) *Aġ.*, VI, 99 ; Wāqidī, Kr., 162 ; Waḥidī, *Asbāb*, 115. 'Abbās ibn Mirdās leur accorde le même éloge ; Ibn Hišām, *loc. cit.* ; *Aġ.*, XIII, 71.

(6) Ce dernier chiffre est fourni par Samhoūdī, *op. cit.*, II, 118 ; cf. notre *Berceau*, I, 19 ; le livre de l'*Istisqā'* dans Boḥārī, C. II, 14-23.

(7) « Terre de la faim et de la misère », comme on le qualifie à ce propos ; I. S. *Ṭabaq.*, I¹, 105, 4.

(8) Ibn Hišām, *Sīra*, 136 ; I. S. *Ṭabaq.*, I¹, 104-105.

familiarité particulière avec les pratiques de la sorcellerie (1), comme
avec la composition, avec la manipulation des poisons les plus subtils (2).
Ces toxiques pouvaient produire l'hallucination et n'opérer que de longs
mois après avoir été administrés. Au lieu de mettre en cause le paludisme
et la malaria, ainsi que l'ingestion des eaux malsaines de Médine, Mahomet pensa devoir, au témoignage de la *Sira*, s'en prendre à la malice
des Juifs (3).

La crédulité publique les prétendait en possession (4) des secrets
occultes, de la mystérieuse cabbale, transmis par Salomon et par les deux
anges déchus, Hároût et Màroût (5). Les Juifs eux-mêmes n'étaient pas
fâchés de propager ces fables absurdes, pour en imposer à l'esprit superstitieux des Sarracènes. A maintes reprises, le Prophète s'imagina avoir
été victime de leurs maléfices (6). Ils semblent bien avoir battu monnaie (7) avec la confection des amulettes, des talismans, des philtres, des
formules magiques, *raqia*, dont on leur attribuait le monopole (8). Au
moment de son mariage, 'Abdallah, le père de Mahomet, se vit l'objet de

---

(1) Cf. *Berceau*, I, 43-44 ; Ibn Ḥanbal, *Mosnad*, II, 30 ; VI, 57 ; Samhoūdī, *op. cit.*, II, 252-254 ; Boḫārī, C. VII, 30 ; Nasā'ī, II, 172 ; Moslim, II, 246.

(2) Boḫārī, *Saḥīḥ*, C. VII, 88 ; ils empoisonnent Mahomet et Aboū Bakr ;
Hanbal, I, 408. Jusqu'au dernier moment Mahomet aurait ressenti le poison
administré à Ḥaibar ; I. Hišām, *Sira*, 764 ; I. S. *Tabaq.*, I¹, 113.

(3) Cf. *Berceau*, loc. cit. ; Boḫārī, Kr., II, 297, 319.

(4) On leur attribue le commerce et le monopole des faux cheveux ;
Boḫārī, *Saḥīḥ*, C. VII, 63, 3.

(5) *Qoran*, ɪɪ, 96. Feu Halévy « aurait voulu détruire jusqu'au dernier
exemplaire du Zohar. Il employa une partie de sa vie à combattre l'influence
malfaisante de la cabbale » parmi ses coreligionnaires. S. Reinach dans *Revue
archéol.*, 1917, p. 240.

(6) Samhoūdī, I, 225 ; Ibn al-Aṯīr, *Nihāia*, IV, 38 ; I. S. *Tabaq.*, II², 4-5.

(7) Cf. *Qoran*, ɪɪ, 96.

(8) Ibn Ḥanbal, *Mosnad*, I, 381 ; Tirmiḏī, *Saḥīḥ*, II, 126. Devineresse
juive, célèbre dans tout le Ḥigāz ; consultée par 'Abdalmoṭṭalib ; Ibn Hišām,
Sira, 99, 1.

propositions équivoques de la part d'une *kāhina*, sorcière et pythonisse, qu'on dit avoir été une *motahawwida*, judaïsante (1). Sur le front du jeune fiancé d'Amina, cette femme aurait découvert le reflet de la lumière prophétique. C'est un nouveau développement du thème convoquant les Scripturaires autour du berceau de l'islam, pour attester la future mission de Mahomet. Accordons à cette version la même valeur qu'à la variante, qui reconnaît dans la mystérieuse et peu scrupuleuse *kāhina* la propre sœur du chrétien Waraqa ibn Naufal, non moins versée que son frère dans l'étude des livres exotiques (2).

On objectait encore aux Juifs la malpropreté de leurs maisons et de leurs quartiers (3). A ses adhérents, Mahomet aurait recommandé de se distinguer d'eux sur ce point (4). Manifestement antidatée, la recommandation ne peut avoir de sens que pour la période du califat. Aux environs de l'hégire, si les quartiers israélites dans les oasis du Ḥigāz pouvaient se distinguer de ceux de leurs voisins, ce devait être par une plus grande apparence de bien-être, en rapport avec la situation de leurs propriétaires, notablement plus fortunés, nous le savons, que leurs concitoyens isma-élites. Clients primitifs d'Israël, ceux-ci empruntèrent — au témoignage des *Ṣaḥīḥ* — la pratique des ablutions rituelles à leurs voisins juifs de Médine (5). La mortalité infantile était considérable à Médine. Aussi les indigènes confiaient-ils volontiers leurs nourrissons à des familles juives. Quand une mère anṣārienne venait de perdre plusieurs enfants, elle

---

(1) I. Atīr, *Nihāia*, IV, 155.

(2) *Nihāia, loc. cit.* ; I. S. *Ṭabaq.*, I⁴, 58-59 ; Nöldeke, *Beiträge*, 81, cite une pièce fort légère, attribuée (?) à Waraqa.

(3) I. Atīr, *Nihāia*, I, 98 ; cf. notre *Mo'āwia*, 430 ; Ibn Doraid, *Iśtiqāq*, 315.

(4) *Nihāia*, III, 76 ; IV, 6 ; Tirmiḍī, *Ṣaḥīḥ* (éd. des Indes), II, 103.

(5) *Osd*, IV, 323, 324 ; Ḥanbal, *Mosnad*, VI, 6, 10, etc. ; *Rev. études juives*, XXVIII, 86-87.

s'engageait par vœu à consacrer au judaïsme ses nouveau-nés (1). Ces pratiques suffisent pour attester l'existence d'une hygiène plus rationnelle, partant, d'une propreté moins rudimentaire au sein de la Diaspora. Je ne m'explique pas autrement comment celle de Haibar a pu, non seulement se maintenir, mais prospérer dans cette oasis aux exhalaisons pestifères, où depuis leur expulsion sous 'Omar les nègres même ne font que végéter.

*
* *

Chez les Banoū Morra, la loyauté, au dire d'un satirique, ne résistait pas à l'épreuve. Au moindre choc, on constatait chez elle la fragilité du verre. Sous ce rapport nombre de Bédouins (2) paraissent avoir ressemblé aux rudes nomades de Morra. C'était du moins l'opinion des poètes (3), détracteurs acharnés de leurs propres compatriotes. On n'est pas médiocrement surpris d'entendre dans ces milieux vanter la loyauté comme une qualité aristocratique, presque comme une vertu de luxe, un apanage des plus puissants *sayyd* (4). Les Omayyades, affirme un rimeur, ne trahissent pas leurs *ḥalîf*, alliés, « ainsi que font les autres » (5). Le héros ne doit pas trahir, et il s'en vante naïvement dans sa professions de foi poétique, comme d'une caractéristique peu banale (6). Par ailleurs nous possédons des déclarations d'Arabes authentiques, proclamant qu'il n'y avait pas lieu de reculer devant une félonie si elle devenait profitable ;

---

(1) *Sîra ḥalabyya*, II, 295 ; Baḡdādī, *Nāsiḥ wa mansoūḥ*, 16, *a*. (ms. de Berlin) ; Aboū Daoūd, *Sonan*, I, 265.

(2) Hassān ibn Ṯābit, *Divan*, XLI, 3 ; Boḥtorī, *Ḥamāsa*, éd. Cheikho, n° 709 ; *Aḡ*., XII, 156.

(3) Cf. *Berceau*, I, 240, 370 ; Boḥtorī, C. LXXXII ; au n° 716, le nom du poète est à lire Ibn Zabīr (non Zobair).

(4) Cf. Boḥtorī, *Ḥamāsa*, C. LXXXII et LXXXIII.

(5) Azraqī, W., 458 ; Boḥtorī, *Ḥamāsa*, n° 721, même argumentation ; n° 723 ; *Aḡ*., XV, 28.

(6) *Aḡ*., XXI, 64, 18 ; 66 ; comp. *Aḡ*., XVI, 107, 12.

se laisser arrêter alors par la crainte d'Allah leur paraissait une faiblesse inexcusable (1).

Plus haut nous avons entendu le Qoran (2) reprocher aux Juifs leurs usures, l'absence de scrupules dans les affaires avec « les gentils ». Mais n'oublions pas combien les nomades se montraient dénués de conscience (3), non seulement vis-à-vis des banquiers juifs, mais avec leurs créanciers arabes des villes ; ils affichaient la résolution de se dérober à leurs obligations financières. Les bardes bédouins n'ont garde de les en blâmer ; ils admirent plutôt cette décision et la considèrent comme un tour élégant joué aux sédentaires (4). Mais dans l'immense majorité, les Scripturaires de la Péninsule se déclarent en faveur d'une morale plus rigide. « A nous, gens de l'Écriture, proclamaient-ils, la trahison demeure interdite (5). » Aussi prisait-on leur parole bien au-dessus de celle des Arabes polythéistes (6). Le nom de Samau'al, le châtelain juif de 'Taimā', est resté légendaire, comme le modèle de la loyauté, le type de la fidélité chevaleresque aux engagements contractés (7). Bien avant le Cid Campeador, Samau'al fils de 'Adyā aurait pu s'écrier :

> *Tout passant, roi de Castille,*
> *More ou Juif, rabbin, émir,*
> *Peut entrer dans ma bastille*
> *Tranquillement et dormir* (8).

----

(1) Cf. *Berceau*, I, 240.

(2) Leszynsky, *op. cit.*, 57-58 ; mais les passages qoraniques allégués par lui sont peu décisifs.

(3) Le *Qoran* les traite de *monāfiqoūn* ; voir *A'rāb* dans les concordances du Qoran.

(4) Cf. *La Mecque*, 135 etc. Samhoūdī, *op. cit.*, II, 256.

(5) *Berceau*, I, *loc. cit.*

(6) Cf. *Mo'āwia*, 431-433 ; Ġāḥiẓ, *Maḥāsin*, 75, 9.

(7) Leszynsky, *op. cit.*, 12. « Sois comme Samau'al », chante le grand A'ša ; Boḥtorī, *Ḥamāsa*, nᵒˢ 720, 721, 724.

(8) V. Hugó, *la Légende des siècles*, I, *Le Romancero du Cid*.

On constate non sans surprise avec quelle facilité les Juifs bannis de Médine par Mahomet rentrent dans leurs créances, au moment de leur expulsion. Leurs débiteurs anṣāriens ne songent pas pour lors à se dérober. On confiait donc volontiers les dépôts précieux, les prisonniers de guerre dont on attendait une haute rançon, à la garde des Naǵrānites chrétiens (1) et des Juifs du Ḥiǵāz (2). La religion fétichiste de l'Arabie préislamite trahissait sur ce point son impuissance pour inspirer, soutenir les vertus, supposant le renoncement à l'égoïsme, à l'individualisme bédouins ! Un poète juif, Soraiḥ ibn 'Imrān, s'était écrié à l'adresse d'un félon :

« Assez de ta société ! Depuis que tu m'as trahi, je n'ai que faire des traîtres !

« Je n'accorde mon amitié qu'à l'homme gardant sa parole quoi qu'il en coûte ! (3) »

Ses coreligionnaires de Médine n'auraient jamais dû oublier cette fière déclaration de principes. Même après les plus douloureuses expériences, ils s'obstinent à supposer la bonne foi chez leurs voisins ismaélites, à ne pas sous-estimer la valeur d'une parole constamment violée. Antérieurement à l'hégire, les Aus et les Ḥazraǵ avaient rarement manqué l'occasion de trahir leurs patrons ou alliés juifs (4). C'est une lamentable histoire, celle de ces félonies (5), et d'autant moins sujette à caution que nous la connaissons par les chroniqueurs musulmans, par les descendants des Anṣārs eux-mêmes. Invariablement la *Sira* représente les Juifs

---

(1) *Aǵ.*, VIII, 69.

(2) Cf. *Berceau* à l'endroit cité ; *Naqā'iḍ Ǵarir*, 92, 16.

(3) Boḥtorī, *Ḥamāsa*, éd. Cheikho, n° 340 ; cf Nöldeke, *Beiträge*, 79-80.

(4) *Aǵ.*, XV, 161 ; XIX, 94-98 ; Samhoūdī, *op. cit.*, I, 154.

(5) Comp. le jugement sévère de Caetani, *Annali*, II, 17, et celui de 'Abbās ibn Mirdās ; *Aǵ.*, XIX, 95.

médinois, victimes de grossiers traquenards qui leur sont tendus (1). Les guet-apens sont si mal dissimulés que notre sévérité se trouve pour ainsi dire désarmée contre des adversaires, auxquels les victimes laissent la partie si belle. Dans la fausse sécurité où l'on voit s'endormir les Israélites du Ḥiǧāz, on devine une dose impardonnable de suffisance, de mépris pour les *gentils*. On s'aperçoit, à la lecture des sourates médinoises, des blessures causées par l'orgueil juif à l'amour-propre du Prophète. Mais, jusque dans cette déplorable insouciance, comment méconnaître chez les monothéistes un hommage rendu à la loyauté, base des relations internationales, comme une protestation anticipée contre la théorie du « chiffon de papier » ? Et pourtant nous entendrons Ka'b ibn Mālik, un des poètes de Mahomet, stigmatiser (2) « la félonie des rabbins, laquelle se retourna contre ces traîtres ».

*
* *

C'est sur cette constatation que se ferment les annales de la communauté israélite du Ḥiǧāz. A partir de la sixième année de l'hégire, ils ne compteront plus en cette région d'existence nationale ; ils se verront dépossédés, expulsés de ce sol, de ces oasis, dont leur industrieuse activité avait lentement créé, entretenu la coûteuse fécondité (3). Seuls des groupes isolés y seront tolérés : commerçants à Médine, fermiers sur les anciens domaines de Ḥaïbar, au service des vainqueurs musulmans.

---

(1) Comp. I. S. *Ṭabaq.*, II¹, 18, 19, 21, etc. ; Wāqidī, Kr., 172, 184. « La conscience d'Allah se montre plus large que la nôtre », ajoute Wensinck, *op. cit.*, 155. Il s'agit des assassinats politiques (Ibn Hišām, *Sīra*, 657, 714), « approuvés par Gabriel » ; Samhoūdī, I, 126, 145.

(2) I. Hišām, *Sīra*, 658, 8 ; cette pièce, extrêmement prosaïque, est composée de centons qoraniques.

(3) Cf. *Berceau*, I, 154. A Ḥaïbar, chaque matin ils partent emportant leurs instruments agricoles ; I. S. *Ṭabaq.*, II¹, 77, 79 ; I. Hišām, 757. Ils ont créé les jardins de Médine ; Samhoūdī, I, 113.

Ainsi se réalisait, au détriment de la *Diaspora* du Ḥiǧāz, l'anathème prononcé par Allah dans le Qoran : « Soyez changés en singes ! Car le Seigneur l'a proclamé : il enverra contre eux des maîtres, qui les soumettront à la plus dure des servitudes, jusqu'au jour de la Résurrection ! Le Seigneur est prompt dans sa vengeance... Nous les avons dispersés de par le monde en groupes inconsistants (1). » N'allons pas, à la suite du traducteur Kasimirski (2), nous demander à quelle époque de l'histoire juive se rapportent ces passages qoraniques. C'est là une de ces questions inconsidérées, qui abondent dans les notes de cette version. On peut, à tout hasard. en rapprocher ce trait apocalyptique, cité par Ibn al-Aṯïr, où Allah est censé interpeller l'Empire romain : « Je transmettrai tes prisonniers juifs aux Banoū Qaidār (3) », dénomination d'origine biblique, derrière laquelle le lecteur reconnaîtra sans peine les Arabes et la transcription *Cedar* (4) de notre Vulgate.

Le malheur du mosaïsme dans l'Arabie occidentale fut de n'avoir pas produit, à cette heure critique de son existence, un Aboū Sofiān, un homme, nous ne disons pas, de taille à lutter avec le redoutable et persévérant politique que fut Mahomet, mais un patriote assez souple (5), assez clairvoyant pour l'amener à composition — tel avait été le rôle du chef omayyade — de manière à sauver ce qui pouvait encore être sauvé.

Par la retentissante démarche de l'hégire, Mahomet avait rompu avec la Mecque. En acceptant de traiter avec lui, Aboū Sofiān n'hésita pas à passer l'éponge sur ce passé, compromettant pour le prestige de la république qoraiśite. Mais ce sacrifice lui permit de dicter ses conditions

---

(1) *Qoran*, vii, 166, 167. Exilés en Syrie, les Qainoqāʿ, maudits par le Prophète, n'auraient pas tardé à dépérir ; *Sïra ḥalabyya*, II, 233.

(2) Voir la note de sa traduction aux versets cités.

(3) *Nihāia*, III, 230. Qaidār, l'aîné des fils d'Ismaël ; *Aǧ.*, XIII, 108.

(4) Voir ce nom dans Vigouroux, *Dict. de la Bible*, II, c. 356-357, etc.

(5) Leszynsky, *op. cit.*, 58-59, croit l'avoir découvert parmi les Juifs, en s'appuyant sur *Qoran*, v, 70.

à lui. En se prêtant à la comédie diplomatique du *fath* (1), il se fit admettre lui et ses concitoyens dans l'organisme politique, créé par Mahomet. Une fois dans la place, nous savons comment ces croyants de la *onzième heure* (2) s'entendirent pour en profiter, pour évincer d'abord les Anṣārs ou auxiliaires médinois, ensuite prendre graduellement le pas sur les autres Compagnons, les héros de Badr et des grandes batailles musulmanes, en attendant le jour où Moʻāwia ramènerait au pouvoir l'ancienne aristocratie mecquoise.

Un compromis analogue, négocié à temps par le Sanhédrin de Médine, aurait seul pu prévenir une catastrophe. Dans les débuts, et avant ses succès militaires, Mahomet rêva, nous le savons par le Qoran, d'une étroite entente avec les Banoū Isra'īl (3). Il y entrevit le moyen de faire face aux menaces de ses ennemis mecquois, ensuite aux défiances des païens et des nationalistes médinois, qu'inquiétait l'ambition du Réformateur étranger. L'orgueil inintelligent des rabbins s'y opposa et aussi, semble-t-il, les rêveries messianiques (4), dont la *Sīra* atteste la diffusion au sein de la *Diaspora* arabe. Ces utopies, l'attente prochaine d'un Libérateur, expliquent sans doute le désarroi dans les rangs juifs devant un adversaire résolu à tout essayer (5), et dont les rabbins s'étaient obstinés à sous-estimer la valeur.

---

(1) Conquête de la Mecque, préparée par A. Sofiān de concert avec Mahomet.

(2) La tradition musulmane a plagié la parabole évangélique ; Boḫārī, *Ṣaḥīḥ*, Kr., II, 50, 51.

(3) Caetani, *Studi*, III, 89, etc. Par *Sanhédrin*, nous entendons ici la réunion des chefs de la communauté médinoise.

(4) Voir plus haut : Ibn Hiśām, *Sīra*, 134, 685.

(5) Y compris la terreur ; lui-même s'en vante ; Boḫārī, *Ṣaḥīḥ*, C. I, 113. C'est d'ailleurs le développement d'un motif qoranique ; III, 144 ; VIII, 12 ; XXXIII, 26 ; LIX, 2.

LE CULTE DES BÉTYLES
ET LES PROCESSIONS RELIGIEUSES
CHEZ LES ARABES PRÉISLAMITES (*)

A la veille de l'hégire, dans l'Arabie des Scénites, tout particulièrement au Ḥiǧāz et dans le Naǵd limitrophe, *berceau de l'islam*, et à ce titre objet spécial de notre attention, la religion nous offre, derrière la *practica multiplex*, à travers la variété des observances locales, un trait dominant : c'est la popularité de la *litholâtrie*, du culte des pierres divines. Le Qoran, la poésie, attestent l'énorme diffusion des *anṣāb*. Faut-il supposer que la célébrité des deux sanctuaires qoraišites, que Ṣafā et Marwa, deux termes désignant des pierres (1), ont achevé de suggestionner sur ce point la tradition musulmane, de lui imposer le concept d'une religion litholâtrique ? Quoi qu'il faille en penser, les archéologues, les historiens arabes des antiquités religieuses — à commencer par les plus anciens — les ont interprétés de la façon la plus naïvement littérale (2), et conformément à

(*) Paru dans le *Bulletin de l'Institut français d'archéologie orientale*, Le Caire, T. XVII, 1919.

(1) Ibn Doraid, *Ištiqāq*, 46, 47, 80 ; *Osd*, (la compilation d'Ibn al-Aṯīr), III, 25 bas (comp. le théophore ʿAbdalḥaǵar) ; Ṭab., *Tafsīr*, II, 35.

(2) Ibn Hišām, *Sīra*, 51 ; Azraqī, W., 72 ; Dārimī, *Sonan* (manuscrit de Leiden), p. 2 a ; Ibn Doraid, *op. cit.*, 76 : اذا وجد حجرًا احسن من حجر اخذه وعبده ; 239, 12 : chef appelé « Doū'l-Marwa » (un *kāhin* ?) ; *Sīra ḥalabyya*, I, 197 ; *Osd*, III, 325 ; Samhoūdī, *Wafāʾ al-wafāʾ*, II, 373, 1.

leurs préjugés impérialistes sur le caractère universel du culte de la Ka'ba et l'incontestable suprématie des Qoraišites dans l'Arabie préhégirienne (1). C'est ainsi, affirment-ils, que les pierres divines, honorées par les tribus, provenaient toutes du *ḥaram* mecquois (2). Dans les pages suivantes·nous nous proposons d'étudier certaines manifestations et institutions religieuses, en insistant sur une question négligée jusqu'ici, à savoir le rôle des processions dans le culte litholâtrique des Arabes.

I

« Les tribus bédouines se déplacent, mais non les objets de leur culte (*Heiligtümer*). Les pierres ne sont pas emportées à la suite du campement, comme jadis le tabernacle de Yahveh. » Voilà le jugement de Wellhausen, énoncé avec cette brièveté tranchante, avec cette incessante recherche d'analogies bibliques, qui caractérisent la méthode des *Reste arabischen Heidentums* (3). L'auteur de cet aperçu, le meilleur incontestablement que nous possédions sur le polythéisme préhégirien, affecte de procéder par aphorismes sans réplique. Nous venons d'en citer un exemple que nous nous proposons de soumettre à la révision, comme nous avons tenté de le faire à propos des *Aḥābīš* (4) et des *Chrétiens à la Mecque* (5).

Le verdict exclusif de Wellhausen pourrait se défendre à la rigueur, si on se limite à envisager le paganisme arabe arrivé à son stade le plus récent, le plus voisin de l'hégire. Nous n'en apprenons pas moins, par les *Ṭabaqāt* d'Ibn Sa'd (I¹, 12), que « la pierre noire, déposée·sur l'Aboū Qobais, en fut descendue par les Qoraišites environ quatre ans avant

---

(1) Cf. notre *Yazīd* (= *Le califat de Yazīd Ier*), p. 38, etc.

(2) Ibn Hišām, *Sīra*, 51.

(3) Deuxième édition, p. 102.

(4) *Les Aḥābīš et l'organisation militaire de la Mecque au siècle de l'hégire*, dans *Journal asiat.*, 1916², 425-482.

(5) Voir plus haut pp. 1 ss.— Au moment de livrer ces pages à l'impression en Egypte, une lettre du Prof. Snouck Hurgronje (décembre 1918) m'apprenait la mort de Wellhausen.

l'islam », فلـمَّا كان قُبَيـل الاسلام باربع سـنين . . . فَاتَرَكْتُهُ من ابي قيس . Nous n'entre-
prendrons pas de discuter la valeur de cette donnée, moins encore de la
concilier avec l'anecdote, figurant dans toutes les rédactions de la *Sira*,
où l'on montre comment le jeune Mahomet replaça la même pierre noire
dans les flancs de la Ka'ba restaurée. Mais on voit avec quelle facilité
pour une époque aussi tardive et beaucoup plus, quand elle prétend remonter à une période moins récente, la critique réussit à reconnaître,
parmi les bétyles ou simulacres divins, deux catégories bien distinctes :
les bétyles transportables ou mobiles et les bétyles fixes. Seuls ces derniers
« demeurent attachés à l'emplacement qu'ils occupent, *stehen fest an Ort
und Stelle* ». C'est en partie la situation des sanctuaires locaux au Ḥiǧāz,
et tout spécialement à la Mecque ; telle du moins que la prolixe et très
composite documentation réunie par les compilateurs de la *Sira* (1)
nous permet d'en juger.

Quant aux bétyles de la première catégorie ; il faut avoir lu d'un
œil distrait les *Ayyām al-'Arab*, journées épiques des anciens Arabes, ou
le récit des *Maǧāzī*, campagnes prophétiques, pour contester qu'ils ont
accompagné les déplacements de la tribu et tout spécialement ses mouvements militaires. Le narré de la bataille d'Oḥod, accueilli par la *Sira*,
nous montre Aboū Sofiān « portant Al-Lāt et Al-'Ozzā », يحمل اللات والعزَّى (2).
Dans ce recueil, Aboū Sofiān figure comme le chef incontesté de la
Mecque (3), comme un véritable *rabb at-Tihāma* « le maître du Tihāma (4) ». Le narrateur lui a donc attribué, sans en excepter le domaine

____

(1) Elle affecte de ne connaître que la « pierre noire » et le double sanctuaire Ṣafā-Marwa.

(2) Ṭab., *Annales*, I, 1395, 3 ; *Aǧ.*, XIV, 15, 5 d. l. ; 21 bas. Le trait est
emprunté à la rédaction d'Ibn Isḥāq, donc à une source des plus anciennes.

(3) Il est قائدهم ; voir les textes cités, قائد الناس ; Ibn Hiśām, *Sira*, 557, 5,
à propos d'Oḥod ; comp. 670.

(4) Comp. : *kāhin* سيد اهل تهامة (Ibn Doraid, *Iśtiqāq*, 279, 6). Sur le cumul
des dignités de *saǧyd* et de *kāhin*, voir plus bas.

religieux, les gestes que nous verrons plus loin accomplir par les *rabb-kāhin* des grandes tribus arabes. Notre narrateur s'est si complètement laisser pénétrer par cette conception qu'à la fin de cette journée, si fatale aux armes musulmanes, il prête de nouveau au chef omayyade une allusion à la présence de ces symboles sacrés ; il le fait crier aux compagnons du Prophète : « 'Ozzā (1) nous accompagne ; chez vous, point de 'Ozzā », اَلَا لَنَا العُزَّى ولَا عُزَّى لَكُم (2). Il resterait à discuter la priorité et la mutuelle dépendance de ces deux *riwāyāt* ou fragments de récit. Mais nous craindrions d'exagérer leur valeur, en nous appesantissant plus que de juste sur ce trait (3). Retenons que la Tradition avait nettement gardé le souvenir de l'existence de bétyles transportables, au lendemain même de l'hégire.

L'exemple n'est d'ailleurs pas demeuré isolé. Les annales préislamiques de Ṭāif nous montrent la présence d'Al-Lāt à une des batailles livrées pendant la guerre d'Al-Fiǧār. Le pavillon dressé avant le combat semble bien avoir été destiné, en première ligne, à abriter le symbole de la déesse, « *ar-Rabba*, la Dame » de Ṭāif. Le pourtour, مدار, de la tente devait former une enceinte sacrée, asile inviolable réservé aux fugitifs (4). Un poète contemporain nous décrit en effet la retraite désordonnée des Ṭaqafites, cherchant un refuge auprès du fétiche de leur cité, وفَرَّت ثَقِيف

---

(1) 'Ozzā signifie « la puissante ». Voilà sans doute pourquoi on la nomme ici à part. En composition, dans les formules du serment, Al-Lāt précède son associée Al-'Ozzā.

(2) Ṭab., *Annales*, I, 1418, 2 ; Ibn Doraid, *Iśtiqāq*, 316.

(3) A-t-il échappé à l'attention de Wellhausen ; lui accorde-t-il moins d'autorité qu'à la légende du sacrifice de 'Abdalmoṭṭalib, où il découvre pourtant la suprématie de Hobal dans le Panthéon qoraiśite ? Nous aurons à la discuter ailleurs.

(4) *Aǧ.*, XIX, 79-80. C'était un *bait*, non une tente ordinaire (voir *Aǧ.*, XIX, 79 bas), moins encore un *Haus*, comme traduit Wellhausen, *Reste*, 194 ; mais une *qobba* rituelle.

الى لاتا (1). En d'autres circonstances, ce témoignage poétique nous engagerait plutôt à songer au sanctuaire urbain d'Al-Lât, si nous ne savions, par l'historique de cette journée (2), que les vaincus vinrent s'abriter près du pavillon sacré (3). Le district de Ǵoraś, limitrophe de Ṭâif, honorait le dieu Yaǵoûṭ. L'histoire des translations de cette divinité yéménite a été résumée par Wellhausen lui-même, d'après les données d'Ibn al-Kalbī (4). Enfin un vers, malheureusement peu explicite, de ʿAbīd ibn al-Abraṣ (5) semble attester l'abandon en plein champ de bataille par les Banoū Ǵadīla de leur idole nationale. Aussi Wellhausen finit-il par admettre la réalité de « certains objets sacrés mobilisés en temps de guerre » (6). Mais cette concession devra paraître insuffisante après les exemples cités. Elle ne cadre pas davantage avec les aspects variés de l'activité déployée par les *kāhin* ; nous espérons le démontrer plus loin.

Les yeux fermés, Wellhausen et son école ont passé à côté de ces innombrables « débris de paganisme arabe ». Allah sait pourtant la place qu'y occupaient les *dawār*, les *ṭawāf*, les *masʿā* (7), les *ifāḍa*, rondes, circumambulations, tournées, courses. Une aussi riche synonymie (8) aurait dû les avertir. Je connais peu de religions où les manœuvres

---

(1)   *Aǵ.*, XIX, 80, 13.

(2)   Cf. *Aǵ.*, XIX, 79-80.

(3)   Dressé sur le champ de bataille.

(4)   Cf. *Reste*, 21 ; comp. L. Delporte, *L'anathème de Jahvé et le herem préexilien en Israël*, 302, dans *Recherches de science religieuse*, t. V, 297 sqq.

(5)   *Divan*, II, 6. Voir les notes et le commentaire de l'éditeur Lyall. Un dépouillement méthodique des poètes préislamites mettra sur la trace d'autres allusions. J'ai l'impression que la revision des inscriptions préhégiriennes d'Arabie aboutira au même résultat.

(6)   *Reste*, 102, note 2.

(7)   Comp. surtout les locutions سَعَى بين et طاف بين (Moslim, *Ṣaḥīḥ*[2], I, 485, 486).

(8)   Ajoutez la *ʿomra*, grande procession mecquoise de Raǵab. L'islam lui a enlevé sa signification primitive ; nous y reviendrons plus loin.

processionnelles ont pris une importance aussi considérable, pour ne pas dire aussi exclusive que dans la gentilité sarracène. Le pélerinage n'était, en définitive, qu'une longue procession, coupée par des stations. Aux Qoraiŝites les satiriques bédouins reprochaient :

فاماً القتال لا قتال لديكم　　ولكنَّ سيرًا في عراض المواكب

Le cœur vous manque au combat ; bons tout au plus à figurer dans les rangs des processions (1).

*
* *

Quand il s'agissait d'une expédition de quelque importance, les Arabes répugnaient à l'entreprendre avant de s'être assuré la compagnie d'un *kâhin*, devin, d'un *sâdin*, desservant de sanctuaire, enfin d'augures, *'â'if* et *qâ'if* (2), habiles à interpréter les présages, à renseigner sur les mouvements de l'ennemi. Préalablement au départ, puis le long de la route, enfin au cours des opérations, on mettait à contribution leur faculté de divination, le pouvoir mystérieux que tous s'accordaient à leur attribuer (3). 'Abīd ibn al-Abraṣ atteste quelles funestes suites pouvait causer à la guerre le mépris des présages. Son moindre inconvénient n'était pas de démoraliser les combattants (4). Rien de plus ordinaire dans l'antiquité, au temps de la préhistoire islamique, que la réunion des

---

(1) *Ağ.*, I, 20, 6 ; cf. nos *Aḥâbiŝ*, p. 440. اطاف ب et دار ب signifient, croyons-nous, non pas seulement le *ṭawâf* ordinaire, la ronde autour du bétyle, mais une translation processionnelle du simulacre divin. Cf. Ibn Hiŝâm, *Sîra*, 143, 8, 16.

(2) Clan possédant les plus habiles augures (Ibn Doraid, *Iŝtiqâq*, 288, d. l.).

(3) Cf. *Ağ.*, X, 38, 17, avec la qualification fort rare de *ḥâzir, ḥazâra*, حزارة ; il s'agit des Banoû Asad ; 'Abīd ibn al-Abraṣ, *Divan*, II, 2 etc. Boḥtorī (*op. cit.*, n° 863) réunit les principaux présages. *Kâhin* invité à consulter l'oracle ; *Osd*, V, 7 bas.

(4) Cf. *Ağ.*, XIII, 141 ; le poète 'Abīd à l'endroit cité.

dignités de *kāhin* et *sayyd*. Ce cumul entraînait fréquemment comme conséquence de placer un devin, ou un de ses collègues dans la *cléricature* arabe, à la tête des razzias (1). Ainsi Mas'oūd, le mari de Sobai'a, commandant des Ṯaqafîtes pendant la guerre du Fiǧār, appartenait au collège (2) des *sādin*, attachés au service d'Al-Lāt. Aussi le voyons-nous, avant de commencer le combat, dresser la tente-asile, où nous avons cru reconnaître le tabernacle abritant la *Rabba*, la grande Déesse ou Dame de Ṯāif (3).

En leur qualité de successeurs des *kāhin-sayyd* de l'antiquité, les califes, les gouverneurs musulmans héritèrent du droit de présider la prière de la communauté. Voilà pourquoi leur *'azīma, monāśada*, adjuration solennelle (4), à l'égal de celle des *kāhin*, passait pour irrésistible ; pourquoi on leur a également dévolu le privilège de l'*istisqā'*, des rogations en temps de sécheresse. Ces prévogatives sont un héritage de la *ǧāhilyya* ou gentilité. Les titulaires du califat en apprécieront d'autant moins l'importance qu'ils s'éloigneront davantage de leurs origines arabes. Les 'Abbāsides ne tarderont pas à y renoncer, ou à s'en décharger sur des subalternes. Dès cette époque, l'intervention de l'islam avait oblitéré l'aperception des mœurs, des institutions anciennes.

L'Arabie — celle du moins que nous étudions (5) — ne possède pas de caste sacerdotale. Celle-ci se trouve suppléée par des hiérophantes, figurants d'ordre inférieur : devins, augures, aruspices, desservants de

---

(1) Rappelons le cas des *sayyd*, à la fois capitaines et *kāhin*, Zohair ibn Ġanab de Kalb, et Zohair ibn Ġadīma de 'Abs ; voir plus bas.

(2) Wellhausen (*Reste*, 130) à tort nie l'existence de ces collèges cléricaux. A Ṯāif tous les Banoū Mo'attib étaient *sādin* d'Al-Lāt. En cette qualité, le célèbre Moġīra ibn Śo'ba est chargé par Mahomet d'inventorier et de liquider le trésor de la déesse. Cf. Ibn Hiśām, 55, كان سدنتها وحجابها بني مُعَتّب ; notre *Ziād*, p. 3.

(3) Cf. *Aǧ.*, XIX, 79-80. *Kāhin* consulté avant la razzia ; *Aǧ.*, XV, 73.

(4) *Aǧ.*, XIV, 96 ; XV, 15.

(5) Nous laissons de côté celle du Sud, l'Arabie heureuse ; elle appartient à une autre évolution religieuse.

sanctuaire. Aucune onction, aucune ordination sacramentelles n'étaient intervenues — comme dans les monothéismes *scripturaires* — pour les séparer, les établir à part de la masse profane de leurs contribules, dont ils continuaient à partager l'existence aventureuse. Il en résultait que les membres de cette vague cléricature religieuse n'éprouvaient aucune répugnance pour l'effusion du sang ; ils ne se sentaient pas l'humeur moins batailleuse que le reste de leurs compatriotes. Nous en connaissons acceptant non seulement la conduite des opérations militaires, mais se laissant entraîner dans d'incessantes razzias, كثير الغارات (1). Au titre de صاحب « détenteur », سادن « gardien du *bait* de la tribu », ces personnages remuants joignent volontiers cette appellation plus retentissante, صاحب فتاحهم (2), « héros de leurs conquêtes », destinée à commémorer leur activité et leurs succès guerriers. On les trouve non moins souvent en selle que dans le voisinage de leur bétyle (3). Le nom de ce simulacre, la chronique du désert éprouve rarement le besoin de nous l'apprendre, mais elle ne veut pas nous laisser ignorer le nom de leur cheval, compagnon de leurs prouesses militaires. Tel le célèbre *kāhin* ʿAmrou ibn al-Ǵoʿaid, surnommé *al-Afkal* (4), fameux pour avoir possédé et monté (5) l'incom-

---

(1) Cf. notre *Berceau de l'islam*, I, 257 ; *Aǵ.*, VIII, 66. *Kāhin* tués à la guerre ; *Aǵ.*, XV, 75, 76.

(2) Bakrī, *Moʿǵam*, 34, 8.

(3) *Kāhin-fāris* « cavalier » (Ibn Doraid, *Iśtiqāq*, 239, 11). *Fāris* est un des anciens synonymes de *sayyd*.

(4) *Naqāʾiḍ Ǵarīr* (Bevan), 154, 155 ; Ibn Doraid, *Iśtiqāq*, 197. *Afkal* est un substantif, non un adjectif, comme l'a interprété le P. Jaussen, *Revue biblique*, 1911, 591. Sur le nom *positif* « Afkal », voir Zohair, Ahlw., 91 d. l. ; Ibn Sikkīt, *Tahḏīb*, Cheikho, 183, 2 ; Ḥassān ibn Ṯabit, VI, 10 ; I. S. *Ṭabaq.*, I¹, 4, l. 13 ; III¹, 211, 23 ; Yāqoūt, *Moʿǵam*, É., I, 353, 4 d. l. ; *Aǵ.*, XV, 75 ; XXI, 186 ; Ǵaḥiẓ, *Avares*, 247, 1 ; *Osd*, III, 263 d. l. ; Ibn al-Aṯīr, *Nihāia*, IV, 211 ; les dictionnaires *Lisān*, *Tāǵ*, etc., *s. v.*

(5) Dans l'ancienne Arabie, c'est le cheval qui rend le cavalier célèbre (Ibn Doraid, *op. cit.*, 85, 86, 116, 121, 214, 222, 231, 1, 11 ; 262, 286). Le cheval est un animal de luxe : *Aǵ.*, XIII, 53 ; XIV, 66 ; XVI, 30, 31 ; XX, 165 ; cf. X,

parable destrier Haboûd, فارس هبود (1), et succombant enfin dans une
razzia (2). Digne fin de ce représentant du sacerdoce bédouin, *sayyd* de
Rabî'a, dont les violences et « l'humeur tyrannique » sont demeurées pro-
verbiales, كان سيّد ربيعة وكان ذا بغي (3).

Maintes fois les *kāhin* sont qualifiés de *ḥakam* « juge-arbitre ». Cette
dernière fonction, supposant habituellement celle de *sayyd* (4), créait une
nouvelle nécessité de les consulter avant d'entreprendre une expédition (5). Leur prestige, leur expérience personnelle, joints aux lumières
surnaturelles qu'on leur attribuait, permettaient à ces personnages
d'émettre des avis autorisés. En cours de route, on ne se fait pas faute de
leur demander des oracles, ou bien une pythonisse, *sāḥira, kāhina*, est
priée de rendre inoffensifs, au moyen du *saǵ'*, formules mystérieuses, et
d'incantations, les manœuvres ou les armes de l'ennemi (6). En pleine
bataille du *Chameau*, une femme prononce un *raǵaz*, sorte d'imprécation
poétique, contre le chameau qui porte 'Alī (7). Instinctivement cette
Bédouine refaisait les gestes, reprenait la tradition des *sāḥira* de la gentilité. Entre le *raǵaz* et le *saǵ'* des anciennes pythonisses, la différence était
souvent imperceptible. Pour connaître l'avenir, on consultait les flèches

---

13, 67 ; XI, 44 (cf. *Berceau*, I, 140) ; *Naqāʾiḍ Ġarīr*, 247, 13 ; Qotaiba, *Maʿārif*,
140, 4 ; *'Iqd*, II, 63, 64. «L'Arabe ne possède qu'un cheval, deux au maximum»;
Aǵ., XVI, 47 bas.

(1) *Aǵ.*, XV, 75, 76.
(2) *Aǵ.*, XV, 75, 11 ; 77, 19.
(3) Ibn Doraid, *Iśtiqāq*, 197.
(4) Bakrī, *Moʿǵam*, 43, 10. Cf. *Berceau*, I, 257-258, 370.
(5) حكم الامور ; Qotaiba, *Maʿārif*, É., 21, 101. Ḥakam, ḥākim, ḥakīm,
autant de variantes, provenant de l'hésitation des premières graphies, ne mar-
quant pas les lettres de prolongation (*Aǵ.*, XV, 73, 8 d. l.). Pour la synonymie
de ḥākim, = ḥakam, cf. Ibn Doraid, *op. cit.*, 47, 6 d. l.
(6) ساحرة عجوز ; cf. *Aǵ.*, S., I, 283, 5, etc. ; comp. sur les *kāhina* et *kāhin*
à la guerre : *Aǵ.*, XII, 51 ; X, 71, 7 d. l. (cf. 75, 13) ; XVIII, 217 bas ; XX, 42,
2 : كاهنة تسجع لهم .
(7) Moṭahhar Maqdisī, éd. Cl. Huart, V, 213 bas. Comp. *Aǵ.*, III, 189.

divinatoires, الأزلام (1). A la Mecque cette consultation devait avoir lieu près du sanctuaire national de la Ka'ba (2), c'est-à-dire qu'elle supposait le voisinage de l'idole de la tribu (3). En prévision de cette éventualité, avant de se mettre en campagne, on prenait soin d'emporter le *bait*, le fétiche mobile (4), lequel avait sa place marquée d'avance dans cette rabdomancie (5), où intervenaient les flèches sacrées.

*
* *

Nous ne croyons pas être les premiers à rappeler l'usage chez les Arabes de placer un chameau et un pavillon, قبّة , dans les rangs des combattants. Ceux-ci prenaient l'engagement solennel de « ne pas reculer, excepté quand le pavillon aurait bougé ». C'est le serment souvent prêté par le chef au nom de ses hommes, آلى ان لا يفرّ حتّى تفرّ القبّة (6). En d'autres termes, l'engagement de se faire tuer pour la défense de la *qobba* (7). Mais pourquoi cet acharnement autour de ce modeste symbole ? Pourquoi à Doū Qār son apparition relève-t-elle aussitôt le courage des Bakrites, en face des redoutables bataillons perses ? Nous nous trouvons en présence d'une manifestation religieuse. L'érection de la *qobba* sur le champ de bataille atteste l'exceptionnelle gravité de la lutte engagée, où l'existence même de la tribu demeurait en jeu. C'est exclusivement dans ce dernier cas qu'on exhibait le pavillon ; jamais pour une razzia banale,

---

(1) Cf. Ya'qoūbī, *Hist.*, I, 300. *Kāhina-ḥakam* ; Ya'qoūbī, *Hist.*, I, 287, 1 ; I. S. *Ṭabaq.*, I¹, 49, 26.

(2) Des cailloux interviennent également ; Ibn Doraid, *op. cit.*, 277, 10 : الكاهنة تفرّق الحصى (*Aġ.*, XIV, 99).

(3) Ibn Hiśām, *Sīra*, 97-98.

(4) La *qobba* figure à l'arbitrage ; *Aġ.*, XIII, 54-55.

(5) Cf. Wellhausen, *Reste*, 132 ; Ṭab., *Annales*, I, 1075. Famille célèbre dans l'interprétation des augures, بيت عيافة وقيافة ; *Aġ.*, II, 94, 3.

(6) *Aġ.*, XX, 136 ; Ṭab., *Annales*, I, 1028 ; notre *Berceau*, I, 193, notes, avec nombreuses références ; *Osd*, IV, 206, 2 ; Moslim, *Ṣaḥīḥ²*, II, 123. Serment analogue prêté au Prophète, sous l'arbre sacré de Ḥodaibyya.

(7) Qobba remplacée par une pierre ; Naṣr ibn Mozāḥim, *Kitāb Ṣiffīn*, éd. lithogr. des Indes, p. 117.

moins encore pour une vengeance particulière, quand même il se serait
agi de punir la mort du chef. Or cette impressionnante mise en scène ne
pouvait avoir un sens qu'à condition de reconnaître au chameau et au
pavillon un caractère sacré, la mission de servir au transport du bétyle
ou d'un symbole religieux. Il y est fait allusion, si je ne m'abuse, dans ce
vers de Komait (1) : « Les tribus ont juré de ne pas fuir, de ne pas tourner
le dos à Manat (2) » (en d'autres termes, d'abandonner son simulacre) :

(3) وقد آلَتْ قبائلُ لا تُوَلّي   مناةَ ظُهورَها مُتَحَرّفينا

Il faut regretter que Ibn Hišām ait borné à ce vers son extrait de la
qaṣida de Komait (4). A la bataille du Chameau, nous retrouvons le dromadaire sacré et la *qobba* ; mais ʿAiša, « la mère des croyants » (5), a pris
la place du bétyle, dont il ne pouvait plus être question (6). A part cette
modification, le cérémonial observé alors nous transporte aux temps
héroïques de Ḍoū Qār. La survie de l'usage archaïque devait rendre
sensible à tous les yeux que le meurtre du calife ʿOṭmān avait remis en
question l'existence de la *ğamāʿa*, communauté islamique. C'était l'abs-
traction sociale substituée par la théocratie qoranique à l'ancienne unité
de tribu. L'islam a écarté la femme de l'exercice public du culte. « Il lui
fut conseillé, mais de cette forme de conseil qui est une injonction d'autorité, de rester chez elle (7). » Voilà pourquoi, à la journée du Chameau,

-----

(1) On le dit excellent archéologue, خبير بايام العرب ; *Ağ.*, XV, 113. Lui et
ses collègues de la dernière période omayyade ont étudié diligemment leurs
prédécesseurs préislamites.

(2) Le fétiche se trouvait donc parmi les combattants.

(3) Ibn Hišām, *Sīra*, 55.

(4) هذا البيت في قصيدة لَهُ , *loc. cit.* On n'a édité jusqu'ici que ses monotones
Hāšimyyāt !

(5) Purifiée, avec ses compagnes du harem prophétique, par un décret
d'Allah, لِيُذْهِب عنكم الرِّجس . . . ويطهّرَكم تطهيرًا ; *Qoran*, XXXIII, 33.

(6) Masʿoūdī, *Prairies*, IV, 326-329 ; Ṭab., *Annales*, I, 3216.

(7) Perron, *Femmes arabes*, 319 ; cf. *Qoran*, XXXIII, 33.

la garde d'honneur du dromadaire de 'Aiśa est confiée à une escorte masculine (1).

Ce schisme injustifié au sein de la famille humaine aurait révolté les Bédouins préislamiques. Dans les rares manifestations de leur vie religieuse ils ont réservé une place d'honneur au *devotus femineus sexus*. Chez eux le nombre des pythonisses l'emporte presque sur celui des devins (2). A la Mecque, la fille du Hozā'ite Holail tenait en dépôt la clef de la Ka'ba ; c'est elle qui en transmet la propriété à Qoṣayy (3). Au moment du *fatḥ*, reddition de la cité, c'est également la mère de 'Oṯmān ibn Ṭalḥa qui garde la clef de l'édifice sacré. A grand'peine elle consent à la prêter au Prophète (4). Le rude batailleur Al-Find az-zimmānī était intervenu dans la guerre civile de Bakr et de Taḡlib. En sa compagnie chevauchaient ses deux filles, شيطانان من شياطين الانس , deux lutines endiablées, « comme ces lutins pétulants qui courent le monde et se réjouissent à taquiner, agacer, berner tout être qui vit. Au fort du combat, et lorsque le succès semblait chancelant, une d'elles se déshabille, jette ses vêtements... (5) ». La sœur l'imite et, se portant au milieu des rangs, lance ces rimes, reprises plus tard en une circonstance analogue par Hind, la mère du calife Mo'âwia (6) :

ان تَقبلوا نعانق   ونفرش النمارق

En avant ! foncez sur l'ennemi ! Nous vous préparons des embrassements, des tapis moelleux (7).

----

(1) Moṭahhar Maqdisī, éd. Huart, V, 213.

(2) Cf. Perron, *op. cit.*, 166. C'est du moins l'impression se dégageant de la *Sīra*, spécialement d'Ibn Hiśām, 132 ; 797 ; *Aḡ.*, III, 189, XIII, 110 ; XXI, 275 ; I. S. *Ṭabaq.*, I¹, 49, 110, 126.

(3) Ibn Doraid, *op. cit.*, 272 bas. Comp. Azraqī, W., 62.

(4) Moslim, *Ṣaḥīḥ²*, I, 509, 10, etc.

(5) Perron, *op. cit.*, 50.

(6) Preuve que Hind recommençait un geste consacré ou reconnu comme tel par la Tradition ; comp. les détails donnés ; *Aḡ.*, XI, 126.

(7) *Aḡ.*, XX, 144.

Pendant cette même guerre, un Bakrite, ‘Auf ibn Mālik, plaça sa fille sur un chameau au milieu d’un étroit défilé. Puis après avoir coupé les jarrets de sa propre monture, il dégaina : « J’en atteste mon dieu, وَسَحَاوُف , je passerai mon sabre à travers le corps à tout fuyard qui franchira cette barrière (1) ! ». Plus impressionnante encore fut la scène qui précéda la bataille de Doū Qār. Avant l’action, le chef Ḥanẓala ibn Ta‘laba dressa solennellement la *qobba*, que suivait une imposante escorte féminine. A son imitation, toutes les femmes coupèrent les courroies retenant la selle des montures qui les avaient amenées (*Aǧ.*, XX, 136, 137), sans doute pour se ranger autour de la *qobba*. Après les détails pittoresques transmis sur la guerre avec Taġlib, rien de moins malaisé que de deviner le rôle ultérieur joué par les femmes bakrites pendant la fameuse journée de Doū Qār. Perron insiste. « Comment juger aujourd’hui, se demande-t-il (p. 50), avec nos idées et nos mœurs européennes, les deux filles du chevalier-barde zimmānide ? On a vu des officiers jeter leur képi devant l’ennemi... (2). Mais combien a-t-on vu de jeunes filles improvisant un cri poétique de guerre, jeter pour ainsi dire tous leurs charmes, afin d’exalter les guerriers » ?

Exaltation patriotique, délire religieux, tant qu’on voudra, à condition d’écarter le brutal ébranlement des instincts inférieurs. Le geste des pythonisses bédouines s’adresse non aux sens, mais au sentiment religieux de leurs contemporains. Ni les idées ni les mœurs européennes n’ont rien à voir dans l’espèce. L’auteur du curieux ouvrage, *Les femmes arabes*, s’est trop habituellement arrêté au côté pittoresque de l’ancienne

---

(1) *Aǧ.*, XX, 144.

(2) Comp. Ibn Doraid, *op. cit.*, 263, 7 d. l., وقال ‘تَرَون أَوَّلُ رَكَزَ الرَمحَ في قَدَمِهِ « lance plantée en terre avec l’engagement de ne pas reculer au delà ! ». A Badr, un Anṣārien jette une pierre entre les deux armées et s’écrie ; لا افرّ حتى ينفر هذا الحجر (I. S. *Ṭabaq.*, III², 117, 24 ; *Osd*, IV, 206, 2). La femme qui annonce un malheur dépouille ses vêtements ; *Aǧ.*, XV, 99. Comp. *Aǧ.*, XIV, 138, 14, et l’expression النذير العريان ; Ibn Hišām, *Sīra*, 430 ; Ṭab., *Annales*, II, 718 ; Ibn al-Aṯīr, *Nihāia*, III, 90, haut.

vie nomade. Le rapprochement imaginé par Perron porte à faux. Mais sa méprise est attribuable à la composition fragmentaire, à la méthode analytique, décousue, chères à l'auteur de l'*Aḡāni*. Si le récit transmis par ce recueil avait visé à être complet, à former un tout harmonique, nous aurions appris — comme le mentionne à propos de Ḍoū Qār la *riwāya* d'une anecdote parallèle (1) — que la *qobba*, contenant le *bait* ou bétyle, se dressait à côté du chameau sacré qui l'avait transportée. Le rôle des « lutines » zimmānides, des Bakrites, de la fille de 'Auf ibn Mālik eût changé du tout au tout. *Kāhina*, voyantes, dans le genre de la Zarqā' « aux yeux bleus » ou bien devineresses, rappelant la femme qui à la Mecque entrevit la glorieuse destinée des parents de Mahomet (2)? Bien des années après l'hégire, des Compagnons du Prophète se souvenaient encore de certaines de leurs aïeules « qui avaient été gardiennes d'un *bait* aux temps du paganisme (3) ».

Les jeunes Bédouines de Zimmān ou de Bakr ont pu remplir cette fonction. Elle expliquerait leur exaltation dans la garde du pavillon sacré. Enfin les vieux Sarracènes — on l'a vu — aimaient à amener au combat des *kāhina*, « des نفّاثات في العقد, celles qui soufflent dans des nœuds » magiques (*Qoran*, cxiii, 4). Ces femmes possédaient le secret des formules mystérieuses, du *saǧ'* (4), auxquelles on attribuait le redoutable pouvoir d'ensorceler les armes, d'immobiliser les mouvements de l'ennemi (5), de

---

(1) Elle mentionne la *qobba* ; *Aḡ.*, XX, 136, 16 ; cf. Ṭab. *Annales*, I, 1028, et le poète cité, *Aḡ.*, XX, 140, 4 où au lieu de محارب je propose de lire محارم .

(2) I. Hišām, *Sīra*, 98-99 ; *Aḡ.*, XI, 161. Moslim, *Ṣaḥīḥ*, II, 93, 6, femme qui aperçoit le démon familier du Prophète.

(3) Aboū Dāoūd, *Sonan*, I, 195, 15 ; *Osd*, V, 17, 4 ; كانت ربّة بيت في الجاهلية « elle était gardienne d'un *bait*, bétyle et oracle ». Saǧāḥ est *sāḥira* et épouse d'un *kāhin* (Moṭahhar Maqdisī, *op. cit.*, V, 164).

(4) كاهنة تسجّم (*Aḡ.*, XX, 24, 2). Voilà pourquoi le *saǧ'* impressionne toujours les Arabes. Plus tard Moḫtār exploitera cette phobie.

(5) ساحرة ; *Aḡ.*, X, 71 bas (comp. 75, 13) ; XII, 51, 8 d. l. Ḥanbal, *Mosnad*, III, 51 bas : سجم اساجيم « prononcer des formules mystérieuses ». C'est le langage

l'envoûter au besoin ! Le *saǧ'* : bouts-rimés aux cadences rythmées, aux assonances heurtées, précipitées ; suite de conjurations enchevêtrées en un labyrinthe, où la pensée s'égare au milieu du dédale formé de vocables bizarres, de nombres cabalistiques. Vainement le profane essaierait d'en pénétrer les arcanes. Mais les *ǧinn* reconnaissent leur langage et répondent avec joie à l'appel des funèbres et irrésistibles incantations.

Le Prophète prêcha du haut d'un chameau (1). Avant lui, les pythonisses bédouines avaient utilisé sa protubérance dorsale, en guise de trépied. A quoi bon les confondre avec des hiérodules ? Les *Ṣaḥīḥ* nous montrent les contorsions désordonnées des femmes de Daus, tourbillonnant processionnellement autour de l'idole Doù'l-Ḥalaṣa (2). Quant à l'attitude de leurs sœurs de Zimmān, elle ne comporte aucune signification provocante ; elle rappelle le geste de la libre Bédouine découvrant sa chevelure pour forcer les hommes à voler à son aide. Fāṭima, la fille du Prophète, jeta bas ses voiles, quand 'Omar menaça de violer son domicile (3). «La chevelure des femmes jouit d'une sainteté particulière (4). Le voile est destiné à couvrir moins leur visage que leurs cheveux. Pour elles,

---

des *kāhin* ; *Aǧ.*, XIX, 99 bas ; Ibn Hišām, 10-11 : des *ǧinn*, *Osd*, II, 136, 9, etc.; des animaux qui parlent miraculeusement ; Ibn Hišām, 132, 133, 134 ; Ḥanbal, *op. cit.*, III, 420, 2-3. Employé dans la confection des رَقى ou formules de déprécation ; Moslim, *Ṣaḥīḥ¹*, II, 108, 182 ; nombreux spécimens cités dans *Zeitschr. für Assyriol.*, XXVI, 273, etc. Saǧ' dans *les songes mystérieux* (Ibn Hišām, 91, 93), dans *l'imprécation du martyr musulman* Ḥobaib (*ibid.*, 641).

(1) Moslim, *Ṣaḥīḥ²*, II, 38, 39.

(2) Moslim, *op. cit.*, II, 504 haut.

(3) Cf. notre *Fāṭima*, 110 ; *Naqā'iḍ Ǧarir*, 89, 11-12 ; *Aǧ.*, XV, 139, 3. Na'ila femme du calife 'Oṭmān كشفت عن ذراعها ورفعت عن ذيلها ليكن ذلك ردعاً لهم, Ǧaḥiẓ, *Traité sur les Nābita*, p. 116 (11ᵉ Congrès oriental) ; *Aǧ.*, XI, 111 d. l. ; Boḥtorī, *Hamāsa*, n° 728. La femme esclave est libre de découvrir sa chevelure (Ibn Doraid, *op. cit.*, 129, 3-4).

(4) La prière est annulée quand une femme dénoue sa chevelure (Mālik, *Modawwana*, I, 94). Gabriel disparaît quand Ḥadīǧa dépose son voile (Ibn Hišām, *Sīra*, 154 ; *Osd*, V, 437).

déposer le voile, dénouer et laisser tomber les tresses de leur chevelure paraît à peine moins extraordinaire que si elles se mettaient à nu (1). » Le geste hardi des Bédouines de Zimmän ramenait au drapeau ; il se proposait de rallier les guerriers autour du palladium de la tribu. Pantomime risquée sans doute, mais rituelle et d'une souveraine puissance sur les Scénites pour les enflammer, leur inspirer le courage du désespoir (2).

Dans une guerre entre les Dausites et les Banoū'l-Ḥāriṯ, quelques années avant l'hégire, un autre chef amènera ses quatre filles sur le théâtre de la lutte. « Elles y dressent un pavillon ou *bait* », dont elles sont constituées les gardiennes (3). A elles revient de nouveau la mission de ramener par leurs reproches et aussi par leurs ardentes improvisations les fuyards au combat. C'est la répétition du même cérémonial : un pavillon-tabernacle, *bait* lui-même ou abritant le *bait*, et un bataillon de « lutines » — le nombre peut varier — pour veiller sur ce dépôt, comme les Vestales de Rome sur le feu sacré.

L'usage s'est conservé dans les guerres contemporaines des Bédouins au désert (4). Sur le chameau sacré, trône toujours une jeune fille, la plus noble de la tribu. Le comble du déshonneur serait de la laisser tomber aux mains de l'ennemi. C'est tout ce que l'islam a conservé de ce souvenir de la gentilité.

II

Nous nous occupions à revoir ces lignes, quand nous avons reçu en

---

(1) Wellhausen, *Reste*, 199 ; حرم , caractère sacré des cheveux de la femme (*Aǧ.*, XV, 71).

(2) Ou faire reculer les assaillants ; telle Fāṭima. Les femmes qoraišites au *fatḥ* de la Mecque se précipitent au-devant des chevaux, tête découverte (Balāḏorī, *Ansāb*, ms. de Paris, 226 a ; Ibn Hišām, *Sīra*, 830).

(3) *Aǧ.*, XII, 55, 11 d. l. انزل بناته وبَيْنَ بَيْتًا « elles dressèrent la *qobba* = *bait* » du bétyle, la tente-tabernacle.

(4) Cf. Jaussen, *Arabes de Moab*. Amīn Rīḥānī, تاريخ نجد الحديث , Beyrouth, 1928, p. 198 : Ibn Saʿoūd a supprimé l'usage.

Egypte les *Etudes syriennes* de M. Fr. Cumont (1). Notre attention a été immédiatement sollicitée par le chapitre : *La double Fortune des Sémites et les processions à dos de chameau* (pp. 263 sqq.). A la page 264 nos yeux sont tombés sur la reproduction d'une terre-cuite, provenant de Damas. La figure représente un chameau portant un groupe de deux divinités, assises dans une sorte de litière. Près de l'encolure du chameau, ensuite à la naissance du cou, chez les personnages divins, « on remarque l'amorce d'une tente, ce semble, ou d'une capote semi-circulaire (2) ». M. Cumont en rapproche « une seconde terre-cuite provenant de Syrie, qui est entrée récemment au musée du Louvre (3) ». Elle représente également un chameau, portant un groupe de deux femmes, l'une jouant de la flûte et sa compagne du tambourin. « Au-dessus de leur tête s'arrondit une tente hémisphérique ou une capote de cuir, destinée à les protéger de l'ardeur du soleil » (p. 274). Dans le groupe des deux déesses le savant archéologue belge croit reconnaître la double Fortune des Sémites. Sans nous attarder autour de cette identification, on nous permettra d'observer dès maintenant combien ces représentations éclairent graphiquement la matière des recherches précédentes. Nous y retrouvons tous les éléments signalés plus haut : le chameau sacré, le groupe divin, celui des suivantes, enfin le pavillon ou *qobba*, abritant les simulacres, en d'autres termes, les éléments essentiels d'une procession religieuse.

« Le chameau nous paraît toujours un quadrupède un peu ridicule, et son nom éveille en français (4) un sentiment très éloigné de la vénération » (Cumont). Chez les Arabes il était sacré. Les Banoū Yād possédaient « une chamelle bénie », يبركونها . Aux époques de calamité

---

(1) Paris, Picard, 1917.

(2) Cumont, *op. cit.*, 265.

(3) *Op. cit.*, 273.

(4) Eloge du chameau ; *Qoran*, xvi, 6, 82. Le héros arabe aime se comparer au chameau ; cf. *Berceau*, I, 131-132 ; *Ag.*, IX, 168, 6 ; Ḥassān ibn Ṯābit, *Dīvan*, XIII, 5 ; Ibn Hišām, *Sīra*, 565, 7 ; 679, 2 ; Ğāḥiẓ, *Opuscula*, 75, 5 ; Waqidī, *Maǧāzi*, 222.

publique, toute la tribu s'abandonnait aveuglément à sa conduite (1).
Les Ṭayytes rendaient un véritable culte à un chameau noir (2). Nous
connaissons par le Qoran (vii, 71) la légende de « la chamelle d'Allah »,
envoyée aux Ṭamoūdites. Pour nous, la présence du chameau détermine
d'une façon singulière la nationalité, la signification religieuse des sujets
représentés. Nous avons affaire à une procession propre au paganisme
arabe. Les deux figurines proviennent des régions arabes, mais partiellement hellénisées, de l'ancienne *Provincia Arabia*, qui s'étendait au sud de
la Damascène. L'influence de l'hellénisme, qui a valu pour ces régions
un Ζεὺς Σαφαθηνός, un Jupiter du Ṣafā' (3), et transformé Al-Lāt en
Athena-Minerve (4), a pu substituer des statues à la place des archaïques
bétyles. Quand les érudits musulmans prétendent expliquer l'introduction
des idoles à la Mecque, ils les disent importées de ces mêmes provinces
syriennes (5). « Une éclatante polychromie rehaussait autrefois le mode-
lé » du premier groupe. Le rouge et le vert y formaient les teintes domi-
nantes (6). Si elle avait été mieux conservée, nous ne doutons pas que la
première (7) de ces couleurs eût été réservée pour la tente, pour « la *qobba*
en cuir rouge », exhibée dans le transport des bétyles au sein de la
Sarracène préislamite (8).

Très pertinemment, à propos du second groupe, M. Cumont rappelle
les *ambubaiae* syriennes des satiriques latins. « Les joueuses de flûtes,
ajoute-t-il, étaient souvent au service des dieux... En Syrie, des tambours
et des tambourins étaient fréquemment employés dans les cérémonies

---

(1) *Aǧ.*, XV, 97.

(2) *Aǧ.*, XVI, 48 bas.

(3) Dussaud et Macler, *Voyage archéologique au Ṣafā'*, 23.

(4) Waddington, *Inscriptions de Syrie*, n°s 2203, 2308, comme il ressort
des équivalents helléniques.

(5) Ibn Hiśām, *op. cit.*, 51.

(6) Cumont, *op. cit.*, 265.

(7) A la bataille du Chameau, ʿĀiśa se trouve sur un chameau rouge
(roux) et dans un هودج , pavillon, rouge (Ṭab., *Annales*, I, 3216, 7).

(8) Voir plus bas.

religieuses » (p. 274). A Médine, dans la mosquée et sous les yeux du Prophète, on voit apparaître des tambourineuses, à l'occasion des « fêtes de Minā », celles commémorant le sacrifice du pélerinage, partant des fêtes religieuses. Est-ce une simple coïncidence ? Ces tambourineuses médinoises se trouvent être au nombre de deux (1), absolument comme dans la terre-cuite syrienne. M. Cumont n'hésite pas à y reconnaître « un complément du groupe principal. Les statues divines étaient suivies de musiciennes, portées comme elles à dos de chameau » (p. 276). C'est également la conclusion qui se dégage de notre dossier arabe ; nous espérons en achever la démonstration.

M. Cumont s'est demandé : « Pourquoi a-t-on offert à l'adoration des fidèles non pas une, mais deux statues accouplées ? » (p. 265). Sa réponse, c'est l'existence en Syrie du culte de la double Fortune. Les textes arabes analysés plus haut suggèrent, croyons-nous, une seconde solution. Elle finira de mettre à leur place ces précieux « restes » de la gentilité arabe, dont nous devons la connaissance à l'érudition de M. Cumont, lequel en a très heureusement établi le caractère religieux. A propos des deux déesses, nous connaissons trop imparfaitement l'ancien polythéisme arabe pour prétendre expliquer définitivement le dualisme dans leur exhibition. Nous verrons plus loin que la Mecque païenne vénérait par *couples* (2) les bétyles ou *rokn*. Un vers de Ḥassān ibn Ṭābit (LVIII, 2) semble également supposer le dualisme *processionnel*. La divergence sur le site définitif à assigner au couple divin, Isāf et Nā'ila, honorés ensemble (3), pourrait également tenir à des déplacements processionnels.

---

(1) Daǧawī, *Maṣābiḥ*, II, 197 ; Nasā'ī, *Sonan*, I, 236, 5. *Ṭabbāloūn*, dans le cortège du *maḥmal* ; cf. Batanoūnī, *Ar-Riḥla al-ḥiǧāzyya*, 141 ; G. de Nerval, *Voyage en Orient*, I, 168.

(2) Comp. « les deux Marwa », dans une pièce attribuée (?) à Aboū Ṭālib (Ibn Hišām, *op. cit.*, 173, 15).

(3) Ibn Hišām, *Sīra*, 94, 3 ; comp. 54, 71 ; 98, 173.

*
* *

A la bataille d'Ohod, Aboū Sofiān, avons-nous vu, « portait Al-Lāt et Al-'Ozzā » (1). On remarquera dans le récit l'association de *deux déesses*, comme dans le premier groupe damasquin. Le terme *portait* doit s'interpréter largement. En sa qualité de chef de l'expédition, il avait commandé d'emmener et escortait sans doute les simulacres divins. Figures ou bétyles ? Le texte nous laisse à cet égard dans l'incertitude. Ce chiffre de 2 demeure remarquable. Nous le verrons reparaître dans le cérémonial du polythéisme qoraïsite. Il répond apparemment à une donnée traditionnelle assez consistante pour avoir pu résister à la suggestion contraire du Qoran (LIII, 19-20). Dans ce recueil, Al-Lāt, Al-'Ozzā et Manāt (2) forment une triade fermée, un groupe de trois déesses, associées dans la vénération populaire. Par ailleurs nous voyons que dans les milieux mecquois Al-Lāt et 'Ozzā composent un duo (3) représentatif de tout l'ancien polythéisme, de préférence, pour ne pas dire à l'exclusion des autres divinités du panthéon national. « Le jour et la nuit ne passeront pas (comprenez, la fin du monde n'arrivera pas) avant de voir reprendre le culte de Lāt et de 'Ozzā » (Moslim², II, 504). Voilà comment Mahomet aurait parlé pour prédire un retour offensif du paganisme au sein de l'islam.

Ce sont là, à ma connaissance, de rares exemples, où la *Sira* et les recueils des *Ṣaḥīḥ* se seraient affranchis de leur servilité à l'égard du

---

(1) Ṭab., *Annales*, I, 1395 ; *Aǧ.*, XIV, 15 bas. Al-Lāt se trouve fréquemment mentionnée dans les inscriptions du Ṣafā (cf. Dussaud-Macler, *Mission dans les régions désertiques de Syrie*, 55, etc).

(2) Manāt se trouve pourtant isolée du groupe précédent et rejetée dans le verset 20, mais pour la rime, semble-t-il. D'autre part elle passait pour une divinité spécialement médinoise. Voir les textes réunis dans Wellhausen, *Reste*, 25, etc. Cette circonstance a pu dissuader les *rāwi* de la bataille d'Ohod de l'introduire dans leur récit.

(3) Moṭahhar Maqdisī, *op. cit.*, V, 82.

Livre d'Allah pour les renseignements relatifs au paganisme préhégirien. Le dualisme divin, mentionné à l'occasion d'Ohod, ne saurait donc être une donnée arbitraire. La prétendre inspirée par les nombreuses formules de serment, associant, juxtaposant Al-Lāt et Al-'Ozzā (1), à l'exclusion de Manāt ? C'est seulement déplacer la difficulté.

Dans une pièce, attribuée au ḥanīf mecquois, Zaid ibn 'Amrou — nous la connaissons par Ibn Isḥāq, inlassable transmetteur de poésies apocryphes — cet ascète qoraišite à moitié légendaire déclare renoncer « au culte d'Al-Lāt et de 'Ozzā », à celui « des deux filles d'Al-Lāt », ainsi qu'aux « deux idoles des Banoū 'Amrou (2) ». Le poète anṣārien Ka'b ibn Mālik annonce comme prochain « l'oubli d'Al-Lāt et de 'Ozzā (3) ». Dans la *Hamāsa* d'Aboū Tammām (190,5), un troisième poète jure « par les deux 'Ozzā », vraisemblablement les deux divinités portées par Aboū Sofiān et le plus souvent — ainsi fait Aus ibn Ḥaġar — attestées nommément dans les serments des poètes. Faut-il reconnaître Al-Lāt et Al-'Ozzā dans les déesses du groupe damasquin ? Pour nous y décider, nous devrions connaître plus à fond le paganisme de l'ancienne région ġassānide. Qu'il nous suffise d'avoir retrouvé dans un monument figuré la représentation de rites religieux encore très imparfaitement étudiés. Tout nous engage à y voir mieux que « des sujets de genre » ou « des fantaisies de modeleur », comme opine une recension de la *Revue biblique* (1918, p. 290). Cette explication a dû se présenter à un esprit aussi averti que celui de M. Cumont. Il n'a pas hésité à la rejeter.

---

(1) Nasā'ī, *Sonan*, II, 140 ; Boḫārī, *Ṣaḥīḥ*, C., VII, 223 ; *Aġ.*, II, 21, 192, 193 ; I. S. *Ṭabaq.*, I⁴, 100, 101 (123, 25, Al-Lāt est mentionnée seule, fait exceptionnel, quand il s'agit de serments) ; Wāqidī, *Maġāzī*, Kr., 23, 25, 26, 248. Dans Ibn Hišām, 744, 8, Lāt est de nouveau isolée, dans une interjection obscène, de sa compagne ; Ibn Hišām, *Sīra*, 205, 206, 282. Cf. *Aġ.*, XX, 139 bas ; Moslim², II, 19, 467.

(2)   Ibn Hišām, *Sīra*, 154, 7-8 ; Ibn Doraid, *op. cit.*, 84 ; *Aġ.*, III, 15-16.

(3)   Ibn Hišām, *Sīra*, 52. A la Mecque (voir Ibn Hišām, 207, 8 ; 230, 4) le paganisme semble se résumer dans le culte des deux déesses ; I. S. *Ṭabaq.*, I⁴, 101, 25 ; Ibn Hišām, *Sīra*, 738, 9.

Les *Saḥīḥ* nous montrent le Prophète accomplissant à dos de chameau le *ṭawāf*, la ronde, autour de la Ka'ba, ainsi que les courses entre Ṣafā et Marwa (1). Par cette innovation n'aurait-il pas prétendu abolir l'usage et jusqu'au souvenir des processions liturgiques de la gentilité ? Le *ṭawāf* monté rendait impossible la vénération, le contact directs de la pierre noire (2), cérémonie essentielle, assure-t-on, dans le programme du *ḥaǧǧ*. Par ailleurs les érudits musulmans ne réussissent pas à en découvrir une explication satisfaisante, lorsqu'ils prêtent au Maître l'intention de s'exhiber, et de plus haut, en spectacle, afin de régler jusqu'aux plus minutieuses modalités du futur pélerinage musulman (3). Les terres-cuites étudiées par M. Cumont nous ramènent à des conceptions moins fantaisistes. Elles attestent l'existence de processions religieuses à dos de chameau, pratique confirmée par le récit de la bataille d'Oḥod, enfin par l'interprétation rationnelle des termes rituels de *mas'ā*, *ifāḍu*, *ṭawāf*, lesquels impliquent l'idée d'évolutions processionnelles pendant la période du *ḥaǧǧ*.

Dans le narré de cette journée d'Oḥod, un détail nous fournira également le commentaire de la seconde figurine syrienne. C'était l'usage, on l'a vu (4), d'accorder une escorte féminine à la *qobba* ou tente sacrée, celle-là même dont la terre-cuite damasquine nous a montré le transfert. Find az-zimmānī en confie la garde «à deux de ses filles, deux lutines ou fées, شيطانان (5)». Mais ce total, également adopté par l'artiste syro-arabe, paraît avoir varié. La Ṭaqafite Sobai'a, la jeune Bakrite, fille de 'Auf ibn Mālik, se trouvent constituées seules gardiennes de la *qobba* (6).

---

(1) Nasā'ī, *Sonan*, II, 37.

(2) Nasā'ī, *Sonan*, II, 39 ; comp. 37, 10. Mahomet touche par l'intermédiaire de son bâton (*Aǧ.*, XIII, 166 ; Moslim, *Ṣaḥīḥ²*, I, 486, 488).

(3) Nasā'ī, II, 42 ; Moslim aux endroits cités ; gloses nouvelles.

(4) Précédemment p. 113 etc.

(5) *Aǧ.*, XX, 144, 4.

(6) Ailleurs elles sont quatre ; *Aǧ.*, XII, 55 ; voir précédemment pp. 113 sqq. Pour Ḍoū Qār, cf. *Aǧ.*, XX, 136, 137.

Quoi qu'il en soit, nous apprenons (1) qu'avant de partir pour
Ohod (2), les Qoraišites se décident à emmener des femmes. Un siècle
après l'hégire, les annalistes musulmans ne parvenaient plus à se représenter le rôle exact, moins encore, la mission religieuse réservée à ce bataillon féminin (3). Elles devaient, assurent-ils gravement, «empêcher
les défaillances de courage chez les combattants, les exciter en rappelant
l'humiliante défaite de Badr». Nous apprenons qu'au plus fort de la lutte,
«elles jouaient du tambourin et battaient des timbales», يضربن بالأكبار
والدفوف والغربيل ; instruments militaires complètement inconnus des anciens
Sarracènes et dont on ne constate la présence que lorsque des femmes
suivaient l'armée. Rien de plus choquant au point de vue des mœurs
arabes! Une femme libre se serait déshonorée en les touchant. On les abandonnait aux esclaves des deux sexes, comme tout ce qui regardait la profession musicale (4). Preuve nouvelle que nous sommes en présence d'une
manifestation religieuse, cultuelle! Seule la puissance de la religion a pu
obtenir des matrones mecquoises ce sacrifice du décorum. Dans leur entourage, aucune Michol (5) ne s'est rencontrée pour vitupérer l'exaltation de ces transports mystiques. Leur chamade guerrière accompagnait
le chant des vers (6), exactement la même cantilène, attribuée aux
kāhina pendant les guerres de Ḍoū Qār et les luttes entre Bakr et
Taġlib (7). La flûte n'est nulle part mentionnée. Mais nous pouvons nous
borner à ces rapprochements, qui nous paraissent suggestifs.

----

(1) Wāqidī, *Maġāzī*, 201.

(2) De même avant Badr.

(3) Wāqidī, *loc. cit.* ; Ibn Hišām, *Sīra*, 557 ; I. S. *Ṭabaq.*, II¹, 25 : « au
nombre de 15 » *(sic)* ; *Aġ.*, XIV, 14.

(4) Comp. le récit de la bataille de Badr. Mais en cours de route on renvoie ces musiciennes-esclaves (Wāqidī, *op. cit.*, 32).

(5) II *Rois*, vi, 14, etc. ; I *Paral.*, xv, 29.

(6) *Aġ.*, XIV, 17; Ibn Hišām, 562, 10 ; I. S. *Ṭabaq.*, II¹, 28, 8-9 ; Wāqidī,
op. cit., 206, 207, 221.

(7) *Aġ.*, XX, 140, 144.

Il serait déplacé de les désirer plus complets, d'exiger une description plus précise des rédacteurs de *Maǧāzi* et qu'après avoir admis la présence des deux principales divinités qoraišites, ces auteurs nous montrent les Mecquoises, groupant les guerriers autour de la *qobba* (1) et des effigies divines. Voilà pourtant comment elles durent contribuer à maintenir le corps de bataille, à retenir les fuyards, لئلا يفرّوا (2), conformément à l'exposé traditionnel. Tel fut d'ailleurs le rôle dévolu aux Bédouines de Bakr que par une audacieuse et soudaine manœuvre le chef Ḥanẓala ibn Ṭaʻlaba débarqua, et en leur enlevant tout moyen de retraite, au milieu des combattants à la journée de Ḍoū Qār (3). L'une des amazones mecquoises, présentes à Oḥod, relèvera même le drapeau de l'armée (4). Mais pour la rédaction de la *Sīra*, on se rapprochera sans doute de la vérité en y remplaçant par des jeunes filles les graves matrones, épouses des principaux Qoraišites. Seulement, comment alors mettre sur le compte de Hind la prétendue mutilation du cadavre de Ḥamza ; insipide invention, chère à l'école ʻabbāside ? Pendant leurs guerres contre les Qaisites, les Taġlibites chrétiens recoururent au même moyen. « Ils jurèrent de ne pas céder un pouce de terrain et placèrent leurs femmes au milieu des rangs (5). » Cette manœuvre décida de la victoire. Rappelons enfin la tente de Sobaiʻa, dressée avant le combat pendant la guerre d'Al-Fiǧār. Elle aussi se trouve confiée à la garde d'une femme, et cette femme n'est

---

(1) Comp. pourtant Wāqidī, *op. cit.*, 227, 3 d. l. : la *ḥoǧra* où se retirent les amazones à Oḥod. Or *ḥoǧra* est un synonyme de *qobba*.

(2) *Aǧ.*, XIV, 12 bas ; Moslim, *Ṣaḥīḥ²*, I, 557, 562.

(3) *Aǧ.*, XX, 137.

(4) *Aǧ.*, XIV, 17 ; Ibn Hišām, *Sīra;* 610, cf. nos *Aḥābīš*, 446. Femmes figurant dans les *Maǧāzi* de Mahomet (Moslim, *Ṣaḥīḥ²*, II, 103) en qualité de cantinières, d'infirmières. Si telle était leur mission exclusive, et non la survie d'une ancienne tradition, pourquoi, malgré l'exemple du Prophète, une institution aussi humanitaire n'a-t-elle pas été maintenue dans les armées musulmanes ? Au « Chameau », ʻĀiša représente seule son sexe.

(5) Cf. Aḥṭal, *Divan*, 317 ; notre *Chantre*, 137.

autre que l'épouse de Mas'oūd, un des desservants du sanctuaire d'Al-Lāt
à Ṭâif.

« Quand le sultan du Maroc, raconte un ancien voyageur (1), part à
la tête de ses troupes noires pour une importante expédition, il emporte
processionnellement et au milieu des plus vives démonstrations de
respect — comme jadis l'Arche dans l'Ancien Testament — le *Ṣaḥīḥ* de
Boḫārī. Le livre, renfermé dans un écrin précieux, a sa tente spéciale,
laquelle est invariablement dressée à côté du monarque. » Ainsi au premier siècle de l'islam, le soi-disant tabernacle, imaginé par le visionnaire
Moḫtār, accompagnait les armées en campagne, transporté à dos de mulet
et couvert de riches tentures de soie et de brocart (2). Je me persuaderai
malaisément que l'entreprenant Taqafite — « ce successeur attardé des
kāhin », ainsi l'appelle Wellhausen (3) — n'ait pas pensé aux *qobbas*
sacrées de l'antiquité arabe.

Le souvenir s'en était conservé dans les milieux militaires. Un
demi-siècle plus tôt, le calife Mo'āwia, à la veille de la bataille de Ṣiffīn,
commanda de dresser dans son camp une grande *qobba*. Il l'avait ornée
d'étoffes précieuses et, auprès de ce monument, qu'entourait la cavalerie
de Damas, l'armée syrienne était venue lui jurer fidélité jusqu'à la mort ;
(4). رفع قبّةً عظيمة فالقى عليها الثياب وبايعهُ اكثر اهل الشام على الموت واحاط بقبتِه خيلُ دمشق
C'était, moins les bétyles proscrits par l'islam, la répétition de la cérémonie qu'a dû présider à Oḥod le père de Mo'āwia, Aboū Sofiān, auprès
de la *qobba* renfermant le groupe des divinités qoraisites. Wellhausen
(*Reste*, 73) supprime tout ce passé religieux, quand il se borne à reconnaître dans la tente dressée à Ṣiffīn le « Feldherrnzelt Muavias », la tente
militaire du grand calife sofiānide.

------

(1) Cité dans Goldziher, *Ẓāhiriten*, 115.
(2) Ġâḥiẓ, *Ḥāiawān*, II, 99 ; Ibn Doraid, *op. cit.*, 291, 4 ; Ṭab., *Annales*,
II, 702, etc. ; 704, 706.
(3) *Reste*, 137.
(4) Ibn al-Aṭīr, *Kāmil*, Tornb., III, 246, 3. Naṣr ibn Mozāḥim, *op. cit.*,
120.

* *

Nous avons vu précédemment combien les cortèges religieux étaient populaires à la Mecque. C'était au point d'exciter la verve satirique des Bédouins (1). La terminologie qoranique, relative au pélerinage arabe, au culte de la Ka'ba, des sanctuaires de Ṣafā et de Marwa, se montre suffisamment expressive à cet égard. La liturgie qoraišite comprend des tournées, des stations, des courses, des départs ; elle compte des chefs de file, des cérémoniaires ou guides officiels, tout un rituel qu'on ne peut rationnellement interpréter, en excluant l'hypothèse d'évolutions processionnelles, de théories, escortant les bétyles et les simulacres locaux.

Il n'y avait pas seulement le pèlerinage de 'Arafa et la 'omra de Raǵab, qui servissent d'occasion à ces manifestations. La Mecque connaissait d'autres processions au cours de son année liturgique. Son territoire sacré se trouvait délimité par une succession ininterrompue de monuments, « les *anṣāb* de la Mecque ou du ḥaram (2). » A ce terme nos textes substituent parfois celui de *a'lām* « marques, bornes », lequel a dû paraître plus inoffensif (3). Postérieurement à l'hégire, ils semblent avoir été remplacés graduellement par des pylônes turriformes, ‏أكرام‎ (4). On honorait ces *anṣāb* par des visites et par des sacrifices périodiques, les *'atā'ir* sans doute ; la chair des victimes demeurant abandonnée aux oiseaux et aux fauves du désert. Les assistants ne s'interdisaient pas d'ailleurs de prendre part à la curée. Ainsi dans le sacrifice offert par 'Abdalmoṭṭalib, en remplacement de son fils 'Abdallah (Ibn Hišām, 100), ‏لا يُصَدَّ عنها انسان ولا سبع‎ « ni homme ni bête n'étaient écartés ». Le Qoran (LXX, 43) vise, si je ne m'abuse, ces pratiques ; il mentionne la *ifāḍa*, les

---

(1) *Aǵ.*, I, 20, 6.

(2) Ṭab., *Annales*, III, 2326 ; Ibn Hišām, *Sīra*, 703 ; 802 ; I. S. *Ṭabaq.*, IV², 32. On trouve aussi ‏منار الحرم‎ ; Ibn al-Aṯīr, *Nihāia*, IV, 181 ; comp. IV, 177 ; Ǵāḥiẓ, *Ḥaiawān*, IV, 83. Pour *manār*, comp. Moslim, *Ṣaḥīḥ²*, II, 167 d. l.

(3) Maqdisī, *Géogr.*, 77 ; *Osd*, I, 63.

(4) Ibn Ǵobair, *Travels²*, 112, 13.

évolutions tumultueuses et la ruée sur la chair des victimes immolées autour des *anṣāb*. Le détail, si la Tradition avait tenu à le conserver, rappellerait sans doute le sacrifice, où les Scénites de la région sinaïtique s'apprêtèrent à immoler le jeune Théodule, fils de S. Nil (*P. G.*, Migne, T. 74, p. 611, etc.). Il nous expliquerait, pensons-nous, la répugnance de Mahomet pour ce rituel barbare et pour le culte des *anṣāb*, dont il stigmatisera l'impureté, رجس (*Qoran*, v, 92). A partir du *fatḥ*, reddition de la Mecque, sous le Prophète (1), ensuite au temps du califat patriarcal, l'autorité souveraine en fait solennellement *reconnaître*, vérifier le site (2). Cette sorte de relevé cadastral, les *recognitions* soi-disant topographiques de ces dieux-termes, déclassés depuis l'islam, de ces bétyles métamorphosés en bornes-frontières, demeurent selon toute vraisemblance des souvenirs du cérémonial archaïque usité jadis, des processions auxquelles ces monuments religieux ont servi de but et dont la Tradition s'efforce discrètement d'abolir la mémoire.

A l'occasion de ces cérémonies aux siècles préhégiriens, on utilisait une sorte de tabernacle ou tente, portant elle aussi le nom de *bait* ou plus exactement de *qobba*. La *qobba* ne doit pas être confondue avec une tente (3), la tente de poil, بيت شعر ou خباء , destinée à abriter la famille nomade (4). La *qobba*-tabernacle ou rituelle se distingue de la dernière par ses proportions (5) plus réduites, par son sommet arrondi et terminé en pointe (6), par la couleur adoptée (le rouge), par la matière enfin

______

(1) I. S. *Ṭabaq.*, II¹, 99, 11.

(2) Dahabī, *Mīzān*, III, 29 ; *Osd*, I, 63, 214, 5 ; III, 11, 388 ; IV, 207, 337.

(3) Bakrī, *Moʿǧam*, 34, 8 ; cf. *Lisān al-ʿArab*, II, 152 ; Ǧāḥiẓ, *Maḥāsin*, 101, 8 « qobba » (cage) de lion.

(4) Termes souvent juxtaposés dans les mêmes contextes ; *Aǧ.*, XV, 50 d. l.

(5) Ibn al-Atīr, *Nihāia*, III, 223, 4. La *qobba* est petite, ronde, en cuir (*Lisān al-ʿArab*, II, 152).

(6) *Qobba*, terme ordinaire pour désigner un palanquin de voyage (*Aǧ.*, VI, 73, 17), un مَحْمَل . Celui du pèlerinage a « la partie supérieure de forme pyramidale et se termine par une petite coupole » (Dʳ Ṣāliḥ Ṣobḥī, *Pèlerinage à la Mecque*, p. 29). Synonymie de *qobba* et *maḥmal* (*Aǧ.*, III, 115 bas).

servant à la confectionner, c'est-à-dire le *cuir*, ادم . Portative dans le principe, plus tard cette *qobba*, par une transformation toute naturelle — nous aurons à y revenir — s'agrandira pour devenir un pavillon d'honneur dressé en des circonstances solennelles et pour des usages franchement profanes. C'est parce qu'il a négligé de suivre la marche de cette évolution, précipitée par l'influence de l'islam, que Wellhausen a perdu de vue le caractère religieux de l'institution primitive, l'origine rituelle de la *qobba* préhégirienne.

A l'époque archaïque, le cuir (1) — il ne faut pas l'oublier — joue un rôle prépondérant chez les Arabes (2). Cette industrie assurera la fortune de Ṭāif. Les premières tentes bédouines, la majeure partie de leur mobilier, furent vraisemblablement en peau de chameau : récipients, outres, seaux, nappes, coussins, matelas. Antérieurement à l'hégire, le nomade ne ferre pas, il *chausse*, انعل , ses chevaux ; il adapte à leur sabot des sandales de cuir (3). Aussi la présence d'un chaudron, d'un ustensile en métal, passe-t-elle pour une preuve d'opulence (4). Les poètes s'arrêtent complaisamment à en décrire les dimensions fantastiques (5). Comme il arrive d'ordinaire, la religion voulut demeurer fidèle à ces traditions archaïques. Rappelons la Ka'ba primitive de Naǵrān,

---

(1) Comp. *Qoran*, XVI, 82 : demeures, tentes en peau : جعل لكم من جلود الانعام بيوت . Cf. Guidi, *Della sede primitiva dei popoli semitici*, 580. Comp. Ǵāḥiẓ, *Haiawān*, V, 143, 1-5. Les anciens carquois, *kināna*, sont en cuir (Ibn Doraid, *Ištiqāq*, 18, 10).

(2) Ainsi « chaîne de fer » est une preuve du caractère apocryphe de la poésie, citée par Ibn Hišām, *Sīra*, 81 d. l. Les pointes des lances étaient primitivement en *corne* (Ibn Doraid, *Ištiqāq*, 310).

(3) *Osd,* IV, 158, 4 (liens en cuir ; *Aǵ.*, XIV, 70). Pour les Bédouins contemporains, cf. Doughty, *Travels*, I, 309. Invention de l'étrier en fer; Ǵāḥiẓ, *Bayān*, II, 54.

(4) *Aǵ.*, XIV, 138, 1 ; cf. XIII, 54-55. Transmis en héritage, comme objets de valeur (*Aǵ.*, VIII, 67 bas).

(5) Copieuse anthologie de citations dans Ǵāḥiẓ, *Avares*, 245, etc.

également en peau, en dépit de ses proportions colossales (1). Celle de la Mecque pourrait bien en fournir un autre exemple. C'est du moins l'interprétation que me paraît comporter une donnée traditionnelle ; elle affirme qu'un pavillon aurait jadis occupé l'emplacement de l'édicule destiné à enchâsser la Pierre noire (2). Un autre souvenir de ce lointain passé semble s'être conservé dans l'habitude de voiler d'étoffes les fétiches. Cette coutume n'était pas spéciale à la Ka'ba, الكعبة المستورة . Au tombeau d'Ève, près de Geddah, M. Kazem Zadeh signale « une pierre très haute, entourée d'une étoffe noire. On croit que là se trouve le nombril d'Ève (3)». Les Banoū Tamīm vénéraient un *bait*, bétyle, recouvert d'étoffes précieuses, بيت من عمائم وثياب (4). J'en retrouve une autre preuve dans ce serment de Qais ibn al-Ḥaṭīm : « Par le Dieu, Maître du temple sacré, par ses mystères que voilent des étoffes en lin du Yémen » :

والله ذي المسجد الحرام وما　　جُلِّلَ مِن يُبْنَهِ لها خُنْفُ (5)

Dans ce vers d'un poète médinois, la mention du *masǧid al-ḥarām*, l'extension restreinte de cette expression dans le style qoranique, me paraissent des raisons insuffisantes pour la rapporter au sanctuaire mecquois. Les *masǧid* ou lieux saints abondaient à Médine et dans tout le Higāz. Nous nous en convaincrons plus tard en étudiant la valeur du

---

(1) Cf. notre *Yazīd*, 340. *Bait* de la tribu de Yād appelé *Doū'l Ka'bāt* (Bakrī, *Mo'ǧam*, 46, 1).

(2) Dieu accorde à Adam chassé du Paradis خيمة من خيام الجنة وضعها له بمكة في موضع الكعبة قبل ان تكون الكعبة (Azraqī, W., 357, 358 ; Qotaiba, *Ma'ārif*, É., 189). La Ka'ba, primitivement une tente ; *Sīra ḥalabyya*, I, 160. Ce même recueil (II, 293, 2) représente le Prophète dans une تابه من خشب عليها مشوه . J'ignore la provenance de cette donnée, résultat d'une contamination.

(3) *Relation d'un pèlerinage à la Mecque en 1910-1911*, p. 26.

(4) Ibn Doraid, *op. cit.*, 155, scolion *c*.

(5) Voir son *Divan*, éd. Kowalski, V, 14. Pour le sens de خنيف , plur.: خنف , cf. Ibn Doraid, *Ištiqāq*, 289, 5 d. l. L'arche-tabernacle de Moḫtār était également voilée ; Ibn Doraid, *op. cit.*, 291, 4 ; Van Gelder, *Moḫtār der valsche Profeet*, 92, etc. ; Ṭab., *Annales*, II, 706.

vocable *masǧid* (1). Il semble inutile de perpétuer le malentendu créé par
les exégètes et les philologues de l'islam avec leur théorie sur la suprématie incontestée du culte qoraišite. Comme l'insinue le témoignage du
médinois Qais ibn al-Ḥaṭīm, les progrès de la civilisation, la diffusion des
étoffes du Yémen firent insensiblement écarter l'usage du cuir. Ce dernier
demeura réservé pour les tentes-chapelles destinées aux translations, aux
processions rituelles des bétyles.

Quand les Qoraiš — plus exactement les *Ḥoms*, c'est-à-dire les familles *cléricales* de la Mecque (2) — prenaient part aux cérémonies de
Minā, ils jouissaient du privilège exclusif d'y dresser des tentes de cuir
rouge ; كانت قباب قريش من الادم لا يضربها غيرهم يعني (3). Ils s'interdisaient la
faculté de s'y retirer, de les utiliser comme habitation privée (4). Mais
rien ne prouve que primitivement elles n'aient pas abrité les bétyles de
quartier, les fétiches des clans mecquois, qu'on destinait à figurer dans
les cérémonies du pélerinage, dans les processions du mois de Raǧab. On
les tenait en réserve pour ces manifestations solennelles du culte qoraišite.
Véritables tentes rituelles, elles ne devaient servir qu'à l'époque des
manāsik, cérémonies du grand pélerinage (5), ou pendant la durée de
l'*iḥrām*, ما كانوا حُرُماً (6). « Jouissant du privilège des pavillons en cuir

----

(1) Voir nos *Sanctuaires préislamites dans l'Arabie occidentale*, pp. 6 sqq. ;
Mél. Univ. S. Joseph, XI, fasc. 2, 1926.

(2) Ibn Doraid, *Ištiqāq*, 153 ; Ibn Hišām, *Sīra*, 126, etc. ; I. S. *Ṭabaq.*,
I¹, 41. Les Qoraiš sont les « desservants de la Kaʿba » ; Qotaiba, *Kitāb al-
ʿArab*, 290, 8, آل الله ; Ibn Doraid, *op. cit.*, 94, 11.

(3) Balāḏorī, *Ansāb*, 24, b (ms. de Paris).

(4) Voir pourtant *Qoran*, xvi, 32: tentes d'habitation en peau de chameau ;
mais ce ne sont pas les *qobbas* de cuir rouge.

(5) Yaʿqoūbī, *Hist.*, I, 298, 1. Même au Paradis les Élus habiteront des
« *qobbas* de cuir » (*Osd*, V, 185 bas).

(6) Ibn Hišām, *Sīra*, 128, 9. Le Prophète appuyé contre « une *qobba* en
cuir du Yémen » ; Boḫārī, *Ṣaḥīḥ*, C., VII, 220 d. l. (C. = éd. de Constantinople).

rouge, ils ne fabriquaient pas de tentes de toile, كانوا لا ينسجون .ظال ّ الشعر وكانوا
اهل القباب الحمر من الأدَم (1) ». Nous devons ce renseignement traditionnel aux
rédacteurs de la *Sira*, qui ne paraissent pas en avoir saisi la portée.
Sédentaires, les Mecquois n'avaient que faire de tentes en poil. Mais ils
conservaient avec honneur et, pour les manifestations, les processions
religieuses, ils s'empressaient d'exhiber les archaïques pavillons en cuir
rouge. Dans cet usage comment ne pas reconnaître un souvenir de l'époque
où le pavillon écarlate abritait une relique, un des nombreux fétiches
honorés à la Mecque ? L'ancienne charge municipale, القبّة والأعنّة « le pavillon et les rênes » (2), commémore sans doute la dignité du personnage
qoraišite, chargé jadis de veiller sur le palladium de la cité, de convoyer,
de guider par la bride le chameau, qui portait le dais sacré pendant les
stations du pèlerinage. Le nom — *qobba* est un synonyme de *maḥmal*, —
ensuite la fonction, rappellent le départ du *maḥmal* — vulgairement
appelé *tapis sacré* — à Damas (3) et au Caire. L'on y voit les plus hauts
dignitaires de l'État se disputer l'honneur de tenir la bride du chameau
chargé du *maḥmal*, dont les formes imitent celles de l'antique *qobba* (4).
Cette originale mise en scène fait penser à Aboū Sofiān en route pour
Oḥod. Voilà comment le chef omayyade aura « porté Al-Lāt et Al-ʿOzzā »,

---

(1) I. S. *Ṭabaq.*, I¹, 41, 6-7. Pour attester que Mahomet était *ḥomsi* on le
fait figurer au pèlerinage dans une *qobba* de cuir (I. S. *Ṭabaq.*, II¹, 88 ; *Osd*, I,
251). Ailleurs (Moslim, *Ṣaḥiḥ²*, I, 469, 12 ; Aboū Dāoūd, *Sonan*, I, 190) la tente
est en poil, mais le terme de *qobba* est maintenu. Les *Sira* postérieures (*Sira
ḥalabyya*, III, 138 bas) font réunir à Ǵiʿrāna les Anṣārs dans une « tente de
cuir ». Je soupçonne une confusion, où l'on ne tient aucun compte des proportions exigües de la *qobba* primitive.

(2) Explication traditionnelle dans *ʿIqd⁴*, II, 37. Le sens n'est plus compris ; *Osd*, I, 101, يجمعون فيها ما يحوزون بو الجيش (*sic !*). La modeste *qobba* devient
arsenal ! Lammens, *La Mecque*, 67-68.

(3) Au temps des Turcs.

(4) Cf. Ṣāliḥ Ṣobḥī, *op. cit.*, 29. Ḥālid ibn al-Walīd, commandant habituel
de la cavalerie qoraišite dans les Maǵāzi, se voit bénévolement attribuer le privilège de القبّة والأعنّة ; cf. *ʿIqd* et *Osd* aux endroits cités à la note 2.

يمـل اللات والعزّى , relayé par les principaux descendants de Qoṣayy, jusque
sur le champ de bataille. A l'instar de nos processions chrétiennes, ces
personnages ont voulu « tenir les cordons du dais », escorter les protectrices de la cité, abritées dans la tente-chapelle, comme les représente la
terre-cuite de Damas.

En interprétant, en combinant judicieusement les textes cités plus
haut, il ne devient pas malaisé de reconstituer le pittoresque spectacle,
offert par la Mecque, pendant la ʿomra, la fête religieuse et nationale de
Raǵab (1). On se figure l'encombrement des ruelles étroites, les cortèges
promenant les bétyles de quartier, le défilé des chameaux avec leurs *qobbas*
branlantes aux éclatantes couleurs, guidés par les chefs des familles
aristocratiques, cependant que, derrière les dromadaires sacrés, des femmes
montées à chameau, chevelure au vent, battent avec frénésie du tambourin et poussent des cris de joie, pour déboucher enfin sur le parvis de
la Kaʿba. Je me demande si le Qoran (viii, 35) ne vise pas ces exubérantes
manifestations de la religion populaire, lorsqu'il affirme que « toute la
dévotion des païens auprès du *bait* se borne à des sifflements, à des cla-
quements de mains », وما كان صلوتهم عند البيت الأ مُكآءً وتصدية .

On peut du moins affirmer que la ʿomra de Raǵab est vue de mauvais
œil par la Tradition, laquelle sur ce point paraît exprimer les répugnances
éprouvées par le Prophète. C'était pour la Mecque la période des ʿatāʾir (2),
sacrifices dont on abandonnait la chair aux oiseaux. Ces sacrifices, Mahomet les aurait également interdits, si toutefois il ne s'est pas simplement
borné à les prohiber pendant le mois de Raǵab (3), sans doute à cause de
leur caractère spécifiquement païen, de leurs attaches avec la ʿomra
tumultueuse et les bacchanales de Raǵab ; *Raǵabyya* et ʿatīra étaient

---

(1) Cf. Ibn Ǵobair, *Travels*², 128, 129, 132.
(2) Nasāʾī, *Sonan*, II, 190 ; عتائر يوم عيد , poète cité dans Ibn Hišām, *Sīra*,
659, d. l.
(3) Nasāʾī, *op. cit.*, II, 189, 180 ; Moslim, *Ṣaḥīḥ*², II, 165.

devenus synonymes (1). A la Mecque la population demeurait fort attachée à ces festivités bruyantes. Elle refusait d'en modifier le programme,
principalement de déplacer l'époque de la *'omra;* tous considéraient
« comme le plus grand des sacrilèges d'en accomplir les cérémonies au
temps du pélerinage » de 'Arafa (2). Pour déraciner ces souvenirs tenaces,
qui plongeaient dans les fastes polythéistes de la cité, Mahomet affectera
d'exécuter la *'omra* en dehors de Ragab (3) et se décidera enfin d'unir
'omra et pélerinage (4).

*
* *

Tout ce passé vaudra aux plus distingués d'entre les *sayyd* du désert
la qualification extrêmement recherchée de « possesseurs des pavillons
écarlates », اهل القباب الحُمر (5). Locution parfois abrégée en اهل القباب , en
supprimant l'indication de la couleur toujours sous-entendue (6), quand
il s'agit de *qobba*. Aussi le complexe رب القبّة devient-il l'équivalent de nos
particules nobiliaires, une titulature véritablement seigneuriale (7),
l'attestation non de « vingt quartiers de noblesse » (Perron) — l'Arabie
ne les a jamais connus (8) — mais d'un authentique patriciat, à la mode

---

(1) *Osd*, IV, 339, cf. 267 ; Ibn al-Atīr, *Nihāia*, II, 66 ; Ibn Hišām, *Sira*,
534, 4 ; 659 bas ; Ġāḥiẓ, *Haiawān*, I, 9 ; Aboū Dāoūd, *Sonan*, II, 2, cf. p. 5.

(2) Moslim, *Ṣaḥīḥ²*, I, 480, 5 ; Nasā'ī, *op. cit.*, II, 24, 7.

(3) Moslim, *op. cit.*, I, 483. Plusieurs de ces *'omra* du Prophète sont problématiques, mises en avant pour masquer son absence du grand Pélerinage
qu'il n'accomplira que la dernière année de sa vie.

(4) Cf. Lammens, *Sanctuaires préislamites*, pp. 131 etc.

(5) Ou صاحب القبّة ; Ibn Doraid, *op. cit.*, 208 bas (cf. *Aǧ.*, XX, 136) ; 215,
3 d. l., قبّة لهم .

(6) Comme observe Ġāḥiẓ, *Haiawān*, V, 143, 4 ; *Aǧ.*, XIV, 116, 11.

(7) Ainsi l'interprète 'Abīd ibn al-Abraṣ, *Divan*, XXIX, 2 (éd. Lyall) :

اهل القباب الحُمر وال   نّعِم المُؤبّل والمَدامَة

Tentes de cuir, gloire des Arabes ; Ġāḥiẓ, *Haiawān*, V, 143, 5-7.

(8) Cf. *Berceau*, 1, 325 etc.

bédouine. C'était l'interpellation la plus agréable, la plus flatteuse aux prétentions dynastiques des phylarques de Ḥīra et de Ǧassān (1). Les deux vocables *rabb* et *qobba* s'appellent pour ainsi dire et se complètent mutuellement. En apercevant dans la solitude les couleurs voyantes de la *qobba*, le rôdeur du désert concluait à la présence d'un personnage, d'un *rabb*, et se promettait l'aubaine d'une riche proie, ما لهذه القبّة بذ ِمن ربّ (2).

Rabb désignait le rang le plus élevé dans la hiérarchie sociale. Aussi les titulaires, cédant à l'ostentation propre aux Arabes, آخر الأُمَم, aimaient à traduire cette suprématie par l'exhibition de ce symbole éclatant (3). En parcourant les vers déclamés dans les fastueuses *monāfara*, joutes de prééminence, on connaît peu de poètes qui aient renoncé à réclamer ce titre prétentieux pour tous les membres de leur clan. Tous leurs contribules étaient — à les en croire — princes, « issus d'un sang, jouissant du privilège de guérir la rage (4) ». Cette argumentation rendait la prétention toute naturelle (5). Elle s'affirma dans l'usage affecté par les plus magnifiques des chefs nomades de dresser à côté de la tente familiale un pavillon en cuir écarlate. De son ancienne destination rituelle, elle conserva le droit d'asile, sur lequel les patrons, *aśrāf*, veillaient jalousement,

-----

(1) Cf. *Aǧ.*, VIII, 50, 10 d. l. ; IX, 172, 7, 176 ; X, 30, 18 ; XVI, 165 d. l. Le père du prince-poète Amroulqais est *rabb* et ذو القباب (*So'arā'*, 3 bas ; 13 bas ; 37, 5).

(2) *Aǧ.*, XVI, 51, 1. Comp. le scolion : ولا للقوم لاد الأ ولهم سيّد ; 'Abīd ibn al-Abraṣ, *Divan*, XXV, v. 10. Comp. *Aǧ.*, XIV, 138, 1 ; XIX, 132, signe de richesse et de suprématie.

(3) *Fāṭima*, 73 ; notre *Chantre*, 157. Ils sont اهل القباب الحمر (Amroulqais), Qotaiba, *Poesis*, 37, 11 ; 223, 9 ; *Aǧ.*, XIV, 138, 1-2 ; *Naqā'iḍ Ǧarīr*, 140, 8. Tente rouge de l'ancêtre Nizār ; *Chroniken*, W, II, 135, 6-7 ; 'Abīd ibn al-Abraṣ, *Divan*, XXV, 10 ; XXVII, 5 ; XXIX, 2. Le calife Ḥišām s'installe au désert sous des pavillons rouges (*Aǧ.*, S., I, 14, 4), mais non en cuir. Tente d'habitation ; la couleur archaïque et seigneuriale a seule été retenue, pour cette *bādia* omayyade de grand style !

(4) *So'arā'*, Cheikho, 404, 8 ; *Aǧ.*, XIV, 74 bas ; XV, 7, l. 6.

(5) A'ša dans *So'arā'*, 392 : أهل القباب = *sayyd*.

هم اشراف فى الجاهليّة لهم قبّة وهى التى يقال لها قبّة المعاذة من لجأ اليها اعاذوه (1). Tel le pavillon de Sobaiʻa pendant la guerre du Fiǧār. A ʻOkāẓ et dans les autres solennités, on se trouva bientôt forcé d'accorder la même distinction aux plus célèbres d'entre les poètes (2). On voit également figurer la *qobba* (3), la tente de cérémonie, dans les *monāfara*. Ces joutes, présidées par un *kāhin-ḥakam*, un arbitre-devin, et se terminant toujours par un sacrifice public (4), participaient en définitive à la nature des actes religieux.

On aura remarqué la teinte singulière adoptée pour les *qobba* rituelles. De toute antiquité et jusqu'à nos jours, les Scénites ont habité des tentes de couleur sombre (5). L'épouse du *Cantique* (I, 4) se proclame « noire à l'égal des tentes de Cédar ». D'où vient le choix du rouge, l'étrange prédilection pour une couleur aussi criarde, aussi indiscrète ? Il y a lieu de se le demander. Défiant de nature, le Bédouin s'ingéniera à dérober son campement, sa retraite et celle des siens, aux ennemis de sa tribu, aux rôdeurs du désert. L'instinct de la conservation lui déconseille de dresser sa tente, de coucher le long des routes, dans le voisinage immédiat des points d'eau. Seule l'influence d'une tradition religieuse, d'un *dîn* — coutume et religion sont synonymes pour l'Arabe — a valu cette fortune à la *qobba* rouge, l'a amené à surmonter ces répugnances instinctives. Yād, un des légendaires ancêtres des Arabes, avant de mourir, lègue à son fils Moḍar « la tente de cuir rouge », comme un héritage d'inestimable valeur, القبّة الحمراء وهى من أدَم (6). Le geste rappelle, dans les

___

(1) Ibn Doraid, *op. cit.*, 215 bas.

(2) *Aǧ.*, II, 53 bas ; VII, 170, 4 (avec l'addition ثماد لـ حبال بين وَثَنِى, figurant comme un ḥaram ?) ; VIII, 194. Pour ʻOkāẓ, cf. *Šoʻarāʾ*, 640 bas ; 687.

(3) Abritant vraisemblablement le bétyle.

(4) On immmolait des chameaux, dont la chair était distribuée à l'assistance ; *Aǧ.*, XV, 54, 6 d. l. ; 55, 8 ; 57 haut. Présidences de *kāhina-arbitres* (Ibn Hišām, *Sīra*, 92, 284).

(5) Cf. *Šoʻarāʾ*, 770, 4. Pourtant dans une composition romanesque figure une tente rouge ; Ǧāḥiẓ, *Maḥāsin*, 303, 5.

(6) *Chroniken*, W., II, 135, 5, 139-142; Boḫārī, *Ṣaḥīḥ*, Kr., IV, 88 ; n° 42 ; I. S., *Ṭabaq.*, Iᵃ, 41, 7. D'où la locution مُضَر الحَمراء (*Šoʻarāʾ*, Cheikho, 683) ; le groupe des tribus de Moḍar, possesseurs de la tente religieuse,

divers degrés de la cléricature chrétienne, la *traditio instrumentorum*, supposant la collation des pouvoirs d'ordre (1). Ainsi pendant de longues générations se comporteront les vieux chefs. Au plus digne de leurs descendants, ils transmettront, en signe de suprématie religieuse, le pavillon sacré ou, pour compléter la formule traditionnelle, le *bait* et la *qobba*, le bétyle et le tabernacle (2).

Au cours des révolutions, qui agitèrent la Péninsule, ces objets du culte passent de la sorte de famille en famille, de clan en clan, au sein d'un peuple, médiocrement dévot, privé de caste et d'institutions sacerdotales, mais conservateur et demeuré très attaché aux prérogatives du passé, aux coutumes des ancêtres, ما كان عليه آباؤهم (3). Ces transmissions nous fournissent le sens primitif des formules si fréquentes, dans les ouvrages généalogiques, chez les compilateurs de manuels et d'encyclopédies historiques : فيهم ou ... صار البيت الى ... ou ... تحول البيت الى « tel groupe a hérité du *bait* (4) » ; كان بيتُ ربيعة « cette famille avait la garde du *bait* (5) de Rabī'a (6) ». Formules parfois complétées et libellées comme suit : فيهم البيتُ والعَدَد « à la

***

(1) En même temps que la *qobba* rouge passe à Moḍar, la « tente noire » الخباء الأسود , est transmise à Rabī'a (*Chroniken*, W., II, 135, 5). Remarquez l'opposition entre خباء et قبّة . Voilà par quels artifices les généalogistes font pressentir la grandeur de Moḍar, dépositaire futur de « la prophétie et du califat ». La « tente noire », symbole de la condition profane, est remise à Rabī'a, auquel l'impérialisme qoraišite, surtout depuis les révoltes ḫāriǧites fréquentes chez les Rabī'ites (cf. Ǧaḥiẓ, *Opuscula*, 9), prétend rappeler leur subordination politique, leur exclusion du califat.

(2) *Chroniken*, W., II, 141. Voir *ibid.*, 141 bas, où *ryāsa* est employé comme synonyme de *qobba* rouge. Cette synonymie vaut pour une époque plus tardive. Son emploi maladroit atteste l'inintelligence des compilateurs postérieurs.

(3) Cf. *Qoran*, passim ou نَتّبِم ما ألفينا عليو أباءنا , II, 165 ; v, 103.

(4) *Chroniken*, W., II, 139-140, 141, 142.

(5) Des Banoū Ḥanẓala; *Lisān al-'Arab*, II, 319 ; Lane, *Lexicon*, I, 280.

(6) *'Iqd*⁴ , II, 52 ; *Aǧ.*, X, 85, 8 d. l. ; Ibn Doraid, *Ištiqāq*, 107 d. l.; 120, 4 ; 143, 4 d. l. La formule اليمر البيت me paraît l'abréviation de تحوّل ou صار اليمر البيت (Ibn Doraid, *op. cit.*, 173, 12, 13; 174, 3).

possession du *bait*, ils joignent le prestige du nombre (1) ». Dans l'émiettement des groupes au désert, dans l'isolement de la solitude, le nombre dénote la puissance. C'était la tribu la plus influente qui s'empressait de recueillir, parfois même de s'assurer de force la prérogative de la *qobba*. Cet avantage achevait d'asseoir définitivement sa suprématie (2) sur les autres fractions du groupe nomade. Dans ces transmissions on aurait tenu compte, semble-t-il, de la loi du *séniorat* (3), dont les Scénites se montrèrent toujours partisans convaincus et qu'ils transmettront au califat arabe (4) où elle perpétuera l'instabilité du pouvoir.

Si cette organisation du polythéisme préislamique est demeurée si imparfaitement connue, au point d'avoir pu échapper à l'attention des érudits, il faut en rejeter la responsabilité sur la tradition musulmane. On évaluera malaisément l'épaisseur de l'écran que cette tradition a tendu entre la *ğāhilyya* et la curiosité des orientalistes. De ces préjugés surannés, legs d'une inintelligente exégèse qoranique, rappelons seulement un exemple. Nous ne manquons pas de textes poétiques attestant la possession ou le transfert des *bait* (5) d'un groupe à l'autre. Or dans ces vers, les critiques islamites s'obstinent à vouloir reconnaître le *bait* de la Mecque, la Ka'ba (6). Ils y retrouvaient la réalisation de la prière attribuée par le Qoran au grand ancêtre Abraham : اجعل افئدة ً مِن الناس تهوى اليهم (7) « fais, ô Allah, que tous les cœurs, toutes les aspirations convergent vers

------

(1) Le poète Ǧamīl dans *Aǧ.*, VII, 99, 15.

(2) La possession de la *qobba* entraînait la *ryāsa ;* elle élève au rang des *ašrāf* (Ibn Doraid, *op. cit.*, 215, 3 d. l.).

(3) Cf. *Berceau*, I, 310 ; notre *Yazīd*, 88, etc.

(4) كان البيت من مَنْبّة لي الكبر من بني تعلبة (*Chroniken*, W., II, 142, 2). Même affirmation au sujet de la Ka'ba ; Ibn Hišām, *Sīra*, 75, 5.

(5) Des bétyles des tribus particulières.

(6) Ainsi dans Qais ibn al-Ḥaṭīm, *Divan*, XIII, 12 : الحمد لله ذي البنية, la *banyya* = un *bait* quelconque et non la Ka'ba, comme pense le traducteur M. Kowalski. Même remarque pour le serment زَيَّت الله d'un poète de Ṭayy ; Aboū Zaid, *Nawādir*, 78, 9.

(7) *Qoran*, xiv, 40.

la Mecque ». Ces rêveries, favorisées par les prétentions de l'impérialisme qoraišite, ont contribué à accréditer les légendes, où l'on confie successivement la garde de la Ka'ba à des tribus que, vers la naissance de Mahomet, nous trouvons établies à mille lieues de la Mecque (1).

III

Nous pouvons maintenant entreprendre d'expliquer l'origine de ce que Wellhausen qualifie sommairement de *Fürstenzelt* (2). A savoir le pavillon en cuir rouge, occupant la place d'honneur dans le cantonnement des grandes tribus ou de chefs plus spécialement illustres et, après l'hégire, au camp des califes et des généraux, dans les circonstances critiques, chaque fois que le sort, « la *qobba* de l'islam », قبّة الاسلام (3), se trouve en jeu, comme à la journée de Ṣiffīn. Mahomet lui-même et son compétiteur Mosailima adopteront, nous assure-t-on, cet usage (4). Le Prophète comprenait sans doute l'importance de la représentation extérieure (5). Mais par l'adoption de la *qobba* il entendit surtout proclamer caduques toutes les prérogatives religieuses de la *ğāhilyya*, en les absorbant en sa personne (6). Dans la langue qoranique *rabb* allait

---

(1) Cf. *Berceau*, I, 116 ; *Ağ.*, VIII, 128, 5 ; 188 d. l.

(2) *Reste*, 130. La seule allusion de l'ouvrage à la *qobba* et aux questions connexes.

(3) *Ağ.*, XX, 14, 11.

(4) Cf. *Fāṭima*, 73 ; Nasā'ī, *Sonan*, II, 203, 4 ; Boḫārī, *Ṣaḥīḥ*, Kr., IV. 89, 2, 6. Il emporte en voyage sa tente de cuir rouge, il s'y tient vêtu de rouge ; Waḥidī, *Asbāb an-nozoūl*, 151, 2 ; Boḫārī, C., I, 99 ; Aboū Daoūd, *Sonan*, ms. Paris, 104, *a* ; Soyoūṭī, *Mauḍoūāt*, I, 220. Autres exemples : au pèlerinage (I. S. *Ṭabaq.*, II¹, 88 ; *Osd*, I, 251) ; à Taboūk (Aboū Daoūd, *Sonan*, éd. des Iudes, I, 199) ; à Ḥonain (Boḫārī, *Ṣaḥīḥ*, C., VII, 50 ; Moslim, *Ṣaḥīḥ*, I, 191, 192) ; au « Ḥandaq » (*Sira ḥalab.*, II, 354).

(5) *Qobba* de cuir rouge pour l'entrevue de Mosailima et de Saǧāḥ ; *Ağ.*, XVIII, 116. Cf. *Fāṭima*, 61, etc.

(6) Le poète 'Omar ibn Abi Rabī'a (ici à l'époque du pèlerinage) possède sa قبّة حمراء من ادم ; *Ağ.*, X, 53, 3. Tradition héritée des Ḥoms, à moins que le trait n'ait été étourdiment ajouté par un *rāwi* archéologue !

devenir un titre exclusivement divin. Mahomet protestera énergiquement
contre celui de *kāhin* et les autres dénominations qui comportaient une
signification cultuelle dans l'ancienne Arabie. Il proscrira l'appellation
de *rabb* (1) dans les relations sociales. Par le *'ahd* ou capitulation
de Médine, il s'était déjà constitué le *ḥakam*, arbitre universel. Tout
désormais devait être porté devant son tribunal. اطيعوا الله واطيعوا ارسول
« obéissez à Allah et au Prophète », son représentant ; ainsi commande le
Qoran avec une insistance coupant court à toutes les tergiversations.

La *qobba* n'en survécut pas moins à toutes ces évolutions. L'usage
datait du temps où le chef fixait sa propre tente à côté du bétyle, du *bait*
dont la garde lui demeurait confiée (2). Wellhausen (*Reste*, 49 et *passim*)
mentionne les « dieux domestiques », *Hausgötze*. Les dieux, affirme-t-il,
se trouvent dans la possession des chefs. Autant de conceptions contestables! Elles proviennent, croyons-nous, de l'inintelligence chez Wellhausen et, avant lui, chez les auteurs musulmans du rôle véritable joué par
la *qobba*. Nulle part nous ne voyons apparaître des dieux domestiques,
sinon dans les récits légendaires de la *Sīra* et dans les *Dalā'il an-Nobouwa*
« preuves de la prophétie », élucubrations d'une authenticité encore plus
problématique. Dans ces compositions, on les fait briser ou même brûler
— des dieux en pierre ! — par les néophytes de l'islam. Ce zèle iconoclaste
devient un titre de gloire revendiqué dans les *Ṭabaqāt* (3). Tout autre
est la réalité. Aux *aśrāf* revient, non la possession, mais la garde d'honneur des bétyles. Ils les abritent, non sous leur tente d'habitation, mais
dans la *qobba* de la tribu, du groupe nomade. Pour perpétuer le souvenir
de ce privilège, on continua à « dresser la *qobba* près du *sayyd*, ضرّبت عليه
القبّة (4) ». Dans certains cas, on prend soin de spécifier que c'est « la *qobba*

---

(1) Moslim, *Ṣaḥīḥ²*, II, 269.

(2) Le *sādin* dort près du fétiche ; *Osd*, IV, 153 : نمت انا في بيت الصَّنَم , dans le
bait ou tente-chapelle.

(3) I. S. *Ṭabaq.*, III², 24, 51, 69, 118, 120, 131, 140, 141 ; Ibn Hiśām, *Sīra*,
254, 303, 832 ; *Osd*, III, 55 ; Samhoūdī, *Wafā'*, I, 178 ; Moṭahhar Maqdisī, *op.
cit.*, V, 117, bas.

(4) Comp. *Aǧ.*, XIV, 105, 13.

rouge, le pavillon-sanctuaire hérité par Moḍar », ضرب عليه القبّة الحمراء وعى ; قبّة مُضر الحمراء ; à savoir la tente sacrée de l'ancêtre Moḍar. On la prétendait transmise par une filière ininterrompue au représentant principal du groupe nomade (1). On peut observer un rapport constant entre la translation du *bait* et la possession de la *qobba* (2). L'une ne va pas sans l'autre, ou risquerait de demeurer incomplète, sans valeur. Ainsi leur réunion entre les mains d'un titulaire assure à ce dernier la qualification de *sayyd* et surtout de *rabb* (3). Lui et les siens deviennent les gardiens, les détenteurs « légitimes, incontestés, du *bait*, bétyle », هم البيت غير مدافعين (4). Voilà en quel sens il est permis de dire que les dieux — partant la *qobba* — se trouvent entre les mains des *aśrāf* (5), des chefs, dans les familles aristocratiques, les بيوتات (6), comme on s'exprimera plus tard. Un autre corollaire, c'est l'existence d'un seul *bait*, d'une unique *qobba* par groupe, se réclamant d'une commune origine. Inutile donc de parler de culte privé, de dieux lares ou domestiques. L'Arabe de la préhégire n'a jamais entrevu que le culte public, celui pratiqué par le clan, dont les rares manifestations suffisaient à épuiser sa courte dévotion. Pour se protéger, lui et les siens, contre les influences maléfiques, il recourait au *tamā'im*, «amulettes», dont l'efficacité lui paraît mieux démontrée que la présence de simulacres divins sous sa tente ou dans son *dār*.

Et maintenant y a-t-il lieu de se demander si le ḥadīṭ se rappelait ce passé presque lointain et entaché de contaminations polythéistes, quand

---

(1) Bakrī, *Moǵam*, 34, 15, 16 ; *Chroniken*, W., II, 141.

(2) Bakrī, *op. cit.*, 34, 464, 11 ; *Naqā'iḍ Ǵarīr*, 671 d. l.

(3) Cf. *Chroniken*, W., II, 141, 7 etc. Comme synonyme on emploie aussi le terme *ryāsa* (*ibid.*, 141 bas).

(4) Ibn Doraid, *Iśtiqāq*, 173, 180 (cf. *Berceau*, I, 268). La locution originale a dû être : هم ارباب البيت غير مدافعين .

(5) Wellhausen (*Reste*, 19) signale le fait sans commentaire, sans tirer les conséquences qu'il n'a pas entrevues.

(6) Ibn Hiśām, *Sīra*, 303, 11. Pour les بيوتات , cf. Ibn Doraid, *op. cit.*, 238 ; *Berceau*, 326 ; *Lisān al-ʿArab*, II, 319, فلان بيت قومو .

il amène Mahomet à proclamer le rouge la couleur favorite de Satan (1) ?

Les bétyles transportables, les *qobbas*-tabernacles, avaient contribué à populariser les processions religieuses (2). Les dieux ne se déplaçaient pas sans leur cortège officiel de *kāhin*, de desservants, de pythonisses. Vers quelle époque disparut l'usage des *bait* mobiles ? Ce changement dut être graduel. Ses progrès semblent avoir été fort avancés aux environs de l'hégire, du moins au Ḥiǵāz et dans le Naǵd limitrophe, régions ayant servi de berceau à l'islam et à ce titre intéressant si spécialement nos recherches (3), de même qu'il a éveillé l'attention des rédacteurs de la *Sîra* et des archéologues musulmans. La présence de ces objets sacrés à 'Okāẓ — il en a été question plus haut — cadre avec le caractère des foires arabes, à la fois sanctuaires et lieux de culte. 'Okāẓ possédait un *ḥaram* (*Aǵ.*, X, 29, 11-13). La présence des effigies d'Al-Lāt et d'Al-'Ozzā à Oḥod pourrait bien nous en fournir le plus récent vestige. Dans le désarroi de la république mecquoise, après l'humiliant échec de Badr, l'aristocratie qoraišite aura voulu, par cette exhibition extraordinaire d'un archaïsme impressionnant, faire appel au sentiment national, réveiller la confiance dans les divinités protectrices de la cité, galvaniser une foi dont les esprits commençaient à se déprendre parmi les sceptiques compatriotes de Mahomet. Mais ici encore nous nous trouvons devant des textes mutilés par les préjugés des annalistes primitifs (4). La perception, la faculté d'observation chez ces compilateurs, se sont trouvées étroitement bornées sous l'influence des théories qoraniques. Or, le Livre d'Allah ignore ou veut ignorer cette curieuse organisation de la gentilité. Son silence voudrait

---

(1) *Osd*, V, 12. Cf. *Fāṭima*, 71. Pour la *qobba* rouge de Mahomet, voir encore Boḫārī, *Ṣaḥīḥ*, Kr., I, 107 ; II, 289, 2 ; 298, 1.

(2) Comp. قبّة الاسلام ; le poète 'Odail ; *Aǵ.*, XX, 14, 11. La « *qobba* de la générosité » (*Aǵ.*, XIV, 105, 13).

(3) Voilà pourquoi nous négligeons le Yémen. Cette région appartient à une autre évolution religieuse.

(4) Ils n'ont entrevu que le rôle d'asile pour la *qobba* de Sobai'a. Comp. également le texte cité d'Ibn Doraid, *op. cit.*, 215 bas.

vouer à l'oubli le plus complet les *qobbas* de cuir rouge, « gloire des
Arabes (1) », tout « le faste païen de la *ǧāhilyya* », جد الجاهلية (Farazdaq), et
au point de vue plus spécialement mecquois, les bacchanales, les processions de Raǵab (2), dont la promiscuité, les manifestations bruyantes,
semblent avoir provoqué le dégoût de Mahomet et choqué ses conceptions
monothéistes. C'est la constatation à faire quand nous sollicitons et
retournons les fragments de son recueil parvenus jusqu'à nous et ne
représentant qu'une partie de l'activité oratoire du Prophète. Jamais il
n'y est question des *bait* « bétyles », encore moins des *qobbas*-tabernacles.
Ce dernier terme n'appartient pas même au vocabulaire actuel du Qoran.

*
* *

Des bétyles, non pas pourtant au nombre de 360 — total légendaire
des idoles détruites par Mahomet au jour du *fath* — encombrèrent longtemps l'esplanade entourant la Ka'ba (3). Cette étroite superficie, de tous
côtés envahie par les rangs pressés des habitations voisines, constituait le
« *masǵid* » principal de la cité, le lieu de réunion des Qoraišites. Qoṣayy
passe pour l'auteur de la constitution, régissant les destinées de la république mecquoise. Tout remonte à cet ancêtre, institutions politiques et
religieuses (4). Lorsque Qoṣayy entreprit la reconstruction de la
Ka'ba (5), il se décida peut-être à opérer un choix parmi les plus vénérés
de ces fétiches (6). Au cours de cette restauration on vit, à côté de la

---

(1) Ǵaḥiẓ, *Haiawān*, V, 143, 5-7.

(2) La boucherie des *'atā'ir*.

(3) Le *fanā'* ou مسجد الكعبة (*Osd*, IV, 57, 1). Ailleurs on les met à l'intérieur
de la Ka'ba, c'est-à-dire dans le vide, l'édicule n'ayant ni parquet ni toit !

(4) Cf. Hassān ibn Ṭabit, *Divan*, CLXXIV, 5.

(5) Ibn Doraid, *Iśtiqāq*, 97, 3-4. Il aurait alors remanié tout le parvis de
la Ka'ba, ajouté des constructions.

(6) Mahomet vénérait surtout *ceux* voisins du quartier des Banoū Ǵomaḥ,
من لحو دور الجمحيين ; Moslim, *Ṣaḥiḥ*, I, 487, 5. Voir plus bas.

pierre noire — le bétyle principal de Qorais — d'autres *bait*, *rokn*, ou *ḥaǧar*, prendre leur place définitive dans les parois de la Ka'ba. La tradition orthodoxe tente de louables efforts pour voiler l'éclectisme religieux attesté par cette riche synonymie, par cette variété de bétyles pieusement conservés dans le monothéisme qoranique. Elle voudrait concentrer toute notre attention sur la pierre noire. Les poètes préhégiriens n'ont pas éprouvé ces scrupules. Si nulle part, à ma connaissance, ils ne nomment la « pierre noire », c'est pour avoir ignoré ses prétendues relations avec le monothéisme *abrahamique*, dont, à l'encontre de l'assertion d'Ibn Hiśām (1), ils n'ont pas même soupçonné l'existence. En revanche, ils en signalent d'autres, objets d'un culte à la Mecque. Témoin cette invective de Ḥassān ibn Ṯābit (2), le poète officiel de Mahomet, à l'adresse des Banoū Hoḏail, « ne participant, pendant la *'omra* et le pélerinage, ni au culte des *deux pierres* ni à la course processionnelle » :

$$\text{وما لهم اذا اعتمروا وحجّوا من الحجرين والمسعى نصيب} \quad (3)$$

Pour les « deux pierres », on voudrait penser à Ṣafā et à Marwa (4). Mais le Qoran les avait discrètement qualifiés de *maś'ar* (5), et le barde médinois a utilisé ailleurs cette terminologie (6). Quant aux bétyles voisins de la Ka'ba (7), la nécessité s'imposait de préserver ces reliques des inondations périodiques, *sail*, les recouvrant de boue ou les transpor-

---

(1) *Sira*, 55, 2.

(2) Le contexte le montre, cette pièce est de plusieurs années postérieure à l'hégire, inspirée, comme les autres satires contre les B. Hoḏail, par l'affaire du Raǧī' (Ibn Hiśām, *Sira*, 638).

(3) Ḥassān ibn Ṯābit, *Divan*, LXVIII, 2.

(4) Tous deux signifiant « pierre, rocher ».

(5) *Qoran*, ii, 153.

(6) Cf. *Divan*, LXXXVIII, 2. Son *mas'a* peut fort bien désigner une autre procession que celle de Ṣafā et de Marwa.

(7) Cf. Moslim, *Ṣaḥīḥ*, II, 86.

tant à de grandes distances de leur emplacement primitif (1). Les eaux pénétraient à l'intérieur de la Ka'ba et finissaient par en ruiner les fondations, obligeant à d'incessantes restaurations (2). Une des dernières reconstructions aurait eu lieu pendant la jeunesse de Mahomet. Le récit traditionnel a été combiné de manière à mettre en évidence le futur candidat au prophétisme. De nouveau la pierre noire fut encastrée dans les murs de l'édifice (3). Mais la *Sira* oublie de mentionner le sort réservé aux autres fétiches, *rokn*. Nulle part le ḥadīt n'indique le nombre des bétyles enchâssés dans le reliquaire de la Ka'ba (4).

Ce chiffre n'a pu être négligeable, à telles enseignes que le jour du *fatḥ*, reddition de la Mecque, les *Saḥīḥ* mettent le Prophète en présence des 360 bétyles, *anṣāb*, qu'on aurait oubliés sur l'étroit parvis de la Ka'ba (5). Ces recueils préfèrent profiter de l'amphibologie, créée par le double sens de *rokn* « pierre » et « côté ». La pierre noire (6) s'appelait couramment *ar-rokn* ; la première signification devait donc être archiconnue à la Mecque, avec le sens de bétyle, pierre sacrée.

---

(1) I. S., *Ṭabaq.*, I¹, 93. Inondation sous le calife Ma'moūn Ġaḥiẓ ; *Maḥāsin*, 19, 5. Nous revenons dans notre monographie de la Mecque sur ce fléau ; cf. pp. 103 etc.

(2) Pas toujours intelligentes ; Mahomet en aurait blâmé l'arbitraire ; Maqdisī, *Géogr.*, 74, 11.

(3) Ibn Hiśām, *Sīra*, 122. Ibn Isḥaq, maulā 'abbāside, se montre spécialement tendancieux et préoccupé d'étayer les prétentions des 'Abbāsides.

(4) Le pluriel *arkān* est fréquent. Aboū Daoūd, *Sonan*, I, 187, 4 : « les deux *rokn* du Yémen » ; comp. Ibn Ġobair, *Travels²*, 83, 2. Il s'agit de véritables pierres « emmurées » ; Snouck Hurgronje, *Mekka*, I, 2 bas ; Ibn Hiśām, *Sīra*, 39 bas. Allah ذو الاركان (I. S., *Ṭabaq.*, I¹, 64, 16) dans une poésie apocryphe de 'Abdalmoṭṭalib.

(5) Comp. Balādorī, *Fotoūḥ*, 40 ; Ḥanbal, *Mosnad*, I, 377 bas ; Moslim, *Saḥīḥ²*, 86.

(6) Par exemple Ibn Hiśām, *Sīra*, 789 ; le « *rokn* noir » ; Ibn al-Atīr, *Nihāia*, II, 47 ; les *Saḥīḥ* et les *Sonan*, passim, au « livre du pélerinage » ; Moslim², I, 487 ; *Chroniken*, W., II, 138 ; Boḥārī, *Saḥīḥ*, C., II, 161, 162, 163 ; I. S., *Ṭabaq.*, I¹, 93-94.

A la date de l'hégire, là plupart des clans qoraišites semblent avoir possédé chacun leur *rokn*, bétyle particulier. Il est question du « *rokn* des Banoū Ġomaḥ (1) ». On a cherché à expliquer, afin de l'atténuer, cette dénomination si suggestive, par l'addition d'une glose. Nous aurions affaire, non au *rokn*, fétiche du clan, mais à l'angle, au côté de la Ka'ba « voisins du quartier des Ġomaḥites » (2). Cette particularité expliquerait peut-être comment les grandes familles mecquoises avaient établi leur cercle, *nādi-maǧlis*, — nous le montrerons ailleurs— sur le parvis, ·كا, de la Ka'ba, sans doute dans le voisinage de leur fétiche privé. On parle égalment de « la pierre noire et de celle qui l'avoisine » (3). Mais dans cette collection de bétyles, fixés aux flancs de la Ka'ba, les plus fréquemment mentionnés sont « les deux *rokn* (4) yéméhites (5) », qu'une variante voudrait réduire à un unique « *rokn* yéménite » (6).

Les textes utilisés ici le montrent ; c'est par *couples* que de préférence on vénérait les *rokn*. Une inspiration analogue, l'idée de l'association, paraît avoir réglé l'ordonnance des processions mecquoises : les *'omra*, les *dawār*, les *mas'ā*. Sur d'autres points de l'Arabie, on trouve également des traces du *dualisme processionnel* (7) : nous en avons vu des exemples à propos de la bataille d'Oḥod. C'est au nombre *deux* que nous ramènent

----

(1) Baġawī, *Maṣābīḥ as-sonna*, I, 135, 7 ; Nasā'ī, *Sonan*, II, 39 ; Moslim, *Ṣaḥīḥ²*, I, 487.

(2) Voir Moslim, cité plus haut ; Nasā'ī, *loc. cit.*

(3) Moslim, *Ṣaḥīḥ²*, I, 487, 5.

(4) Ou les « deux *rokn* », tout court ; Baġawī, I, 133 ; Ibn Hišām, *Sīra*, 124, 7 ; Moslim, I, 486.

(5) Baġawī, *op. cit.*, I, 133 ; Moslim, *Ṣaḥīḥ²*, I, 486, 487 ; Aboū Dāoūd, *Sonan*, I, 187 ; Nasā'ī, *Sonan*, II, 34, 39 ; Dārimī, *Sonan*, ms. Biblioth. Caire, 262. « Le *rokn* noir et celui des Banoū Ġomaḥ » ; Moslim, *op. cit.*, I, 487.

(6) Moslim², I, 487, 7. Deux *pierres* vénérées à Ṣafā-Marwa ; Ṭab., *Tafsir*, II, 28, 11 d. l. Autres bétyles accouplés ; Dārimī, *ms. cité*, 262 ; Nasā'ī, II, 34, 39. Ibn Hišām, *Sīra*, 228, 6.

(7) Ḥassān ibn Ṯābit, *Divan*, LXVIII, 2.

les figurines étudiées par M. Cumont. Dans le rituel de la gentilité sarracène, il est malaisé de méconnaître la tendance à mettre en relation «deux sanctuaires, *maś'arān* ». C'est l'expression employée par Ḥassān ibn Ṯābit à propos du Mecquois Moṭ'im, « *rabb* des deux *maś'ar* (1) ». Le rimeur médinois peut l'avoir empruntée au poète Ibn al-Ḥodādyya, lequel, à propos d'un autre Qoraiśite, mentionne le cortège ou « le défilé entre les deux *maś'ar* », بين الشعرين سمايه (2). Ajoutons les exemples de Ṣāfa et de Marwā, 'Arafa et Mozdalifa ; enfin les « deux Ḡaryyān », les deux obélisques divins de Ḥīra, teints du sang des sacrifices, comme l'indique l'étymologie. Cet usage a pu contribuer à populariser dans la tradition musulmane l'expression « les deux masǵid », désignant les deux villes saintes de la Mecque et de Médine (3).

A l'occasion des serments, des conventions solennelles, l'usage s'était introduit de laver avec l'eau de Zamzam « les *arkān* de la maison » et de distribuer entre les contractants, pour être absorbé, le résidu de cette lessive (4). Dans ces textes le duel domine, on l'a vu. Mais leur ensemble suppose la pluralité, la multiplicité et justifie l'emploi de *arkān*. Rappelons le passage où il est question des « deux *rokn* qui voisinent avec la pierre noire (5) », à moins qu'il ne faille y reconnaître les « deux *rokn* proches du *Ḥiǵr* (6) ». Et malgré la variété des positions occupées par ces bétyles, tous reçoivent le culte, les honneurs décernés à la pierre noire. Rien d'étonnant si le calife Mo'āwia et Ibn Zobair avaient pris l'habitude de

---

(1) *Divan*, LXXXVIII, 2.

(2) *Aǵ.*, XIII, 6, l. 5. Comp. III, 99 bas.

(3) Comp. *Qoran*, LV, 16-17. Allah, « le maître des deux *Maǵrib*, des deux *Maśriq* ».

(4) *Aǵ.*, XVI, 66, 3.

(5) *Ḥaǵar* ou *Ḥiǵr* ? — deux lectures possibles — Moslim, *Ṣaḥīḥ*[2] II, 510 bas ; Nasā'ī, *Sonan*, II, 34. Batanoūnī (الرحلة الحجازية , 105) signale dans « le *rokn yamānī* » une pierre appelée الحَجَر الاشعَد .

(6) Boḫārī, *Ṣaḥīḥ*, C., II, 156. Le Prophète et les Ṣaḥābīs les vénèrent tous; *Osd*, III, 24, 7.

vénérer indistinctement tous les *rokn* encastrés dans les murs de la
Ka'ba (1). Cette pratique a dû continuer celle de l'antiquité préislamite (2). Elle explique comment le *masǧid al-ḥarām*, dont la « maison
d'Allah » occupait le centre, était devenu le sanctuaire national, le
Panthéon de Qoraiś et des tribus (3) du Tihāma.

*
* *
*

Et le *Ḥaṭīm*, attesté dans les serments poétiques ? Les nuages amon-
celés par l'orthodoxie ne nous permettent plus d'en établir la nature,
l'origine exactes (4). Faut-il y reconnaître le mur de la Ka'ba, avoisinant
le Ḥiǧr (5), ou bien un synonyme du *Ḥiǧr* ? Ainsi nous voyons le Prophète s'acquittant de l'incubation dans le Ḥaṭīm (6), rite généralement
accompli dans l'hémicycle du Ḥiǧr (7). Solution peu compromettante !
Elle a été adoptée par le ḥadīṭ et patronnée par Wellhausen (8). Ce savant

---

(1) Boḫārī, *Ṣaḥiḥ*, C., II, 162 ; Ḥanbal, *Mosnad*, IV, 94-95, 98. Dans le
ḥadīṭ, Mo'āwia et Ibn Zobair représentent deux tendances opposées.

(2) Polémique mentionnée dans Ibn al-Aṯīr, *Nihāia*, IV, 162 : Mahomet
n'aurait vénéré que « le *rokn* occidental ».

(3) Des Ḫozā'a et autres tribus voisines qui, avant Qoraiś, avaient occupé
la Mecque et y avaient laissé leurs bétyles nationaux.

(4) De nos jours identifié avec le Ḥiǧr (L. Roches, *Dix ans à travers
l'islam*, 297-298). Dans Ibn Ǵobair, *Travels*[2] (voir les passages énumérés dans
le *Glossaire* de cette édition, ajoutez 103, 180), *ḥaṭīm* = pavillon où se tiennent
les imâms des quatre rites orthodoxes. Item dans Ibn Baṭṭoūṭa, I, 374, 392. Sur
la valeur du *Voyage* de ce copiste d'Ibn Ǵobair, voir les critiques articulées
dans *Journal asiat.*, 1918[1], p. 474.

(5) Ibn Hiśām, *Sīra*, 124, 3-4. Comp. l'opinion attribuée à Ibn 'Abbās :
الحطيم الجدر بمعنى جدر الكعبة ; Yāqoūt, W., II, 290. Ǵadr = Ḥiǧr ; Boḫārī, C., II,
156 ; Ibn al-Aṯīr, *Nihāia*, I, 148, 150.

(6) Ibn Daiba', *Taisīr al-woṣoūl*, III, 324.

(7) Ibn Hiśām, *Sīra*, 71, 2 ; 91, 9 ; 93, 264 ; Ḥanbal, *Mosnad*, IV, 210, 5 ;
Ṭab., *Annales*, I, 1157, 13 ; Balāḏorī, *Ansāb*, 162 a ; Moslim, *Ṣaḥiḥ*[2], I, 82, 1.

(8) *Reste*, 74 ; Ibn al-Aṯīr, *Nihāia*, I, 237.

cite à l'appui l'expression « Ḥaṭīm al-Bait, der niedergelegte Teil des Hauses » ; exégèse que n'auraient pu désavouer les Ibn Doraid, les Ibn Sīda et les inconfusibles auteurs d'*Iśtiqāq* ou *Étymologies*.

Pour y souscrire, il faudrait admettre que le Ḥiǵr a autrefois fait partie de la Ka'ba. Ainsi l'affirme une tradition. Mais quelle valeur représente-t-elle ? Par ailleurs Wellhausen rappelle fort à propos l'opinion des contemporains du Prophète, reconnaissant dans *Ḥaṭīm* le nom d'un démon ou d'une idole (1). Nous ne savons comment concilier la synonymie Ḥaṭīm = Ḥiǵr (2) avec cette dernière opinion (3) et avec les allusions (4) des poètes. Leurs vaporeuses formules, intentionnellement rendues inoffensives, juxtaposent le ركن الحطيم (5) et le ربّ مكّة. Le Ḥaṭīm était donc

---

(1) *Reste*, 74, n. 1. Le Ḥaṭīm serait *(sic)* ما بين الركن الاسود الى الباب الى المقام حيث يتحطّم الناسُ للدعاء وقال ابن دُرَيد كانت الجاهليّة تتحالف هناك يتحطّمون بالأيمان وكلّ مَن دَعى على ظالم (?) وحلف اثما عجّلت عقوبتهُ ; Yāqoūt, W., *Mo'ǵam*, II, 290. Autre étymologie *ibid.* : سُمّي حطيما لان البيت رُفِع وتُرِكَ محطوما.

(2) Maqdisī, *Géogr.*, 72, 5 ; 75, 1 ; ce serait le Ḥiǵr, à savoir le côté voisin de la « gouttière », ممّا يلي الميزاب (Yāqoūt, *loc. cit.* ; Aboū Tammām, *Ḥamāsa*, 710 ; cf. *Lisān* et *Tāǵ*, s. v.). Seulement cette gouttière ne date que de peu d'années avant l'hégire, puisque auparavant la Ka'ba n'avait pas de toit, لا سقف عليه. D'après *Lisān*, citant Ibn Sīda, كانوا يحلفون عندهُ فيحطِمُ الكاذبَ ; mais on ajoute la note ضعيف ! Hamdānī (*Ǵazīra*, 272, 25) distingue Ḥiǵr et Ḥaṭīm. Autres identifications et étymologies dans *Lisān al-'Arab*, VIII, 29-30 ; *Tāǵ al-'Aroūs*, VIII, 251 ; Lane (*Lexicon*) en résume une douzaine *s. v.*

(3) Ajoutez ces deux autres : 1° ما بين المقام الى الباب ; 2° ما بين الركن والمقام وزمزم والحِجر ; Yāqoūt, *op. cit.*, II, 290-91 ; IV, 629. Ibn Baṭṭoūṭa (*Voyages*, I, 316) identifie avec le Maqām Ibrahīm (texte obscur et traduction absolument défectueuse).

(4) Ibn Molǵam jure près du Ḥaṭīm d'assassiner 'Alī (Ṭab., *Annales*, I, 3464, 10 ; Ibn al-Aṯīr, *Kāmil*, Tornb., III, 329 bas. De Aboū Dāoūd, *Sonan*, I, 189, 1, on ne peut rien déduire pour l'identification du Ḥaṭīm.

(5) Dans un vers de Ḥazīn (Aboū Tammām, *Ḥamāsa*, 710). Ne peut donc être identifié avec le Ḥiǵr, lequel n'est pas un *rokn*. Pour la paternité du vers, cf. *Aǵ.*, XIV, 78, 79. L'identification avec la pierre noire n'y est pas exclue. Rien à tirer de la mention dans *Aǵ.*, XIII, 40 bas.

un *rokn* (1), un *haǵar*, « pierre » — les deux vocables étant synonymes à la Mecque. Cette constatation nous incite à admettre l'existence du Haṭīm = bétyle, à savoir, d'un nouveau *rokn*, non encore catalogué.

Concurremment avec les autres *rokn* de la Ka'ba, il dispute au « Maître de la vieille maison » les hommages des pélerins (2). En désespoir de cause, des glossateurs ont voulu identifier le Haṭīm avec la Ka'ba. Cette assimilation a pu inspirer ce dicton prêté à Mahomet : « Un dirhem acquis par l'usure constitue un crime plus grave que trente-six adultères commis dans le Haṭīm (3) ». Par malheur, cette tentative d'identification se heurte aux expressions « Haṭīm al-bait » et « Haṭīm al-Ka'ba », impliquant tous deux avec la Ka'ba des relations de dépendance. La dernière locution se rencontre dans un vers ancien, lequel désigne le Haṭīm comme l'endroit réservé aux serments (Ibn Hišām, *Sīra*, 556 bas). La variété de ces gloses atteste le désarroi évident des traditionnistes, peut-être l'envie de dissimuler une réalité compromettante.

Plusieurs de ces fétiches, confiés aux flancs hospitaliers de la Ka'ba, y recevront jusqu'à nos jours — à côté du Haṭīm — des honneurs à peine moins empressés que le *haǵar al-aswad*. L'étrange forme architecturale de la Ka'ba, édifice sans toit, tout en façades lisses, destinées à recueillir les *reliques* — pourrait bien dater de la reconstruction effectuée sous Qoṣayy. A cette même époque d'autres modifications furent introduites aux alentours de l'édicule (4) Avec son pourtour utilisé pour le *ṭawāf* ou tournée rituelle, il formait le *masǵid* aristocratique, le sanctuaire principal, semble-t-il, des descendants de Qoṣayy, qui s'en étaient constitués les

---

(1) Vers attribué à Farazdaq ; *Aǵ.*, XIX, 41, 7 ; on le baise (*ibid.*), geste convenant mal au Hiǵr.

(2) *Aǵ.*, I, 111, 3-4 ; V, 152, 5 ; XIV, 79, 4.

(3) Soyoūṭī, *Mauḍoū'āt*, II, 83, 5 d. l.

(4) Nommons la construction du *dār an-nadwa* (Ibn Doraid, *op. cit.*, 97, 3), avec sa destination encore mal précisée. Cf. notre monographie *La Mecque*, 62 sqq., 74, 101.

desservants (1) et veillaient jalousement sur ce privilège (2). Son histoire monumentale nous est malheureusement demeurée inconnue (3). Ce ne sont pas les prolixes descriptions d'Azraqî, les légendes enfantines recueillies par lui au III⁰ siècle H., qui aideront à combler cette regrettable lacune. Nous devons renoncer à expliquer l'origine architecturale, la destination du mystérieux Ḥiǵr (4), le mur très bas et mi-circulaire partant de la Ka'ba ; enfin la décision prise au sujet du *maqām Ibrahîm* (5), le bétyle laissé en place auprès de ce dernier édifice, contrairement à la mesure adoptée pour les fétiches ou *rokn*, enchâssés dans la Ka'ba. Cette localisation, en les immobilisant définitivement, les exclura désormais du cortège de la *'omra*, la principale procession annuelle de la Mecque (6). Leur absence diminuera d'autant l'importance de ces manifestations turbulentes. En son jeune âge, Mahomet en fut, semble-t-il, le témoin attristé, si toutefois nous avons raison de reconnaître dans la sourate VIII, 35, une allusion au dégoût que lui avait laissé cette religiosité turbulente et barbare, dont les promoteurs lui paraissent mériter « les feux de l'enfer », ذوقوا العذاب بما كنتم تكفرون (*Qoran*, VIII, 35). Au dire de la Tradition, toutes les *'omra* du Prophète eurent lieu en dehors de Raǵab (7), mois coïncidant avec la grande fête mecquoise. A supposer que son assertion demeure recevable, nous pourrions y reconnaître une preuve nouvelle des efforts de Mahomet pour enlever au culte mecquois son caractère païen (8).

---

(1) Leur *nādi* donne sur le parvis de la Ka'ba.

(2) Comp. Ḥassān ibn Ṯābit, *Divan*, les pièces 173, 174, si elles sont authentiques. L'impérialisme qoraišite a sans scrupule interpolé le recueil du barde médinois avec la complicité des rédacteurs de la *Sîra*, et des compilateurs du ḥadîṯ.

(3) Pour la période préhégirienne.

(4) Défense de s'orienter pendant la prière vers le *Ḥiǵr* ; Maqdisî, *Géogr.*, 72.

(5) Comp. Maqdisî, 72-73 ; Snouck Hurgronje, *Mekka*, I, 11.

(6) Sans parler des autres موكب ou défilés religieux (*Aǵ.*, I, 20, 6), dont la multiplicité provoquait les railleries des Bédouins sceptiques (*ibid.*, I, 20, 7).

(7) I. S., *Ṭabaq.*, II¹, 123.

(8) Y introduire plus de décence ; voir plus haut, pp. 132-133.

IV

Antérieure à la disparition des *bait* mobiles, nous semble devoir être notée celle des personnages cumulant les fonctions de *kâhin* et de *sayyd*, et redevables à ce cumul du fastueux qualificatif de *rabb* (1). Nous avons ailleurs signalé cette locution emphatique (2), en étudiant la titulature en usage pour désigner les dépositaires de l'autorité au désert. Le moment est venu de scruter plus à fond la valeur réelle de cette distinction, cadrant mal avec les instincts égalitaires du Bédouin. Seules des préoccupations d'ordre religieux ont pu amener à cette concession l'individualisme démocratique des Scénites. Qu'en apostrophant un *kâhin* illustre, ses contemporains aient employé la locution يا رَبَّنا (3) « ô notre maître ! », Nöldeke (4) préfère le révoquer en doute. Mais n'y voir « qu'une conception musulmane pour se représenter l'aveugle aberration des païens », c'est trop simple ! C'est négliger de recueillir un très intéressant *Rest arabischen Heidentums*, un authentique débris de la gentilité sarracène. Comme beaucoup des récits préislamites (5), composant la volumineuse collection de l'*Aǧāni*, le trait peut être apocryphe. Mais pour les rédiger, les auteurs ont utilisé de précieuses réminiscences, des bribes littéraires et poétiques, nous faisant actuellement défaut. Rejeter sans examen ces débris archaïques, avant d'en soupeser la valeur, serait renoncer à pénétrer dans la conscience religieuse des descendants d'Imaël.

---

(1) *Aǧ.*, VIII, 68, 11 d. l. ; 70, 13 d. l. ; X, 15 ; Qotaiba, *Ma'ārif*, É., 198, 1 ; Ǧâḥiẓ, *Haiawān*, I, 160 (nombreux exemples). Les descendants du *kāhin* Śiqq sont « *rabb* de Baǧīla » ; *Aǧ.*, XIX, 53 bas.

(2) Cf. *Berceau*, I, 203, etc. Dans Ṭab., *Tafsir*, I, 46, d. l., *rabb* = السيّد الطاعم.

(3) Comp. ربّك pour un Qoraiśite de Maḥzoūm ; Ibn Doraid, *op. cit.*, 63, 3.

(4) Cf. *Dër Islam*, V, 211 (compte rendu du *Berceau de l'Islam*).

(5) Nous visons la *riwāya*, le commentaire anecdotique ; déduction laborieuse des vers cités. Chaque glossateur y procède au petit bonheur.

Nous avons noté dans le *Berceau de l'islam* (I, 204), à propos de l'activité des anciens *kāhin* : « Dans l'exercice de leurs fonctions spéciales, il arrivait à ces officiants de se pénétrer totalement de leur rôle, de se substituer pour ainsi dire à la divinité locale, au point d'en usurper le style protocolaire ». Le trait du *kāhin* asadite 'Auf ibn Rabī'a (*Aǧ.*, VIII, 66), répondant à l'acclamation « ô notre *rabb* » par la qualification de يا عبادى « ô mes fidèles ! » ; ce trait, dont la rédaction insolite déconcerte Nöldeke, me paraît en définitive inspiré de Hassān ibn Tābit. Dans la pièce 88ᵉ de son *Divan*, le chantre médinois pleure le trépas du Qoraišite Moṭ'im ibn 'Adī. Hassān le qualifie de « *sayyd* des hommes », سيّد الناس, de «chef suprême, de *rabb* des deux sanctuaires, *maś'ar*». Après une titulature aussi magnifique, pourquoi le poète anṣārien aurait-il hésité à conclure que les Mecquois « sont devenus les esclaves, عباد, de Moṭ'im, tant qu'on accomplira les rites du pélerinage » ?

Tout nous engage — nous l'avons insinué précédemment (1) — à reconnaître dans le titre de *rabb* une abréviation de *rabb al-bait* ou *rabb al-qobba* « maître du bétyle, du pavillon sacré », en d'autres termes, une distinction mettant le bénéficiaire à part des autres *sayyd* ; l'équivalent enfin d'une dénomination de nature *cléricale* ou religieuse. L'abréviation de *rabb* n'a d'ailleurs pas supprimé la *scriptio plena* de *rabb al-qobba* (2) ou même de *rabb al qobbat ul-ḥamrā'* « maître de la *qobba* rouge (3) ». De nombreux exemples ont déjà passé sous les yeux du lecteur (4). Ces

---

(1) *Berceau*, I, 204.

(2) (Ou اهل القباب ; voir plus haut). Pour le phylarque laḫmide. Ainsi les poètes Nābiǧa Ḍobyānī et Hassān ibn Tābit, même après la conversion au christianisme du phylarque. On avait donc déjà perdu de vue le sens archaïque (passé presque lointain ?).

(3) Ni celle de *rabb* des deux *maś'ar* dans Hassān ibn Tābit.

(4) Voici un exemple *féminin* : رّبة بيت في الجاهليّة (Aboū Dāoūd, *Sonan*, I, 195, 15 ; *Aǧ.*, XXI, 60, 8 ; *Osd*, V, 17, 4), où il ne peut être question « d'une maîtresse de maison » — l'expression ne présente guère de sens dans l'ancienne société sarracène — mais d'une *kāhina* attachée à un *bait*.

personnages, ainsi séparés de la masse de leurs collègues, nous paraissent avoir succédé aux מרא בירתא, signalés dans les inscriptions nabatéennes (1), possesseurs ou gardiens du tabernacle sacré, du *bait*, palladium de la tribu (2). Dans le premier volume du *Berceau* nous avons nommé quelques-uns de ces *sayyd* (3), appartenant tous à la grandesse du patriciat arabe. On peut y a jouter le Maḫzoûmite Hišâm ibn Moḡīra, célèbre par sa fastueuse hospitalité, كان سيّدًا مطاعا . « A sa mort, un crieur public parcourut les rues de la Mecque en proclamant : vous êtes invités aux funérailles de votre Maître », اشهدوا جنازة ربّكم (4).

Les notices légendaires de ces personnages à moitié mythiques — certains appartiennent à la classe des *Mo'ammaroūn*, patriarches plusieurs fois centenaires (5) — ont conservé des souvenirs, des traces d'institutions nous ramenant aux premiers temps de la préhistoire islamique.

Évitons toutefois de les confondre avec les phylarques de Ġassān et de Ḥīra. Ainsi semblerait nous y inviter l'analogie des titres de *rabb aš-Šām, rabb al-Ḥawarnaq* « maîtres de la Syrie, du palais de Ḥawarnaq (6) » — moins encore avec ces principicules du désert, auxquels leur

---

(1) Jaussen-Savignac, *Mission archéologique en Arabie*, I, 213, 217, nᵒˢ 57, 58, 59. Les savants éditeurs s'étonnent de ne retrouver aux alentours de ces inscriptions « aucun vestige d'édifice religieux ». Étonnement superflu ! Leur remarque cadre avec nos conclusions sur la nature du *bait* arabe. Je ne puis donc adopter leur observation à propos de בירתא : « il paraît bien difficile de l'appliquer à un simple lieu de culte où il n'y aurait aucun monument » (*op. cit.*, 215). Comp. E. Littmann, *Zu den nabat. Inschriften von Petra*, dans *Zeitschr. für Assyr.*, 1914, pp. 268-269. Pourquoi s'obstiner, comme les Allemands, à traduire *bait* par *Haus*, « maison » ? C'est perpétuer le malentendu.

(2) Le célèbre Zohair ibn Ġanāb (cf. *Berceau*, I, 320) في قبّة له من ادم dort; Aḡ., IX, 176 ; XXI, 71, 19.

(3) *Berceau*, I, 204-205 ; Aḡ., XXI, 60, 8.

(4) Ibn Doraid, *op. cit.*, 63 haut.

(5) Comme Zohair, Šiqq, Saṭīḥ... ; Ibn Doraid, *Ištiqāq*, 268, 303. Voir le volume que Siḡistānī a consacré aux « Centenaires », publié par Goldziher dans ses *Abhandlungen*.

(6) Aḡ., XIV, 7, 15 ; Qotaiba, *Poesis*, 112, 239.

· éphémère fortune valut les qualifications de *rabb al-Ḥiǧāz* ou *rabb Tamīm*
« maîtres du Ḥiǧāz, de Tamīm (1) », titres ronflants plus tard transférés
par des poètes courtisans aux califes (2). L'orthodoxie s'est montrée
choquée de cette emphase ; elle a fait interdire par le Prophète l'emploi
de *rabb*, quand il s'agit de simples mortels (3). Le style qoranique (4)
a transformé ce vocable en titre exclusivement divin. Dans sa polémique,
le ḥadīṯ devait tenir compte de cette spécialisation si formelle. Mais il
s'est également souvenu de la réprobation prononcée par le Qoran contre
la qualification de *rabb*, donnée par les « gens du Livre » aux membres de
leur clergé, prêtres ou rabbins (5). Dans son monothéisme sévère sans
culte, sans rayonnement liturgique (6) au dehors, Mahomet n'a pu comprendre l'utilité d'un sacerdoce, d'une cléricature. Ces raisons, ajoutées
aux souvenirs de sa lutte contre le polythéisme arabe, devaient lui rendre
odieux le terme de *rabb*. La philologie va achever de préciser la portée de
ces souvenirs archaïques ainsi que la situation des « maîtres du pavillon »
dans l'antiquité.

*
* *

En traitant de certaines familles célèbres, de clans placés en vedette

---

(1) Ibn Doraid, *Isṭiqāq*, 320, 16 ; Aḫṭal, *Divan*, Salhani, 305, 9. Même le
« *rabb* d'al-'Ozzā », locution que Wellhausen (*Reste*, 35, 220) est tenté de rapporter à Allah. Ne faudrait-il pas compléter : rabb *bait* al-'Ozzā, le desservant
du bétyle d'al-'Ozzā ?

(2) *Rabb Ma'add*, etc. ; *Aǧ.*, XVIII, 151, 13 ; Ǧāḥiẓ, *Haiawān*, I, 160.

(3) Boḫarī, *Ṣaḥīḥ*, Kr., II, 125 ; Moslim, *Ṣaḥīḥ*, II, 197 : رب الناس pour un
simple *sayyd* ; *Šo'arā*, 479 bas, où je propose de lire *rabbo*, au lieu de *rabba*,
et d'en faire une apposition à *Allaho*. Comp. سيد الناس appliqué plus haut par
Ḥassān ibn Ṯābit à un Qoraišite. La même locution devient titre divin chez
Ṣaḫr, le frère de Ḫansā' ; *Aǧ.*, XIII, 145 (à moins d'une révision postérieure !).

(4) Voir une concordance *s. v. rabb*. En citant Ḥassān ibn Ṯābit (*Divan*,
LXXXVIII, 2), Ibn Hišām (*Sira*, 251, 2) remplace *rabb* par une variante anodine.

(5) *Qoran*, III, 57 ; IX, 31. Surtout depuis sa lutte contre les rabbins de
Médine. Cf. notre article *Les Juifs à la Mecque à la veille de l'hégire*.

(6) Autre que celui du Vendredi.

sur l'horizon historique du désert, les généalogistes manquent rarement d'enregistrer cette brève notation : هم البيت «ils sont, ils constituent le *bait*» de leur tribu (1). Cette remarque se présente également sous cette forme que nous croyons plus originale : اليوم البيت فيهم ou اليوم البيت « chez eux se trouve, à eux revient le *bait* (2) ». Que pouvait bien représenter ce *bait*, condition primordiale de la grandesse de première classe, au sein de l'aristocratie arabe ? Nous ne sommes pas les premiers à le demander. Bien avant nous, les philologues arabes, les ingénieux *nassāba*, artificieux constructeurs de tableaux généalogiques, se sont posé la question. Ainsi ont-ils fait à propos de notations analogues : telle famille « forme le *bait* de Solaim, de Ḡaṭafān, de Hawāzin (3) ». Louable préoccupation chez ces vieux maîtres, si leur curiosité s'était montrée moins pressée de conclure et, circonstance aggravante, de substituer des équivalents, des synonymes hasardeux au terme en question, sans prévenir le lecteur de cette subrogation. On les découvre, ces corrections tacites (4), en comparant avec les transcriptions fallacieuses, dues aux polygraphes, aux compilateurs de manuels encyclopédiques (5), les textes primitifs, tels qu'ils figurent dans les vieux annalistes. Aux yeux des écrivains postérieurs (6), il ne peut être question que

---

(1) Ibn Doraid, *op. cit.*, 107, 120, 143, 180, 188, 214, 216, 237, 282, 289 ; *Lisān al-ʿArab*, II, 319 : بيت قومه .

(2) Ibn Doraid, *op. cit.*, 107, 120, 143, 173, 174, 229, 282, 289, 305 ; *Moʿāwia*, 50 : *Naqāʾiḍ Ḡarir*, 587, 1 ; *Aḡ.*, II, 30, 6 d. l. ; XII, 126 ; Ṭab., *Annales*, I, 1028 : البيت يومئذ من ربيعة في آل ذى الجدّين . Voir plus bas. Bakrī, *Moʿǵam*, 29, 30. Comp. surtout la locution singulière : « un *tel* est le *bait* de... » ; Ibn Doraid, *op. cit.*, 107 d. l., 120, 4 ; *Lisān*, II, 319.

(3) De *Ḍabba*, de *Qais*, etc. ; Qotaiba, *Maʿārif*, É., 25, 28 ; Ibn Doraid, *op. cit.*, 156, 173.

(4) Comp. *Chroniken*, W., II, 142, 3 : تحوّل البيت يعنى الشرف والرياسة . L'auteur observe que la glose après يعنى est le fait d'un compilateur postérieur, contrairement au sens de la notice (ترجمة) plus ancienne citée par lui : صار البيت من هذا المعنى وذلك يخالف المعنى المقصود بهذه الترجمة والله اعلم بالصواب .

(5) Comme le ʿIqd, le Osd, etc.

(6) Comp. *Chroniken*, W., II, 139-142.

des clans, des familles, constituant la *maison* par excellence, en dernier ressort, l'aristocratie de Solaim, de Ġaṭafān (1) etc. Voilà pourquoi au terme de *bait*, ils se sont empressés de subroger des équivalents quelconques : « l'autorité et le pouvoir, الرياسة والحكومة, le nombre et l'illustration, العدد والشرف (2) ». Ou l'illustration et le commandement, الشرف والرياسة encore « la famille possédant les plus nombreux cavaliers », الفرسان والعدد (3), plus rarement une périphrase, flatteuse pour l'amour-propre des souverains de Bagdad, « les Qoraiś de telle tribu (4) ». Chez les poètes omayyades, demeurés fidèles aux idées anciennes, formés par l'étude de leurs collègues préislamites, on constate la fusion des deux conceptions, et Ġamīl revendiquera pour sa tribu « le *bait* et le nombre (5) ». Cette contamination plus ou moins consciente, on l'observe encore mieux chez le satirique Oqaiśir : « Les Banoū Doūdān (6) forment un clan de *sayyd* ; parmi eux réside, outre le nombre, la *maison* de la gloire » :

وبنــو دُودان حَيُّ ســادةٍ   حلّ بيتُ المجد فيهم والعَدَد (7)

Le vocable *bait* finira par disparaître des gloses explicatives, accompagnant les listes *nobiliaires*, pour s'y voir remplacé par les équivalents de fortune mentionnés plus haut. C'est l'histoire d'une foule de vocables, insensiblement détournés de leur signification originale. Des préjugés (8)

---

(1) Au lieu de *bait* on trouve aussi *hoġra* ; *Naqā'iḍ Ġarīr*, 120, 7 : والحجرة ; *hoġra* = *qobba* (*Śo'arā'*, Cheikho, 680, 2). يومئذ لبني عاصم

(2) Bakrī, *Mo'ǵam*, 29 d. l., 30, 1 ; *Chroniken*, loc. cit. ; surtout Ya'qoūbī, *Hist.*, I, 256-257, 260-261, évitant soigneusement le mot *bait* ; Qotaiba, *Ma'ārif*, É., 27, 31, 32, mais 28, 12: البيت والشرف ; 33, العدد والبيت. Comp. *'Iqd'*, II, 44 : بيت p. 52 : فيهم كان بيت ربيعة ; فزارة ومركزهُ بنو بَدر.

(3) *Chroniken*, W., II, 142, 2.

(4) Qotaiba, *Ma'ārif*, É., 32, 7.

(5) *Aǵ.*, VII, 99, 15.

(6) Cf. Ibn Doraid, *op. cit.*, 110 bas ; *Osd*, II, 128, 11 : بيت عريب.

(7) *Aǵ.*, X, 85, 8 d. l.

(8) Religieux ; *bait* rappelait la gentilité, ou encore la Ka'ba, comme dans le Qoran. Autre rapprochement qu'on voulait écarter !

ont hâté la marche de cette évolution linguistique. Le Qoran avait mis à
la mode le mépris des gloires anciennes, toutes les prétentions (1), ظَنّ
الجاهليّة, le chauvinisme familial, حميّة الجاهليّة, tout le système en un mot,
حكم الجاهليّة, héritage de la plus aveugle, la plus reculée *ǧāhilyya*, الجاهليّة
الاولى (2), période de barbarie et d'ignorance qu'il fallait ensevelir dans
le plus profond oubli. On eût été mal venu de rappeler ce passé, entaché
de souvenirs païens, d'exalter la possession des bétyles et des pavillons
sacrés, la descendance des grands *kāhin* (3), dans une société où l'on se
disputait le droit aux titres de *'Aqabī, Badrī, Oḥodī, Šaǧarī* (4), *Anṣārī*,
où la filiation d'Aboū Bakr, de 'Omar, des *Mobaššara* (5), éclipsait la
descendance (6) des moins contestés, غير مدافعين, parmi les *sayyd* et les *rabb*
de la période préislamite.

A cet état des esprits, à ces préjugés doit être attribué le succès de
cette exégèse expéditive. Arbitrairement cette méthode a supprimé les
stades de l'évolution, qui, en valant à *bait*, bétyle, le sens de *maison*
aristocratique (7), a donné naissance dans nos manuels à l'almanach de
Gotha du désert, au chapitre des بيوتات فاخرة متقدّمة ou grandes familles
arabes (8). Dans le principe, les locutions, ainsi détournées de leur signification ancienne, affirmaient pour une famille, pour une réunion de

---

(1) Le مجد الجاهليّة de Farazdaq.

(2) *Qoran*, iii, 148 ; v, 55 ; xxxiii, 33 ; xlviii, 26. Autres protestations
prêtées à Mahomet ; Ibn Hišām, *Sira*, 821.

(3) *Kāhin* Ṣaḥabī (Ibn Doraid, 279, 12) ; mais d'après *Osd*, IV, 100, il
serait fils d'*Al-Kāhin*, nom propre !

(4) Ayant pris part au *'Aqaba*, à Badr, à Oḥod, à la cérémonie sous
l'*Arbre* (Ḥodaibyya). On avait fini par distinguer « trois 'Aqaba » ; *Osd*, IV,
158, 7.

(5) Les dix Compagnons auxquels Mahomet avait assuré le Paradis.

(6) Ḥālid al-Qasrī, au reproche de descendre d'un *kāhin*, réplique : تَعيرُني
بِشَرٍ ; Ṭab., *Annales*, II, 1813, 3.

(7) Voir remarque de Fāsī, *Chroniken*, W., II, 142, 9, sur la confusion
produite par l'emploi de *bait* = bétyle et *bait* = noblesse, par la substitution
moderne d'équivalents risqués.

(8) Cf. *'Iqd*, II, 44, etc. ; *Aǧ.*, XVI, 20 ; XVII, 105-106 ; *Berceau*, I, 326.

nomades, le droit à la garde du *bait*, à la desservance du simulacre hérité des ancêtres, et cela à l'exclusion de tout autre groupe. فيهم كان بيت عذرة بنو سعد , « ils conservaient le *bait* des Banoū 'Oḏra (1) ». Précédemment nous avons noté le parallélisme entre *rabb* et *qobba*, constaté un rapport entre les deux concepts, tout *rabb* devant posséder une *qobba* (2). Nous constatons la même relation entre *rabb* et *bait*. Ainsi les familles possédant ou constituant le *bait*, البيت أهل ou فيهم , se trouvent être exactement celles qui fournissent à l'Arabie les *rabb*, « les maîtres du pavillon sacré (3) ». Dans un parallélisme aussi constant, on nous persuadera malaisément de reconnaître une coïncidence fortuite.

*
* *

Il y a mieux. Pour nombre de ces personnages, « maîtres de la *qobba* rouge », chefs des familles « en possession du *bait* », nous pouvons revendiquer une qualification nettement *cléricale*, attester le droit aux titres religieux de *kāhin*, *ḥāzi*, de *sādin*, *ḥāǧib* (4), enfin de *ḥakam* (5). La plupart des juges-arbitres de l'antiquité ont assumé les fonctions de *kāhin* (6) ; nous le voyons par l'exemple des plus célèbres d'entre eux,

---

(1) Bakrī, *Mo'ǧam*, 30, 1.

(2) Être ذو القبة, comme dit Nābiġa (*Šo'arā'*, 651), ou صاحب القبة (*Aǧ.*, XX, 136).

(3) Cf. Ġāḥiẓ, *Haiawān*, I, 160. Le *bait* est chez les B. Badr ; Ḥodaifa, chef de cette famille, est *rabb* de Ma'add (Qotaiba, *Ma'ārif*, É., 198, 1 ; autre exemple, *ibid.*, 28, 8). *Qobba*, propriété d'une famille et transformée en tente-asile ; Ibn Doraid, *Ištiqāq*, 215, 3 d. 1. Cette transformation suppose le caractère religieux.

(4) Synonyme de *sādin* ; Ibn Doraid, *op. cit.*, 282, 2.

(5) Ou *ḥākīm* (voir précédemment) ; Ibn Qotaiba, *Ma'ārif*, É., 27, 4. Comp. Mofaḍḍal, *op. cit.*, 181, 1 : شيخنا وصاحب ديننا. *Sayyd* et *ḥākim* ; *Aǧ.*, XII, 16 bas.

(6) Ils sont les حكّام اهل الجاهلية ; Ya'qoūbī, *Hist.*, I, 288 ; Ibn Hišām, *Sīra*, 360, 9 ; Boḥtorī (*Ḥamāsa*, n° 441) semble distinguer entre *kāhin* et *ḥāzi* ; Ibn al-Aṯīr, *Nihāia*, I, 224-225.

Śiqq, Saṭīḥ, Qoss ibn Sā'ida (1). A ces personnages il appartient de prendre les plus graves décisions. Sur leur ordre s'effectuent « la levée du camp », les déplacements de la tribu (2). Dire d'un chef : كانوا يصدرون عن رايه « les siens émigrent, mobilisent sur son avis », c'était attester le prestige religieux dont il jouissait parmi ses contribules : كانت مَذحِج فى امرِه تتقدم و تتاخَر « sur son intimation, Madḥiǵ avançait ou reculait (3) ». Opération toujours accompagnée de cérémonies religieuses et d'après l'avis conforme des devins et des augures (4). Ceux-ci s'étaient empressés préalablement d'interroger l'oracle du *bait* en leur garde, de consulter les flèches du sort, d'interpréter les indications fournies par les présages (5). Ils ont dû prononcer alors des formules rappelant celles enregistrées dans le livre des *Nombres* (x, 35-36), tandis qu'ils apostrophaient la *qobba*-tabernacle hissée sur le chameau. « *Cumque elevaretur arca dicebat Moyses : Surge, Domine... Cum autem deponeretur, aiebat : Revertere, Domine* (6) ».

Le privilège de l'*istisqā'*, de l'intercession ou *rogations* en temps de sécheresse, privilège attribué à certains personnages, s'explique d'ordinaire par la possession du *bait* et de la *qobba* rituelles, lesquels avaient leur place marquée dans ces supplications solennelles (7). Les califes, en leur qualité de successeurs des *rabb* du désert, hériteront de ce privilège,

---

(1) Ibn Hiśām, *Sira*, 360 ; *Aǵ.*, XIV, 41 ; Ibn Doraid, *op. cit.*, 286, 303. Saṭīḥ « *kāhin* des Arabes » ; Ya'qoūbī, *Hist.*, I, 288.

(2) *Aǵ.*, XI, 44, 9 ; *Berceau*, I, 267. Il s'agit des changements de cantonnement, de territoire, à la suite de crises intérieures ou physiques, sécheresses, invasions, etc.

(3) Ibn Doraid, *op. cit.*, 239, 11. Ibn al-Aṯīr, *Nihāia*, IV, 40 bas : synonymie de *'arrāf* et de *kāhin*.

(4) Les possesseurs du *bait*, du العدد والشرف, sont, en même temps, *sādin* et *ḫāzin* de la Ka'ba ; *Chroniken*, W., II, 138, 139, 15, etc.

(5) Comp. la recommandation d'un *kāhin* Assadite : لا تعجلوا . . . حق ازجر لكم ; *Aǵ.*, VIII, 67, 17. Le *kāhin* est *saǵǵā'* ; Ǵāḥiẓ, *Opuscula*, p. 12, l. 11.

(6) Comp. Psaumes LXVII, 68 ; CXXXI, 8.

(7) Pour le « tabernacle » de Moḫtār, voir Ibn Doraid, *op. cit.*, 291, 4.

comme en témoigne la langue poétique au 1ᵉʳ siècle de l'hégire (1). Si cette conclusion a échappé à la perspicacité d'un Nöldeke, c'est pour avoir négligé le facteur historique de la gentilité préislamique. Cette prérogative leur revient en tant que « sayyd *universel*, vicaire (*ḫalīfa*) d'Allah » ; ainsi argumente le poète Farazdaq (2). J'assignerai la même origine à la persuasion, répandue chez les Scénites, que le sang de certaines grandes familles, « en possession de la *qobba* », guérissait de la rage (3). Ainsi les rois de France délivraient des écrouelles. Mais chez les chefs arabes ce pouvoir guérisseur était censé dériver de la dignité de *kāhin*, possédée par leurs ancêtres. Voilà pourquoi les prêtres, les moines chrétiens, sont les médecins-nés du désert. Toutes ces raisons motivent dans le camp de Moʿāwia et de ses premiers successeurs, héritiers des prérogatives seigneuriales de l'Arabie préhégirienne, la présence de la *qobba* rouge, où Wellhausen n'a vu qu'un *Feldherrnzelt* ou un *Fürstenzelt*. Le grand calife continuait la tradition d'Aboū Soflān, lequel à Oḥod a dû coucher à côté de la *qobba*, abritant le groupe des déesses mecquoises. Nous savons le prix attaché à la représentation extérieure par l'illustre souverain omayyade (4). Zohair ibn Ġaḏīma, le *rabb* des Banoū ʿAbs, est simultanément *kāhin*. Par ailleurs nous lui connaissons un *rabiʾa* ou génie familier (5), une particularité propres aux devins (6). Nous aboutissons à la

---

(1) Cf. notre *Chantre*, 70 ; notre *Poète royal*, 17, n. 1. Privilège attribué à tous les membres de la famille omayyade ; Aḫṭal, *Divan*, Salhani, 56, 3 ; Farazdaq, Boucher, 107, 108, 127, 174 ; *Chroniken*, W., II, 6 ; 302. *Istisqāʾ* présidé par un chef de tribu ; *Aġ.*, XXI, 36, 18 ; autre exemple, XVII, 79. Nöldeke (*ZDMG*, 1898, 25) n'y voit qu'une image poétique de la puissance illimitée du calife. Gouverneurs omayyades et *istisqāʾ* ; Kindī, *Governors of Egypt*, Guest, 83.

(2) *Aġ.*, XIV, 86.

(3) Voir plus haut. Nombreuses citations dans Ġāḥiẓ, *Ḥaiawān*, II, 2-4 ; cf. Ibn Doraib, *op. cit.*, 138, 12.

(4) Cf. notre *Moʿāwia*, passim.

(5) *Aġ.*, X, 12, 7 ; 15, l. 16. Pour le *rabiʾa*, cf. X, 13 d. l.

(6) Ils ont un تابع من الجنّ ; I. S., *Ṭabaq.*, I¹, 110, 3, 15 ; 126, 26, trois

même constatation pour un *sādin*, grand seigneur, كان لهُ قدر «fort considéré» chez les Banoū Ḍabba (1). A Nağrān, la Ka'ba de la cité relevait de la puissante famille des 'Abdalmadān, lesquels formaient le *bait* de leur tribu (2). On le voit, le concept de la noblesse, le privilège du *bait*, demeurent d'ordinaire attachés à la possession d'un sanctuaire, à tout le moins d'un patronat, comme le cas a pu se présenter pour les 'Abdalmadān, même après leur conversion au christianisme. Zohair ibn Ġanāb, souche de la principale noblesse chez les Kalbites (3) et pendant de longues années chef incontesté et généralissime de sa tribu, était en même temps *kāhin* ou *ḥāzir* (4), à savoir devin.

Pour certains de ces personnages on désigne même le dieu, par exemple Wadd, dont ils avaient la garde (5). Dans l'aristocratie qoraišite, Moṭ'im ibn 'Adī occupait un rang fort honorable (6). Or nous savons par Ḥassān ibn Ṯābit (7) qu'il unissait le titre de *rabb* à des fonctions religieuses. Ce poète, son contemporain, l'appelle « le *rabb* et le chef des deux sanctuaires », عظيم الشَّعرَين ورجها . Kolaib, frère de Mohalhil, est *rabb* de Wā'il. Les tribus de Bakr et de Taġlib attendaient ses ordres avant de changer

---

exemples, il s'agit d'une *kāhina* ; *Sīra ḥalabyya.* I, 39. Autres désignations du démon familier : *ra'ī, ṣāḥib* ; *Aġ.,* III, 188, 189 ; XIII, 120, 14. « Āṭī » chargé des prédictions en songe ; *Aġ.,* IX, 182, 9. Comp. Ibn al-Aṯīr, *Nihāia,* I, 109 ; II, 55 ; *Osd,* II, 136, 9 ; IV, 122 ; Samhoūdī, *Wafā',* I, 132 ; Ibn Hišām, *Sīra,* 132, 186, 188.

(1) Ibn Doraid, *op. cit.,* 119.

(2) Ibn Doraid, *op. cit.,* 237 bas.

(3) Ibn Doraid, *op. cit.,* 316, 7.

(4) Cf. *Berceau,* I, 204, 267. Comp. chez les Banoū Asad, les « *ḥāzir,* plur. : *ḥazāra* », variété d'aruspices, كلأ ; *Aġ.,* X, 38, 17.

(5) Bakrī, *Mo'ğam,* 34. Chez d'autres, la qualité de *kāhin* est attestée ; *ibid.,* 34, 6-19. Ḥolail, le beau-père de Qoṣayy, est *sayyd* de la Mecque et *sādin* de la Ka'ba ; Ibn Hišām, *Sīra,* 276, 7.

(6) Ibn Doraid, *op. cit.,* 54.

(7) *Divan,* LXXXVIII, 2. *Sādin* du fétiche « Fils » ; Ibn Doraid, *op. cit.,* 237, 5, 6.

de cantonnements (1) : marque de déférence également accordée à Zohaïr ibn Ǵanāb et à Afwah al-Audi (2). Nous nous croyons autorisé à en déduire que, à l'égal de Zohaïr, les Kolaïb, les Afwah, tant d'autres chefs ont dû bénéficier du prestige attaché à un titre religieux. C'est enfin au souvenir des charges cléricales (3) détenues par eux ou par leurs ancêtres que leurs descendants doivent la prérogative, célébrée par les généalogistes, de « constituer la première maison de tout Qodā‘a » اول بيت في قضاعة (4), de « composer le *bait* de Qais, le *bait*, l'aristocratie des Banoū‘-d Dayyān (5) ».

Cette prérogative achève de nous expliquer l'attitude prêtée à Zohaïr ibn Ǵanāb. Quand ce personnage légendaire alla châtier la levée de boucliers chez les Banoū Ǵaṭafān, jusque-là sujets des Kalbites, la tradition lui assigne comme première mesure la destruction, c'est-à-dire la profanation, du *haram* qu'ils venaient de créer en signe de leur autonomie (6). Or un *haram* suppose de toute nécessité la présence d'un *bait* (7). Et voilà comment une prérogative d'origine religieuse a fini par se confondre avec l'idée de noblesse et d'indépendance politique. Ainsi

(1) Manœuvre dont nous avons indiqué plus haut le caractère religieux : elle n'avait lieu que sur l'avis des *kāhin* et la consultation des oracles, des présages, etc. Voir p. 158.

(2) *Šo‘arā*, Cheikho, 70, 166 ; *Aǵ.*, IV, 151. On suppose l'union de la *syāda* et de la *sidāna* (dignité de *sādin*) ; Ǵāḥiẓ, *Opuscula*, 75, 4-5.

(3) Bakrī, *op. cit.*, 34, 4, 7, 15, 19. Autre exemple de *kāhin* et *sayyd* ; Ibn Doraid, *op. cit.*, 279, 6.

(4) Bakrī, *op. cit.*, 34 ; 54, 8 ; comp. *Aǵ.*, XIX, 53 bas. Ǵarīr ibn ‘Abdallah est « *rabb* de Marwān » ; *Aǵ.*, XVIII, 214, 7. d. l. Marwān, le nom d'un bétyle ?

(5) *Aǵ.*, XVII, 105 bas.

(6) *Aǵ.*, XXI, 94. Cette légende, affirmant l'ancienne sujétion des Qais aux Kalb, doit être postérieure aux luttes acharnées entre ces deux groupes sous les Omayyades. C'est alors qu'on aura recueilli les éléments de la notice épique de Zohaïr ; manœuvre syro-kalbite ! Cf. Lammens, *L'avènement des Marwānides et le califat de Marwān I*, *MUSJ*, XII, fasc. 2, pp. 21 sqq.

(7) Rappelons la *ḥimā* de Kolaïb.

dans les églises chrétiennes d'Orient, l'*autocéphalie* ecclésiastique est la
conséquence de l'autonomie nationale, comme elle en demeure le symbole
permanent (1). L'histoire récente des nationalités balkaniques se charge
de témoigner que *Imperium sine patriarcha non staret*.

V

Nous venons d'étudier certaines manifestations de la lithôlatrie chez
les Sarracènes. Ces notes, où nous avons eu l'occasion de signaler le rôle
des processions dans la religion préhégirienne, ensuite l'historique du vocable *bait*, demeureraient trop incompletes, si nous négligions d'examiner
brièvement ses rapports avec le culte des aïeux chez les anciens Arabes.
Les lieux conservant la mémoire suprême de l'ancêtre, la terre, où repo-
saient ses cendres portèrent jadis le nom de *bait*. Des vers de Zaid al-
Hail (2), de la sœur de 'Amrou ibn Ma'dikarib (3), ensuite de Labīd (4);
Divan, éd. Ḫālidī, 72, 2 v.; 78, 2 v. en témoignent, et plus récemment
l'élégie consacrée par Ġarīr à sa femme (5) :

---

(1) La création de l'*exarchat* ecclésiastique a préparé l'indépendance politique du peuple bulgare.

(2) *Aǧ.*, XVI, 11 ; contrairement à l'interprétation traditionnelle, *bait* a ici
le sens de tombeau. Mort loin de sa tribu, le poète redoute d'être « abandonné
dans sa tombe » étrangère. Comp. *Aǧ.*, XIV, 35. 3, le tour est le même.

(3) *Aǧ.*, XIV, 35, 3. *Bait* = tombeau ; Bakrī, *op. cit.*, 30, 1.

(4) *Lisān al-'Arab*, II, 319 ; Bakrī, *Mo'ǧam*, 247, 10 d. l. ; *Aǧ.*, XIV, 89,
16 : *bait* sur une tombe. Doraid ibn aṣ-Ṣimma mentionne le بنيان القبور ; *Aǧ.*, IX,
14, 10 ; Aboû Tammām, *Hamāsa*, Fr., 107, 10 ; *bait* ; Boḥtorī, *Hamāsa*, nº 110,
2 ; Yāqoût, *Mo'ǧam*, É., V, 284, 5 d. l. ; Ibn al-Aṯīr, *Nihāia*, 1, 103 ; IV, 213, 5
d. l. « Pierres *bâties* sur la tombe » ; *Aǧ.*, XIV, 130, 16. Il s'agit de pierres dressées ou amoncelées, ou rangées en cercle. Ainsi en cours de route Aboû Bakr
« bâtit un *masǧid*, pour le Prophète sous un arbre (sacré) », قام الى حجار فبنى تحتها
مسجدا ; Wāqidī, Kr., *Maǧāzi*, 19 bas. Cf. nos *Sanctuaires préislamites*, p. 58.

(5) Cf. *Fāṭima*, 120-121 ; Qotaiba, *Poesis*, 299 ; le morceau est loué par
Sokaina, petite-fille émancipée de 'Alī ; *Aǧ.*, VII, 40, 3 ; XIV, 177.

ولا الحياء لَعادَنى استِعبار   ولَزُرْتُ بَيْتَكِ والحبيبُ يُزارُ (1)

N'était la pudeur (2), *de nouveau je m'abandonnerais aux larmes, je visiterais ta tombe* (bait), *comme on visite un être chéri.*

Dans cette pièce, « la vérité de l'émotion s'unit au naturel de l'expression, deux caractéristiques peu communes dans l'abondante production élégiaque du désert (3) ». La banalité du ton, l'incessante réapparition des mêmes motifs (4), ont permis à une Hansā' et à ses consœurs bédouines de garder les premiers rôles (5) dans ce genre poétique. Destinée à glorifier le souvenir des chefs, des guerriers, l'élégie n'avait pas le droit de pleurer un membre féminin de la communauté nomade. Le *ṣabr*, « ténacité », proverbial du Scénite ne pouvait être ébranlé par une aussi mince secousse. Trahir alors sa sensibilité, c'eût été manquer à toutes les convenances (6). Elles autorisaient l'épouse à exhaler sa douleur sur la perte d'un mari, tâche plus généralement réservée à la mère ou à la sœur ; celles-ci tiennent de plus près au mort que la femme, parfois d'une tribu étrangère ou captive de guerre (7). Nous ne connaissons pas de chant élégiaque ancien, consacré par un époux à la compagne de sa vie (8). C'est pour

---

(1) Bakrī, *op. cit.*, 247. A « bait » *Naqā'iḍ Ġarīr*, 847, substitue partout قبر ; item Yāqoūt, *Moʻǧam*, É., II, 284 ; vraisemblablement une correction intentionnelle. Comment ʻĀiśa s'excuse de visiter la tombe de son frère ; *Aǧ.*, XIV, 70, 7 d. l..

(2) Comp. *Aǧ.*, XIX, 108, 17.

(3) *Fāṭima*, 120.

(4) Sur la valeur de leurs productions élégiaques, voir le jugement prêté à ʻAntar ; *Śoʻarā'*, Cheikho, 821-822.

(5) Par le nombre. Les *marāṭi* masculins accordent moins à la banalité dans le ton.

(6) Cf. *Berceau*, I, 106. ʻĀiśa reproche à un Anṣārien, de pleurer sa femme ; Ibn Hiśām, *Sīra*, 698 : أنحزن على امرأة ?. Autre exemple : I. S. *Ṭabaq.*, III², 12.

(7) La *nazīʻa* ou *sabyya*.

(8) Élégie du calife omayyade Walīd II sur sa femme ; *Aǧ.*, VI, 132 ; autre exemple (période omayyade), XIX, 108, mais là encore l'auteur mentionne : لولا الحياء ولولا رهبة العار . I. Qotaiba, *Maʻārif*, E, 93.

avoir oublié ce trait de mœurs que la tradition šī'ite, désireuse d'autre part de voiler le stoïcisme de 'Alī à la mort de Fāṭima (1), lui attribue une complainte à l'occasion (2) de ce deuil familial.

L'islam avait notablement atténué l'importance sociale de la femme. Cette constatation n'en diminue pas pour autant notre embarras, quand il s'agit d'expliquer les scrupules de l'infortuné Ğarīr et ses efforts en vue de calmer les méfiances éveillées par la hardiesse de sa complainte poétique. La Tradition littéraire, par ailleurs si partiale pour le barde tamīmite (3), ne prend pas la peine de les dissimuler. Farazdaq (4), le cynique rival de Ğarīr, pourra, sans provoquer les protestations, insulter brutalement à la douleur d'un collègue. Ce dernier lui-même hésite à réciter la pièce suspecte dans les milieux de Médine (5), centre de la plus étroite orthodoxie. L'islam a toujours, nous le savons, manifesté ses répugnances contre le culte des tombeaux (6). Il y flaire une menace pour l'intégrité du monothéisme. Pour en autoriser la visite, les Ṣaḥīḥ et les Sonan pensent devoir s'armer d'une licence spéciale du Prophète lequel serait revenu à regret sur une précédente interdiction (7). On peut deviner ce conflit d'opinions, en parcourant les vieux cimetières musulmans,

---

(1) Cf. *Fāṭima*, 116.

(2) *'Iqd⁴*, II, 7 bas. Moins rares sont les élégies consacrées à la femme جارية « esclave » : *Aġ.*, XII, 115, 8 ; 142, 144 ; Ğaḥiẓ, *Haiawān*, VI, 172, 10-12 ; surtout *'Iqd⁴*, II, 22, sqq., toujours pour des ğāria ; pourtant *ibid.*, 24, 1-2, court fragment élégiaque d'un Bédouin anonyme, consacré à son épouse.

(3) Cf. notre *Chantre*, 53 ; comp. *Aġ.*, VII, 38 ; XIX, 48.

(4) Lui-même refuse de visiter la tombe de sa femme (*Aġ.*, XIX, 19, 8-9).

(5) *Aġ.*, VII, 66, 2-10.

(6) Sévérité de Mahomet pour Fāṭima, qu'il soupçonne d'avoir visité un tombeau ; Aboū Dāoūd, *Sonan*, II, 34 bas.

(7) Cf. *Fāṭima*, 118, sqq. ; Baġawī, *Maṣābīḥ as-sonna*, I, 74-75 ; Soyoūṭī, *Mauḍoū'āt*, II, 234 ; Yāqoūt, *Mo'ğam. É.*, I, 92 ; Aboū Dāoūd, *Sonan*, II, 44 ; 202-203 ; Mahomet visite la tombe de sa mère ; Moslim, *Ṣaḥīḥ²*, I, 359-360 ; Ibn Daiba', *Taisīr al-woṣoūl*, III, 304-305.

à l'ordonnance des stèles funéraires, où se trahit la recherche de l'anonymat et de l'uniformité :

> *Elles sont, çà et là, modestes et sans nombre,*
> *Toutes semblables* (1) *pour des êtres différents...*
> *Tous ont déposé là l'angoisse d'être un homme,*
> *Tels les chameaux meurtris par les sangles, le soir*
> *S'agenouillent enfin pour commencer leur somme,*
> *Les naseaux rafraîchis à l'eau de l'abreuvoir* (2).

Le terme de *bait* désignant le tombeau dans la langue archaïque, chère aux poètes omayyades, ne pouvait qu'entretenir ces méfiances. Elles se trahissent dans les variantes du vers de Ġarīr, dans la substitution de *qobba* à *bait*. En mentionnant le *bait* (3), élevé par les Ṭayytes repentants sur la tombe du chef Qais ad-Dārimī (4), tombé sous leurs coups Goldziher croit devoir prévenir ses lecteurs « de ne pas prendre ce terme à la lettre (5) ». De nos jours l'avertissement n'est sans doute pas hors de saison. Mieux eût valu ne pas traduire (6) au petit bonheur le vocable *bait*. On se serait évité la peine de protester contre l'amphibologie que cette version tend à perpétuer. Nous ignorons à peu près tout de l'archéologie préislamite ; et ce ne sont pas nos lexiques, les *Tāǧ* et les *Lisān*, les *'Iqd* et autres manuels encyclopédiques qui suppléeront à notre incom-

---

(1) C'est l'esprit de la *Sonna* : pas de tombeaux faisant saillie, مسنمة ; *Ṣaḥīḥ*, passim. « Pas d'édifices sur les tombes, on les transformerait en *masǧid*, à l'imitation des *Scripturaires* » (*ibid.*). Aboû Dāoûd, *Sonan*, II, 42 ; Moslim, *op. cit.*, I, 357 ; *Fāṭima*, loc. cit.

(2) Alf. Droin, *Chant du Magrib*. Défense de blanchir les tombes, d'y mettre des inscriptions ; Ḍahabī, *Mīzān*, III, 284 bas.

(3) Sur la tombe d'un Ṣaḥābī mort en route pour venir rejoindre Mahomet, on organise un *masǧid* (*Osd*, V, 150, 11), et du vivant du Prophète !

(4) *Aǧ.*, XIV, 89 : بنوا عليه بيتا ; cf. XIII, 144, 6 d. l. Comprenez : un monument *rupestre*, agencement de pierres dressées ou disposées en cercle ! une حظيرة ; *Aǧ.*, XIII, 144 bas.

(5) *Muh. Stud.*, I, 233. L'auteur a traduit *Haus*.

(6) Wellhausen (*Reste*, 58, 194, *passim*) en fait autant et traduit *Haus*.

pétence sur ce point spécial. Mais pour les Arabes anciens, le *bait* en question, vraisemblablement une stèle ou un pylône (1), ou simplement une *qobba-bait* (deux vocables synonymes) au milieu d'un cercle de pierres, ne pouvait manquer de présenter une signification cultuelle. Tels les *Ġaryyān*, les deux obélisques funéraires de Ḥīra, si célèbres dans l'histoire des Laḥmides. Toute sépulture ainsi marquée devenait un *ḥaram* (2), partant un lieu de sacrifices (3). Sur le tertre recouvrant les cendres de Mo'āwia, frère de la poétesse Ḥansā' (4), s'élevaient des pierres dressées, *iram* (5), des blocs disposés en cercle et couverts de branches jaunies de *salam* ; cf. Ibn 'Asākir, éd. Badrān, V, 182 :

الى إِرَم واحجــار وصير   واغصان مِن السلمات السمر

Ces stèles tumulaires voisinaient parfois avec des *anṣāb*, dont la destination n'est plus à démontrer. Dans leurs serments les poètes aiment à attester leur caractère sacré ainsi que le sang des victimes qu'on avait coutume d'y immoler (6), serments considérés comme non moins inviolables que les engagements pris envers les sanctuaires les plus vénérés !

On recourt au mort comme à un personnage encore vivant :

فَأَتَيْتُ سُلَيماً فَعُذْتُ بقبرِهِ   واخو الزمانة عائِذٌ بالامنع

Je suis allé trouver Solaim, chercher un asile auprès de sa tombe. Le faible se réfugie auprès du plus fort (7).

---

(1) Le terme se trouve dans un ḥadīt volontairement embrouillé, relatif au tombeau d'Aboū Riġal ; Aboū Dāoūd, *Sonan*, II, 31 ; *Aġ.*, IV, 76, 12, texte encore plus remanié, كان في الحرم au lieu de هذا الحرم.

(2) Cf. *Fāṭima*, 119.

(3) De là pour les stèles les épithètes de *ġarı*, *moġrī* « arrosées de sang ».

(4) *Aġ.*, IX, 14, 10 ; XIII, 144 bas ; *Šo'arā'*, Cheikho, 770. Pas de sacrifices sur les tombeaux ! ; Aboū Dāoūd, *Sonan*, II, 43.

(5) Pour le sens de *iram*, cf. Ibn Doraid, *op. cit.*, 194, 10.

(6) *Aġ.*, IX, 9 ; 5 d. l. ; Yāqoūt, *op. cit.*, W., IV, 999, 10 ; autres exemples moins explicites : Ibn Hiśām, *Sīra*, 626, 3 d. l. ; *Aġ.*, XIV, 131, 3 d. l.

(7) Ibn Doraid, *Iśtiqāq*, 23, 6.

On le voit, les tenants de l'orthodoxie ne manquaient pas de motifs pour justifier leurs défiances. Et ce n'étaient pas les seuls. Sur la tombe de l'ancêtre ou d'un mort fameux, on dressait une *qobba* (1). Ce pavillon et ses abords immédiats jouissaient du droit d'asile. C'était l'extension, par delà le tombeau, de l'immunité dont avait joui la tente familiale, avec son *fanā'*, l'espace demeuré libre devant l'entrée. C'était l'épanouissement du concept de *bait*, dans sa double acception, profane et religieuse. Comme du vivant du héros, le fugitif recevait le titre et les privilèges du *ğār* (2); il se trouvait couvert par les lois inviolables de l'hospitalité. Le voisinage du tumulus funéraire devenait une *ḥimā*, un *ḥaram*, placés sous la sauvegarde des descendants du mort illustre (3), en attendant que le recul des années le transformat en sanctuaire et lieu de culte officiel.

Le calife omayyade Hiśâm (4) avait mis à prix la tête du poète śī'ite Komait. Le proscrit se réfugie au tombeau de Mo'āwia, fils du monarque, et y dresse une *qobba*. C'était traiter le monument du jeune prince comme celui d'un héros ou d'un glorieux ancêtre et par cette flatterie intéressée arracher sa grâce au souverain. On voit combien le *dīn* arabe traditionnel demeurait vivace en ces milieux, après trois quarts de siècle d'islam ! Au point de vinculer le calife en personne, poussé à bout par les palinodies du rimeur śī'ite. Certaines tombes — nommons celles de Ḥātim Ṭayy et de 'Amir ibn aṭ-Ṭofail (5) — méritaient d'autant mieux l'appellation de

---

(1) Remarquez le vocable ; il ne s'agit pas d'une tente ordinaire, خبا ou بيت شعر ; *Śo'arā'*, Cheikho, 175 ; comp. *Ağ.*, XI, 144, 9 d. l. Ṭab., *Annales*, II, 1107 ; Boḫārī, *Ṣaḥīḥ*, C., II, 90 bas ; Ḥanbal, *Mo'snad*, II, 292, 2.

(2) Cf. *Ağ.*, XV, 121, 10-13 ; Aboū Zaid, *Nawādir*, (éd. Beyrouth). 161, 3 d. l. Autres exemples : *Ağ.*, XIII, 100 ; XIX, 36, 42, 50 ; I. 'Asākir, Badrān, V, 369.

(3) 'Adī fils de Ḥātim exerce l'hospitalité au monument de son père (Ğāḥiẓ, *Maḥāsin*, 82). Ainsi se conduit le poète Farazdaq ; Ibn Doraid, *op. cit.*, 147, 5-8. Voir sa notice dans l'*Ağāni*, loc. cit.

(4) *Ağ.*, XV, 115-116.

(5) Voir le *Divan* de ce dernier, éd. Lyall, p. 91 (texte arabe).

bait qu'on les avait entourées d'un cercle de pierres dressées (1), rappelant à tous les passants leur caractère de *ḥimā*, de *ḥaram*. Enfin, sur la plupart de ces monuments on offrait des sacrifices (2). Au 1ᵉʳ siècle de l'hégire, nul ne pouvait ignorer cet ensemble de circonstances aggravantes ; elles justifièrent aux yeux de l'orthodoxie ses propres rigueurs. Elle proscrivit avec la même énergie et pour les mêmes motifs l'usage (3) de dresser des tentes, *fosṭāṭ*, pendant ou après les funérailles (4), sur les tombes musulmanes (5).

⁎
⁎ ⁎

Rappelons ici le cas du tombeau d'Aboū Riḡāl. La tribu de Ṭaqīf, la plus entreprenante de l'Arabie occidentale après celle de Qoraiš, n'a pu se dispenser d'honorer la mémoire de son ancêtre éponyme et l'emplacement de son tombeau, devenu le « tombeau, *qabr* » par excellence (6). Par malheur, l'opposition antiomayyade a affecté de se méprendre (7) sur la valeur de l'expression *'Abd Ṭaqīf*. Aboū Riḡāl, Qasī, Ṭaqīf, représente — ainsi l'a décidé la science traditionnelle du *nasab* ou généalogies — un

---

(1) *Anṣāb* formant une *ḥimā* ; ainsi s'exprime le texte ; même cas pour la tombe de Mo'āwia, frère de Ḥansā' ; voir plus haut.

(2) Le passant y immole sa monture ; voir plus bas, p. 176. C'était un vrai sacrifice en l'honneur du mort !

(3) Pour l'excuser et détourner l'attention, on met parfois en avant la température, les intempéries des saisons, contre lesquelles la tente-abri doit momentanément protéger les assistants.

(4) Balāḏorī, *Ansāb*, 282 *b* ; Balāḏorī, *Ansāb*, Ahlw., 40 ; Samhoūdī, *Wafā'*, II, 100 ; Ibn Daiba', *op. cit.*, III, 299 ; Boḫārī, *Ṣaḥīḥ*, C., II, 98 ; Ḥanbal, *Mosnad*, II, 292, 2 ; Moṭahhar al-Maqdisī, éd. C. Huart, V, 105.

(5) Comp. le *masḡid* de Qoss ibn Sā'ida entre les deux tombes ; *Aḡ.*, XIV, 42.

(6) Tel paraît bien le sens de la répétition والقبر قبر الى رغال ; *Aḡ.*, XV, 131 d. l..

(7) Sans parler du parti pris d'ignorer la valeur religieuse des théophores, tout en avouant que le Prophète les abhorrait et s'empressait de les remplacer.

même personnage, c'est-à-dire l'ancêtre éponyme des Banoū Ṭaqīf. Le nom de ʿAbd Ṭaqīf atteste la réalité d'un culte ancien (1). Au lieu de l'injure qu'ont voulu y reconnaître des compilateurs ignorants et malintentionnés, aux gages des ʿAlides et des ʿAbbāsides, il nous met en face d'un théophore, aussi authentique que le nom ʿAbd Qoṣayy, lequel demeure un témoin philologique des honneurs religieux jadis rendus à l'aïeul des clans aristocratiques de Qoraiś, l'auteur présumé de la Constitution mecquoise.

La légende d'Aboū Riḡāl a été odieusement exploitée contre les Ṭaqafites et les habitants de Ṭāif, en haine des Ziād, des ʿObaidallah (2), des Haḡḡāḡ et de tant d'autres dévoués serviteurs des Omayyades (3), originaires de cette cité. Dans ce concert de calomnies, la Śīʿa, en souvenir de Karbalā et des victimes inscrites au martyrologe ʿalide, a voulu joindre sa voix (4) aux imprécations des écrivains soudoyés par la propagande, daʿwa, hāśimite (5). Il n'y a pourtant pas à se le dissimuler. Dans cette animosité, débarrassée enfin de toute contrainte à la chute des Marwānides, les racunes politiques ne semblent pas être exclusivement entrées en jeu. Nous pouvons y surprendre les artifices maladroitement déguisés du monothéisme qoranique, en vue de discréditer, de rendre inoffensif, de désaffecter enfin un culte ancestral. Sous les formes variées que revêtait la vénération des aïeux, dans les rustiques monuments qui signalaient leur tombe à la mémoire reconnaissante de la postérité, cippes, stèles, dalles amoncelées, pierres dressées (6), dans les noms de *bait*, *anṣāb*, *ḥimā*

---

(1)   Voir notre monographie de Ṭāif, pp. 34, 57, 66, 67.

(2)   Comp. notre *Ziād ibn Abīhi*, passim, et *Yazīd*, 124, etc.

(3)   De Yazīd surtout, appelé اخنى الاشتيا ; Moṭahhar al-Maqdisī, éd. Huart, V, 117.

(4)   Leur accord a assuré le succès de la manœuvre.

(5)   Cf. la monographie de Ṭāif, p. 173 etc.

(6)   Ou *raḡm*, tas de pierres ; encore très communs dans tous les districts demeurés attachés aux mœurs bédouines. *Aḡ.*, XVI, 143, 8 d. l., lire *raḡmi*, non *raḥmi*.

— vocabulaire emprunté au polythéisme — les puritains flairèrent une menace inquiétante pour l'avenir de l'orthodoxie. Celle-ci, pour arriver à ses fins, utilisera les rivalités politiques, les jalousies de clans (1). Ainsi à la Mecque, tacitement d'accord avec le chauvinisme des grandes familles qoraiśites, visant à rendre vraisemblable l'institution des charges héréditaires à la Mecque, ses méfiances s'arrangeront pour métamorphoser en une sorte de Sénat *dār an-nadwa*, l'ancien sanctuaire et lieu de sépulture (2) de Qoṣayy. Cette solution offrait une merveille d'adresse et d'élégance. Elle flattait l'amour-propre du califat hāśimite et multipliait le nombre des dupes, intéressées à en surestimer la valeur. A l'égard de Ṭāif, ancienne rivale de la Mecque, mal vue du pouvoir 'abbāside, on procéda avec moins de ménagements.

Pour les inspirateurs de cette campagne, l'important c'était de discréditer les sanctuaires païens, en appelant la fiction à la rescousse. Celle-ci, en accumulant les renseignements apocryphes, fut chargée de dénaturer la signification des honneurs rendus à la tombe de l'ancêtre ṭaqafite (3). Dans sa marche pour se rendre au siège de Ṭāif, le Prophète se serait arrêté devant le monument d'Aboū Riḡāl (4). On en aurait alors « retiré une branche d'or, وأُسْتَخرج مِنه غصن مِن ذَهب » (5). Renseignement assez inconsistant et transmis par le canal d'une source fort trouble. Il nous produit l'impression d'un simple remaniement sur des données

------

(1) Le loyalisme omayyade des hommes d'Etat ṭaqafites, leur constante faveur, devaient multiplier les ressentiments posthumes.

(2) Cf. notre monographie de la Mecque, pp. 101, 226, 301. A moins qu'il ne faille chercher ce dernier sur l'emplacement d'un des tertres, voisins de la Mecque, où se pratiquait le jet des pierres. Certains y plaçaient la tombe d'Aboū Lahab.

(3) En commençant par le déshonorer.

(4) Soi-disant pour le profaner.

(5) 'Oḡaimī, اخبار الطائف, 11 *b* (ms. Biblioth. Royale du Caire) ; Aboū Dāoūd, *Sonan*, II, 31 : دُفِن معه غصن مِن ذهب' ; Ḍahabī, *Mīzān*, I, 138.

plus anciennes également recueillies par l'*Aǧāni,* où il est question d'une
« colonne, d'un cippe (?) d'or », عمود من ذهب (1).

A l'ancienne société constituée par les membres de la tribu, l'islam
s'était proposé de substituer « la communauté de Mahomet », أمّة محمّد (2).
Conformément à cette conception nouvelle, les musulmans en arriveront
à jurer par le sépulcre de Mahomet. Le Sémite a toujours aimé à accumuler les serments, habitude encouragée par l'exemple du Qoran (3).
Dans une de ces formules figurait le tombeau d'Aboū Riǧāl ; elle semble
avoir été d'une pratique courante au Higāz. Une aventure survenue à
Aś'ab nous en fournit la preuve (4). Dans cette anecdote, l'attestation
par le sépulcre de l'ancêtre ṯaqafite se trouve jointe d'affilée à la mention
des plus redoutables formules de serments (5). La Tradition a pu — je
l'en soupçonne du moins — se proposer de déconsidérer ces serments
archaïques et malsonants ; elle les a placés sur les lèvres de Aś'ab, le
spirituel bouffon, qui acceptait d'amuser à prix d'or la haute et très frivole
société de Médine, vers la fin du 1ᵉʳ siècle de l'hégire (6). Il ne servirait
de rien de soulever cette objection, à savoir la nullité ou l'indignité de ce
personnage. Si ces serments avaient été moins fréquents, il resterait à
expliquer pourquoi la *Sonna* interdit de « jurer par les pères et par les
ancêtres (7) ».

---

(1) *Aǧ.,* IV, 76, 13.

(2) Il voit de mauvais œil l'expression plus bédouine de دين محمّد . Le Qoran
ne connaît que le *dīn d'Allah !* ; *Aǧ.,* XIV, 69. Çomp. *millat Allah* ; Ibn Hiśām,
712, 3).

(3) Voir les débuts des plus anciennes soūrates, LI, LII, LIII, LXVIII, LXXV,
LXXXV, LXXXVI, LXXXIX, XCI, XCII, XCIII, XCV, C. Serments par la tombe du Prophète ; *Aǧ.,* VI, 91 ; XVI, 92 d. l. Hassān ibn Ṯābit, XXX, 1, le plus ancien
texte où ce monument se trouve mentionné.

(4) *Aǧ.,* XV, 131-132.

(5) *Aǧ.,* XV, 131 d. l.

(6) Voir sa notice : Ḍahabī, *Mīzān,* I, 120-121 ; لا يكتب حديثه , observe l'auteur !.

(7) Tirmiḍī, *Ṣaḥīḥ,* éd. des Indes, I, 185 ; Baǧawī, *op. cit.,* II, 33 ; *Aǧ.,*

*
* *

« Dans l'islam, observe Wellhausen (1), jeter des pierres sur une
tombe signifie le mépris pour le mort. Jadis ce geste voulait exprimer un
hommage rendu (2). » Ajoutons : la déposition de branches d'arbre sur
la tombe, اغصان من السلمات الـمـر, comme l'atteste le poète Doraid ibn aṣ-Ṣimma
cité plus haut (3). Au témoignage des *Ṣaḥîḥ*, Mahomet aurait conservé
cet usage. A Médine, on le voit planter des branches vertes sur les tombes.
Cette pratique, les recueils canoniques s'efforcent de la rattacher à la
théorie du « tourment de la tombe », عذاب القبر (4), à laquelle elle s'adapte
laborieusement. Le poète Labîd recommande de placer du bois et des
branches sur sa tombe (5). C'est le contre-pied de la recommandation
terminant les lettres de faire-part : *ni fleurs, ni couronnes !* Mais l'inspiration demeure la même : la vénération pour les morts. A qui s'adressaient
les Arabes païens dans la pratique du scopélisme, une des cérémonies
conservées par le pèlerinage musulman ? Il est malaisé de le décider.
Mais assurément le geste ne visait pas le démon, selon l'exégèse officielle
adoptée depuis. Le sens précis de cette manifestation peut demeurer obscur.
Mais elle appartient, je le soupçonne, à la même inspiration que le jet des
pierres sur les tombeaux. Les deux pratiques, je crois devoir les attribuer
au sentiment religieux chez les Scénites. Le monument d'Aboū Riḡāl et
la région de Minā n'en furent pas les uniques théâtres dans le pays du

---

VIII, 193, 10-9 d. l., serment par l'ancêtre Ḡassān ; Aboū Dāoūd, *Sonan*, II,
45 ; Moslim, *Ṣaḥîḥ²*, II, 18-19 ; *Osd*, V, 114 ; Nasā'ī, *Sonan*, II, 139 ; Boḫārī,
Ṣaḥîḥ, C., VII, 221-222.

(1) *Reste*, 112.

(2) Comp. *Aḡ.*, XIV, 184, 4 d. l. : يرمى من وراء جمرتنا « il lance derrière notre
tas », c'est-à-dire « il prend notre défense » ; Ibn Hiśām, *Sîra*, 62, 2.

(3) Comp. le commentaire, *Aḡ.*, XIII, 144, 7 d. l. : اي القيت على قبره .

(4) Ibn Daibaʿ, *Taisîr al-woṣoūl* III, 306-308 ; Nasā'ī, *Sonan*, I, 289-291 ;
Boḫārī, *Ṣaḥîḥ*, C., VII, 103 ; Moslim, *Ṣaḥîḥ²*, I, 219 ; II, 489.

(5) *Aḡ.*, XIV, 101 ; Labîb, *Divan*, éd. Ḫalidī, 79, 1.

Ḥiǵāz. Nous pouvons l'affirmer pertinemment pour Ḏoū'l Ḥolaifa, la première station du pélerinage en partant de Médine. L'existence d'un ancien sanctuaire à Ḏoū'l Ḥolaifa se trouve attestée par la présence d'un arbre sacré et d'un *ʿalam* ou *naṣab* (1). Jusqu'aux temps de Samhoūdī, les pèlerins continuaient à y « jeter des pierres et *autres objets* », pratique sévèrement réprouvée par l'orthodoxie, qui l'attribue à la superstition et à l'ignorance, لا يُرمَى بها حجر ولا غيره كما يفعل بعض الجهلة (2). Piété avant, superstition après l'hégire !

Dans l'oasis de Ḥaibar, l'explorateur Ch. Huber (3) a signalé des amas de pierres appelés « Erjoūm el Yehoūd », à savoir رجوم اليهود , parce qu'on les suppose être d'anciennes tombes juives. « Chaque passant ajoute sa pierre au tas ». Samhoūdī a pris soin de nous en prévenir : on ne déposait pas seulement des pierres : l'idée de la lapidation ne se trouve donc pas à l'origine de cette pratique. Le même Ch. Huber écrit dans son *Journal de voyage* (p. 35) : « Le chemin passe à côte d'un amás de bois mort, auquel [le guide] Mohārib ajoute quelques branches... Il s'y rattache une histoire d'amour qui remonte à 1000 ans, ajoute mon guide. Ce monument de bois, élevé en commémoration du fait, sert depuis lors de vigie pour la traversée du Nefoūd (4) ». Dans ce dernier cas, toute intention méprisante se trouve clairement exclue. Le nomade de passage

---

(1) Moslim, *Saḥīḥ²*, I, 446, 468 ; Ḏoū'l Ḥolaifa était un *masǵid* préislamite. Cf. nos *Sanctuaires préislamites*, 56.

(2) Samhoūdī, *Wafāʾ*, II, 294.

(3) *Voyage dans l'Arabie centrale* (extr. *Bulletin Soc. Géogr. de Paris*, 1884-1885), p. 124.

(4) Le زَمل عالج des anciens textes. Les Bédouins, d'après Huber (*op. cit.*, 29), l'appellent « Ramel ʾAâly », à lire vraisemblablement ʾAâlij = ʿAliǵ = عالج . Je soupçonne une erreur de transcription ou de lecture : عالل , comme voudrait la note de la rédaction, ne donne aucun sens satisfaisant. L'identification se trouve précisée par Ḥassān ibn Ṯābit, *Divan*, XVI, 7. En arrivant du Naǵd on aboutit au Ḥaurān, après avoir traversé le Nefoūd : اذا هبطت حوران من زَمل عالج . Le « Raml ʿĀliǵ » appartenait au territoire des Banoū Kalb, nouvelle précision ; Hamdānī, *Ǵazīra*, 178, 8 ; 205, 4 ; 206, 15. Comp. Ibn Hišām, *Sīra*, 548, 1 ; 667.

prétend s'associer au souvenir que perpétue le rustique monument. A
défaut de fleurs, il dépose ce qu'il trouve sous la main (1), une branche, des
pierres, — elles abondent au désert ! Voilà pourquoi les tas augmentent (2).
A Minā, la cérémonie devait être inaugurée par le directeur du pèlerinage :
les assistants ne faisaient que s'unir d'intention, en lançant ou en déposant
leur pierre, à l'acte accompli par le président du *ḥaǵǵ* (3). Dans les environs de la Mecque abondaient les sanctuaires, les مشعر الحرام, les stèles
saintes, انصاب, les monts sacrés, les hauts-lieux, les *raǵm* ou amas de
pierres. Au dire du Prophète, « tout y était station, وقف, lieu de sacrifice,
منحر (4) ». Nous aurons à étudier ailleurs cet amalgame de pratiques d'un
archaïsme incompris, syncrétisme compliqué, capable de dérouter le flair
exercé des plus subtils mythologues.

Pendant cette procession de plusieurs jours, le pèlerin s'associait aux
souvenirs, commémorés par les diverses stations, qui venaient rompre la
monotonie du grand défilé : stèle d'un ancêtre, bétyle d'une divinité.
Ainsi, pendant de longs siècles, avait agi le nomade, au cours de ses pé-
régrinations à travers la solitude, chaque fois que son humeur voyageuse
le ramenait près du monument d'un aïeul. Ému, pénétré de respect, il
s'arrêtait (5) un moment devant l'entassement de blocs informes, صنائع, de
pierrailles entassées, à côté « de stèles, de cippes teints de sang », وانصاب
لدى الجمرات مغر (6), rustique mémorial, rappelant un nom vénéré. Il invo-

---

(1) *Ḥaǵarāt Bardawīl* : les Bédouins jettent une pierre sur cet emplacement où mourut Baudouin Ier ; cf. Clédat, *Bullet. Inst. franç. arch. orientale*,
Le Caire, XXII, 141.

(2) *Aǵ.*, XIV, 131 bas ; comp. VI, 64, 11.

(3) Ibn Hišām, *Sīra*, 76 77.

(4) Nous précisons la portée de ce dicton, dans nos *Sanctuaires préislamites*, 47-48.

(5) Comme Moḥārib, le guide de Ch. Huber ; comme les miens dans la
Transjordanie, ajoutant leur pierre aux *raǵm* rencontrés en route, tombes des
gens assassinés.

(6) Ibn Hišām, *op. cit.*, 534, 4 d. l.

quait sur la tombe la bénédiction des pluies rafraîchissantes, سقاك النوادى الروابل المتحلّبا . Avec Ṣaḫr, le frère de Mo'āwia, il s'écriait : « Si le salut du passant atteint le mort au tombeau, que le Maître des humains te transmette mon salut, ô Mo'āwia ! » :

اذا ما امرؤٌ اهدى لميتٍ تحيّةً   فحيّاك ربُّ الناس عنّي معاويا (1)

« Lorsque quelqu'un mourait, nous apprend le pseudo-Ǧāḥiẓ (2), on entassait des pierres sur le cadavre, au lieu de creuser une tombe », كان الميّت منهم اذا مات تجعل فوقه المجارة لم تكن القبور . L'opération incombait aux parents et amis ; ce qui enlève toute interprétation défavorable à cette pratique du scopélisme. Dans nos mœurs et dans nos langues, la lapidation à conservé une signification nettement péjorative. L'Arabe ne lapidait pas, ne bombardait pas les tombes. Il se contentait d'ajouter sa pierre (3) à l'amoncellement protégeant la dépouille du mort. Acte d'humanité, de confraternité posthumes (4) ! Acte rituel aussi ! C'était venir joindre ses hommages à ceux des contribules, renouveler le geste séculaire, le pacte rattachant aux ancêtres, communier avec eux dans la même manifestation de religion et de piété filiale.

Un sacrifice venait d'ordinaire la complèter (5). « On immolait surtout des chameaux ; et cette immolation consistait à couper les jarrets de l'animal et à le laisser là se débattre et souffrir jusqu'à ce qu'il expirât d'inanition (6) ». On écartera malaisément l'hypothèse que ce sacrifice

---

(1) *Aġ.*, XIII, 145, 146 ; XIV, 132 ; comp. Ibn Hišām, *Sīra*, 521 bas.

(2) *Maḥāsin*, 271.

(3) Cf. A Musil, *Arabia Petræa*, III, 36 ; *Aġ.*, XIV, 144.

(4) Seule interprétation du *raġm* chez mes guides et compagnons bédouins.

(5) *Aġ.*, XIV. 103.

(6) Perron, *op. cit.*, 80 ; *Aġ.*, I, 128, 168 ; XI, 144 ; XIV, 7 ; 102, XVI, 49 ; '*Iqd*⁴, I, 36. 116.

s'adressait au mort, à l'ancêtre disparu (1). Pour le passant, pour le voyageur isolé, la seule excuse recevable en cette occurrence, c'était de n'avoir pas mené en laisse une monture de rechange, chargée de ramener le cavalier au campement (2). Malheureuses les ombres à qui cette suprême marque de piété venait à être refusée! Pour elles, l'acclamation consacrée لا تَبعد « ne t'éloigne pas de nous ! », poussée au jour des funérailles, s'était perdue, sans éveiller d'écho, dans la morne solitude. L'abandon de ces tombes solitaires rappelle la plainte arrachée à ʿĀmir ibn aṭ-Ṭofail sur l'oubli du sépulcre paternel dans la plaine de Hirǵāb:

اَلَا اِن خيرَ الناسِ رِسلًا ونجدةً (3)   يِر جابَ لَم تُحبَس عليِو الركائِبُ

Hélas ! le meilleur des hommes par la générosité et la munificence repose à Hirǵāb, sans qu'une victime fût couchée (4) sur sa tombe (5).

Même après leur conversion au christianisme, les philarques ǵassānides n'ont pu se dérober à ce devoir. Aux grands anniversaires, les nomades accourus du Naǵd et du Ḥiǵāz pouvaient contempler « les descendants de Ǵafna, rangés autour de la tombe de l'ancêtre, le fils de Māria, le généreux, l'éminent», et immolant à la mémoire de l'aïeul des troupeaux entiers. Cette munificence évoquait la qualification enviée de واهب مئين « donateurs de chameaux par centaines (6) », dont ils abandonnent les chairs aux Bédouins (7). C'est en cette posture qu'ils ont souhaité qu'un

---

(1) Cf. Ǵāḥiẓ, *Maḥāsin*, 107, 14-16 ; le sacrifice se fait تطيما لَه en l'honneur du mort, au milieu d'un grand concours. Cheval immolé sur la tombe ; Ibn ʿAsākir (Badrān) V, 80.

(2) *Aǵ.*, XIV, 103.

(3) Pour le sens de رسل ونجدة (cliché fréquent), voir Ǵāḥiẓ, *Avares*, 254-255 ; السِتر هو النجدة واللبن هو الرِسِل . Donc نجما « servir la chair de chameau ».

(4) خُبِسَ , attachée, liée jusqu'à ce qu'elle mourût d'inanition. Elle devait servir de monture dans l'autre monde ; Ibn al-Aṯīr, *Nihāia*, I, 95 ; III, 113-114. Ainsi interprète la Tradition.

(5) ʿĀmir ibn aṭ-Ṭofail, *Divan*, XXXII, 2.

(6) Cf. *Berceau*, I, 134-135 ; Ǵāḥiẓ, *Maḥāsin*, 88, 10 ; 107, 16.

(7) Ǵāḥiẓ, *loc. cit.*

des chantres de leur gloire (1), Ḥassān ibn Ṭābit (2), les signalât
à l'admiration de l'Arabie, en attestant leur fidélité aux traditions du
passé :

اولادُ جفْنَةَ حول قبر ابيهم   قبرِ ابنِ مارِيَةَ الكريمِ المُفضَّلِ

Quand il lui avait été donné de remplir toutes les prescriptions du
cérémonial traditionnel, le Bédouin, l'âme en paix, se remettait en selle.
De la voix, d'une caresse il rassurait sa monture effarouchée par les traces
des sacrifices récents (3), à la vue du sang épandu sur les blocs de basalte,
qui recouvrent la dépouille du mort :

لا تَنْفِرِى يا ناقِ منهُ فأنّه   سبّاءُ خمرٍ مِسعر طَروب

*Ne t'effraie pas, ma chamelle ; c'est la tombe d'un héros, également
prompt à verser le vin, à rallumer (le flambeau de) la guerre* (4).

Pour arrêter ce courant, pour couper court à ces hommages dangereux, l'orthodoxie n'a pas craint de fausser la signification des anciennes
traditions arabes. Elle a arbitrairement identifié Aboū Riġāl, l'ancêtre
des Ṭaqafites, avec le traître, guide de l'armée des Abyssins (5). Cette
fiction lui a permis de transformer le jet de pierres en lapidation (6), le

---

(1) Et avant lui, Nābiġa les montre aux tombeaux de Ġilliq et de Ṣaiḍaʿ ;
Šoʿarāʾ, 645, 4.

(2) *Divan*, XIII, 8 ; *Aġ.*, IX, 167 bas ; XIV, 2.

(3) Cf. Ibn Hišām, *Sîra*, 53.

(4) *Aġ.*, XIV, 131 bas. La mention du vin — liqueur de luxe — doit attester la générosité, l'opulence du mort. Pour le sens de *misʿar*, cf. Ibn Doraid,
op. cit., 132.

(5) Ġāḥiẓ, *Ḥaiawān*, VI, 47 ; sa tombe est placée ici près de la Mecque.
Nombreuses citations poétiques. Celle de Miskīn semble attester que là pratique de la lapidation n'était pas récente ; cf. Ġāḥiẓ, *loc. cit.*, 47 d. l. et que l'on
commençait à se méprendre sur la signification originale du rite, dès la seconde
moitié du 1er siècle de l'hégire.

(6) Comme pour la tombe de Moslim ibn ʿOqba ; *Yazīd*, 262-263 ; Sam-
houdī, *Wafāʾ*, I, 95 : يُرمى كما يُرمَى قبرِ اِلى رِغال . Moḥibbī, *Ḥalāṣat al-aṯar*, II, 362 ;
Masʿoūdī, *Prairies*, III, 161.

geste de vénération en une manifestation de réprobation nationale contre
ce crime de lèse-patrie (1), L'audacieuse manœuvre visait également le
culte des bétyles et tout particulièrement la vénération témoignée
aux monuments commémorant la mémoire des héros de l'antiquité
païenne (2).

(1) *Aǧ.*, IV, 76. Comp. avec la version plus simple et plus ancienne
d'Aboū Dāoūd, *Sonan*, II, 31. L'*Aǧāni* en a déduit les motifs les plus odieux et,
au lieu de ʿAbdallah fils de ʿAmrou ibn al-ʿĀṣi — choisi par les *Sonan*, parce
que grand propriétaire dans la région de Ṭāif — cf. notre monographie de Ṭāif,
p. 127 — a rattaché toute la légende au nom suspect d'Ibn ʿAbbās, le favori des
faussaires ʿabbāsides, lequel avait fini sa carrière à Ṭāif.

(2) Près de la Mecque, deux tas de pierres sont lapidés comme tombes
d'Aboū Lahab et de sa femme ; Ibn Ġobair, *Travels²*, 111, 10, etc.

LE CARACTÈRE RELIGIEUX
DU « ṬĀR » OU VENDETTA
CHEZ LES ARABES PRÉISLAMITES. (*)

Les orientalistes continueront longtemps encore à discuter sur la réalité, ensuite sur la profondeur du sentiment religieux qu'il convient de prêter aux Bédouins de la préhégire. On ne découvre pas trace de vraies préoccupations religieuses, en dépouillant leur vieille poésie, « légère et indévote », comme l'a pertinemment qualifiée Renan. Dans le siècle qui vit naître Mahomet, Allah commence pourtant à émerger de la masse des divinités particulières, du groupe des bétyles de tribu et de clan. On continue à jurer par « Al-Lāt et Al-'Ozzā », mais avec le poète, Aus ibn Ḥaǵar, on y ajoute maintenant la mention d'Allah, « lequel est plus grand que ces déesses », إنّ الله أكبر (1). *Allah akbar !* C'est le cri monothéiste de l'islam. Il resterait à savoir comment les contemporains d'Aus se représentaient ce dieu « supérieur ». Le considéraient-ils comme le père des déesses ? — Ainsi l'affirme le Qoran (xxxvii, 149 ; lii, 39), dont l'auteur devait s'y connaître. Le dégageaient-ils nettement du *dahr* « destin » et des forces aveugles de la nature ? Autre confusion que semble suggérer également le Qoran.

(*) Paru dans le *Bulletin de l'Institut français d'archéologie orientale*, T. XXVI, 83-127, Le Caire, 1925.

(1) Aus ibn Ḥaǵar, *Divan*, éd. Geyer, XI, v. 2.

Le problème ne paraît pas moins compliqué, quand on essaie de préciser le nombre et la nature des obligations morales que rappelait aux vieux Sarrasins le vocable *dīn* auquel nous assignons couramment comme équivalent notre terme « religion ». Mais j'ose affirmer que parmi les obligations résultant du *dīn*, parmi les lois les plus saintes, ils comprenaient le *tār* (1) ou vendetta. Celle-ci leur apparaissait comme la meilleure garantie, comme la plus impérieuse institution de leur organisation traditionnelle.

Or, pour le nomade, il n'existe pas deux façons de rendre hommage à la convenance d'une loi, de lui reconnaître toute sa valeur de conservation sociale. Sa fruste psychologie confond fatalement les obligations qui en découlent avec des devoirs de religion. Sans prétendre refaire l'étude sur la *Blutrache* de Procksch (2) lequel, pas plus que Wellhausen dans ses *Reste arabischen Heidentums* (3), n'a envisagé l'aspect religieux du sujet, je voudrais montrer la place importante du *tār* dans ce qu'on a très justement appelé « dīn al-'Arab », à savoir dans le modeste ensemble de concepts qui ont alimenté l'indigente vie religieuse et morale des Bédouins d'avant l'hégire.

I

Personne n'a su — avec autant de frénésie que ces endurcis individualistes qu'étaient les Bédouins — rendre hommage à la permanence des liens créés par le sang. Non que la question de l'au delà, la survie après la mort les aient jamais sérieusement préoccupés. Mais, dans leur estime, le

---

(1) J'adopte cette orthographe expéditive, de préférence à la graphie plus correcte *ta'r*. Un synonyme de *tār* est *witr*; d'où *mautoūr* « le vengeur ». Le vengeur légal ou officiel est également appelé *walī*; *Qoran*, XVII, 35; XXVII, 50. Ce rôle revient régulièrement au plus proche parent ou allié.

(2) Procksch, *Die Blutrache bei den vorislamischen Arabern*, Leipzig, 1899.

(3) *Ibid.*, p. 122; comment chez l'Arabe toute obligation sérieuse prend l'aspect d'un acte religieux et fait partie du *dīn*.

principe vital, l'âme liquide, النفس السائلة — comme ils l'appellent parfois —
résident dans le sang (1). L'effusion du sang réclame vengeance. Non expié
et jusqu'à la dernière goutte, ce sang retomberait sur la tête du *walî*, du
vengeur légal. Ce qui achève ensuite de les élever au-dessus des calculs de
l'individualisme bédouin, c'est qu'ils se rendent compte que l'impunité
entraînerait la ruine de la dernière unité sociale — la famille — qui
subsiste dans l'anarchique existence du désert.

Aussi le meurtre d'un parent ou d'un contribule rétablit-il, pour
ainsi dire automatiquement, l'accord toujours précaire au sein du clan
nomade, uni désormais dans la poursuite de la vengeance. Il transforme
en hommes de cœur, en héros, les plus frêles adolescents, les plus timides
d'entre les Bédouins — êtres passionnés, violents sans doute, mais peu
belliqueux par tempérament. Les femmes ne font pas exception à cette
loi générale (2). Les sœurs, les mères des victimes ne se montrent pas les
moins animées dans cette explosion d'énergie farouche. Leurs récriminations, leurs chants exaspèrent jusqu'au délire la résolution des hommes.
Elles métamorphoseront en paladin le prince-poète, l'insouciant
Amroulqais, jusque-là ami du vin et des plaisirs faciles. Ce n'est pas la
soif du sang, l'aveugle instinct de la vengeance, mais le sentiment de la
piété qui inspire, anime le Bédouin, la piété envers les siens (3), quand
même ceux-ci l'auraient — tel fut le cas d'Amroulqais (4) — repoussé de
leur sein. C'est la religion de la famille, la seule qu'il comprenne pleinement et dont il refuse de contester les obligations. Par ailleurs sa
détermination le laisse sans illusions. Il s'expose à la mort, à la merci d'un

---

(1) Cf. Mas'oudi, *Prairies*, III, p. 309 ; Kowalski dans *WZKM*, XXXI,
p. 200, n. 3.

(2) Voir la IIe partie de cette étude.

(3) Goldziher, *Muhammed. Studien*, I, p. 15, etc.

(4) *Ag*., VIII, p. 67, etc. « Il m'a désavoué en mon adolescence et m'impose, dans mon âge mûr, le poids de son sang », ضيّعني صغيرًا وحمّلني دمَهُ كبيرًا .

adversaire, « d'un héros, guerrier expérimenté dans le maniement des armes », بَطَل شاكى السلاح مَحَرَّب (1). Sans vouloir dissimuler son angoisse, il s'efforce plutôt de raffermir son cœur chancelant en face du danger qu'il va affronter :

Je dis à mon âme — je n'ai qu'une vie à risquer — : trêve de reproches ! Je suis décidé à ne pas reculer (2).

Il tient à la vie et ne s'en cache pas. Sa détermination réside dans le ton plus que dans la volonté, laquelle se raidit. « Il ne possède qu'une âme » ; on ne meurt qu'une fois ! !

Aussi pour ne pas être tenté de se soustraire à ce devoir, amer mais inéluctable, pour le garder sans cesse sous ses yeux, il créera une sorte de rituel minutieux, lequel réglemente l'accomplissement du *ṯār*. Cet être farouchement indépendant, répugnant d'instinct à l'ascétisme et au renoncement, acceptait de s'assujettir aux plus crucifiantes abstentions, aux mortifications atteignant à la fois son amour-propre et sa sensualité. Il se soumettait aux pratiques, qui revêtent précisément, à ses yeux, la plus haute signification religieuse, à savoir l'*iḥrām*. Elles le transformaient en *anathème* ; elles le maintenaient sous le coup du « ḥerem », comme dirait la Bible (3), tant qu'il n'aurait pas accompli sa mission et son serment (4). En l'isolant du monde, de ses contribules et de sa famille —

---

(1) Ibn Hišām, éd. Wüstenfeld, *Sīra*, p. 432, 4, etc.

(2) Boḥtorī, *Ḥamāsa*, éd. Cheikho, p. 9. Cliché souvent repris par les poètes ; Boḥtorī, nᵒˢ 3, 6 ; ʿĀmir ibn aṭ-Ṭofail, *Divan*, éd. Lyall, XI, 11 ; Ǵāḥiẓ, *Ḥaiawān*, VI, p. 144, 145 ; Ibn Hišām, *loc. cit.*, Aboū Tammām, *Ḥamāsa*, éd. Freitag, p. 482, v. 2.

(3) Cf. Delporte, *L'anathème de Jahvé : recherches sur le ḥerem préexilien*, dans *Recherches de science religieuse*, V, pp. 321, 331.

(4) Voir l'énumération de ces abstinences rituelles ; *Aġ.*, IX, p. 7 ; comp. *Aġ.*, S. éd. Salhani, I, p. 180 ; Boḥtorī, *Ḥamāsa*, éd. Cheikho, nᵒˢ 152, 153, 154-156 : « je me suis vengé ; je puis boire maintenant ». Nous y reviendrons plus bas.

conformément au concept primitif de l'*iḥrām* (1) — elles lui conféraient les dehors d'un pénitent, d'une victime vouée à l'éxécution d'un devoir sacré (2). Telle était, à ses yeux, la suprême manifestation du *zohd* « ascétisme », la seule que son esprit réaliste voulait admettre. C'était l'expression la plus élevée pour lui du *ta'alloh*, par laquelle le nomade estimait se rapprocher de la divinité.

Le vin, étant une boisson de luxe, demeurait le symbole d'une existence large, la marque dénotant les *sayyd*, et tout Bédouin prétendait être sayyd. La rareté de l'eau — de l'eau potable surtout — ne permettait guère de multiplier les lotions. Sans le lait de leurs chamelles, la moitié des nomades périrait de soif. C'est l'amplitude du serment rituel qui doit être envisagée. En déclarant renoncer au vin, aux ablutions, à l'usage des parfums, à la société conjugale et au joies du foyer (3), en abandonnant sa chevelure à la vermine — fléau de la vie nomade — l'Arabe estimait ne pouvoir marquer plus expressivement la nature sacrée du دين العرب , en quelle haute estime il tenait la sainteté de la vie humaine, les liens qui unissaient, par delà la tombe, les membres de la famille arabe.

Le Bédouin paraît tenté de considérer la fidélité à la parole donnée comme une vertu aristocratique (4), celle des grands chefs, des tribus riches et puissantes, de tous ceux à qu'il en coûte peu ou prou de la pratiquer (5). Ḥātim Ṭayy et les Omayyades ne trahissent pas leurs clients, « comme se le permettent les autres », observent les poètes (6). Les *autres*

----

(1) Antérieurement aux adoucissements que la coutume y introduira, en matière de *ṯār* : elle supprima la séparation d'avec la femme et la famille.

(2) Wellhausen, *Reste*, p. 122 : l'*iḥrām* et le *ṯār* sont inséparables.

(3) Cf. Wāqidī, éd. Wellhausen, p. 75 ; cf. Goldziher, *Abhandlungen*, II, p. 35. Comme le comprenait le rituel primitif.

(4) *Aḡ.*, XIX, p. 128, l. 4, 20. Voir plus haut.

(5) *Le Berceau de l'islam*, I, p. 240 ; Pedersen, *Der Eid bei den Semiten*, p. 128-130, Strasbourg, 1914.

(6) Azraqī, (dans Wüstenfeld, *Chroniken der Stadt Mekka*), I, p. 485 ; cf. *Mofaḍḍalyyāt*, éd. Thorbecke, p. 12, v. 24 ; Ḥātim Ṭayy, *Divan*, éd. Schultess, I, v. 1. Exagérations et flatteries de poètes !

c'est la Sarracène anonyme et grouillante ; c'est la masse des Scénites qui ne jouissent pas de la situation exceptionnelle acquise par Ḥātim et les financiers omayyades. A défaut de l'honneur — barrière parfois impuissante contre la violence et l'égoïsme des Bédouins — la fidélité aux engagements solennellement contractés, reprenait tout son empire, quand la rudimentaire religion du désert venait s'interposer (1). Son influence élève un instant le nomade au-dessus de son particularisme déprimant. Il se considère alors comme قاضي نذور « chargé d'accomplir des vœux sacrés » (2). La conscience qu'il a de « ce devoir impérieux » — والنذور لها وفاء (3) — lui inspire alors une de ces démarches retentissantes qu'affectionne son goût pour l'ostentation et la réclame. Célébrées par la poésie contemporaine et généralisées plus tard par l'érudition occidentale, elles contribueront à égarer notre jugement sur la valeur morale de l'être énigmatique que demeure pour nous le Bédouin de tous les temps.

*
* *

Un trait peu banal va nous introduire au cœur même de notre sujet.

Qais ibn al-Ḥaṭīm est un jeune orphelin de Médine (4). Sa mère lui a tenu caché que son père et son aïeul sont morts assassinés. Comme il ne pouvait manquer d'arriver, une indiscrétion révèle la vérité à l'adolescent. A partir de ce moment, la religion traditionnelle lui impose l'obligation de venger ses parents. Mais sa jeunesse et sa solitude le réduisent à l'impuissance. Qais recherchera donc l'assistance d'un chef réputé et jettera son dévolu sur Ḥidāś ibn Zohair (5), lui-même parent du meurtrier. Ce sont les institutions de « la religion arabe » qui lui suggéreront le moyen infaillible de compromettre Ḥidāś au point que ce dernier ne pourra, sans se disqualifier, lui dénier son concours.

---

(1) Le ṭār suppose toujours un vœu ou un serment.
(2) Labīd, *Divan*, éd. Ḥalidī, p. 113, v. 1.
(3) Aboū Tammām, *Ḥamāsa*, éd. Freitag, p. 441, v. 2.
(4) Dans la dernière moitié du vie siècle.
(5) Sur Ḥidāś, chef hawāzinite, voir l'*index* d'*Aḡāni*.

Arrivé près de la tente de Ḥidāš, Qais trouve le maître absent. Pendant qu'il se tient discrètement dehors, la femme du sayyd lui envoie le présent de l'hôte, un couffin de dattes. Qais mange la moitié d'un fruit et renvoie le reste. Cette participation, intentionnellement sommaire (1), à l'hospitalité a suffi pour le rendre sacré et pour lui conférer les droits les plus exorbitants (2). Ḥidāš ne s'y trompe pas. Désormais il ne se sent plus libre de marchander son aide au jeune Médinois, hier encore un étranger pour lui. Il tendra donc un traquenard au meurtrier — c'était son propre neveu — et fournira a son protégé, Qais ibn al-Ḥaṭīm, l'occasion de le poignarder, en plein conseil de sa tribu (3). Impassibles les témoins, les contribules de la victime, assisteront à cette exécution ; ils ne bougeront que pour s'interposer entre Qais et les parents du mort, et protéger la retraite du vengeur حالَت دونَه (4). Justice a été accomplie ! Un autre Bédouin, ‘Omair ibn Salmā, méritera le titre de « loyal entre tous les Arabes », اوفى العرب. Il lui aura été décerné pour avoir vengé le meurtre d'un de ses clients dans le sang de son propre frère (5).

De ce trait nous trouvons une variante dans la *Ḥamāsa* de Boḥtorī. De nouveau, il est question de deux frères. Le héros s'y appelle Wafā' ibn Zohair. La mère se découvre les cheveux et la poitrine et implore la grâce du criminel. « Pourquoi, réplique *Wafā'*, m'avoir appelé de mon nom (6), si je dois pactiser avec la traîtrise ? » Puis s'élançant sur son frère :

Félon ! entre nous, tout est fini. Rien ne te défendra de mon glaive, pas même le sentiment de la parenté (7).

(1)   La femme ne s'y trompe pas.
(2)   Wellhausen, *Reste*, p. 194 ; *taḫarrom* par la nourriture ; *Aǧ.*, XIV, p. 71 ; Ibn ‘Asākir, *Tārīḫ Dimašq*, éd. Badran, IV, p. 388.
(3)   *Aǧ.*, II, p. 159-160 ; comp. l'Introduction au *Divan* de Qais ibn al-Ḥaṭīm, éd. Kowalski, Leipzig, 1914.
(4)   *Aǧ.*, II, p. 160 haut.
(5)   Ibn Doraid, *Kitāb al-Ištiqāq*, éd. Wüstenfeld, p. 209 bas.
(6)   *Wafā'* signifie loyauté. Le nom a été judicieusement choisi par l'anecdotier.
(7)   Boḥtorī, n° 728, éd. Cheikho. Nous renvoyons toujours à cette édition de la *Ḥamāsa* de Boḥtorī.

Ainsi, par l'effet rétroactif du *taharrom*, créé par la loi de l'hospitalité,
Hidāš se trouvera impliqué, en dépit sans doute de ses répugnances, dans
le meurtre de son neveu. Admettons que la rédaction de l'anecdote ait été
poussée au tragique. Ce qui ne peut être mis en question, c'est la doctrine
que le trait prétend interpréter. Mœurs barbares ! sera-t-on tenté de
s'écrier ; preuve d'une société dominée par des instincts sanguinaires !
Rien ne serait plus injuste que ce verdict. Nous devons approfondir le
concept arabe du *ṭār*, parce que nulle autre institution du désert ne nous
permettra de pénétrer plus avant dans la conscience religieuse des
Scénites préislamites.

*
* *

Malgré le masque d'insensibilité, derrière lequel il affecte de cacher
les traits de sa physionomie morale, le Bédouin n'est pas cruel de nature.
Il ne faut pas laisser égarer notre jugement par son *ǧafā'*, l'impassibilité
fruste et la brutalité, signalées chez lui par tous les sédentaires. Indivi-
dualiste endurci, né, grandi dans un milieu implacable, personne n'a,
comme lui, compris, évalué si haut le prix d'une existence humaine. A cet
impulsif, être de passion et tout en nerfs, l'effusion du sang inspire de
l'horreur et seul le cas de légitime défense l'amène à le répandre. Cette
horreur très réelle n'a pourtant rien de commun avec le remords, moins
encore avec le repentir. Il n'a pas conscience d'avoir commis une faute, de
s'être abandonné à un de « ces excès », فواحش, de ces actes « déshonorants »,
خزيات, que stigmatisent les poètes (1). Ces vocables, les plus énergiques
de leur lexique moral, les Bédouins les réservent pour qualifier les dénis
de justice, commis au détriment des contribules. L'étranger à la tribu n'a
pas de droits reconnus ; aucune garantie juridique ne protège sa vie ni ses
biens (2). « Nous avons abattu Yazīd, sans culpabilité de sa part,

---

(1) Labīd, *Divan*, éd. Ḥalidī, p. 128, v. 4.

(2) « Quand il nous plaît, nous violons le territoire du fort... » (Aus ibn
Ḥaǧar, *Divan*, XLIII, v. 17).

وَلَم نَظلِم . « من غير جرم , et nous ne nous estimons pas coupables pour autant »,
Ainsi chante 'Āmir ibn aṭ-Ṭofail (1), un des paladins de la préhégire.

Qu'on veuille bien étudier l'attitude, les agissements du « porteur de sang », حامِل دَم , du Bédouin qui s'est rendu coupable d'un meurtre. On le voit, le front haut, circuler au milieu des tentes, parcourir les campements de la tribu et des alliés de la tribu, pour arriver à parfaire le montant de la *dya*, compléter le nombre des chameaux destinés à compenser le sang versé. Sans aucun embarras, il tend la main. Partout il est bien accueilli. Personne ne s'avise, ne s'arroge le droit de lui adresser des observations. Un meurtre, c'est un accident dans la vie agitée du désert. Tous considèrent le quémandeur, non comme un coupable, mais comme un malheureux, tout au plus comme un impulsif ou un maladroit. Chacun s'estime moralement obligé de le tirer d'affaire, de coopérer au rachat du sang, comme on contribuerait au rachat d'un prisonnier ou à toute autre œuvre de miséricorde, persuadé que, demain sans doute, on éprouvera le besoin de la même attestation de solidarité (2). Les chefs de tribu, les sayyd les plus considérés tiennent à s'y associer ; ils aident à « porter le fardeau du sang ». Aussi les poètes leur réservent-ils le titre honorifique de حَمَّال « portefaix » lequel figure dans toutes les élégies. Ils sont par excellence حامِل دِيات « porteurs de *dya* » حامِل دِماء « porteurs de sang », حامِل اَثقال « porteurs de fardeaux », enfin حامِل مِئين « porteurs de centaines » (3), à savoir les centaines de chameaux, destinés à racheter le sang. Ainsi le veut la loi du désert, cette loi qu'invoque le poète Zohair ibn Abi Solmā, organe du vieux droit nomade : تَعفَى الكلومُ بالمِئين « des centaines de chameaux compensent meurtres et blessures » (4).

Chez le Bédouin de tous les temps, l'horreur du sang dérive en droiture de l'institution du *ṭār*, l'inexorable vendetta. Elle lui a fait comprendre que la moindre effusion du sang doit être vengée. Sans cette loi,

---

(1) *Divan*, éd. Lyall, XX, v. 1.
(2) Cf. *Le Berceau de l'islam*, I, p. 247.
(3) Voir les références dans *Berceau*, I, pp. 249-250.
(4) *Śo'arā an-naṣrānyya*, éd. Cheikho, p. 517, 2.

sans les sanctions qu'elle comporte — son instinct moral lui en suggère la salutaire influence — il sent que l'existence, menacée par tant d'ennemis au désert, deviendrait impossible. « Le talion vous garantit la vie », لكم في حيوة القصاص, proclamera à son tour le Qoran (II, 175).

La razzia est d'institution ancienne dans la Sarracène. Cette institution comporte des risques et chacun les accepte d'avance. Parmi ces risques, la vie n'entre pas tout d'abord en ligne de compte ; la loi du *tār* est censée la garantir. Quand il se voit à bout de ressources, Ḥātim Ṭayy renvoie ses créanciers (1) « jusqu'après la prochaine razzia », بعد الغارة . En une autre circonstance, il fait une générosité, en puisant dans le butin pris aux contribules de son solliciteur. Mais, en galant homme, il prend soin de réserver expressément leur droit de reprise et de revanche. Le quémandeur « sourit » et s'empresse d'ajouter : « ce que vous avez enlevé est de bonne prise », لكم ما اخذتم (2). Le vieux Perron (3) convient que c'est une « singulière manière d'entendre la libéralité et la bienfaisance ». Mais, continue-t-il, « il faut le pillage dans le désert, il faut les chevaleresques (?) équipées. Là, c'est la vie régulière. Sans cela qu'aurait-on à faire, à perpétuité, dans ces silences des solitudes (4) ? » On se montrait beaucoup moins accommodant, quand le sang avait coulé.

Aussi observez, au cours des razzias, les efforts des assaillants pour éviter de porter des coups mortels. Ils en ont, non à la vie, mais aux biens de leurs adversaires. En bonne règle, la razzia ne devrait jamais être sanglante. Jeu élégant, sorte de tournoi, où les jouteurs, sans haîne et surtout sans intentions homicides, luttent pour se surprendre, se dévaliser en conservant tout leur sang-froid de façon à éviter *la casse.* Dans la plupart des razzias, les accidents forment l'exception, même depuis l'adoption des armes à feu ; beaucoup de bruit, de poussière, de fumée et de poudre brûlée, mais si peu de blessures ! Si ces règles du jeu viennent à

---

(1) Ou ses quémandeurs.
(2) Ḥātim Ṭayy, *Divan,* éd. Schulthess, p. 41.
(3) *Femmes arabes,* p. 114.
(4) Perron s'amuse.

être violées, c'est que les partenaires ont manqué d'adresse et de présence
d'esprit. Ils se sont emballés ; ils se sont laissés emporter par un excès de
nervosité, dans l'attaque ou dans la défense. Oubliant leur qualité de
jouteurs, de figurants, destinés à détourner l'attention de l'adversaire, ils
se sont transformés en combattants (1). Mais alors, et dans l'hypothèse
d'une issue sanglante, le bon ton et la coutume demandaient qu'on s'abstînt
d'achever l'ennemi blessé ou de dépouiller son cadavre (2).

Dans le cas du *ṯār*, l'apparente dureté du Bédouin plonge ses racines
au fond du sentiment religieux, dans le *dīn* du désert, tel que le concevait
le nomade. C'est ce sentiment qui désormais est censé posséder le *walī*, le
mautoūr ou vengeur légal. L'idéal sera de pouvoir affirmer avec le poète
'Abdallah ibn Salima al-ǧāmidī : « J'ai accompli ma vengeance, sans
admettre aucun retard » (3). Mais ce n'était là qu'une fiction. Généralement
l'empressement — il n'est pas question d'enthousiasme — était absent.
Le *mautoūr* s'est lié par un serment solennel, mais prudemment il formule
le vœu qu'Allah ne le laissera par mourir avant l'accomplissement de son
serment (4). Tout en prévoyant d'avance un répit aussi considérable, il
proteste bien haut que « sa douleur, écrasante comme une montagne, lui
enlève le goût des breuvages les plus exquis » (5).

Loin de courir au-devant de cette obligation — dont tout bas il
énumère les périls (6) — il l'accepte plutôt avec résignation, quand il
n'attend pas qu'elle lui soit imposée par la victime ou par l'opinion publique.
« Il m'accable de son sang », حمّلني دمه (7), s'écrie Amroulqais, quand un
messager vient lui apprendre l'assassinat de son père. L'exclamation trahit
l'absence d'élan. Le prince-poète ne se dissimule pas qu'il doit dire adieu

---

(1) Cf. *Le Berceau de l'islam*, I, p. 246.
(2) Voir la légende de Ṣabr, frère de Ḫansā' ; *Aǧ.*, XIII, p. 145, sqq.
(3) *Mofaḍḍalyyāt*, éd. Lyall, p. 182, v. 1.
(4) Boḥtorī, *Ḥamāsa*, n° 153.
(5) Boḥtorī, *loc. cit.*
(6) Ibn Hišām, *Sīrat ar-rasoūl*, p. 132, 4, etc.
(7) *Aǧ.*, VIII, p. 68.

à sa vie insouciante. L'écrasante mission, الوتر العظيم (1), change en صاحب الدم ,
obligé de venger le sang versé, le plus proche parent de la victime. Aussi
pour couper court aux tergiversations de l'égoïsme, le Bédouin, l'être le
moins idéaliste, « le plus intéressé de la création » (2), commence par
s'assujettir aux plus dures épreuves, aux privations les plus crucifiantes
pour son sensualisme. Il sent qu'il doit être tenu, enchaîné. Voilà pourquoi
il ligotte sa liberté par des vœux, par des serments solennels. Leur
transgression l'exposerait — il n'en doute pas — à la vindicte de la divinité,
aux redoutables châtiments qui atteignent les parjures (3).

A l'instar des Juifs zélotes, qui avaient juré à Jérusalem de tuer saint
Paul (4), il commence par se constituer en état d'interdit, de *naziréat*
temporaire, qui l'isolent du contact avec sa famille et ses semblables — tels
le loup du *ǧaḍā*, le *ḫalī'* expulsé de sa tribu et enfin l'homme écrasé sous le
poids d'un anathème, الرجل اللعين (5). Il se lie par la perspective de privations
minutieuses et pénibles. Il y ajoute les formules de serment les plus redoutables, أيمان مغلّظة (6), serment pour lequel il n'admet pas la possibilité d'une
كفّارة, de résiliation ou compensation.

Il renonce à toute distraction profane, au culte de la poésie, même
sous sa forme inférieure, la satire. Il évite donc les réunions joyeuses, il
fuit la société de sa femme. Seul l'accomplissement intégral de « la grande
vengeance », الوتر العظيم (7), qu'il a assumée peut le dégager des liens de
l'anathème qu'il s'est imposés.

Transgresser un seul article de ce rituel, de ce canon pénitentiel, le

---

(1) Boḥtorī, *Ḥamāsa*, n° 153.
(2) Caetani, *Studi di storia orientale*, III, p. 21 ; comp. Renan, *Études
d'histoire religieuse*, p. 234.
(3) Pedersen, *Der Eid bei den Semiten*, p. 65, etc.
(4) *Actes*, xxi, 23, etc.
(5) Labīd, *Divan*, éd. Ḫalidī, p. 113, v. 1 ; Pedersen, *loc. cit.*
(6) Ġāḥiẓ, *Haiawān*, VI, p. 42, 15 ; Boḥtorī, *Ḥamāsa*, n° 153.
(7) Boḥtorī, *loc. cit.* ; c'est le شرف الدهر « la gloire immortelle » ; *Aġ.*, VIII,
p. 67, l. 20.

prendre à la légère avec les prescriptions du *ḥorm*, de l'exommunication où volontairement s'est placé « le maître du sang », ce serait, lui-même le proclame, commettre un crime contre Allah », أثم بر الله (1). Expression bien grave ! On s'étonne, à bon droit, de la rencontrer sur les lèvres de cet être, aussi réfractaire au concept d'une responsabilité morale, nous devrions ajouter, d'une faute théologique. Il se raisonne donc. La vendetta sera « la guérison » de l'âme ulcérée (2), la réparation du crime commis contre la société familiale. « Courage, mon âme, trêve d'hésitations ; c'est la gloire ou le repos », de la tombe, مكانك تغمدي او تستريحي (3). Les hommes de cœur ont la vie courte (4). L'accomplissement du *ṭār* n'était-il pas la marque suprême de la vaillance, du dévouement ? Ainsi argumentaient « les maîtres du sang ». Nous le savons par les poètes bédouins qui ont longuement développé le thème du *ṭār*. Ils parlent «d'élever un monument de gloire ou de succomber, en vengeant leurs morts » (5).

Pour se vouer tout entier à sa mission, le *mautoūr* renonce désormais «aux entretiens frivoles ; vainement il s'efforce de goûter le repos sur sa couche » (6). S'il lui arrive de sourire, ce sera d'un sourire forcé ; car son âme demeure endeuillée (7). Dans le silence des nuits, « l'esprit obsédé, son regard fixe surveille la marche trop lente des étoiles » (8). Absorbé

---

(1) *Śoʿarā*, Cheikho, p. 19. Plus loin nous reviendrons sur cette locution.

(2) *Ġāḥiẓ, op. cit.*, VI, p. 142 bas.

(3) *Ġāḥiẓ, op. cit.*, VI, p. 144, 10.

(4) *Ibid.*, VI, p. 143.

(5) *Aġ.*, XIII, p. 142, l. 4. « Seul le lâche essaie d'oublier » ; Ibn Hišām, *Sīra*, p. 432, 9.

(6) Boḥtorī, *Ḥamāsa*, n° 148, 3 ; Ibn Hišām, *Sīra*, p. 728 ; Aṣmaʿyyāt, Ahlwardt, 46, v. 1 ; 50, v. 1 ; Aboū Tammām, *Ḥamāsa*, Freitag, p. 447, v. 3.

(7) Aboū Tammām, *op. cit.*, p. 404, v. 3.

(8) Boḥtorī, *op. cit.*, n°s 148, 149, 150 ; *Aġ.*, XIV, p. 2 ; Ḥātim Ṭayy, *Divan*, XXIX, v. 2 ; Ibn Hišām, *Sīra*, p. 728 bas ; *Mofaḍḍalyyāt*, Thorbecke, p. 46, v. 11, etc. ; Nābiġa, *Divan*, Derenbourg, III, v. 1 ; cliché sans cesse repris.

par sa vengeance, il refuse de se laisser distraire par des satires contre
les ennemis (1). Les circonstances sont trop graves. Au lieu de récriminations stériles, c'est du sang que le mort réclame (2). Il redoute que
cette explosion sentimentale ne vienne à détendre sa volonté, à relâcher
la virilité de sa décision. Il lui arrivera de contester à Allah lui-même
le droit de s'interposer entre lui et sa vengeance (3). Mais conséquent
avec lui-même, il reconnaît le même droit à ses adversaires. Il va jusqu'à
admettre de le voir automatiquement se retourner contre lui. Si la personnalité du meurtrier n'a pu être précisée, on verra les plus corrects parmi les
sayyd avouer leur participation à une affaire de sang et par cet aveu se
désigner eux-mêmes aux coups du *mautoūr* (4). Cet aveu n'est jamais
spontané. Pour l'arracher, il faut recourir à l'épreuve de la *'uzīma* ou *mo-
nāšada*, à l'obtestation solennelle par le nom d'Allah, à laquelle personne
n'oserait se soustraire.

*
* *

A partir de ce moment, tous les moyens deviennent licites (5), s'ils
aboutissent au but, à la libération de l'anathème. Patiemment le vengeur
fouillera les recoins du désert ; il courra les foires de l'Arabie, épiant le
moment favorable pour surprendre sa victime (6). La législation bédouine
interdisait de tuer un ennemi pendant son sommeil (7). Elle n'admettait

---

(1) Il arrive pourtant aux femmes de glisser la satire dans l'élégie ; Ḥātim
Ṭayy, *Divan*, 34, v. 4.
(2) *Aǧ.*, XIII, p. 145, l. 8.
(3) Ibn Hišām, *Sīra*, p. 803.
(4) *Aǧ.*, XIII, p. 145, l. 8 etc.
(5) Même licence pour les comparses, coopérant au *ṯār* ; *Aǧ.*, II, pp. 160-
162.
(6) *Aǧ.*, II, p. 160, l. 1.
(7) *Aǧ.*, XIII, p. 120, l. 28 ; cf. Ibn Hišām, *Sīra*, p. 326 bas. Nöldeke
(*Fünf Moʻallaqāt*, I, p. 49) assigne à cette coutume une explication plus réaliste :
les assaillants n'y voyaient pas, la nuit.

d'exception qu'en matière de talion (1), en considération du caractère
religieux de l'acte. Le Sarrasin n'a jamais mis en discussion que la fin
sanctifie les moyens. Or, le *ṭār* était la loi la plus sacrée du désert, la manifestation la plus méritoire — parce que de tout point désintéressée —
du *dīn* des Arabes.

« A qui venge son père, il n'est rien d'*illicite* », chantent à l'unisson
les poètes, moralistes et théologiens attitrés chez les vieux Ismaélites.
Dans cet acte de religion, il arrive pourtant au « maître du sang » d'hésiter.
Ce sera lorsqu'il redoutera d'entrer en conflit avec un autre principe
religieux ; quand il craindra de violer la protection jurée à l'hôte, à l'allié ;
de profaner la sainteté des lieux, des mois sacrés, celle enfin de la tombe
d'un ancêtre et de la demeure privée que garantit le droit d'asile. Au
moment où il s'y attend le moins, et sans le reconnaître, Ḥāriṯ ibn 'Obād
se trouve en face du meurtrier de son neveu dont il a juré de venger la
mort. Sur les vives instances de cet inconnu, il adjure solennellement un
des siens de prendre le suppliant sous sa protection. En vertu de cette démarche et de la *'azīma* qui l'a accompagnée, Ḥārīt soustrait le meurtrier à
toute revendication ultérieure. Il ne lui demeure plus loisible de se raviser
et de revenir sur l'absolution inconsciente qu'on vient de lui arracher (2).
Ces scrupules demeuraient souvent sans effet (3). Nous avons vu le vengeur profiter des foires — leur tenue coïncidait avec les mois sacrés —
pour frapper son adversaire (4). En dehors de ces cas, il n'est pas interdit,
il devient même honorable, de recourir à la dissimulation, à la ruse (5), si
elles doivent faciliter l'accomplissement du *ṭār* :

> *J'embrasse mon rival, mais c'est pour l'étouffer.*

---

(1), Ibn Hišām, p. 650, 6.

(2) Aboū Tammām, *Ḥamāsa*, p. 254.

(3) Introduction au *Divan* de Qais ibn al-Ḥaṭīm ; Ibn Hišām, *Sīra*, pp. 865-
866 ; Procksch, *op. cit.*, pp. 34, 37. Meurtre d'un *moḥrim* pour venger la mort
d'un autre *moḥrim* ; *Mofaḍḍalyyāt*, Lyall, p. 205, v. 27.

(4) *Aǧ.*, II, p. 160, l. 1.

(5) Boḥtorī, *Ḥamāsa*, chap. iv et v consacrés à cette matière.

Non seulement le Bédouin « sourit à sa victime (future), mais sa joie exubérante l'amène à découvrir toutes ses dents » :

أُ كاثرُ ذا الضِغن المبيَّنَ ضِغنه   واضحكُ حتى يظهر الناب اجمعُ (1)

Quand, le meurtrier se tenant sur ses gardes, l'agression directe devient impossible, le vengeur peut, sans encourir de blâme, se glisser dans l'entourage, aller même, semble-t-il, jusqu'à se mettre sous la protection de la victime désignée à ses coups. Qu'on ne vienne pas à invoquer l'argument de la prescription ; les mœurs bédouines ne la reconnaissent pas en matière de *ṯār*. « Sur les tombes, l'herbe repoussera, mais dans les cœurs survit la haine. » — « Vivace comme la gale, disparaissant momentanément pour s'étendre avec plus de virulence », كالمِرُ يكـمنُ حِينًا ثمَّ يَنْتَشِرُ. Elle se transmettra, « tant que les pères auront des fils », فلَن تَبِيدَ ولِلابا. ابناء (2). Après quarante ans de luttes fratricides, allumées par le meurtre de Kolaib, le fils du chef taġlibite simule de se prêter à un accommodement. Mais il n'accepte de le conclure qu'à cheval et armé de pied en cap. Quand il tient Ġassās au bout de sa lance, il s'écrie : « Pardonner à l'assassin de mon père, là sous mes yeux !... ». Il l'étend mort à ses pieds et gagne le large (3). Pour endormir plus sûrement les soupçons, le Bédouin acceptera un *'aql* (4) et, après avoir abattu sa victime, il célébrera en vers son exploit (5).

Il semble bien qu'en matière de *ṯār*, on a fait fléchir la loi de l'hospitalité. A aucun prix il n'était permis de se venger de l'hôte qu'on avait accueilli sous son toit ou du *ğār*, « protégé », campé à côté de sa tente.

---

(1) Boḥtorī, *op. cit.*, n ^{os} 44, 47, 48, 52. 53. On utilise les négociations de paix pour approcher le meurtrier ; Mofaḍḍal, *Al-Fāḫir*, Storey, pp. 230-231.

(2) Boḥtorī, chap. vi, n°s 57, 58, 60, 61.

(3) *Aġ.*, IV, p. 151.

(4) Compensation pour le meurtre.

(5) Ibn Hiśām, *Sīra*, p. 728 bas. Sur la publicité donnée à l'exécution du *ṯār*, voir plus bas.

A l'égard du *ǧār*, vivant dans la tribu sous la sauvegarde d'un contribule (1), on professait moins de scrupules. Il incombait au patron du *ǧār*
d'assurer sa protection. Il arrivait même que le *mautoū̆r* recherchait la
condition de *ǧār* pour assurer l'exécution de sa vengeance ; témoin ces
deux vers :

*Cinq ans, j'ai séjourné comme hôte parmi les Banoū̆ 'Āmir, guettant
l'occasion propice à ma vengeance.*

*J'ai épié le moment de frapper ma victime. Quand je l'atteindrai,
j'aurai assouvi ma vengeance contre 'Āmir (2).*

Ce trait et quelques autres que fournit l'histoire de la vendetta sarrasine ont dû échapper au vieux Perron. Il aurait sans doute hésité à écrire
que la *ǧāhilyya* fut l'âge d'or de « la chevalerie... qui vivait dans toute
sa beauté et sa sincérité, bien des siècles, peut-être, avant les deux mille
ans de notre ère, et qui fut la sœur aînée de la chevalerie de l'Occident...
En Europe, la chevalerie fut un accident, une imitation ; en Arabie, elle
fut un principe (3) ». Principe ou non, le *mautoū̆r* en question ne rougit
pas de sa louche manœuvre, que la chevalerie occidentale eût désavouée.
S'il cherche à se disculper, ce sera pour se comparer au « lion lequel n'attaque (un lion), son adversaire, qu'à l'improviste ».

كالليث لا يَمْدو على قِرْنِهِ   إلّا على الامكان مِن فرِيسِهِ (4)

Quand les tribus viennent faire hommage à Mahomet, certaines
déclarent retarder leur adhésion officielle à l'islam jusqu'au jour où elles
auront réglé (5) avec leurs voisins les questions de sang. Telle ne fut pas
l'attitude de Miqyas. Il feint d'embrasser l'islam. Allant plus avant, il
reçoit le payement d'une rançon. Cette feinte lui permettra de poignarder

---

(1) « Leur *ǧār* ne craint pas la trahison » ; *Mofaḍḍaliyyāt*, Thorbecke,
p. 47, v. 36.
(2) Boḥtorī, n° 54.
(3) Perron, *Les femmes arabes*, p. 76.
(4) Boḥtorī, n° 55.
(5) Par la vendetta.

son adversaire dans le dos. Miqyas s'était conformé aux traditions du *dīn* bédouin. Un demi-siècle plus tard, le calife 'Abdalmalik, vainqueur de son rival, 'Amrou al-Aśdaq, copiera trait pour trait le programme de Miqyas. Lui-même a voulu nous l'apprendre, tant la démarche lui paraît naturelle ; subsidiairement le souverain met en avant la raison d'Etat :

Je l'ai admis dans mon intimité pour assoupir ses défiances, ensuite m'élancer et frapper à coup sûr.

Guidé par le zèle, dans l'intérêt de mon dīn (1). *Un rebelle n'a pas droit aux égards dus à un sujet loyal* (2).

On voit avec quelle persistance survivaient les anciens concepts arabes. Miqyas — comme plus tard 'Abdalmalik — son exploit accompli, n'hésita pas — ainsi le prescrivait le rituel du *ṭār* — à le chanter publiquement, bien assuré que l'opinion ne le condamnerait pas (3). Celle-ci, non seulement s'abstiendra de le blâmer, mais par l'organe de la sœur de Miqyas, elle vouera à l'ignominie Nomaila, le contribule de Miqyas, lequel avait voulu laver une aussi lâche agression dans le sang du félon. Les droits, la cohésion de la tribu devant seuls entrer en ligne de compte, le vrai criminel, ce n'est pas Miqyas, deux fois traître à ses engagements, c'est Nomaila, « coupable du crime de lèse-tribu », أَخْزَى قَوْمَهُ.

« Nous payons une *dya* pour le sang ; mais à aucun prix nous ne l'acceptons pour les nôtres (4) ». Ce vers du sage Afwah, un des oracles de la gentilité sarrasine, a pu contribuer à discréditer les compensations en matière de talion et de vendetta (5). Sans confondre les notions de droit et de force, les Arabes de la préhégire éprouvaient une considération

---

(1) Pour ce sens de *dīn*, cf. notre *Califat de Yazīd*, p. 168 ; Ḥatim Ṭayy, *Divan*, 6, v. 6.

(2) Mas'oūdī, *Prairies d'or*, V, 237 ; Ṭab., *Annales*, II, p. 695 ; Boḥtorī, n° 53.

(3) Ibn Hiśām, *Sīra*, p. 728. Il se vante même d'avoir touché la *dya*.

(4) Aǧ., XI, p. 48, l. 18 ; Labīd, *Divan*, Huber, pièce 28.

(5) Boḥtorī, n°ˢ 110, 112, 115, 117.

particulière pour le droit des puissants. Voilà pourquoi l'adjuration, *'azīma*, d'un grand chef leur paraissait autrement irrésistible que celle d'un simple particulier (1). Le vocable *šaqī* désigne à la fois le faible, le malheureux et aussi le criminel. Le *la'īm*, c'est l'homme abject, le misérable, physiquement ou moralement.

Donc accepter une *dya* passera pour un acte de faiblesse, partant pour un déshonneur (2). Mais surtout — il faut y insister — il est considéré comme une diminution du *dīn* arabe; comme l'intrusion de la lâcheté, de l'égoïsme, de l'intérêt personnel dans le domaine religieux. On l'égale à un marchandage sacrilège. C'est tout d'abord, pense-t-on, trafiquer de la sainteté du lien familial (3); ensuite se dérober à l'existence sacrifiée, aux dangers qu'entraînait l'accomplissement du *ṯār*.

*
* *

Avant d'expirer, la victime d'un attentat n'avait pas manqué d'adjurer solennellement les témoins de son agonie (4) de ne pas prêter les mains à un marché aussi dégradant. Sur le point « d'aller dormir avec ses pères », le roi David désigna nommément à Salomon ceux de ses sujets auxquels il n'avait pu appliquer la loi du talion. Son successeur devra le suppléer dans l'accomplissement de ce devoir de justice. « Sa sagesse y pourvoira; c'est dans le sang qu'il fera descendre leurs cheveux blancs au séjour des morts (5). « Les Sarrasins ne répugnaient pas moins à l'idée

---

(1) Comp. Ibn 'Asākir, *Tārīḫ Dimašq*, Badrān, III, pp. 41, 162.

(2) *Aǧ.*, XIII, p. 69. « Ils ne vengent pas leurs morts », dit Aḫṭal, *Divan*, éd. Salhani, p. 226, 1. Comprenez : ils acceptent une compensation.

(3) Troquer des dattes contre du sang ! Aboū Tammām, *op. cit.*, p. 389, v. 3.

(4) Boḥtorī, nᵒ 110; Aboū Tammām, p. 441, etc. L'acceptation de cette mission s'appelle نذر (*ibid.*, p. 442, v. 2). Elle constituait un *naziréat* avec toutes les conséquences.

(5) *I Rois*, ii, 6-9.

d'une amnistie ou d'une prescription pour le sang versé. Le soupçon même
ne pouvait être toléré, tant était puissant le préjugé créé par la religion
du *ṭār*.

A la veille de l'hégire, les Banoū Hozā‘a, rivaux des Qoraišites, se
trouvèrent faussement accusés d'avoir occasionné la mort de Walīd, chef
de la puissante famille mecquoise des Banoū Maḫzoūm. Avant de rendre
le dernier soupir, Walīd prendra soin de les disculper de cette accusation.
Il n'en chargera pas moins (1) ses fils de demander aux Hozā‘ites compte
de son sang, de peur que « plus tard on ne les injurie du chef de cette
prétendue lâcheté », لكنّي اخشى ان ْتـَـبّوا بِي بعد اليوم (2).

Ces détails nous amènent à parler de la *waṣyya*; elle achèvera de
nous édifier sur la valeur religieuse du *ṭār*. Commençons par écarter tout
rapprochement avec la *waṣyya* qoranique que nous pouvons, sans crainte
d'erreur, traduire par testament. Quant à la *waṣyya* préislamite, il ne
suffit pas d'observer, avec Wellhausen (3), qu'«il y est beaucoup moins
question de biens à partager que de recommandations et de pratiques
imposées aux héritiers ». Son objectif primordial était religieux. Il visait
la transmission régulière du culte, tel qu'il avait été pratiqué, jusqu'à
cette date, par le groupe nomade. Elle était censée contenir le *testament
spirituel*, le catéchisme doctrinal, dictés par l'ancêtre. C'est à cette *waṣyya*
— chaque tribu prétend posséder la sienne — qu'en appellent les poètes
bédouins. La littérature apocryphe (4) et aussi la revision posthégirienne
se sont malheureusement acharnées sur cette collection de documents;

------

(1)   C'est la *waṣyya*.

(2)   Ibn Hišām, *Sīra*, p. 273.

(3)   *Reste*, p. 191.

(4)   Voir par exemple Siǵistānī, *Mo‘ammaroūn*, p. 19 etc. ; comp. l'introduction de Goldziher, p. xix, etc. *Waṣyya* de Qoss ibn Sā‘ida ; Soyoūṭī, *Mauḍoū‘āt*, I, p. 96. Les auteurs de *waṣyya* sont fréquemment des *mo‘ammaroūn*,
« plusieurs fois centenaires » ; Ibn Doraid, *Ištiqāq*, p. 321 ; ‘Abda ibn aṭ-Ṭabīb,
dans *Mofaḍḍalyyāt*, Thorbecke, p. 25.

elles les ont dénaturés au point de les rendre méconnaissables. Une censure malavisée n'y a laissé subsister que des *hikam*, sorte de *logia* réalistes, de recommandations banales; si même elle n'en a pas inventé de
toutes pièces la teneur, dans le but, croyons-nous, de discréditer la
ğāhilyya, l'âge d'ignorance, justement odieux au Prophète. Si l'auteur
du Qoran insiste longuement (1) sur la confection des testaments, s'il en
fait une obligation de conscience, inscrite dans la révélation divine (2),
cette insistance atteste sans doute un législateur pratique, mais non moins
le désir d'effacer le souvenir compromettant des *waṣyya* de la gentilité
bédouine et leurs réminiscences polythéistes.

Au lit de mort de l'ancêtre — comme jadis autour des patriarches
bibliques (3) — la tribu se réunissait pour recueillir les *novissima verba*,
la *waṣyya* du mourant. L'aïeul, chef et prêtre de son groupe, après avoir
légué sa succession, se préoccupait de pourvoir à la perpétuité du culte
traditionnel. Il désignait celui de ses descendants auquel il transmettait
la *qobba*, la tente-tabernacle, la desservance du *bait*, du sanctuaire de la
tribu, la garde du « bétyle » familial (4). Ce privilégié était le « *waṣī* » *ut
sic*, le légataire religieux. Chez les Šīʿites imāmites, ʿAlī est le *waṣī* du
Prophète, non pas seulement l'héritier de sa fortune et de sa succession
politique, mais le dépositaire de sa *waṣyya*, de sa doctrine ésotérique.

Quant aux douze imāms, ils deviennent les *waṣī* du *waṣī*, les détenteurs du savoir surhumain de ʿAlī (5).

Pour en revenir à la préhégire, c'est en vertu du concept bédouin de

----

(1) *Qoran*, II, 176, etc.

(2) C'est le sens de كتب عليكم, *Qoran*, loc. cit.. *Kitāb* = révélation, dans le
lexique du Qoran.

(3) *Genèse*, chap. XLVIII, XLIX ; *Mofaḍḍalyyāt*, Thorbecke, p. 25, v. 7, etc. ;
Ḥātim Ṭayy, *Divan*, IXe fragment ; I. S. *Ṭabaq.*, I¹, 82.

(4) Cf. Lammens, *Le culte des bétyles et les processions religieuses chez les
Arabes préislamites*, dans *Bull. Instit. franç. d'Archéol. orientale*, XVII, p. 82,
etc. et ici pp. 135-136.

(5) Cf. notre *Fāṭima*, p. 111.

la *waṣyya* que le poète ʿAbbās ibn Mirdās, fils de la poétesse Ḫansā', se serait vu confier par son père le fétiche Ḍamād ou Ḍamār (1). L'ancêtre recommandait les devoirs de l'hospitalité, la fidélité aux alliances conclues. Comme au temps du roi David, la *waṣyya* prévoyait la liquidation des affaires de sang qui étaient restées en souffrance (2). C'était la ولاية الاشباخ « la recommandation des ancêtres » (3). L'assistance jurait de s'y conformer scrupuleusement (4) ; stimulée par la *ʿazīma*, l'adjuration au nom d'Allah, et plus encore par la crainte d'encourir le *doʿā'*, la malédiction de l'ancêtre. Car à l'article de la mort, le chef jouissait du redoutable privilège d'être مجاب الدعوة (5), de voir exaucer ses vœux (6). Avant de descendre dans la tombe, sa dernière « demeure », *bait* (7), le mourant adjurait solennellement les témoins de son agonie (8) « de ne pas l'abandonner dans l'horreur de sa prison ténébreuse » :

لا اترَكُ في بَيت بِصَعْندة مُظلم (9)

Sur l'immortalité de l'âme, le Bédouin n'a conservé que des notions confuses. Le mystère de l'au-delà ne semble pas l'avoir préoccupé. A cet égard, ses anciens poètes affectent une attitude insouciante et un ton dégagé. « Que je boive ou non, la tombe m'attend », proclame Aus ibn Ḥaǧar. « Laissez-moi donc boire, reprend Ṭarafa. Après ma mort, je serai

---

(1) Graphie incertaine ; cf. Moslim, *Ṣaḥīḥ*², I, p. 319 bas ; *Osd*, III, p. 41 ; Ibn Hišām, p. 832 ; *Aǧ.*, XIII, p. 65 ; comp. Wellhausen, *Reste*, p. 66.

(2) Cf. Ibn Hišām, p. 273 ; *Aǧ.*, XIX, p. 130 bas.

(3) Qais ibn al-Ḥaṭīm, *Divan*, Kowalski, I, pp. 4-5.

(4) نذر , cf. Pedersen, *op. cit.*, p. 119, etc.

(5) Cf. notre *Moʿāwia*, pp. 180, 181.

(6) Principalement les imprécatoires.

(7) Sur *bait* « tombeau », cf. Lammens, *Bétyles*, p. 91, etc. ; Labīd, *Divan*, Ḫālidī, p. 77, v. 2 ; p. 78, v. 2 ; Ḥatim Ṭayy, *Divan*, 37, v. 15 ; *Mofaḍḍalyyāt*, XIX, v. 23.

(8) Comp. Aboū Zaid, *Nawādir*, Chartouni, p. 23 dern. ligne.

(9) Aboū Tammām, *Ḥamāsa*, p. 107, v. 1 ; *Aǧ.*, XIV, p. 35, l. 1. Ce vers a-t-il inspiré le ḥadīṭ où Mahomet énumère Ṣaʿda parmi « les villes maudites » ? Ḍahabī, *Mīzān al-iʿtidāl*, I, p. 207, éd. du Caire.

forcément abstème. L'homme généreux profite de la vie pour s'abreuver. Lorsque nous aurons disparu, l'on pourra décider lequel de nous sera le plus altéré (1). » Mais si le Bédouin n'admet pas la survie de l'âme dans une seconde existence, il croit pourtant savoir que la mort n'entraîne pas sa séparation immédiate d'avec le corps. Voilà pourquoi le défunt est déposé dans sa tombe, مُوَسَّد ou مُتَوَسِّد (2), le bras ramené sous l'occiput, comme pour lui servir de coussin, tel que, de son vivant, il avait coutume de prendre le repos de la nuit. On n'a garde de l'emprisonner dans une bière. C'est qu'on l'imagine doucement assoupi dans sa « demeure ténébreuse » et jouissant, quelque temps encore, d'une demi-conscience. Les bruyantes lamentations — elles se prolongent plusieurs jours —, la double tournée autour du cadavre, الطافوا به طوافين (3), ont pour but de réveiller et de soutenir cette conscience. Par leurs chants, par leurs acclamations stridentes : « ne t'éloigne pas », لا تبعد (4), les femmes voudraient retenir l'âme pressée de se dégager de sa dépouille mortelle. De leur côté, les hommes lui promettent de hâter la vengeance (5). A ces manifestations les ennemis du mort répondent par l'imprécation فابعد (6) « loin de nous »! la plus redoutable malédiction qui puisse atteindre un Arabe dans la tombe.

Sous l'empire de ces conceptions eschatologiques, le Bédouin répugne à la مُثْلة, mutilation d'un cadavre, même de son plus grand ennemi.

---

(1) Cf. *Šo'arā'*, Cheikho, p. 883, v. 3 ; Aus ibn Ḥaǵar, *Divan*, IV, 8-9 ; Ṭarafa, *Divan*, Seligsohn, I, 61-64.

(2) Aboū Tammām, *op. cit.*, pp. 439, l. 23 ; 459, v. 2 ; Ḥâtim Ṭayy, 38, v. 7 ; *Mofaḍḍalyyāt*, Thorbecke, 7, v. 25 ; éd. Lyall, p. 62 ; *Aṣma'yyāt*, LXIII, v. 8 ; Ibn 'Abdalḥakam, *Sīrat 'Omar ibn 'Abdal'azīz*, 'Obaid, Le Caire, 1927, p. 41, 8.

(3) Ḥâtim Ṭayy, *Divan*, 38, v. 5 ; variante, طافوا . Tournait-on *autour du* cadavre ou *avec* le mort ? Je dois avouer mon ignorance.

(4) Autre explication dans Pedersen, *op. cit.*, p. 66.

(5) *Mofaḍḍalyyāt*, Lyall, p. 185, v. 9. Les Arabes ne croient pas à la survie ; Mas'oūdī, *Prairies*, III, p. 309, etc.

(6) Ḥâtim Ṭayy, *Divan*, 38, v. 4.

Pour la même considération, il ne peut admettre la légitimité des pénalités
— telle l'ablation de la main — édictées par le Qoran (v, 42) contre les
voleurs. Quant à la crémation du cadavre, elle déterminerait, pense-t-il, le
divorce immédiat et complet entre le corps et l'âme (1). Cette dernière
conception se retrouve dans la tradition musulmane. Le ḥadīṯ interdit, lui
aussi, de brûler les criminels ; le châtiment du feu (2) demeure réservé à
Allah (3).

Les morts perçoivent le dernier adieu des parents et le salut des passants (4). Leurs mânes ont soif (5) ; de ceux surtout qui n'ont pu être
vengés. On les apaise par des libations d'eau ou même de vin, répandues
sur la tombe. Le voyageur s'y arrête pour y déposer des branches vertes,
des plantes odorantes ou, à leur défaut, une pierre (6). La parenté visite
la tombe. Parfois, dans le voisinage, elle dresse une tente (7) ; car la solitude pèse au mort. Avant d'expirer, 'Amrou ibn al-'Āṣi, le conquérant de

---

(1) Cf. A. Mez, *Die Renaissance des Islâms*, Heidelberg, 1922, p. 350.

(2) Cf. Lammens, *Yazīd*, p. 475 ; Ḍahabī, *Mīzān*, II, p. 267 ; *Osd*, V,
p. 53 ; Ǧāḥiẓ, *Haiawān*, V, p. 33, cf. IV, p. 149 ; Nasā'ī, *Sonan*, II, p. 170 ; Ibn
Hišām, *Sīra*, p. 469 ; Ibn 'Asākir, Badrān, V, p. 102.

(3) De grands criminels et hérétiques, comme Bābek, sont écartelés vivants, ensuite brûlés au moyen de « naphte » ; Tanoūḫī, *Ǧāmi' at-tawārīḫ*,
Margoliouth, p. 75 ; Massignon, *Al-Hallaj, martyr mystique de l'islam*, I, Paris,
1922, pp. 304, 312 ; A. Mez, *Die Renaissance des Islâms*, p. 290 ; Yāqoūt, *Iršād
al- arīb*, Margoliouth, I, 297, 307. Les pieux musulmans déconseillent les opérations chirurgicales qui doivent priver d'un membre ; « il ne faut pas se
présenter manchot, etc., à la résurrection ».

(4) Aboū Tammām, *Hamāsa*, pp. 409, 3 ; 437, 2 ; 438, dern. vers ; 489,
3, 5, etc. ; cf. Boḫārī, *Ṣaḥīḥ*, Stamboūl, II, p. 101.

(5) *Mofaḍḍalyyāt*, Thorbecke, p. 33, v. 19 ; Ḥatim Ṭayy, *Divan*, 46, 7.

(6) Aus ibn Ḥaǵar, *Divan*, Geyer, XXXII, v. 16-17 ; XXXIII, v. 5 ;
Labīd., Ḫalidī, p. 79, v. 1 ; cf. nos *Bétyles*, p. 96, etc. ; Nābiǵa, Derenbourg,
XXIV, v. 26-27.

(7) *Aǵ.*, XI, p. 144 ; XV, p. 121 ; XIX, p. 108 ; Ṭab., *Annales*, II, p. 1107 ;
Ḥanbal, *Mosnad*, II, p. 292, 2 ; cf. nos *Bétyles*, p. 99 ; Balāḏorī, Ahlwardt, p. 40.
Visites à la tombe ; Ḥatim Ṭayy, *Divan*, Schulthess, 38, v. 4.

l'Égypte, demandera à ses familiers de « s'attarder près de sa tombe pour le consoler par leur présence », اقعدوا عند قبري ... استأنس بكم (1). On comprendra donc la terreur qu'inspirait aux Arabes, même aux plus aventureux, la perspective de mourir hors de leur tribu (2). « Qu'on ne me délaisse pas à Farda du Nagd dans une tombe étrangère », وأترك في بيت غَريبٍ ... بِفَرْدَةِ مُنْجِدِ, implore en expirant le chevaleresque Zaid al-Ḥail (3). C'est que, loin du pays, seuls seraient à « le pleurer son épée, sa lance et son coursier de bataille » (4). Consolation poétique, mais combien insuffisante !

Libre à un Śanfara de déclarer : « Que m'importe, après ma mort, de n'être pleuré par aucune de mes tantes paternelles ou maternelles (5) ? ». Aux parentes du mort il incombait de le pleurer, mais surtout de rappeler à l'entourage le devoir du ṯār. C'est que Śanfara les avait d'avance débarrassées de ce souci ; il s'était vengé avec usure (6). Les autres nomades redoutent que, s'ils meurent loin des leurs, ils y demeurent dans l'oubli et sans vengeance (7). C'est que le ṯār doit apporter à leurs mânes l'apaisement, permettre à leur dépouille de reposer dans une tombe devenue moins étroite, moins ténébreuse. L'eschatologie musulmane hésite à définir le sort des âmes, pendant la période qui sépare la mort du Jugement général. Elle s'empressera de reprendre la naïve conception bédouine. Elle la rajeunira à l'aide de traditions talmudiques et l'appellera عذاب القبر « le tourment de la tombe » (8).

---

(1) 'Iqd⁴, II, p. 4 ; Moslim, Ṣaḥīḥ², I, p. 60.

(2) Aboû Tammām, *op. cit.*, p. 395, v. 1 ; 408 dern. vers. Le ḥalī' n'était pas vengé ; d'où la terreur de cette perspective. C'était l'excommunication jusqu'après la mort.

(3) Aǧ., XVI, p. 49, l. 11.

(4) *Ġamharat aśʿār al-ʿArab*, p. 143 bas.

(5) *Mofaḍḍalyyāt*, Thorbecke, p. 25, v. 9.

(6) *Mofaḍḍalyyāt*, Lyall, p. 206.

(7) Cette perspective les effraie surtout ; cf. Nöldeke, *Fünf Moʿallaqāt*, I, p. 64 ; Aboû Tammām, *op. cit.*, p. 395, v. 1 ; ʿĀmir ibn aṭ-Ṭofail mourant chez les Banoû Saloûl ; Aǧ., XV, p. 138 dern. ligne.

(8) Boḫārī, Ṣaḥīḥ, II, p. 102 ; Nasāʾī, *Sonan*, I, pp. 12-13 ; 193, 216 ; 289-291 ; cf. *Bétyles*, p. 96. Appelé encore فتنة القبر « l'épreuve de la tombe » ;

II

Il arrive que les fils, les frères de la victime hésitent, qu'ils reculent devant les risques du *ṭār*. C'est alors l'heure des femmes. Vaillamment elles s'arrogent la mission de leur rappeler le devoir sacré, de rallumer dans les cœurs la flamme de la vengeance (1).

Pendant les apprêts des funérailles, les mères, les sœurs — à l'exclusion de l'épouse, si elle appartient à une tribu étrangère (2) — ont entonné les *marāṭi*, les lamentations rituelles. Or, le *taḥrīḍ* (3), l'appel à la vengeance, en forme une partie intégrante. Par ailleurs, on imagine malaisément quelque chose de plus stéréotype, de plus conventionnel (4). Cette poésie féminine ressasse, jusqu'à la nausée, les mêmes clichés. Le moindre gardien de chameaux s'y trouve transformé en paladin, en Mécène, « défenseur et nourricier des orphelins et des veuves ». Les Arabes ont

---

Ibn ʿAsākir, *op. cit.*, Badrān, III, p. 10, 174 ; IV, p. 156. Le martyr est préservé du tourment de la tombe ; *ibid.*, V, p. 86 bas. Il reçoit, sans tarder, la récompense du Paradis ; *Qoran*, ii, 149 ; iii, 163 ; iv, 60 ; xxxv, 30 ; xxxvi, 25. Les prophètes sont-ils vivants dans leur tombe ? Voir la discussion dans Tor Andræ, *Die Person Muhammeds in Lehre und Glauben seiner Gemeinde*, Stockholm, 1917, p. 285, etc.

(1) *Šoʿarā*, Cheikho, p. 761 ; *Aǧ.*, IX, p. 7 ; XIV, p. 35 ; XV, p. 153 ; XXI, p. 67, l. 20-21 ; Ǵāḥiẓ, *Ḥaiawān*, IV, p. 127.

(2) *Aǧ.*, IV, p. 151 ; I. S., *Ṭabaq.*, III², p. 81, 25. L'élégie appartient à la femme, déclare Maʿn ibn Aus ; *Aǧ.*, X, p. 167, l. 7. Pour les tantes, il en a été question dans les lignes précédentes.

(3) Rhodokanaki, *Ḥansāʾ und ihre Trauerlieder*, p. 85, etc. ; Boḥtorī, *op. cit.*, chap. x ; I. S., *Ṭabaq.*, III², p. 81, 25. Dans Ḥātim Ṭayy, *Divan*, 34, 1-4, court fragment élégiaque avec *taḥrīḍ*.

(4) Cette monotonie provient du caractère rituel de ces compositions. La part laissée à l'invention poétique était fort réduite. Elle doit atténuer également notre admiration sur la virtuosité poétique attribuée aux Bédouines de la préhégire.

senti eux-mêmes l'outrance parfois burlesque de ces compositions élégiaques (1). Le *tahriḍ* seul échappe à ces critiques ; il part vraiment du cœur. Moins encore que chez les hommes, la sensibilité des mères, des épouses, arrive à se faire illusion. Elles se raidissent ou se résignent. D'avance elles acceptent la perspective de nouvelles alarmes, de deuils nouveaux. La voix du *dīn*, l'appel du sentiment familial, les élèvent au-dessus des suggestions amollissantes de la tendresse féminine. Ajoutons que l'existence agitée au désert — cette guerre sans trêve dont parle le *Livre de Job* — les a familiarisées avec ses dangers. La vie bédouine est dominée par l'exercice du *tār* et par les réactions qu'il provoque. C'est le programme ainsi résumé par Doraid ibn aṣ-Ṣimma :

Tantôt l'on nous attaque pour tirer vengeance ; tantôt nous ripostons, poussés par (le désir de) la revanche :

يُغار علينا واترين فيُشتَنَى   بنا إن أُصبنا او نُغيرُ على وِترِ (2)

Dans la littérature de son pays, le divan de Ḥansā' nous offre le type le plus achevé de cette poésie élégiaque. Ḥansā' n'a rien innové : le caractère traditionnel, quasi religieux, du genre s'y opposait (3). Mais personne ne l'a exploitée, comme elle, avec une virtuosité confinant à la monotonie. Sans se lasser, sans se soucier de les varier, l'impulsive Bédouine a retourné les motifs du *tahriḍ* contre ses contribules, les Banoū Solaim, coupables de laisser impuni le meurtre de ses frères (4). Ḥansā' exagérait. L'aîné, Ṣaḫr, était mort dans son lit, après une longue maladie. L'autre, Moʿāwia, avait été enterré à Lyya, au sud de Ṭāif (5). Le temps, l'éloignement de son tombeau avaient permis aux Solaimites de l'oublier. « Lâches excuses, ripostaient les femmes, et combien intéressées ! » Quelle honte de s'enrichir,

---

(1) Nombreuses anecdotes ; voir, par exemple, Ibn ʿAsākir, *op. cit.*, Badrān, III, pp. 45-46.

(2) *Šoʿarā'*, Cheikho, p. 754.

(3) Et en explique la déconcertante uniformité.

(4) Cf. Rhodokanaki, *loc. cit.*

(5) Cf. Lammens, *La cité arabe de Ṭāif à la veille de l'hégire*, p. 75, n. 3.

« d'accepter des chamelles et du lait, tandis que les ténèbres de la tombe
enveloppent la victime » (1) ! Il ne coûte rien « de parler de compromis,
quand on n'a perdu ni père ni frère » (2). La voix du sang, le sentiment
du *dîn* doivent étouffer ces calculs égoïstes. Le meurtrier aura beau élever
le montant de la compensation, offrir des centaines, des milliers de chameaux. Il faut répondre froidement, résolument ; « nous nous paierons en
tuant », عَمْداً قَتَلْنا (3). « Notre tribu repousse toute transaction ; elle souil-
lerait notre honneur » (4) ! Donc, pas de compromis, « mais que les
coupables sentent la pointe de nos glaives (5) ». Comment oublier ? A
chaque mention du mort, l'écho renvoie son nom et réclame vengeance (6).

Voilà, en substance, les lamentations qui retentissent aux oreilles du
walî, du *mautoûr*, à savoir, le plus proche parent de la victime, si celle-ci,
avant de mourir, n'en a pas désigné un autre. Voilà par quels motifs
lui-même s'excite parfois à mériter le titre de « maître du sang ».

En assumant cette redoutable mission, il lui demeure interdit de
recourir à des remplaçants. Il doit payer de sa personne. Non pas qu'il soit
illicite de recruter des comparses, des auxiliaires (7). Ceux-ci peuvent
préparer, faciliter le succès de l'entreprise, servir, pour ainsi parler, de
traqueurs, dans cette chasse à l'homme. Mais quand approche l'heure de
l'exécution, ils doivent s'écarter, céder le pas au *walî* officiel. Lui-même
ne manque pas de réclamer cette prérogative (8). La laisser à un autre lui
semble une énormité ! « Autant prétendre toucher la voûte du firmament »,

---

(1) Boḥtorî, n° 110 ; *Aġ.*, XIV, p. 35 haut.
(2) Aboû Tammām, *op. cit.*, p. 120, v. 2.
(3) Boḥtorî, n° 112.
(4) Boḥtorî, n° 115.
(5) Boḥtorî, n° 117.
(6) Aboû Zaid, *Nawādir*, p. 142, 1-2 ; comp. l. 10.
(7) *Aġ.*, XV, p. 13.
(8) *Aġ.*, X, p. 9 bas, 11 ; Ibn Doraid, *Iśtiqāq*, p. 185, 3 ; comp. *Aġ.*, XV,
p. 13, l. 14.

مَسُّ السَّماء اينَسَرُ مِن ذلك واهوَن (1) ! Avant de s'élancer contre le meurtrier, à tout le moins, au moment de lui porter le coup de grâce, il doit pousser le cri : « vengeance pour le sang d'un Tel ! », بِالَّارات فلان (2), unissant de la sorte le nom de la victime au mobile de cette justice sommaire. A ce moment, l'anonymat et l'incognito, tolérés jusque-là, ne sont plus de mise. Le coupable doit entendre de la bouche du justicier l'intimation de sa sentence, apprendre par qui et pourquoi il est exécuté. Tel sera le mot d'ordre, le cri de ralliement qu'adopteront les 'Otmänyya (3), vengeurs du troisième successeur de Mahomet et, après eux, les *Tawwäboün* ou « Pénitents » de l'Iraq, marchant à la mort pour expier l'abandon de Hosain, le martyr de Karbalä, dont ils se reconnaissaient coupables.

Le formule admettait des variantes. Mais à aucun prix le nom du mort ne devait être omis. L'addition de la *konia* servait à préciser.

J'ai nommé Aboü Zabbän, en découvrant son meurtrier ; convaincu qu'ainsi j'accomplissais ma vengeance :

ذكرتُ ابا الزبّان لَمّا رأيتهُ   وايقَنْتُ اني عند ذلك ثاِئرٌ (4)

Ce nom devait être proclamé avant le coup mortel. « Voilà pour le sang d'un *Tel !* », بوْ بِدَم فلان (5), criait à haute voix le *mautoür*, l'exécuteur du *witr*, de la vendetta, en dardant l'arme homicide. En cet instant solennel, il fallait renouveler et manifester l'intention qui avait dirigé le bras

---

(1) *Aġ.*, XI, p. 131, 9 dern. ligne.

(2) Dīnawarī, *Aḫbār ṭiwāl*, Guirgass, p. 302 bas ; Balāḏorī, *Fotoüḥ*, p. 413, 1 ; *Aġ.*, VII, p. 69 bas ; XII, p. 77 bas (exemple comique) ; XVII, p. 164, 1 ; notre *Yazīd*, p. 168 ; Ḥassān ibn Ṯābit, *Divan*, Hirschfeld, XX, v. 4 ; Ibn Doraid, *op. cit.*, p. 185, 3 ; Ibn Baṭṭoüṭa, éd. d'Égypte, I, p. 72. Ce cri demeure interdit, pendant les mois sacrés ; *Aġ.*, X, p. 33, l. 10. Compromis entre deux lois religieuses.

(3) Cf. notre *Mo'äwia*, p. 109, etc.

(4) Ibn Hišām, *Sīra*, p. 561 ; Ibn 'Asäkir, Badrän, III, p. 138 (lire Zabbän au lieu de Rayyän).

(5) *Aġ.*, XIII, p. 69, l. 9-10. Le mort à venger s'appelait Horaim.

du justicier. Parfois ses compagnons se permettaient d'y associer un autre nom, lorsque l'assassin avait plusieurs meurtres sur la conscience. Le *mautoūr* principal ne manquait pas de protester. Il s'empressait de rectifier ; il n'acceptait pas, en partageant, de compromettre, de diminuer la valeur expiatoire de sa courageuse démarche. « Non pas, reprenait-il, mais pour le sang de Horaim », لا بَل بِدَم هُرَيْم (1). Comme pour le duel chez nos contemporains, la vendetta sarrasine se trouvait soumise à une réglementation minutieuse, rituelle. Elle s'emparait du justicier, à partir du moment où il avait pris sur lui de « porter le poids écrasant du *witr* », الوِتر العظيم . Législation scrupuleusement observée par les Scénites superstitieux, qui la considéraient comme une manifestation religieuse.

En repoussant une razzia, le Solaimite Moʿāwia, frère de la poétesse Hansā', s'était imprudemment séparé de son groupe et lancé à la poursuite des assaillants. Après avoir blessé le frère de Hāšim ibn Harmala, il avait succombé sous les coups de ce dernier. Longtemps la personnalité du vrai meurtrier réussit à se dérober aux investigations de Saḫr, lequel manifesta d'abord peu d'empressement à venger son frère Moʿāwia. Ces péripéties ont notablement grossi le recueil contenant les effusions élégiaques, les excitations vindicatives de Hansā', l'intempérante Andromaque solaimite. A la fin, un Ġošamite réussit à se glisser sur les traces de Hāšim. Il le surprit, un jour, accroupi derrière un buisson, en train de satisfaire un besoin naturel. Il en profita pour lui décocher dans le dos un dard qui le tua net ; اذا كان خانه ارسل اليه معبلة فقتله (2). Ce guet-apens nous inspirerait malaisément la matière d'une ode héroïque. Tout autre est le raisonnement de l'Arabe. Il ne considère que l'expiation. Dans la vendetta, acte religieux, les modalités destinées à en faciliter l'exécution demeurent sans importance à ses yeux. L'exploit banal du Ġošamite et son exécution réaliste remplissent d'enthousiasme Hansā' ; elle se déclare impuissante à le célébrer dignement :

------

(1) *Aǧ.*, loc. cit. ; cf. Ibn Hišām, *Sīra*, p. 866, 1, . . . اهاب بِ , tuer pour venger la mort de . . . ; *Aṣmaʿyyāt*, Ahlwardt, XXXVIII, v. 23.

(2) *Aǧ.*, XIII, p. 146 ; pour le sens de منّبة, cf. *Aǧ.*, X, p. 39.

Que mon âme, que tous ceux que j'aime, deviennent la rançon du paladin de Ǵośam (1)!

Le traducteur du divan de Ḥansā', le P. De Coppier, s'étonne de ce dithyrambe «pour un lâche assassinat. Il peint, ajoute-t-il, mieux que tous les documents, le préjugé monstrueux des nomades sur le prétendu droit de vengeance. Le meurtre d'un ennemi était pour eux un exploit (2)». Cette manière d'argumenter s'appelle déplacer la question, négliger la signification spéciale que les Arabes attachaient à la pratique du *ṯār*. Droit prétendu dans nos sociétés organisées où le problème ne se pose plus, mais obligation sacrée pour les tribus sarrasines. Dans ces conditions, le sentiment des Arabes ne s'attardait pas à épiloguer sur la loyauté, moins encore — comme dans l'exploit du Ǵośamite — sur le caractère peu héroïque des moyens employés. D'après nos idées, il n'existe pas de termes assez énergiques pour qualifier la traîtrise d'un Miqyas (3). Quand son contribule, Nomaila, frappa à son tour le félon, nous savons que le blâme des contemporains, en dehors toutefois des milieux islamites de Médine, atteignit Nomaila. «En vérité, déclara-t-on, Nomaila a couvert tout son clan de confusion ».

لَعَمْري لَقَدْ اخزى نُمَيْلَةُ رَهْطَهُ (4)

En tant que préliminaire du *ṯār*, la dissimulation n'offrait rien de déshonorant dans l'appréciation des Sarracènes. Dans la guerre, ils distinguaient surtout le recours à la ruse, الحرب خدعة . Or, depuis l'ancêtre Ismaʿîl, la guerre était l'état habituel de l'Arabie. Dans l'estime qu'ils professaient pour le cheval, ils mettaient en première ligne les facilités que sa célérité fournissait pour le *ṯār* (5). Adopter un nom d'emprunt,

---

(1) Ḥansā', *Divan*, Cheikho, 1889, p. 80.
(2) *Le divan d'al-Ḥansā'*, traduit par De Coppier, p. 175.
(3) Voir plus haut, p. 197.
(4) Ibn Hiśam, *Sīra*, p. 820, 2.
(5) Ibn Qotaiba, *Kitāb al-ʿArab*, éd. Moh. Kurd ʿAlī dans *Rasā'il al-bolaǵā'*, p. 273, 11 ; comp. *Aǵ.*, IV, p. 151.

dissimuler celui de sa tribu, ensuite teindre la crinière, le front de son coursier, autant de stratagèmes de guerre ! Ils étaient destinés à endormir les suspicions d'un ennemi, naturellement méfiant et se sachant épié (1). Ruses innocentes, quand on les compare aux traquenards mentionnés plus haut (2). Elles favorisaient l'incognito, la présomption d'un alibi. Les natures énergiques, les ṣa'loūk, aventuriers, de la trempe d'un Ḥāriṯ ibn Ẓālim le Morrite, les dédaignaient. Ḥāriṯ désignait nommément et d'avance son adversaire. Il le prévenait « qu'aujourd'hui, au plus tard demain, il tomberait sous ses coups (3) ». Ce monitoire n'était pas rigoureusement de style. Il était permis, on l'a vu (4), de simuler l'oubli, de guetter, pendant des années, une occasion favorable. Mais dès que l'adversaire se trouvait à portée, l'anonymat et la ruse devenaient illicites. Visière levée, le vengeur s'élançait, proclamant son nom (5) et celui de la victime dont il vengeait le sang.

Cette manifestation passait cependant pour insuffisante, même accomplie en présence de plusieurs témoins. Il fallait y ajouter le complément d'une plus large publicité. De cette publicité la poésie gardait le monopole, dans l'Arabie préislamite. Ce nomade, tout à l'heure, nous l'avons vu se glisser dans l'ombre, ramper derrière les buissons (6), pour parvenir jusqu'à son ennemi. Le voilà maintenant qui se démasque, qui devient loquace. Il prend à témoin l'opinion publique :

Va donc, si tu l'oses, interroger le roi No'mān, toute la tribu de Kinā-na ; oui ou non, ai-je tué Ḫālid (7) ?

---

(1) *Aǧ.*, XIII, p. 145.

(2) Rappelons le cas du jeune Qais ibn al-Ḥaṭīm.

(3) *Aǧ.*, X, p. 18, 1. 20-21.

(4) Voir plus haut, pp. 196 sqq.

(5) *Aǧ.*, XV, p. 76 bas ; comp. XII, p. 124, 1. 16 ; XX, p. 162 ; Ibn Doraid, *op. cit.*, p. 188, 11 ; Ibn Hiśām, *Sīra*, p. 728, 2 dern. ligne.

(6) *Aǧ.*, XIII, p. 146.

(7) *Aǧ.*, X, p. 19 haut.

— « Qu'on le proclame! A quoi bon prolonger le secret, le mystère ? »,
وما يبني السرار (1). Plus il a, jusqu'à ce jour, recherché la clandestinité, plus
il semble maintenant la redouter. *Adsum qui feci.* Il décline son nom (2)
et celui du parent dont il s'est institué le vengeur ; il décrit en détail les
péripéties et aussi le paysage (3), théâtre de son exploit, en mettant
partout des noms propres. Ce qui l'inspire maintenant, ce n'est pas la
colère ni la soif du sang. Ce n'est pas la vantardise, comme dans les déclamations ampoulées du *fahr*, quand il exalte sa valeur et la gloire de ses
ancêtres, mais il ne veut pas diminuer le prix satisfactoire de son acte.
Le souvenir quasi religieux du mort le soutient et aussi l'espoir qu'un
rayon de lumière viendra percer et réjouir sa « demeure ténébreuse ». Il
ne veut plus que les soupçons, les recherches, s'égarent (4).

C'est bien moi le Hofāf en question ; qu'on me regarde en face (5) !
J'ai frappé à la lumière du soleil (6) !

Non pas qu'il se fasse illusion sur les conséquences de cette publicité
provocante. Quand, dans une razzia, le Bédouin a eu le malheur de tuer
son adversaire — on l'a vu dans le cas de Moʻāwia, frère de Hansā' — il
évite de se dénoncer, si les témoins consentent à garder le secret. Après le
tār, le *walī* n'a plus le droit de bénéficier de l'incognito qui l'a favorisé
jusqu'à cette heure. Il faut qu'il parle :

------

(1) *Aǧ.*, XVI, p. 32 bas.
(2) *Aǧ.*, II, p. 160 ; XIII, 142 haut ; XIX, p. 75 ; XX, p. 12, 159 ; Ibn
Hišām, p. 651, 728.
(3) Aboū Zaid, *Nawādir*, p. 115, 10 ; *Aǧ.*, XX, p. 12 ; cf. XIII, p. 142 ;
XXI, p. 137, l. 14 ; Ibn Hišām, p. 651, 728, vers de Miqyas après sa vengeance
et son apostasie de l'islam ; Bāladorī, *Fotoūh*, p. 41.
(4) *Aǧ.*, X, p. 19, l. 3 ; Ibn Doraid, *op. cit.*, p. 178, 3 ; Aboū Zaid, *op. cit.*,
p. 47 bas.
(5) تأمّل خفافًا اني انا ذلكا.
(6) *Aǧ.*, XIII, p. 142, l, 5 etc. ; cf. XVI, p. 33, l. 6.

Qui donc préviendra les clans de Madhiğ ? C'est moi qui ai vengé mon oncle et, ce faisant, je n'ai pas souillé ma conscience (1).

A Ṣiffīn, j'ai laissé Aboū Bakr (2), la poitrine béante, les articulations baignées dans le sang.

En le transperçant, j'ai pensé à Yāsīn. Mieux eût valu pour Aboū Bakr d'éviter Yāsīn, de ne pas l'attaquer en face (3) !

Non seulement il doit proclamer son nom, mais — on vient de le voir — y adjoindre le nom des victimes dont il a prétendu venger la mort (4). Il ne veut pas être confondu avec un sicaire, moins encore avec un brigand ou avec un profiteur. Il ne doit retirer aucun avantage matériel de son acte (5). Toute pensée intéressée doit en être bannie. Ce serait manquer à toutes les convenances, déconsidérer le *dīn* des Arabes si, après avoir abattu le meurtrier ou aidé à sa mort, on acceptait une rémunération. On n'a pas le droit de dépouiller la victime, pas même de retenir sa monture (6). C'est là une tentation bien délicate pour la convoitise des Bédouins, qui réussissent si rarement à réaliser leur rêve de posséder un cheval. Écoutons le Médinois Qais ibn al-Ḥaṭīm, lequel vient d'abattre le meurtrier de ses parents (7) :

J'ai vengé ʿAdī et Ḥaṭīm : je n'ai pas laissé dans l'oubli un devoir sacré (8), sans cesse devant mes yeux.

---

(1) C'est-à-dire : j'ai libéré ma conscience, accompli un devoir sacré ; comp. ʿĀmir ibn aṭ-Ṭofail, *Divan*, XX, v. 1.

(2) Nom du meurtrier de Yāsīn.

(3) Boḥtorī, nº 151 : يُذَكِّرُنِي « il me fait penser à ... m'a fait nommer Yāsīn ». Les vers sont de ʿAdī ibn Ḥātim.

(4) *Śoʿarā*, Cheikho, p. 760 ; Ibn Hišām, *Sīra*, pp. 432, 651, 728, 866, 1 ; Samhoūdī, *Wafā al-wafā*, II, p. 372, 2.

(5) Parce que *religieux*.

(6) *Ağ.*, XIII, p. 145. Sinon pour éviter de se découvrir prématurément.

(7) Voir plus haut. L'exécuteur du *ṭār* n'admet pas non plus de recevoir une récompense. Voir plus loin.

(8) Variante ولي الاشياء .

De mon glaive à deux tranchants, j'ai coupé la tête de Mālik; je retourne, l'âme apaisée (1).

En voici un autre, lequel se vante « d'avoir immolé aux mânes de ses frères cent ennemis ». Lui aussi a conscience d'avoir accompli un devoir et se proclame « sans remords et sans reproche », فلا لَوْمٌ ولا عَذْلُ (2). On remarquera avec quelle insistance tous appuient sur la sainteté du devoir accompli. C'était pour le Sarrasin *implere omnem justitiam*, l'acte le plus méritoire, parce que le plus entouré de dangers, le plus désintéressé, de la religion traditionnelle. Autour de lui, on a pu blâmer (3) ses lenteurs, ses hésitations, son légitime désir de s'assurer toutes les chances de réussite. Trêve de récriminations maintenant ; il n'y a plus qu'à lui rendre justice !

*
* *

L'expression de ce sentiment revient trop fréquemment pour qu'il soit permis d'y supposer de la forfanterie. Nous devons faire crédit aux Bédouins, non sur tous les détails, sur le chiffre des victimes, mais quand ils affirment que cet acte leur a rendu la paix de l'âme. On dirait la conviction du pécheur se sentant rentré en grâce avec son Créateur, et nous la retrouvons aussi bien chez le chrétien ʿAdī ibn Ḥātim (4) que chez le Médinois païen Qais ibn al-Ḥaṭīm. Ce dernier en appelle à la ولاية الاشياخ « aux dernières volontés des ancêtres », c'est-à-dire à leur *waṣyya* ou testament spirituel. Orphelin, n'ayant jamais connu son père (5), Qais n'a pu les recueillir de leurs lèvres ; mais il demeure persuadé d'avoir agi conformément à leurs intentions, à toute la tradition religieuse de son clan.

---

(1) Voir son *Divan*, I, v. 4-5.

(2) Boḥtorī, n° 154, v. 3.

(3) C'est à cela que répond .... فلا لوم « plus de blâme, plus de reproches !». Dans la poésie, la femme est l'éternelle عاذلة. Elle joue dans la poésie préislamite le rôle du chœur dans la tragédie antique.

(4) Cf. Boḥtorī, n° 151.

(5) Voir plus haut, p. 186.

La publicité donnée à l'exécution du *ṯār* ne saurait jamais être trop complète. En Arabie, les voyageurs (1) se chargent de transmettre les nouvelles. Les poètes comptent sur eux pour une rapide diffusion de leurs satires. Le « walī du sang » suppliera donc « les caravaniers de divulguer son acte, de le porter jusqu'à la connaissance des intéressés (2) ». Souvent, poète lui-même, il prendra les devants ; nous en avons cité des preuves plus haut. A plusieurs le *ṯār* fournira l'occasion d'un début dans la carrière poétique.

Ce serait se tromper que de confondre ce besoin de réclame, cette soif de publicité avec la vantardise et la gloriole. Personne ne l'admettra qui connaît la nature cauteleuse du Bédouin, toujours attentif à dérober, devant des inconnus, le secret de ses déplacements, son nom et celui de sa tribu (3). Si maintenant il se libère de ces précautions — elles-mêmes nécessitées par l'institution du *ṯār* — c'est qu'un sentiment plus puissant que l'instinct de la conservation, celui du *dīn*, l'élève au-dessus des hésitations de sa nature défiante, comme tout à l'heure il l'a arraché aux tentations de la lâcheté et de la cupidité. Toutes deux auraient dû l'amener à une transaction, à accepter une compensation. D'aucuns y inclinaient ; mais l'opinion les condamnait, à commencer par les femmes (4). Sans doute certaines de ces « pleureuses » forçaient la note et « parlaient contre leur pensée », وبعض الباكيات كذوب (5). Mais ce mensonge conventionnel rendait hommage à la puissance de l'opinion. Celle-ci se ralliait au principe formulé par Zohair ibn Abi Solmā, le moraliste-poète de la *ǧāhilyya*, de la gentilité sarrasine :

---

(1) Aus ibn Ḥaǵar, *Divan*, XXX, v. 1 ....يا رَكْبِ, cliché sans cesse reproduit ; *Mofaḍḍalyyāt*, Thorbecke, p. 54, v. 3 ; cf. *Moʿāwia*, p. 254 ; *Aṣmaʿyyāt*, Ahlwardt, VIII, v. 1.

(2) Boḥtorī, nᵒ 148 ; cf. *Berceau*, I, p. 232 ; *Mofaḍḍalyyāt*, Thorbecke, p. 22, v. 58.

(3) *Šoʿarā*, Cheikho, p. 761 ; *Aǧ.*, IX, p. 7 ; X, p. 26-27 ; *Der Islam*, XVII, p. 1-3.

(4) *Aǧ.*, XIII, p. 38, l. 2 ; XIV, p. 34-35 ; XV, p. 153.

(5) *Aṣmaʿyyāt*, Ahlwardt, XI, v. 17.

*Quand le sang des nôtres est versé, nous les vengeons, et leur mort en-
traîne fatalement une nouvelle effusion de sang.*

وإنْ يُقتَلوا فَيُشْتَفَى بِدِمائِهم   وكان قديماً مِن مناياهم القَتَلْ (1)

Alternative cruelle ! Le Bédouin authentique ne cherche pas à s'y
dérober ni à discuter l'atroce loi. لا يَبُوءُ الدَمُ بالدَم , s'est écrié le Taġlibite
Ġābir ibn Ḥonayy (2). Il n'est pas aisé de deviner la portée précise de cet
aphorisme laconique. L'auteur prétend-il affirmer que le sang n'efface
pas, n'expie pas le sang, qu'un meurtre ne saurait réparer un autre
meurtre ? S'est-il obscurément rendu compte que le *ṭār* était une sanction
désespérée, un appel à d'autres violences ? En vrai Bédouin, veut-il simplement affirmer que rien ne saurait expier le meurtre d'un membre de sa
tribu ? Sentiment dont nous rencontrerons plus loin l'expression (3). Ce
Taġlibite a dû être chrétien (4), comme l'étaient alors les Taġlibites, ses
contribules. La preuve qu'en face de ce problème, si jamais il l'a envisagé,
il pensait comme tous ses compatriotes, c'est que, dans le vers suivant,
après s'être plaint des exactions fiscales commises par les Laḫmides de
Ḥīra, il conclut sans hésiter : « Obéir aux rois ? sans doute ; à condition
qu'ils nous traitent équitablement ; mais nous ne croyons pas illicite de
les tuer ». Pouvait-on plus explicitement adhérer à la dure loi du désert ?

Jamais Mahomet n'hésita à en reconnaître l'origine religieuse. Il la
mentionne parmi les stipulations transmises par le *Kitāb*, la révélation

---

(1) *Dīvan*, éd. Ahlwardt, XIV, v. 4. Vers difficile à rendre. On comprend
également : « les nôtres, étant nobles, on se contente de leur sang, (sans pousser plus loin la vengeance) ; mais leur courage fait qu'ils meurent de mort
violente (sur le champ de bataille) ». Cf. *Śoʿarā*, p. 570, v 4. Faut-il reconnaître une allusion à la croyance que le sang des rois et des nobles guérissait
de la rage ? Intéressante discussion dans Ġāḥiẓ, *Ḥaiawān*, II, p. 3 ; p. 113 bas.
(2) *Mofaḍḍalyyāt*, éd. Thorbecke, p. 46, v. 12.
(3) P. 221, a l'occasion du Śaibānite Bisṭām ibn Qais, également chrétien.
(4) Il mentionne les « lances chrétiennes » de sa tribu ; *Mofaḍḍalyyāt*,
p. 51, v. 21 .

primitive. Il ne se jugea donc pas autorisé à la supprimer. Mais de sentiments plus délicats, d'une psychologie plus avancée que le commun des Bédouins, il essaiera, dans la pratique, d'en atténuer les rigueurs. Encore s'abritera-t-il prudemment derrière l'autorité d'Allah. Le Qoran trahit très clairement ses idées à cet égard. « Le talion, proclame-t-il, fut de tout temps et demeure inscrit dans la Révélation », كتب عليكم القصاص (1). Sous ce rapport, il ne raisonne pas, il ne s'exprime pas différemment des poètes préislamites. S'il admet une compensation matérielle, la *dya* — une institution de l'ancêtre Isma'îl (2) — il la présente immédiatement, non comme une abrogation, mais comme un *tahfîf* « un adoucissement » à la loi divine, comme « une concession miséricordieuse d'Allah (3) ». C'était confirmer tout le vieux fond des conceptions bédouines sur le talion et la matière connexe de la vendetta. Ce langage manquerait de sens, si, dans l'opinion du Prophète, le *târ* n'était pas « un droit sacré », حق — aux termes mêmes du Qoran (4) — mais une institution issue de la nature vindicative de l'Arabe, une de ces nombreuses survivances barbares de « l'âge d'ignorance », contre lesquelles le livre d'Allah ne manque pas de s'élever, les traitant de *kofr*, de manifestations impies (5). Ce recueil en a supprimé de plus inoffensives, tel le *nasi* ou mois intercalaire. Peut-on méconnaître une conviction religieuse dans la démarche du Bédouin *mautoûr* lequel, après avoir par surprise tué le meurtrier, va suspendre aux tentures de la Ka'ba le sabre de sa victime, comme on ferait d'un ex-voto agréable à la divinité (6) ?

Le chef médinois Ibn Obayy a été violemment pris à partie dans la *Sîra*. Son crime fut d'avoir tenté de concilier la pratique de l'islam avec

---

(1) *Qoran*, ii, 173, 175. Il le savait inscrit dans la Thora.

(2) D'après la tradition ; Ibn Qotaiba, *Kitâb al-'Arab*, p. 291.

(3) *Qoran*, ii, 174.

(4) *Qoran*, ii, 58 ; VI, 152 ; xxv, 68 ; cf. xvii, 35.

(5) *Qoran*, ix, 37.

(6) Ibn Hišâm, *Sîra*, p. 431 ; Wâqidî, éd. Kremer, p. 32.

le maintien de l'autonomie de sa cité (1). Cet Anṣārien nationaliste comptait un fils, devenu fervent musulman, aveuglément dévoué à la politique de Mahomet. Le fils, voyant son père tombé dans la disgrâce du Maître et redoutant un dénouement fatal, serait allé trouver le Prophète et lui aurait tenu ce langage : « J'apprends que vous songez à vous débarrasser de mon père. Chargez-moi de ce soin ; je vous apporterai sa tête. Tous savent, à Médine, que, pour la piété filiale, je ne le cède à personne. Je redoute seulement que vous donniez des ordres et qu'un autre vienne à les exécuter. Or, jamais je ne pourrai admettre de laisser en vie le meurtrier de mon père. Je me verrais donc contraint de tuer un croyant pour venger un infidèle et de la sorte mériter l'enfer (2) ! »

Voilà comment la *Sira* a essayé de dramatiser le conflit entre la piété filiale et le motif religieux du *ṯār*. Certains traits cités plus haut (3) montrent que cette collision a pu se présenter. Mais les rédacteurs de cette compilation ont forcé les couleurs du tableau. Sans insister sur ces exagérations, constatons combien elles attestent la persistance du vieux sentiment bédouin. Si la législation qoranique est demeurée impuissante à redresser ces idées, c'est parce qu'elles puisaient leur origine dans des préjugés religieux. Il faut regretter que, dans sa consciencieuse étude sur la *Blutrache*, Procksch n'ait pas pris la peine d'examiner de plus près cette matière, que du trait, que nous venons d'emprunter à Ibn Hišām, il ait cru devoir rapprocher (4) les vers apocryphes de Ṭālib fils d'Aboū Ṭālib (5). Procksch ne s'est pas aperçu que Ṭālib, ce prétendu Hāšimite, doit son existence à une méprise sur l'ancienne *konia*, laquelle n'impliquait pas nécessairement une relation de paternité (6).

------

(1) Avec la lutte contre l'emprise des Muhāǵir qoraišites, laquelle devait le mettre en conflit avec le Prophète.

(2) Ibn Hišām, *Sira*, p. 727-728.

(3) Au début de cette étude, p. 186 sqq.

(4) *Blutrache*, p. 83.

(5) Ibn Hišām, p. 528-529.

(6) Lammens, *Fāṭima*, p. 25 ; cf. notre *Berceau*, I, p. 330. M. J. Maynard

III

La légende de Qais ibn al-Ḥatīm nous a permis de pénétrer plus avant dans la conception bédouine du *ṯār*. Une nuit, comme ce poète traversait le quartier des Banoū Ḥāriṭa, il tomba mortellement atteint de trois flèches. Les traits étaient partis d'un *oṭom*, donjon, appartenant à ce clan médinois. Pour le venger, les parents et amis de Qais n'eurent rien de plus pressé — les auteurs de l'attentat demeurant inconnus — que de s'en prendre à Aboū Ṣaʿṣaʿa Yazīd (1). Non pas que les apparences témoignassent de sa participation au guet-apens, mais en raison de sa haute situation sociale et de la considération très particulière dont il jouissait parmi les Naġġārites, eux-mêmes apparentés aux Banoū Ḥāriṭa. Quand on vint déposer la tête de Yazīd aux pieds du lit de Qais, « l'angoisse du mourant se calma et il expira paisiblement », طَابَتْ نَفْسُهُ وَمات (2).

Dans les sacrifices offerts à la divinité, la victime devait être sans défauts (3). Plus elle approchait de la perfection, plus l'offrande du fidèle acquérait de valeur. On calculait de même, en matière d'hospitalité (4). « Au voyageur, même quand il survenait de nuit, l'hôte se vantait d'offrir la graisse (5) de chamelles saines et entières ».

(*Journal of the Soc. of Oriental Research*, IX, p. 17) s'étonne que je donne à Mahomet le nom d'Aboū'l Qāsim, tout en contestant l'existence d'un Qāsim, qui aurait été son fils ! Ainsi chez tous les ʿOmar Aboū Ḥafṣ, chez les Ibrahīm Aboū Isḥaq, il faudrait admettre des fils du nom de Ḥafṣ et d'Isḥaq ? Pour ces derniers, voir les notices des Ibrahīm dans Yāqoūt, *Irśād al-arīb ilā maʿrifat al-adīb*, éd. Margoliouth, 1er vol. Ils portent généralement la *konia* d'Aboū Isḥāq.

(1) ...له عروة ك كوز الا لا . *Divan* de Qais ibn al-Ḥatīm, p. 1.

(2) *Ibid.*, p. 1-2.

(3) Aboū Dāoūd, *Sonan*, éd. des Indes, II, p. 3 ; Dārimī, *Sonan*, ms. de la Biblioth. royale du Caire, p. 285 ; Gaudefroy-Demombynes, *Le pèlerinage à la Mekke*, Paris, 1923, p. 279.

(4) Lui aussi, acte religieux.

(5) Morceau de choix !

وإنّا لَنُقْري الضيفَ إن جاء طارقاً   مِن الشحم ما أمسى صحيحاً مُسلّماً (1)

« Pour apaiser, *endormir* la vendetta, il fallait l'effusion d'un sang noble », أن الدَم الكريم هو الثار المُنيم (2). « Aucun mort ne compensera le meurtre de Bisṭām », proclamaient les Śaibānites, لا يوفي بيسطام قتيل (3). Le cas du Médinois Qais trahit, à l'autre extrémité de la Péninsule, une prétention analogue. Le *ṯār* devenait, lui aussi, comme une façon de sacrifice, d'acte rituel. On n'y admettait qu'une victime de choix ; c'était hausser d'autant sa valeur satisfactoire et non moins la réparation du dommage infligé à la famille nomade qui se trouvait privée d'un de ses membres.

Le châtiment devait donc, en principe et de préférence, atteindre le coupable, l'auteur responsable du meurtre. Il visait ensuite à rétablir une sorte d'égalité, un équilibre convenable, entre le crime et sa réparation par le moyen du *ṯār*. Le contribule avait à payer pour le contribule, le client pour le client. Telle semble avoir été la règle, plus tard sanctionnée par le Qoran (ii, 173) : « homme libre pour homme libre, esclave pour esclave, femme pour femme ». Chez Ḥoṣain ibn al-Ḥomām, le groupe des Banoū Ṣorma avait assassiné un de ses protégés juifs. Ḥoṣain était un des esprits les plus pondérés de son temps. Il n'en donna pas moins l'ordre aussitôt d'abattre le protégé juif, qui se trouvait par hasard chez les Banoū Ṣorma, اقتلوا اليهودي في جوار بني صرمة (4). Si encore l'on s'en était tenu à cette solution — « un homme pour un homme » رجل برجل (5), que la jurisprudence du désert considérait comme rigoureusement équitable. Beaucoup plus humain, le Qoran (6) proclamera que « personne ne doit endosser la respon-

---

(1) Hassān ibn Ṯābit, *Divan*, iv, v. 30.

(2) Ǧāḥiẓ, *Ḥaiawān*, II, p. 3.

(3) *Aṣmaʿyyāt*, éd. Ahlwardt, 63, v. 7 ; Aboū Tammām, *Ḥamāsa*, p. 450. Le rôle politique de Bisṭām ressort assez mal de l'étude, très fouillée mais confuse de Erich Bräunlich, *Bisṭām ibn Qais, ein vorislamischer Beduinenfürst und Held*, Leipzig, 1923.

(4) *Aǧ.*, XII, p. 124.

(5) Ibn Hišām, *Sīra*, p. 431, 641.

(6) *Qoran*, vi, 164 ; xvii, 16 ; xxxv, 19 ; xxxix, 9 ; liii, 39.

sabilité encourue par un autre ». Mais, outre la responsabilité collective de la famille, du clan et, à leur défaut, de toute la tribu, le Bédouin tablait sur une considération, subsidiaire dans notre manière de raisonner, sur un facteur beaucoup plus délicat à évaluer ; nous voulons dire le rang occupé par le mort à venger. Cette évaluation demeurait fatalement abandonnée à l'arbitraire, à la fruste psychologie d'un peuple, naturellement passionné, égaré par l'opinion exagérée qu'il avait de la valeur individuelle et de sa propre excellence. C'est ainsi que le Ġohanite Ġowayy, se sentant frappé à mort, impose aux témoins de son agonie le serment de tuer cinquante ennemis », parmi lesquels il n'y aura ni borgne ni boiteux » (1), donc rien que des victimes de choix.

Quand il s'agissait d'un personnage aussi considérable dans l'islam que le *ḥawārī* de Mahomet, Zobair ibn al-'Awwām, traîtreusement assassiné à la journée du *Chameau*, la tête du meurtrier, un homme du commun, ne pouvait paraître une expiation approchante (2). On concluait de même, quand ce dernier était un aventurier, un de ces *ḥalī'* désavoués par leur tribu, laquelle avait renoncé d'avance à les venger (3). L'amour-propre des Arabes avait alors beau jeu pour affirmer que la partie n'était pas égale. En dehors même de ces cas, le Bédouin arguera toujours d'une prétendue inégalité. Pour la diminuer, surtout lorsque le meurtrier se dérobait aux poursuites, le *mautoūr* cherchera tout naturellement à lui substituer le plus considéré, le chef du clan ennemi. Il visera « le meilleur de tous (4) », non pour les qualités morales — elles n'entrent pas ici en

---

(1)   Aboū Tammām, *op. cit.*, p. 441, etc.

(2)   *Aġ.*, XVI, p. 132 bas.

(3)   *Aġ.*, XIX, p. 76, l. 1.

(4)   *Aġ.*, XIX, p. 129, 10. C'est la formule, le *cliché* classique ; *Aġ.*, XXI, p. 276, 2 ; Balāḏorī, *Fotoūḥ*, p. 413, 1 ; 'Abīd ibn al-Abraṣ, *Divan*, éd. Lyall, XVII, v. 9. Dans toutes les élégies, le mort est toujours خير الناس ; Ibn 'Asākir, *op. cit.*, V, p. 80, 5. Tyran soit ! mais « le meilleur des hommes » ; *Berceau*, I, p. 127. Qualificatif donné aux phylarques ; Nābiġa, *Divan*, éd. Derenbourg, VII, v. 4 ; XX, v. 5.

ligne de compte — mais le premier par le rang, par la situation sociale.
Il s'attaquera au « bélier de la troupe (1) », à celui dont « la perte sera la
plus sensible à l'ennemi (2) ». Tant qu'il n'aura pas la certitude d'avoir
« abattu le plus noble (3) » de la tribu, il ne s'estimera pas quitte, même
après lui avoir adjoint un second *sayyd*. Car, on l'entendra observer sen-
tencieusement que « le sang de ces deux personnages ne vaut pas celui de
la victime à venger » :

نحن قتلنا سيّدَيهم بشيخنا   سُوَيد فما كان به وفاء دَمَا (4)

Dans le désert, le chef représentait les siens ; il assumait donc, dans
une certaine mesure, la responsabilité de leurs méfaits. Mais l'habitude
de s'en prendre à sa personne, dans le cas de vendetta, ouvrait la porte à
la surenchère. L'exagération bédouine ne s'arrêtera plus en si beau
chemin. C'est ainsi que, pour certains morts plus illustres ou plus regret-
tés, on tablera non seulement sur le rang social, mais sur le nombre des
victimes. Pour un *sayyd* tué, trois sayyd seront immolés (5). A l'imitation du sage Afwah, on « prendra sa vengeance avec usure (6) ». Aucune
mesure ne sera plus gardée. Neuf victimes devront payer pour un seul !
On frappera dans le tas, au hasard, sur les *maulās*, alliés, et sur les membres effectifs, *şamīm*, de la tribu (7). Plus la sanglante addition
grossissait et plus on imaginait hausser la valeur expiatoire de
l'holocauste. Mais rien n'était censé fait, si le vengeur avait manqué le
chef (8). Son chant de triomphe demeurerait incomplet, s'il ne pouvait

---

(1) *Ağ.*, XIII, p. 142, 7 ; XVI, p. 139 ; Samhoūdī, *Wafa' al-wafā'*, II,
p. 372, 2.

(2) ʿAbīd ibn al-Abraş, *Divan*, XVII, v. 7 : اعزّ فقدًا وهالكا .

(3) *Ağ.*, XV, p. 75-76 ; XVI, p. 32, l. 14 ; p. 53-54 ; Bohtorī, nº 145.

(4) *Ağ.*, XVI, p. 116. Le mort s'appelait Sowaid.

(5) Wāqidī, éd. Kremer, p. 32, 10.

(6) ادرك ثارّهُ وزاد ; *Ağ.*, XI. p. 41, l. 21 ; cf. *Aşmaʿyyāt*, éd. Ahlwardt, 38,
v. 23. Afwah était réputé « parmi les sages de l'Arabie » ; *Ağ.*, XI, p. 44.

(7) Labīd, *Divan*, éd. Huber, 48, v. 3.

(8) Ibn Hiśām, *Sīra*, p. 431.

ajouter : « J'ai abattu votre *sayyd* », قَتلْتُ سَيِّدَكُم (1). La phrase était devenue comme protocolaire. Après Karbalā, le meurtrier de Ḥosain, petit-fils du Prophète, ne s'exprimera pas autrement. « J'ai tué, déclame-t-il étourdiment, le plus illustre de père et de mère parmi les hommes, le plus noble par ses ancêtres (2). » Tant restait puissante l'influence du préjugé bédouin et non moins du répertoire poétique, lui-même écho du préjugé atavique.

*
* *

La froide réalité, nous le verrons, ne correspondait pas toujours à ces déclamations (3). Les Bédouins eux-mêmes ne s'illusionnaient pas sur les « mensonges » conventionnels des « pleureuses (4) ». La poésie issue du *ṭār* ne se montrera pas plus réservée. A tort ou à raison, toutes les victimes devront grandir en importance, monter de plusieurs degrés l'échelle de la hiérarchie (5). Aux mânes de son frère 'Abdallah, Doraid ibn aṣ-Ṣimma « immolera les meilleurs de ses contemporains », parmi les contribules du meurtrier, قَتلْنا بِعبد الله خيرَ لِدائِه (6). C'était les anoblir en bloc ; la formule ne comportait pas d'autre sens. Certains trouveront cette déclaration trop vague, malgré sa redondance. Ils tiendront à préciser, à noter le rang, le nombre des victimes immolées, toutes des victimes de choix. On se donne parfois la peine de les compter. Elles sont « six, sept...

---

(1) Boḥtorī, n° 148, v. 5 ; « noble des deux ascendants » ; Ḥassān ibn Tābit, *Divan*, xi, v. 16 ; comp. notre *Mo'āwia*, p. 233, 287, 300.

(2) Ibn al-Atīr, *Osd al-ġāba*, II, p. 21.

(3) Sur l'*isrāf* ou l'*ifrāṭ* des poètes, cf. Ġāḥiz, *op. cit.*, VI, p. 141-142 ; Lammens, *Ṭāif*, p. 145, 146.

(4) Voir précédemment, p. 207 et sqq.

(5) 'Abīd ibn al-Abraṣ, *Divan*, xvii, v. 7-13 ; comp. Mofaḍḍal, *Al-Fāḥir*, éd. Storey, p. 224, 21.

(6) Šo'arā', éd. Cheikho, p. 761. « J'ai tué vos nobles » ; *Aġ.*, XVI, p. 32 dern. ligne ; 52 ; 58, l. 18 ; Ḥassān ibn Tābit, *Divan.* xi, v. 15-18 ; « tous les chefs, tous les nobles », sans exception.

sept plus un huitième et tous patriciens (1) ». La vie d'un Arabe est prisée
si haut par les siens ; son sang ne saurait être coté à un taux trop élevé !
Foin donc de la vieille formule « homme pour homme», رجل برجل ! Elle était
trop égalitaire, trop démocratique. La roture n'existait pas au désert ou,
pour être plus exact, aucun Bédouin n'admettait de s'y voir englobé.
« Le noble doit payer pour le noble », كريم بكريم (2). C'est entendu ! Mais
puisque tout le monde est noble, on visera toujours à la tête du groupe.
Voilà par quelle logique il advient que, à défaut du meurtrier, et souvent
conjointement avec lui, le sayyd se trouvera enveloppé dans le *ṭār*. A quoi
bon, se demande Ḥassān ibn Ṯābit, y regarder de si près ?

Nos lances frappent au hasard le noble pour le noble, couvert de gloire.

وشريف لِشريفٍ ماجِـد   لا نباليهِ لدَى وَقِع الاَسَل (3)

Plus encore que pour le *faḫr*, à savoir l'exaltation de ses hauts faits,
la mégalomanie du Bédouin, son goût pour l'*ifrāṭ*, l'exagération, se don-
nent carrière dans le *riṯā'*, l'élégie. Quand il s'agit de la vendetta, à ces
causes de déformation il convient d'ajouter la fascination exercée par les
vieux modèles poétiques (4). Comment aurait-il réussi à s'y soustraire ?
Ce sont les poètes qui ont transmis aux nomades de la préhégire les *ḥikam*,
dictons sapientiaux, textes d'une valeur presque sacrée qui remplaçaient
leur bréviaire moral et résumaient leur credo religieux. Mahomet avait
ses raisons de déprécier les poètes. C'est à ces moralistes et théologiens de
la *ǧāhilyya* ou gentilité que le Qoran prétendra se substituer. Il n'y
réussira pas sans peine. Les annalistes et anecdotiers musulmans s'amusent
de la naïveté des Bédouins, lesquels, en plein siècle des Omayyades, continuent à confondre les citations de leurs poètes nationaux avec les versets

---

(1) Nöldeke, *Beitr. zur alten Poesie*, p. 140 ; Ǵaḥiẓ, *op. cit.*, p. 153, 13,
من خيرة القوم سبعة ; *Aǧ.*, XVI, p. 58, l. 18.
(2) Aḅoū Tammām, *op. cit.*, p. 280, v. 4. « Le sayyd paie pour le sayyd » ;
A'šā cité dans Salhani-Haffner, *Aḍdād*, p. 85, 3.
(3) *Divan*, xi, v. 17.
(4) Sur la « schématisation » de la vieille poésie, cf. Nöldeke, *Fünf Moʻallaqāt*, I, p. 3-5.

du Qoran. Pareille mésaventure arrivera à des gouverneurs, au cours de
la *ḫoṭba* liturgique et dans la chaire des mosquées (1).

Or, ces vieux recueils ne cessent d'exalter la religion du *ṭār*, de
célébrer l'héroïsme de ceux qui l'avaient pratiquée sans mesure. Que
devenaient donc pour le *mautoūr* les chiffres de trois, six, neuf victimes,
même si on leur adjoignait une demi-douzaine de chefs (2) ? Sa douleur
ne faisait que s'exaspérer, en s'extériorisant ; elle se grisait de vocables et
de rimes sonores, fréquemment empruntés au répertoire de la poésie classique. Pour cet incorrigible fanfaron de la violence, la vie consiste —
lui-même en convient — « à assouvir sa vengeance, mais non moins à
conquérir du butin (3) ». Un des siens a-t-il succombé, au cours d'une
prosaïque razzia, ce réaliste s'emballe ; il ne parle de rien moins que de
« mobiliser son infanterie et sa cavalerie », quand il n'aura garde d'exposer
son cheval, si par hasard, il en possède (4). Beaucoup plus vantard que
sanguinaire, la mémoire farcie de réminiscences poétiques, il imaginera en
vers de massacrer toute une famille, على دَم واحِد (5), « pour punir un
meurtre unique » ; il rendra responsable le clan entier. Il parlera d'exter-
miner sans pitié deux campements nomades (6) :

Pour venger nos morts, nous avons immolé tout Ḥozā‘a et Bakr (7).

Faut-il ajouter que Ḥozā‘a et Bakr ne s'en trouvèrent pas plus mal ?
Le fougueux poète Mohalhil articula, on le sait, une menace analogue,
après la mort de son frère Kolaib. Pendant quarante ans, affirme complaisamment la Tradition, il ne se proposa rien moins que la destruction
totale des Bakrites. C'est une rançon non moins exorbitante que Ṣaḫr, le

---

(1)   Ibn ‘Asākir, *op. cit.*, V, p. 83 ; *Aǧ.*, XVI, p, 112.

(2)   *Aṣma‘yyāt*, 38, 24 ; 45, 6 ; Labīd, *loc. cit.*

(3)   *Aṣma‘yyāt*, 9, 3 : إيُدرِك نافذة او ليدرك معنها .

(4)   *Aṣma‘yyāt*, 8, 5-9 ; cf. notre *Ṭāif*, p. 147.

(5)   *Aǧ.*, XVI, p. 103, l. 3 ; Ḥātim Ṭayy, *Divan*, p. ١٢ dern. ligne.

(6)   *Aǧ.*, XXI, p. 62.

(7)   *Divan des Hoḏailites*, p. 200, 7 ; Aboū Tammām, *op. cit.*, p. 389, v. 3 ;
Mofaḍḍal, *Al-Fāḫir*, p. 252, 20.

frère de Ḥansā', prétendit obtenir pour Moʻāwia. La mort des Bédouins qui avaient abattu son frère lui parut une expiation insuffisante. « Il déclara donc à la sous-tribu de Morra et à toute la tribu-mère de Ḡaṭafān une guerre d'extermination (1) ». Après avoir dénombré les ennemis tombés sous ses coups, Ṣaḫr termine la liste par cette déclaration : « Ce n'est pas assez ; nous voulons l'extinction d'une tribu ; nous l'exterminerons ou la vendrons en détail (2) ».

Ṣaḫr s'est-il pris au sérieux ? Il est permis d'en douter. Ni lui ni son précurseur Mohalhil (3), ni plus tard les Qoraišites, au lendemain de la défaite de Badr, ne se soucièrent de rester indéfiniment (4) ligottés par les mortifiantes obligations de l'anathème, telles que les comprenait le concept religieux du *ṭār*. Toute cette liturgie traditionnelle ne comportait plus, à la veille de l'hégire, qu'une signification symbolique. Elle ne suspendit pas un instant le mouvement de la vie sociale, à la Mecque. Ṣaḫr n'eut garde de se séparer de sa famille (5). Nous voyons Mohalhil contracter plusieurs nouveaux mariages. Au cours de l'interminable vindicte, inaugurée par la mort de Kolaib, le chiffre des morts enregistré par les deux partis, Taḡlib et Bakr, ne dépassa pas, en l'espace de quarante ans, la dizaine, comme en convient loyalement l'auteur de l'*Aḡāni*.

Des chiffres aussi modestes ne pouvaient convenir aux poètes. Leur lyrisme ne s'accommode que de vingt, de cinquante victimes (6). Le mort lui-même, avant d'expirer, aurait dicté une expiation aussi exorbitante (7).

---

(1) P. de Coppier, *op. cit.*, p. 17.

(2) *Aḡ.*, XIII, p. 147, 4, etc.

(3) Cf. *Aṣmaʻiyyāt*, Ahlwardt, 69, v. 4.

(4) Pendant l'année qui s'écoula entre les journées de Badr et d'Oḥod.

(5) Dans Boḥtorī, n° 154, v. 2, je lis أَحَلَّ لي ماوِيَةَ الطِّبْل « la vendetta m'a rendu licite (ma femme) Māwia », m'a permis de reprendre la vie conjugale, interdite avant l'accomplissement du *ṭār*.

(6) Aboū Tammām, *op. cit.*, p. 442, v. 2 ; Mofaḍḍal, *Al-Fāḫir*, p. 230, 20.

(7) Aboū Tammām, *op. cit.*, p. 451, v. 1-2.

Parfois la cinquantaine aurait été doublée (1). Rappelons les exemples, demeurés classiques, du prince-poète Amroulqais et de Šanfara (2). D'autres pourraient être cités (3) où éclatent l'ostentation et l'exagération inhérentes au peuple arabe. Par ailleurs le *mautoŭr* demeure convaincu qu'Allah ne le laissera pas mourir avant l'accomplissement de sa mission et du vœu qu'il a émis (4). Il le considère pour ainsi dire comme tenu de lui faciliter la vengeance, de le guérir de la blessure que lui avait infligée le meurtre d'un des siens. La vendetta est censée le sauver, le délivrer. C'est alors qu'il se comparera à « la gazelle débarrassée de ses entraves (5) ». Ces entraves, c'étaient les restrictions que le *ḥorm* rituel lui avait imposées. « J'étais mort », dira-t-il, كنت ميتا (6) ; mais le *ṭār* l'a rendu à l'existence. Il se proclame « sans reproche (7) » ; il ne mérite plus de blâme, après avoir — il le prétend du moins — immolé « cent ennemis ». Il a donc conquis pleinement le droit de reprendre le cours de sa vie normale. Il ne lui reste qu'à entonner son *nunc est bibendum.*

Maintenant je puis boire, quand précédemment le vin me demeurait interdit (8).

Aujourd'hui ostensiblement je commande de m'en verser, sans crainte de commettre un crime contre Allah (9).

---

(1)   Jacob, *Altbeduinenleben*, p. 145 ; *Aġ.*, IX, p. 159, 1 ; XXI, p. 142, 143. Il est question de 700 victimes ; Moṭahhar Maqdisī, Cl. Huart, V, 201, 3.

(2)   *Aġ.*, VIII, p. 67, 68 ; IX, p. 158 bas ; Boḥtorī, n° 154 ; *Mofaḍḍalyyāt*, Lyall, p. 196.

(3)   Mille victimes pour un prince (*Aġ.*, XIX, p. 85, l. 4). Ḥassān ibn Ṭābit (*Divan*, ccIII, v. 6) estime : « en immoler cent pour un, c'est peu ».

(4)   Boḥtorī, n° 153, v. 1.

(5)   Ġāḥiz, *Haiawān*, VI, p. 142, 15, etc.

(6)   Boḥtorī, n° 148, v. 2. Mort rituellement.

(7)   Boḥtorī, n° 154, v. 3.

(8)   Boḥtorī, n° 154.

(9)   Boḥtorī, nᵒˢ 152, 155, 156.

Maintenant mon serment est accompli, ma vengeance satisfaite ; je puis reprendre le commerce des Muses, رَاجَعَنِي شِعري (1).

Tout entier à sa vengeance, il avait renoncé à la satire contre les meurtriers. A plus forte raison s'était-il interdit le *nasîb*, de chanter les femmes (2), le *fahr*, de célébrer ses hauts faits et ceux de sa tribu. Ces restrictions, également imposées aux pèlerins (3), se trouvent levées maintenant. Avec l'usage du vin, des parfums, des lotions, des relations familiales, il reprend la liberté de la poésie. Le *motaharrim*, voué à l'accomplissement d'une mission sacrée, se sens dégagé des multiples tabous du *horm* que son serment lui avait imposés. Il rentre définitivement dans le *hill*, dans la vie profane. Ainsi le voulait du moins la fiction poétique, interprète du rituel bédouin primitif, du vieux *dîn* des Arabes.

L'expression أَثِم مِن الله n'est pas facile à rendre : crime contre ou devant Allah ? Faut-il y retrouver la notion du péché ? Wellhausen (4) l'a pensé. La rareté de cette locution donne à réfléchir. On ne la rencontre que chez Ámroulqais (5), ensuite dans la légende de Táabbaṭaśarran auquel sa femme reproche d'avoir, devant l'ennemi, abandonné un parent et un ami (6). Ce que redoute le *mautoûr*, c'est d'encourir la vengeance « le ressentiment de la divinité », وَجْد الآلا (7), en violant une des prescriptions prévues par le canon pénitentiel du *târ*. L'accomplissement de son serment lui permet de se présenter « sans peur et sans reproche » devant Allah et devant les hommes.

Les Banoû Dîl avaient à venger sur leurs voisins de Hozâ‘a le meurtre de plusieurs contribules. Ils surprennent de nuit leurs ennemis. Les

-----

(1) Aboû Tammâm, *op. cit.*, p. 301.
(2) C'est le لهو في الحديث ; Boḥtorî, n° 148, v. 3.
(3) Comp. *Qoran*, ii, 193. Cette circonstance démontre le caractère religieux de ces interdictions.
(4) *Reste*, p. 224.
(5) Cité plus haut p. 193. Voir aussi le début de cette étude, p. 184.
(6) *Aǵ.*, XVIII, p. 213, l. 13.
(7) Aus ibn Ḥaǵar, *Divan*, V, v. 2.

Hozā‘ites profitèrent des ténèbres pour se réfugier sur le territoire sacré
de la Mecque, où ils avaient le droit de se croire à l'abri de poursuites.
Les Banoū Dīl s'élancèrent sur leurs traces. Arrivée sur la lisière du
haram mecquois, la bande s'arrête ; elle hésite à en franchir les limites.
»Ton dieu ; gare à la vindicte d'Allah ! », crient les hommes au chef qui
veut les entraîner à sa suite. Le chef répondit par « un horrible blas-
phème », كلمة عظيمة : « Allah n'a rien à voir dans cette affaire. Compagnons, achevez votre vengeance. Eh quoi ! vous volez, vous détroussez
les pèlerins sur le territoire sacré et vous tremblez aujourd'hui d'y exercer
une légitime vengeance (1) ? »

Cet exemple, d'autres cités plus haut, le montrent : à la veille de
l'hégire, on s'était mis à l'aise avec les restrictions gênantes imposées par
le rituel du *ṭār* et aussi avec la terreur qu'inspirait leur violation. Tout
le reste, ce qu'on pourrait appeler la doctrine fondamentale du *ṭār*, à
savoir le droit absolu de l'individu à se faire justice en matière de sang,
survivra à l'intervention combinée du califat et de la *ǧamā‘a* «collectivité»
islamique, lesquels prétendront évoquer à leur tribunal et réglementer
l'exercice de la vendetta. Les Bédouins refuseront de reconnaître la légitimité de cette immixtion. Ils professent que la communauté nomade —
clan ou tribu — demeure seule et solidairement intéressée dans le meurtre
d'un de ses membres et qu'elle ne peut renoncer au droit d'en tirer vengeance.

Le vice-roi de l'Iraq, Moṣ‘ab ibn Zobair, avait permis d'exécuter un
redoutable brigand bédouin. Afin de le venger, Ibn Zibyan, son frère,
voudra participer à la mort de Moṣ‘ab. Mais il refusera la haute récompense, offerte par le calife ‘Abdalmalik, par crainte de diminuer la valeur
méritoire de son acte (2). La fin du Ṭaqafite Moḫtar ibn Abi ‘Obaid nous
fournit un autre exemple de cet état d'esprit chez les Bédouins, néophytes
de l'islam. Moḫtar avait succombé, en combattant contre le même Moṣ‘ab,

____

(1) Ibn Hišām, *Sīra*, p. 803. Les Bédouins voisins de la Mecque étaient
appelés سرّاق الحجيج. Appellation méritée ; eux-mêmes en conviennent.
(2) Ṭab., *Annales*, II, p. 809.

frère de l'anticalife Ibn Zobair. Tout l'islam orthodoxe avait applaudi à la défaite de ce dangereux visionnaire, en première ligne ses contribules, les Taqafites, les plus fermes soutiens de la dynastie omayyade (1).

En dépit de leur loyalisme religieux et dynastique, ils ne s'en estiment pas moins tenu par l'obligation du *ṭār*. Ils le sentaient d'autant plus vivement que Moṣʻab avait ordonné de clouer les mains du rebelle aux portes de la mosquée de Koūfa (2). Qu'importe que Moḫtār soit tombé sur un champ de bataille ? En vrais Bédouins, ils ne considèrent que le fait que son sang n'avait pas été vengé (3). Il incombait à la tribu d'y pourvoir. Un Taqafite se voua à cette mission. A la bataille qui devait décider du sort de Moṣʻab, il s'attache aux pas du général zobairite et, avant de l'abattre, il aura soin de pousser le cri traditionnel et rituel de « vengeance pour Moḫtār », يا لَ ثاراتِ المختار (4). Il tient à marquer qu'il intervient pour accomplir son devoir de Taqafite et non pas de partisan omayyade. La même conviction animera Ḥaǵǵāǵ. Ce lieutenant des califes de Damas, instrument aveugle de leur politique, passera sa longue et féconde carrière administrative à lutter contre l'anarchie bédouine (5). Arrivé comme gouverneur à Koūfa, un de ses premiers actes n'en sera pas moins de commander qu'on enlève de la mosquée le sanglant trophée, rappelant la fin du révolutionnaire ṭaqafite, son contribule. Dans l'intimité, son admiration se traduisait par cette exclamation : « Par Allah ! ce Moḫtār fut un homme ; quel *dīn* chez lui et quelles vertus guerrières (6) ! ». النار ولا نترك

---

(1) Cf. notre monographie de *Ṭāif*, p. 188-199.

(2) Ṭab., *Annales*, II, p. 741 ; Van Gelder, *Moḫtār de valsche profeet*, p. 134.

(3) Le *ṭār* est exercé, même pour des faits de guerre ; Ibn Hiśām, *Sīra*, p. 579. Comp. l'épisode de Joab, assassinant traîtreusement Abner ; II *Samuel*, iii, 26-30.

(4) Ibn Doraid, *Iśtiqāq*, p. 185, 3 ; Ṭab., *Annales*, II, p. 809.

(5) Cf. notre *Ṭāif*, p. 190, etc.

(6) Ṭab., *Annales*, II, p. 525 : لله درّة رجلًا ودينًا... ! Allusion sans doute au *dīn* des anciens Arabes.

الثار ; « l'enfer, soit ! Mais à aucun prix nous ne renoncerons à la vengeance ! ». Ainsi parlent, de nos jours encore, les Bédouins.

*
* *

A la veille de l'hégire, une réaction commence pourtant à se dessiner
contre les excès du *ṭār*. Elle estime qu'il y a mieux à faire que de continuer sans fin à s'entretuer. Des poètes prennent la direction du mouvement. Ainsi Zohair ibn Abi Solmā s'institue le panégyriste de l'arbitrage (1) et propose de le substituer au procédé brutal du *ṭār*, ensuite à
l'expédient, demeuré inefficace, de la *dya* ou rachat :

*Une rançon de cent chameaux compense l'effusion du sang ; rançon que
paie par termes un personnage sans culpabilité dans le conflit.*

تُنْمَى الكلومُ بالمَيْن فاصبحت   يُنَجِّشُها مَن ليس فيها يُعْجِرُمْ (2)

En proposant l'intervention d'un arbitre, demeuré étranger à la
querelle, en lui offrant, comme un titre de gloire, de prendre à sa charge,
lui et son clan, la liquidation pacifique du conflit sanglant, Zohair et les
poètes, ses émules, ont puissamment contribué à populariser l'arbitrage
parmi les grands et à le rendre acceptable à l'opinion bédouine. Exprimée
en termes heureux, l'idée fera son chemin jusqu'à pénétrer dans la législation qoranique. Elle suscitera une noble émulation parmi les chefs de
l'Arabie préhégirienne. Ces politiques intelligents aspireront à devenir
des *facteurs de paix*, « pacifici », εἰρηνοποιοί, titre préconisé par l'Evangile (3).

En acceptant de se substituer au « maître du sang », en prenant sur
eux les débours de la *dya*, en lui assignant ce montant élevé, le minimum

---

(1) Comp. *Śoʿarā*, Cheikho, p. 516-517.

(2) *Śoʿarā*, Cheikho, p. 517, v. 2. Sur يُنَجِّشُها, voir le commentaire de
Nöldeke, *Fünf Moʿallaqāt*, III, p. 29.

(3) Matthieu, v. 19.

de cent, ils arracheront le *walī*, le vengeur légal, aux récriminations troublantes des femmes. Ce qui prouve l'heureuse influence exercée par la formule de Zohair, c'est qu'un titre, ambitionné entre tous, sera celui de حامِل مئين, « porteur de centaines ». Il figurera désormais dans les élégies. Ainsi, les Qoraišites tombés à Badr deviendront tous des « donateurs de centaines ajoutées à des centaines (1) ». Ainsi parlera la poésie !

Ce titre sera mentionné à côté du privilège du *mirbā'*, quart du butin de guerre réservé aux capitaines victorieux (2). Il les élèvera, dans la considération publique, au « rang des rois couronnés (3), ployant sous le poids des rançons », حَمَّال الثقال الديات مُتَوِّج (4). Les descendants de ces personnages s'estiment fiers de les compter parmi leurs ancêtres et se proclameront « fils du porteur de centaines », ابن حَمَّال مئين (5). Enfin la tradition musulmane estimera si heureuse la trouvaille de Zohair qu'elle croira devoir en réserver la primeur au Prophète (6).

Successeurs et héritiers des grands chefs arabes, les califes omayyades revendiqueront plus tard le rôle de « donneurs de centaines », surtout après que l'expérience leur aura appris leur impuissance à régler par voie d'autorité les questions de sang et avec quelle impatience les tribus supportaient l'immixtion du pouvoir central dans leurs affaires intérieures.

---

(1) Ibn Hišām, *Sīra*, p. 532 ; cf. *Berceau de l'islam*, I, p. 249-251 ; Aḫṭal, *Dīvan*, Salhani, p. 143.

(2) Wāqidī, Kremer, p. 186, 2.

(3) Les phylarques (Nābiǧa, *Dīvan*, Derenbourg, I, v. 28) de Ḡassān et les Laḫmides de Tanoūḫ.

(4) Hassān ibn Ṯābit, *Dīvan*, LXXX, v. 6. Chefs « qui ne rechignent pas devant la *ḥamāla* » ; *Mofaḍḍalyyāt*, Thorbecke, p. 47, v. 43 ; *Aṣma'yyāt*, Ahlwardt, 66, v. 7.

(5) *Berceau*, I, p. 250.

(6) Ou à son aïeul 'Abdalmoṭṭalib ; le Prophète aurait sanctionné ; Tirmiḏī, *Ṣaḥīḥ*, des Indes, I, p. 166-167 ; I. S., *Tabaq.*, I¹, p. 54 ; Ibn Qotaiba, *Ma'ārif*, É., p. 186.

Un quart de siècle après la mort de Mahomet, un parti considérable de musulmans convaincus, les « 'Oṭmānyya » — nommés précédemment — attesteront par leur attitude la survie des vieilles croyances arabes. Ils proclameront la vengeance pour l'assassinat du troisième calife comme un devoir de religion (1). La politique n'influença en rien leur conviction. Car en majorité — dans les débuts du moins — ils refusèrent de se rallier au parti omayyade. C'était le *dīn 'Oṭmān* (2), venant, en quelque façon, se juxtaposer au *dīn Allah* et gardant, à leurs yeux, le même caractère obligatoire (3).

C'est seulement après le milieu du Iᵉʳ siècle de l'hégire que le *dīn 'Oṭmān* commença à dévier pour se transformer graduellement en une sorte de *credo* dynastique et de loyalisme omayyade. Les califes de Damas rappelleront alors à leurs représentants dans les provinces l'obligation de veiller à sa diffusion et de l'utiliser comme instrument de gouvernement (4). Contrairement à l'affirmation de Goldziher, le nom de 'Oṭmān ne commença pas par être « le symbole, le mot d'ordre des aspirations omayyades par opposition à celui de 'Alī, utilisé par leurs adversaires politiques (5) ». Cette description convient seulement à l'évolution ultérieure de ce parti. Goldziher déclare (6) « incompréhensible comment le Ḫāriǧite Ṣoḥār ibn 'Abbās a pu être taxé de 'Oṭmānī (7) ». La contradiction est tout au plus apparente.

---

(1) Leur programme exposé par le poète anṣārien Ka'b ibn Mālik ; *Ağ.*, XV, p. 28. l. 18, etc.

(2) Opposé au ديـن ; Ibn Doraid, *op. cit.*, p. 246 dern. ligne, 247, l. 2 ; notre *Yazīd*, pp. 167, 168. *Dīn* ne peut avoir ici le sens de *soumission*, obéissance (cf. *Šo'arā'*, p. 554, v. 1), puisque le « dīn 'Oṭmān » survécut plus d'un siècle à ce calife.

(3) Cf. *Mo'āwia*, pp. 109, etc.

(4) *Mo'āwia*, p. 123-125, 182-183.

(5) *Muhammed. Studien*, II, p. 119.

(6) *Loc. cit.* Ṣoḥār encore appelé Ibn Ayyāš ; *Osd*, III, p. 11.

(7) La monographie de Ġāḥiz sur les 'Oṭmānyya ne prouve pas qu'il ait adhéré à ce parti, pratiquement évanoui de son temps. Le spirituel polygraphe

C'est ainsi que les Ḥanbalites, représentants de la plus stricte orthodoxie, comptaient en leur sein des partisans fanatiques, *ǧolāt*, de Moʿāwia. Sans épouser la querelle omayyade, sans se prononcer pour ou contre les ʿAlides et les ʿAbbāsides, ces *ǧolāt* entendaient par leur attitude outrancière protester contre le dédain, affiché par certaines écoles musulmanes, même en dehors des sectes šiʿites, pour la personne de Moʿāwia (1). Ils estimaient que son double titre de Compagnon du Prophète et de calife de l'islam imposait le respect à tous les croyants sincères. Les Ḥārigites transportèrent dans l'islam tous les préjugés égalitaires de l'ancienne démocratie bédouine. Au point de vue musulman, la querelle de ʿOṭmān et de ʿAlī leur demeurait profondément indifférente. Elle leur rappelait seulement les prétentions de l'ancienne oligarchie qoraišite, laquelle aspirait maintenant à régenter à son profit l'islam. La logique de ces Ḥārigites — genre Ṣoḥār — ne put se ranger au rôle passif des *Moʿtazila* (2) opportunistes ni considérer comme une affaire classée l'assassinat de ʿOṭmān. Voilà pourquoi Baṣra, la cité la plus anarchiquement arabe du califat, la plus obstinément attachée aux mœurs du désert (3), devait être « ʿOṭmānyya (4) », se déclarer pour le parti de ʿOṭmān. Au nom de ce parti, le poète anṣārien, Kaʿb ibn Mālik, déclarera inacceptable l'apologie où ʿAlī avait tenté de se disculper. « Jamais, affirma-t-il, les *Arabes* (5) ne pourront y souscrire ; ils ne nous pardonneront pas de l'avoir admise (6) ». C'est en plein islam, on le voit, l'appel

n'y a vu qu'une matière à érudition. Sur les « ǧolāt » de Moʿāwia, cf. Ḥabīb Zayyāt, *Mašriq*, XXVI, 410-415. « Moʿtazila », parti politique.

(1) Cf. notre *Yazīd*, pp. 487 et sqq.

(2) Cf. *Moʿāwia*, pp. 113-125. Il s'agit des « Moʿtazila », parti politique.

(3) Cf. *Ziād ibn Abīhi*, pp. 27 et sqq.

(4) Ǧāḥiẓ, *Tria opuscula*, éd. de Goeje, p. 9 ; Dahabī, *Mizān al-iʿtidāl*, II, p. 229 ; III, p. 337. Un عثماني علي signalé comme un phénomène à Koûfa ; Dahabī, *op. cit.*, I, p. 449 bas ; *Ziād ibn Abīhi*, p. 47 ; Lammens, *L'avènement des Marwānides et le califat de Marwān Ier*, p. 8.

(5) Il parle au nom des vieux Bédouins.

(6) *Aǧ.*, XV, p. 30.

incessant à l'ancienne religion du désert. Au temps des califes marwâ-
nides (1), le qualificatif 'Oṭmānī désignait un partisan des Omayyades.
C'est alors que le poète Ibn Zabīr menace les rebelles de l'Iraq de l'arrivée
de

*Quatre vingt mille combattants dont le culte de 'Oṭmān est la religion,
bataillons que guide l'ange Gabriel (2).*

Il est temps de terminer ici cette étude sur la religion du *ṭār* chez les
Arabes préislamites. Aussi bien, avons-nous, à la suite des 'Oṭmānyya,
dépassé notablement la limite chronologique de l'hégire que nous avions
pris l'engagement de respecter dans le titre de ce travail.

----

(1) Surtout depuis 'Abdalmalik.
(2) *Aġ.*, XIII, p. 38, l. 2. Ibn 'Asākir, éd. Badrän, V, p. 138, attribue les
vers à Ḥozaima, autre poète asadite, mais contemporain de Mo'āwia.

LES « AḤĀBĪS »

ET

L'ORGANISATION MILITAIRE DE LA MECQUE
AU SIÈCLE DE L'HÉGIRE (ᐟ)

I

La cité de la Mecque n'était pas seulement, au temps du paganisme, le paradis des brasseurs d'affaires. Son territoire sacré lui valut une spécialité moins enviable : celle d'attirer (1) les irréguliers, les écumeurs du désert : les *ḫali'*, les *ṣa'loūk*, les *fātik*, les *motaṣaiṭan*, les *ṣoddād al-'Arab* (2). La variété de ces synonymes suffirait à en indiquer le nombre et aussi la faillite de l'ancienne organisation arabe. Nous avons signalé ailleurs (3) ce monde interlope de gens solennellement désavoués

---

(ᐟ) Leçons publiques professées à l'Institut biblique de Rome, printemps de 1914. Parues dans *Journal Asiatique*, Nov. 1916.

(1) Ya'qoubi, *Hist.*, II, 14-15, éd. Houtsma ; *Aġ.*, XXI, 62, 10-11 ; 68, 8.

(2) Encore appelés ذوبان العرب ; Wāqidī, *Kr.*, 58 ; Ṭab., *Annales*, I, 1438 ; *Aġ.*, VII, 65. c. à. d. loups, « parce que les *loṣoūṣ* leur ressemblent »; Ibn al-Aṯīr, *Nihāia*, II, 52. Le « rabīl » ou « ri'bāl » est le brigand « opérant seul, comme le loup » ; I. Aṯīr, *Nihāia*, II, 63, 6-8. Dans leurs rangs figurent des Ṣaḥābīs ou Compagnons du Prophète ; *Osd*, V, 178 (*Osd* = *Osd al-Ġāba* d'Ibn al-Aṯīr).

(3) *Berceau de l'islam*, I, 193-194. La monographie *La Mecque à la veille de l'hégire* en forme la suite. Ces pages devaient primitivement y figurer.

par leur tribu. Celle-ci, en rompant publiquement avec ces enfants perdus déclinait toute responsabilité de leurs actes, تَبَرَّأَت بن جرائرهم (1).

La moins contestable qualité des *ḫalī‘* était sans contredit le courage. Sous ce rapport, ils se distinguaient avantageusement des plus vantés parmi leurs compatriotes, calculateurs jusque dans la bravoure. ‘Antar, l'Achille arabe, sollicité de déclarer comment il avait gagné sa réputation de vaillance, n'hésita pas à répondre : « Je fonçais sur l'ennemi, quand l'attaque présentait des chances de succès ; je tournais bride, quand le bon sens conseillait le recul. Jamais je ne me suis laissé entraîner dans une manœuvre, sans posséder la certitude de pouvoir me dégager » ; اذا اقدمُ كنتُ رايتُ الاقدامَ عزماً واحجمُ اذا رايتُ الاحجامَ حزماً ولا ادخلُ موضماً لا ارى لي منهُ مخرجاً (2).

Certains Qoraiśites paraissent avoir contemplé de bon œil l'affluence de ces spadassins sur leur territoire, où ils venaient mettre en vente et dépenser le fruit de leurs rapines. De grandes familles s'empressèrent de les adopter, de se les attacher en qualité de *ḫalīf*, confédérés. Ils leur servaient à l'occasion de gardes du corps, de convoyeurs pour leurs riches caravanes (3). Les fortes têtes de la Mecque savaient apprécier ces *déracinés* à leur valeur. Omayyades, Háśimites, Maḫzoûmites, Ibn God‘ān, Aboû Oḥaiḥa, tous avaient leur Barrāḍ, leur Ḥāǵiz, leur Aboû 't-Ṭamaḥān, leur Ḥārit̲ ibn Z̲ālim (4) ; noms redoutés dans toute la Péninsule. Les phylarques de Ḡassān et de Ḥīra, les *qail* du Yémen cherchaient à les attirer auprès d'eux, قوم كانوا مع الملوك. Ne voyaient-ils pas les chefs du désert, quand ils méditaient un audacieux coup de main, s'empresser d'accourir

---

(1) *Aǵ.*, XIII, p. 2.

(2) *Aǵ.*, VII, 152. C'est le contrepied de ce vers de ‘Abbās ibn Mirdās, *Osd.* III, 113 :

اقاتلُ في الكتيبة لا ابالى   ا فيها كان حتى امر سواها

« Je charge la troupe ennemie, sans m'inquiéter si j'y trouverai la mort ! ».

(3) Cf. notre *Berceau*, I, 334 ; Azraqī, W., 462 ; Wāqidī, Kr., 30.

(4) *Aǵ.*, XIX, 76. Le sayyd est ماوى المَطرِد, « asile des bannis » ; Zohaír, Ahlw., III, 34 ; *Aǵ.*, X, 28 ; 32. Ḥāǵiz est ḫalīf des B. Maḫzoûm ; *Aǵ.*, XII, 49 ; Barrāḍ celui des Omayyades, Aboû 't-Ṭamaḥān celui de Zobair le Háśimite.

sur le territoire sacré pour y enrôler les ṣaʿloŭk, qui y avaient trouvé
asile (1) ?

Quand on étudie les annales préhégiriennes de la Mecque, on observe
les efforts constants des Qoraiśites pour amplifier les limites de cette
réserve territoriale, placée sous la sauvegarde de la religion. Ce privilège
leur offrait l'avantage de mettre leurs magasins, leurs coffres-forts à une
majeure distance de leurs turbulents voisins (2). Ceux-ci comptaient
parmi les nomades les plus malfamés du Tihāma. S'ils avaient pu en
douter, il eût suffi aux Qoraiś de se rappeler leur propre histoire. Ils
n'étaient pas si lointains les temps, où les ancêtres des clans patriciens de
la Mecque erraient, tribu ignorée, aux environs du ḥaram; louant leurs
montures, protégeant, guidant les caravanes, quand ils ne jugeaient pas
plus profitable de s'embusquer au fond des gorges brûlées du Ġaur,
في غوري تهامة, pour piller les riches convois. Au milieu de ces manœuvres,
à l'école de la misère et des convoitises, les futurs fondateurs de la république mecquoise s'entraînaient graduellement; ils se faisaient la main,
en attendant qu'un chef décidé, Qoṣayy, les installât en maîtres au cœur
de la cité.

Mais la mémoire des occupants du Baṭḥāʾ, des banquiers enrichis par
la spéculation, répugnait aux souvenirs d'un passé aussi peu relui-
sant. Aux abords du ḥaram, dans les âpres montagnes du Tihāma, la
place laissée vide par les Qoraiś avait été prise par d'autres tribus appa-
rentées — nommons les Banoŭ Ġifār (3) — se rattachant également au
tronc généalogique de Kināna. Si nous croyons devoir accorder à Ġifār
l'honneur d'une mention individuelle, c'est à titre de groupe particulièrement représentatif, mais non exclusif, des Bédouins besogneux, voisins

---

(1) *Aġ.*, XXI, 62, 10; 68, 8. Ainsi, au temps de la Bible, agit Abimelech;
Juges, ix, 4. On retrouve à la suite et à la solde, استأجر, d'Amroulqais أخلاط من
شذاذ العرب; *Aġ.*, VIII, 68, 70. La même notice, p. 72, 14, mentionne les خوبان من
قيس, les « loups » de Qais, à savoir ses irréguliers et brigands.

(2) Ils vont jusqu'à piller la Kaʿba; *Aġ.*, VIII, 189.

(3) B. Ġifār dans le Tihāma; *Aġ.*, XI, 47, 6-7.

de la Mecque (1). Avec autant de raison nous pourrions, à la suite des *Ṣaḥīḥ*, leur associer les Banoū Aslam (2). Ceux-ci jouent, dans le groupe rival de Hozāʿa, le rôle des Ḡifārites au sein de Kināna, avec cette différence que de bonne heure la rancune contre les Qoraiś, leurs rivaux et leurs successeurs à la Mecque (3), jettera ces Hozāʿites dans les bras de Mahomet. Il convenait de signaler dès maintenant Ḡifār et Aslam, en dépit de la haine (4) qui les séparera. C'est de préférence dans ces deux tribus que nous verrons choisir les cadres des *Aḥābīś*, des mercenaires de la Mecque (5). Ces relations spéciales avec les Qoraiś n'empêcheront pas leurs contribules de continuer à piller, à assassiner les Mecquois isolés (6), violences où les Ḡifār ne manqueront pas de se distinguer. Entre les deux groupes, des citadins sédentaires et des nomades, la liquidation des questions de sang et de vendetta demeurait toujours pendante (Ibn Hiśām, 431).

Les Ḡifār passaient pour des brigands, des détrousseurs de caravanes, sans en excepter celles de pélerins, سرّاق الحجيج (7). Ils exerçaient leurs larcins sans égard pour la sainteté du ḥaram et des mois sacrés (8). Un

---

(1) On en rencontre également dans la région de Médine ; *Aḡ.*, IV, 20, 8. Un petit Ḡifārite lapide les dattiers des Anṣārs ; Aboū Daoūd, *Sonan* (Inde), I, 259 ; Ḍahabī, *Mīzān*, I, 455.

(2) *Aḡ.*, XXI, 68, 8. Le Prophète les réunit dans ses bénédictions ; Tirmiḍī, *Ṣaḥīḥ* (Inde), II, 234 ; Ṭab., *Annales*, I, 1619. Voir plus loin.

(3) Qoṣayy avait enlevé la primatie aux Hozāʿa, sans toutefois les expulser définitivement du ḥaram.

(4) Ḡāḥiẓ, *Avares*, 248, 3.

(5) Hassān ibn Ṭābit, *Divan*, CLX, 9, nomme ensemble Ḡifār et Aslam.

(6) Sans faire grâce aux musulmans ; Wāqidī, Kr., 31 ; Ibn Hiśām, *Sīra*, 431 ; *Osd*, II, 335.

(7) Ṭab., *Annales*, l. 1620, 1650 ; *Aḡ.*, XVI, 63, 3, etc. ; Ibn Hiśām, *Sīra*, 803 ; *Osd*, III, 150, bas. La région de Badr leur appartient ; Samhoūdī, *Wafāʾ al-wafāʾ*, II, 259, 5 ; ils sont établis aussi à Forʿ, فرع ; *ibid.*, II, 390.

(8) *Osd*, I, 160. Ainsi se conduisaient d'autres tribus de Kināna ; Yaʿqoūbī, *Hist.*, I, 314.

vrai ramassis de larrons et de sicaires (1), menace permanente pour la sécurité du commerce et des établissements mecquois. Al-Barrāḍ est demeuré le type légendaire de ces *ḫalī'* ǧifārites. C'était un brigand de grande envergure, dans le style des *condottieri* du Quattrocento italien, avec des allures notablement plus théâtrales. A quelque catégorie qu'il appartienne, le vrai Bédouin se figure toujours en représentation. Barrāḍ, ḫalīf omayyade, s'établit à la Mecque, où ses excès finirent par le rendre impossible. Il quitte la cité, mais sans renoncer à son titre d'allié. Son audace, ses ruses, ses violences ont été amplifiées par la littérature consacrée aux *loṣoūṣ*, brigands célèbres (2).

A vrai dire, les plus honorables tribus de l'Arabie comptaient leurs *irréguliers* ou *ḫalī'*, aventuriers aux instincts anarchiques, se plaçant eux-mêmes, à la suite d'un coup de tête, en dehors de toutes les lois. Dans l'existence des personnalités les plus considérées — rappelons Ḥātim Ṭayy, 'Orwa ibn al-Ward, Tauba ibn al-Ḥomayyir, il devient malaisé, d'après notre manière de voir, d'établir une démarcation exacte entre le paladin et l'apache ; de noter dans leurs exploits guerriers le point précis où la razzia *légale* — au sens arabe — cède la place au brigandage. Cette confusion n'a pu leur nuire dans l'estime de la postérité (3). Le métier de *ṣa'loūk* comportait des risques, pour le professionnel toujours, et parfois pour sa tribu ; mais il n'entraînait aucune note infamante. Du ton le plus sérieux, les poètes-brigands prétendent « mourir en hommes d'honneur, comme ils ont vécu » (4). Et jamais une voix ne s'est élevée pour les tirer de leur erreur. La razzia était la vie, l'industrie nationale de la Sarracène (5). Elle devenait blâmable, quand, cessant d'être collective, elle prétendait, sans mandat officiel, opérer isolément et pour des motifs

----

(1) Moslim, *Ṣaḥīḥ*, II, 267-268 ; I. S. *Ṭabaq.* (= *Ṭabaqāt* d'Ibn Sa'd), IV¹, 161, 162, 164.

(2) *Aǧ.*, XIX, 75, 76 ; comp. *'Iqd*, III, 92 ; Ibn Hišām, *Sīra*, 118-119.

(3) Cf. *Berceau*, I, 191 etc.

(4) *Aǧ.*, XI, 45, 11 d. l. ; cf. *Berceau*, I, 159.

(5) Cf. *Berceau*, I, 177.

personnels, au lieu d'accepter le contrôle de la tribu ; quand elle refusait enfin de travailler pour le compte de la communauté nomade. Mais jusque dans cette dernière occurence, tous les contemporains ne pouvaient assez exprimer leur admiration pour l'audace et surtout pour les ruses des irréguliers. Or, au sein des Banoū Ḡifār, on découvre l'existence d'un groupe permanent et compact de pillards (1), sans que leurs contribules jugent opportun de les désavouer (2). C'était là leur caractéristique. A eux, affirme-t-on, s'appliqueraient certaines invectives du Qoran contre « la duplicité des Bédouins », ومـمّن حولكم من الاعراب منافقون (3). Ces vitupérations dateraient de l'époque où en majorité les Ḡifār demeuraient attachés à l'alliance de Qoraiś et servaient dans les rangs des Aḥābīś. Le jour n'était pas loin où le Prophète les comblerait de bénédictions, eux et leurs rivaux d'Aslam.

Voilà pourquoi les Arabes hésitaient parfois à avouer leur qualité de Ḡifārite, en présence des Mecquois, victimes de leurs rapines. Ce *nasab* ou désignation généalogique constituait une tare, même pour les néophytes de la tribu, venant offrir leurs services à Aboū'l-Qāsim (4). Il en faisait partie, le célèbre Aboū Ḍarr, vrai type de *ṣa'loūk*, plus tard canonisé par l'islam et spécialement adopté par la Śī'a (5). En considération des services rendus par ses contribules à Mahomet, les *Ṣaḥīḥ* (6) ont enregistré

______

(1) La route caravanière de la Mecque en Syrie traversait leur pays ; *Osd*, V, 187. Ḡifār établis à 'Arḡ, à moitié chemin entre Médine et la Mecque ; *Osd*, V, 20. Par contre *Osd*, V, 142 y place les B. Aslam.

(2) Ils semblent plutôt en tirer vanité. Voyant un inconnu manquer de respect à la Ka'ba, ils s'écrient : ما اخلق ان يكون من بني بَكْر ; *Osd*, III, 150, bas. Pour l'appellation de Banoū Bakr, voir une des notes suivantes, p. 243.

(3) *Qoran*, ix, 102 ; cf. Waḥidī, *Asbāb an-Nozoūl*, 194 ; Ṭab., *Annales*, I, 1619, 20 ; Ibn Hiśām, *Sīra*, 896, 927.

(4) C'est la conviction d'Aboū Ḍarr, quand il se présente au Prophète : كره اني انتثميتُ الى غفار ; Ḥanbal, *Mosnad*, V, 175.

(5) I. S., *Ṭabaq.*, IV¹, 163, 8 ; *Osd*, V, 187-188. Moṭahhar Maqdisī, Huart, V, 93.

(6) Moslim, *loc. cit.* ; Ḥanbal, *Mosnad*, II, 230, 369, 420 ; IV, 55, 57 ;

les *Manāqib* ou prérogatives de Ḡifār. Le Maître a jugé suffisant de
déplorer leurs excès (1). Commettant un jeu de mots sur le radical arabe,
composant le nom de Ḡifār, il a prié Allah de leur pardonner ce passé
équivoque, غفار غفرها الله (2). Les nécessités de la lutte contre ses adversaires
l'ont incliné à l'indulgence pour les exécuteurs de ses ordres (3). Il cher-
cha à attirer de son côté les irréguliers de Gifār (4). Qoraišite lui-même,
il pouvait difficilement s'illusioner sur la valeur militaire des courtiers
et des marchands, les Mohāgir, arrachés par l'hégire à leurs comptoirs et
à leurs guichets de la Mecque. Pendant ses absences de Médine, il con-
fiera volontiers à des Ḡifārites la lieutenance de cette cité (5), devenue
sa capitale (6).

Dārimī (ms. Leiden), *Mosnad*, 213, 214 ; Baḡawī, *Maṣābīḥ*, II, 191-192 ; Tirmi-
dī, *Ṣaḥīḥ* (Inde), II, 233, 234 ; Ibn Daibaʻ, *Taisīr al-Woṣoūl*, III, 109. Comp.
Soyoūṭī, *Mauḍoūʻāt*, I, 75.

(1) I. S., *Ṭabaq.*, IV¹, 164. Les Ḡifār sont communément appelés « Bakr
ibn ʻAbdmanāt », dans la *Sīra, passim* et ailleurs, *Aḡ.*, XIX, 74, 76.

(2) *Osd*, III, 178, 298, et *passim* ; Moslim, *Ṣaḥīḥ²*, I, 254 ; I. Aṯīr, *Nihāia*,
III, 165 ; IV, 232, 2.

(3) Cf. notre *Ziād ibn Abīhi*, 3 ; Ḥanbal, *Mosnad*, IV, 74 ; notre *Moʻāwia*,
423. « L'Islam efface tout » (Mahomet) ; *Osd*, V, 54, 4 ; Ibn Hišām, 717, 718.

(4) Il leur confie le commandement des plus dangereuses razzias, où les
Compagnons qoraišites redoutaient de s'exposer ; Ṭab., *Annales*, I, 1575.

(5) I. S., *Ṭabaq.*, II¹, 44, 77, 87. Kinānites, ils seraient moins tentés de
pactiser avec les nationalistes et les éléments douteux de Médine ; *Osd*, IV,
250 ; Abou Darr est du nombre ; Ṭab., *Annales*, I, 1627 ; Ibn Hišām, *Sīra*, 540,
662, 668, 725, 905, 966. Autres missions confiées à des Ḡifār, *ibid.*, 716, 719 ;
domestique ḡifārī du Prophète ; *Osd*, V, 77.

(6) Mais il a commencé par se défier des Ḡifār ; cf. *Osd*, IV, 126, 7 d. l.
Des Ḡifārīs « assistent en spectateurs à la bataille de Badr, attendant l'issue
pour piller » et dépouiller les vaincus ; *Osd*, V, 260, d. l. Esclaves ḡifārites
combattant à Badr avec Mahomet ; *Osd*, IV, 338, 6 ; Ibn Aṯīr, *Nihāia*, II, 96.

*
* *

On comprendra d'autre part l'empressement témoigné par les Mecquois pour s'attacher d'aussi remuants voisins (1). Il s'agissait de tourner cette dangereuse activité vers la défense de leurs intérêts politiques et commerciaux. Ainsi naquit l'idée de choisir parmi les nomades du Tihāma, Kinānites ou Hozā'ites, leurs mercenaires, le noyau principal, les gradés, l'état-major, dirions-nous, chargés d'encadrer et de commander les Aḥābīs, si célèbres dans l'exposé des Maǧāzi ou campagnes du Prophète. La question des cadres ainsi résolue, les Qoraiš les rempliront en enrôlant, en embrigadant les nombreux Africains réunis à la Mecque (2). Esclaves, manœuvres, hommes de peine, il était de tradition en Arabie d'employer à la guerre leurs aptitudes militaires universellement reconnues. Parmi eux, les petits dynastes, les émirs du Yémen et parfois des chefs du Hiǧāz (3) recrutaient leur garde particulière. Même après la douloureuse expérience de l'invasion aksoumite, Saif ibn Ḍi Yazan enrôle à son service les anciens soldats noirs d'Abraha (4). Expérience dangereuse ! La mode se montrait plus forte. Les connaisseurs estimaient ce recrutement nègre bien supérieur à celui des Bédouins, si foncièrement indisciplinés, n'acceptant de se battre que quand l'existence de leur tribu se trouve en jeu. De nos jours encore, dans le Hadramaut, tous les soldats sont de condition servile (5).

---

(1) Ils terrorisent la foire de 'Okāẓ; *Aǧ.*, XIX, 74 ; *'Iqd⁴*, III, 91. Les « dix milles », notés *ibid.*, 92, 1, indiquent la longueur de la foire de 'Okāẓ et non la distance entre 'Okāẓ et Ṭaif, comme imagine l'auteur. La sœur d'Aboū Sofiān est mariée à un chef Ǧifārī ḥalīf de Qoraiš ; *Osd*, III, 19.

(2) *Aǧ.*, I, 52 ; Ṭab., *Annales*, I, 1620 ; *Chroniken*, W,, III, 11.

(3) Chef de Hoḏail, يمشي ووراءه الاحابيش ; I. S., *Ṭabaq.*, II¹, 36, 7. Evidemment des nègres ; il ne peut être question de *ḥalīf* qoraiśites dans ce texte.

(4) *Aǧ.*, S. (le sigle S renvoie à l'édition scolaire Salhani d'*Aǧāni*), II, 53 ; comp. *Aǧ.*, XI, 132, 10 d. l. ; XVI, 75; Ǵaḥiẓ, *Avares*, 249, 18 ; H. Grimme, *Mohammed* (1904), p. 7.

(5) Snouck Hurgronje dans *Zeitschr. f. Assyr.*, XXVI, 223, 236, n. 3. Les nègres ont le sentiment de la discipline ; Ǵaḥiẓ, *Opuscula*, 65-66.

Les montagnards de l'Abyssinie étaient donc, à la veille de l'hégire, et sont demeurés depuis, les *Suisses* de la Péninsule. Ils n'en rappelèrent pas toujours les traditions de fidélité ; il leur arrivera de se retourner contre leurs maîtres et de les assassiner (1). En revanche, ils possédaient ce courage téméraire, contempteur du péril, qui a toujours distingué les soldats de leur race (2). Qualité d'autant plus admirée des Arabes qu'ils en pouvaient constater la rareté autour d'eux. Aussi les héros les plus vantés de la période préislamite, la *ǧāhilyya*, étaient de sang mêlé. Rappelons les 'Antar, les *corbeaux des Arabes*, اغربة العرب, ainsi nommés à cause de leur teint foncé et de leur descendance nègre (3). A cette garde africaine, je crois devoir appliquer la description des « Abyssins debout, immobiles, lance au poing », esquissée par le poète Labīd :

. . . . . حُبْشًا . . . قيامًا بالحراب وبالإلالِ (4)

Ibn Di'ba, un poète de Taqīf, par ailleurs demeuré inconnu, atteste le souvenir gardé par les populations du mont Sarāt et du Ḥiǧāz des Abyssins, conquérants du Yémen, ainsi que de leur victorieuse promenade militaire au Tihāma. Il rappelle

Ces milliers de soldats, sombres comme un ciel d'orage.
Leurs cris assourdissent les coursiers et leur puanteur tient leurs adversaires à distance.
Démons nombreux comme les grains de poussière qui dessèchent la naissante verdure des arbres (5).

---

(1) Cf. *Aǧ.*, XVI, 75 ; *Osd*, V, 530.
(2) Le terrible 'Alī de Tepelen avait lui aussi recruté en Egypte des bataillons nègres ; M. de Vogüé, *Hist. orientales*, 177. Même observation pour l'armée égyptienne, avant et depuis Mehemet-Ali ; J. Maspero, *Organisation de l'Egypte byzantine*, 64.
(3) Cf. *Berceau*, I, 192 ; Ǧāḥiẓ, *Opuscula*, 65-66 et tout son كتاب فخر السودان *ibid.*, p. 57, etc. ; *Aǧ.*, VII, 150 ; Baladorī, *Ansāb*, Ahlw., 306-307. على البيضان
(4) Cf. Ǧāḥiẓ, *op. cit.*, 70, 12.
(5) Ibn Hišām, *Sīra*, 27 ; Tab., *Annales*, I, 927 ; Nöldeke, *Perser-Araber*, 194. A propos du poète Doū Ǧadan, Nöldeke, *ibid.*, observe : « Le poète paraît

Dans la garde particulière d'Aboū'l-Qāsim, devenu souverain de Médine, le nègre Bilāl (1), et son frère Aboū Rowaiḥa (2) — *konia* caractéristique pour un homme de couleur — n'ont pu à eux seuls représenter leur race. La *Sīra* s'est spécialement intéressée à Bilāl. C'est pour avoir voulu avant tout reconnaître en ce personnage, « سابق الحبشة , prémices et précurseur du peuple abyssin » — ainsi l'appellent les Encyclopédies consacrées aux Ṣaḥābīs (3) —, le prototype et le patron des futurs muezzins, modestes acteurs, chargés de masquer par leur intervention le vide de l'ébauche liturgíque du Vendredi. Cette tendance de la Tradition a

---

partager la même conception que la tradition en prose » ! Je le crois bien, la Tradition s'étant, conformément à sa constante habitude, ici encore inspirée de la poésie. A force d'y revenir, nous finirons sans doute par faire admettre ce principe, capital dans la critique de la *Sīra* et du ḥadīṯ.

(1) Cf. *Fāṭima*, 68, 69. Pour la garde de Mahomet, cf. *Osd*, III, 36, 9. Bilāl marche, sabre dégaîné, devant lui ; Aboū Yoūsof, *Ḫarāǧ*, 119. Autres Abyssins chez Mahomet, le propre frère du négus, *sic !* ; Ḥanbal, *Mosnad*, IV, 90, bas ; *Osd*, V, 286. Nègres servant de gardes du corps dans les grandes familles mecquoises ; *Osd*, IV, 253, 3-4.

(2) *Osd*, II, 87. Le « père au petit parfum » (comp. Ibn Di'ba, cité p. 245). Autre Aboū Rowaiḥa, un Arabe. *Osd*, III, 200, 10, avait promis d'en parler, à la section des *konia*, vol. V. Cette promesse a été remplie avec usure (V, 195-196), puisque A. Rowaiḥa se trouve avoir été dédoublé. Un des deux a certainement joué un rôle militaire, puisque le Prophète lui confie un *drapeau* (V, 196, 4). Dans le même vol. V du *Osd*, autres Compagnons *dédoublés* : 58, 62, 70, 74, 75, 79, 80, 82, 87-88, 111, 119, 121, 125, 135-136, 164, 177 ; dans *Osd*, III, 296, 308, 322, 346, 362, 397, 404, 412, 417 et *passim* ; Compagnons *triplés*, 303, 397 ; *Osd*, V, 148. Plusieurs de ces multiplications sont soupçonnées ou franchement reconnues par l'auteur Ibn al-Aṯīr, par ex. *Osd*, III, 388 ; comp. encore *Osd*, III, 24, 25, 29-30, 35, 45-46, 57-58, 92-93, 94, 99-100, 117, 119, 120, 125, 146, 165, 167, 169, 172, 181, 200, 202, 243, 245, 249, 295, 369, 389. La confusion entre *Aboū*, père, et *Ibn*, fils, a, observe l'auteur, multiplié les Ṣaḥābīs ; III, 165 ; comp. III, 388, 12. Ṣaḥābī apocryphe ; V, 50-51 : Ṣaḥābī parmi les *ǧinn* : « mieux eût valu le laisser de côté », ajoute loyalement Ibn al-Aṯīr.

(3) Voir sa notice dans les *Osd* et les *Iṣāba* ; les compilations d'Ibn al-Aṯīr et d'Ibn Ḥaǧar.

tout bouleversé. Sinon il nous eût sans doute été possible de montrer Bilāl
manœuvrant à son rang et grade parmi les *Aḥābīš* de Mahomet et de
retrouver parmi ceux de Médine la même organisation qu'à la Mecque (1).

> *Arabes, Abyssins, visages clairs ou noirs,*
> *Les hommes de la plaine et ceux de la montagne,*
> *Les chasseurs du désert que la soif accompagne,*
> *Et les coupeurs de route aux aguets, dans les soirs ;*
> *Tous sont là, différents par l'âme, par la race,*
> *Mais tous unis ensemble et mêlés fortement*
> *Ainsi que des moellons par le même ciment,*
> *Par les mêmes ardeurs et par la même audace (2).*

Bédouins et Abyssins ! Nomades du Tihāma et esclaves d'Afrique !
Dans ce double milieu, se recrutait la force militaire de la république
mecquoise. Voilà les réserves, où puisaient les Qoraiš pour reconstituer
incessamment les cadres (3), pour combler les vides de leur milice. Dans
cette organisation, on pourra regretter l'absence de l'élément national
mecquois proprement dit, ou du moins sa proportion trop notablement inférieure. C'était une troupe de mercenaires. Mais ne l'oublions pas :
Qoraiš formait une bien modeste tribu, numériquement trop faible pour
occuper et remplir les étroites limites du territoire sacré. Elle tenait tout
entière dans la vallée étranglée (4) abritant la Ka'ba. Depuis les jours où
leurs ancêtres renoncèrent à la vie errante, le nombre des Qoraišites
n'avait guère augmenté. On aurait eu plutôt à constater leur diminution,

---

(1) Voir plus bas. Mahomet accueille largement les nègres marrons de la
Mecque. Des nègres armés accompagnent ses expéditions ; I. S., *Ṭabaq.*, II¹,
90, 4.

(2) Alf. Droin, *Poèmes d'Islam.*

(3) Ǧifārite sayyd des *Aḥābīš* ; *Aǧ.*, XIX, 76. Nous étudierons plus loin
l'organisation de ces cadres, avec ses éléments bédouins. Je soupçonne que les
nombreux lieutenants ǧifārīs de Mahomet à Médine avaient d'abord servi dans
les Aḥābīš de la Mecque. Donc des transfuges !

(4) Comp. Ibn Hišām, 73, 9, explication du nom de Bakka : يزدحمون [فيها]..

sans les incessantes accessions, sans l'admission de nouveaux *ḥalīf*, alliés et métèques, au sein de la communauté primitive. Les conditions de l'existence dans ce couloir surchauffé par les *samoūm* du Ġaur, sans eau, sans air, sans arbres (1), se prêtaient mal au développement normal d'une agglomération urbaine. L'expansion de celle-ci n'avait pas marché de pair avec les remarquables progrès du mouvement économique. « ليس لنا جا مقام , la vie nous devient impossible à la Mecque » (2), disaient Ṣafwān ibn Omayya et ses collègues de la Mala' ou Grand Conseil qoraišite, lesquels disposaient pourtant de la ressource de villégiatures prolongées (3) dans leurs fraîches villas de Ṭāif (4) et du mont Sarāt.

Pour ces raisons, la Mecque se vit forcée d'escompter des dévouements mercenaires pour la protection de sa prospérité commerciale. Cette dépendance n'était pas sans présenter des dangers politiques. Par ailleurs, les irréguliers, les brigands du Tihāma, les réfugiés et les esclaves grouillant dans les ergastules et les bouges des faubourgs, الظواهر , toutes ces bandes d'aventuriers, de déracinés, de sans-patrie, dépassaient de loin en valeur guerrière le recrutement limité et de médiocre qualité que pouvait offrir le centre de la cité, le *Baṭḥā'* ou *Wādi*, le quartier aristocratique où résidaient les familles patriciennes. La journée de Badr en fournira la preuve. Malgré la supériorité du nombre et de l'armement, les Qoraišites s'y feront battre à plate couture par les paysans de Médine et ce, pour avoir refusé d'attendre la mobilisation des *Aḥābīš*.

---

(1) راد غير ذي زرع ; *Qoran*, xiv, 40. En signe de sa mission, les Qoraiš réclament à Mahomet de leur créer « une palmeraie et des jardins » ; *Qoran*, xvii, 93 ; cf. *Osd*, III, 118. Voir le témoignage de S. Jean Damascène, cité dans *Zeitschr. für Assyriol.*, XXVI, 182, 7.

(2) Cf. Wāqidī, Kr., 196.

(3) Comp. *Osd*, IV, 108, 8, etc.: طريبة , domaine ṭaqafite d'Aboū Oḥaiḥa et conservant son tombeau.

(4) Nous renvoyons à notre monographie de *Ṭāif à la veille de l'hégire*, chap. III, 45 sqq.

*
* *

Nous sommes bien forcé d'en convenir : les Bédouins professaient une estime très limitée pour le courage des concitoyens du Prophète. Les poètes bédouins n'ont pas voulu que nous en ignorions. Cette opinion mérite de nous arrêter. Elle pourra nous servire de critère pour juger, évaluer les tenaces légendes accumulées autour des héros des *Maǧāzi*, quand le moment viendra d'aborder la section militaire de la *Sīra* (1). Le problème se trouve déjà soulevé dans une ancienne vie de Mahomet. En dépit de sa longueur, l'explication vaut d'être reproduite : « il semble étonnant que les Arabes et surtout les Mecquois absorbés dans les délais du commerce ayent toujours été belliqueux. Un peuple sans cesse occupé de la passion d'accumuler des trésors doit être assez indifférent à la gloire que l'opinion attache à la profession des armes ; mais en Arabie le commerce étoit lié au métier de la guerre ; il falloit traverser de vastes solitudes... infestées de brigands qui dépouilloient les voyageurs... Il falloit toujours attaquer ou se défendre pour enlever ou pour conserver des caravanes. La vie des Arabes était un état de guerre, une pareille constitution familiarisoit avec les périls et entretenoit l'intrépidité nationale (2) ». Quoi de plus naturel ? Nous ne demanderions qu'à souscrire, si, indépendamment de la *Sīra* et antérieurement à cette compilation, une tradition littéraire (3) ne s'était développée en contradiction formelle avec cette théorie aprioristique. Cette théorie, nous nous étions déjà permis de la révoquer en doute, à propos des prouesses surhumaines attribuées à 'Alī et à Ḥamza (4). Feu Clément Huart nous a répliqué : « Tous ces Arabes, citadins ou scénites, étaient des guerrier-nés (5) ». Or, ces scénites, par

---

(1) Voir le volume II¹ des *Ṭabaqāt*, d'Ibn Sa'd, consacré aux Maǧāzi.
(2) Turpin, *Histoire de la vie de Mahomet*, Paris, 1773, I, 304-305.
(3) Exclusivement poétique.
(4) Voir notre *Fāṭima*, 29 ; comp. *Berceau*, I, 191, etc., 332, 334.
(5) *Journ. Asiat.*, 1913¹, 216. C'est l'argument de Turpin, cité plus haut.

l'organe de leurs rimeurs, attestent leur goût médiocre pour les chants funèbres entonnés près de la tombe des héros. L'acclamation poétique : لا تَبْعُدْ, « ne t'éloigne pas, ombre généreuse ! » (1), poussée par les femmes de la tribu, « les rappellerait-elle à l'existence » ?

La tribu impériale de Qoraiš a pris soin de placer sa réputation sous la sauvegarde de nombreuses recommandations (2), prêtées à Mahomet. On les trouve énumérées dans les *Ṣaḥīḥ* et dans les *Sonan*. Ces recueils attestent avec quelle attention jalouse la censure du califat 'abbāside a veillé sur le maintien de cette renommée. Si les échos de la mauvaise humeur bédouine (3) ont échappé à cette surveillance ombrageuse, nous en sommes, croyons-nous, redevables au hasard. Donc, au dire des nomades, la corporation des marchands qoraiśites se distinguait par son âpreté au gain et non moins par sa lâcheté. Ses caravanes osaient s'ébranler seulement après avoir acheté à prix d'or la sauvegarde, خِفارة, d'un puissant chef du désert (4) ; elles s'avançaient sous la protection d'une nombreuse escorte de guides et de convoyeurs armés, بِما فيها من الحَياة والخِفْراء (5). La Mecque semblait aux Bédouins le plus triste des séjours, « sans un brin d'herbe, ni gibier de chasse, mais en revanche des marchands, aussi vils que leur profession ».

---

(1) Pour cette formule élégiaque, cf. Rhodokanakis, *Al-Ḥansā' und ihre Trauerlieder*, 58, etc.

(2) Voir par exemple Ibn Daiba', *Taisīr al-Woṣoūl*, III, 108, 110 ; I. S. *Ṭabaq.*, I¹, 2.

(3) Comme ceux supprimés par Ibn Hišām, dans son remaniement de la *Sīra*, 572, bas et *passim*.

(4) Précaution indispensable ; cf. *'Iqd⁴*, III, 91 ; *Aǧ.*, XIX, 75. Mahomet annonce comme un miracle qu'un jour une femme pourra circuler sans *ḫafīr* ; *Osd*, III, 393.

(5) Ǧāḥiẓ, *Opuscula*, 66, 5 ; *'Iqd⁴*, II, 80. Sur le courage des Mecquois, voir nombreuses références dans Snouck Hurgronje, *Mekka*, I, 31, 32. Les Qoraiš auraient « renoncé au غزو à cause des excès qui s'y commettaient, pillage, viol... » ; *Sīra ḥalabyya*, I, 223.

ولا مَرْتَع لِلأمين او متقنّص   ولكن تَجرّا والتجارة تحقَر (1)

Les poètes bédouins se vantaient d'avoir percé les outres de vin, puis
fendu le crâne à ces rapaces trafiquants. En réponse aux avanies essuyées
devant le guichet des banquiers mecquois, quand leurs contribules venaient contracter un emprunt, solliciter une avance de fonds (2), les
rimeurs du désert se déclaraient spécialement heureux d'avoir pu humilier l'insolence de ces financiers, « fiers à l'ombre de leur sanctuaire, mais
tremblants de peur hors du territoire sacré et dissimulant sous des
branches de palmier sauvage leurs charges, pour éviter la mort grâce à
ce déguisement (3), lequel leur donnait des apparences de pèlerins ». La
découverte de cette ruse redoublait les fureurs des Bédouins contre les
« avaleurs de polenta », *saḥīna* (4), — un sobriquet de Qoraiś. On en retrouve l'écho, cinquante ans après l'hégire, dans cette virulente invective
de Naġāśī, laquelle lui vaudra les malédictions d'Ibn Qotaiba (5), apo-
logiste convaincu de la primatie et des prétentions qoraiśites (6) :

Le clan de la saḥīna, *qui donc en ignore la lâcheté ? De temps immé-
morial, on ne connaît à leur actif ni un trait de gloire, ni un acte de générosité.*

*Quel malheur pour l'univers et pour ses habitants de subir la souverai-
neté de ces nabots, de ces aristocrates (de contrebande) (7) !*

---

(1) Ġaḥiẓ, *Opuscula*, 63. A propos de *Qoran*, CVI, Ṭabarī, *Tafsīr*, XXX,
172, affirme que les Bédouins respectaient les caravanes de Qoraiś. C'est la
théorie officielle sur l'antiquité du *primat* qoraiśite et sa reconnaissance universelle en Arabie.

(2) Voir notre monographie de *la Mecque à la veille de l'hégire*.

(3) Ġaḥiẓ, *op. cit.*, 63, 8-12 ; Bakrī, *Moʿǧam*, 699, 8 ; Azraqī, W., 155, 489.

(4) Références dans notre *Yazīd*, 45, n. 3 ; Ibn Hiśām, *Sīra*, 705, 2 ; I. Aṯīr,
Nihāia, I, 60 ; II, 152-153 ; 194.

(5) هجا قريشًا لعنة الله ; Qotaiba, *Poesis*, 190.

(6) Voir son كتاب العرب dans les *Rasāʾil al-Bolaġāʾ*, 2ᵉ édition par Moḥ.
Kurd ʿAlī. Reste à savoir si l'attribution est fondée de cette compilation à Ibn
Qotaiba.

(7) Qotaiba, *Poesis*, de Goeje, 190.

Cette audacieuse satire, contemporaine du glorieux règne de Mo'āwia, dont la sympathique personnalité et les succès politiques auraient dû suffire pour réconcilier les Scénites avec la suprématie de Qoraiś, atteste la vivacité de leurs rancunes. Contemporain également, le vers suivant de Naġāśi appuie lourdement sur ce thème déplaisant :

وَحُقَّ لِمَنْ كانَتْ سَخِينَة قَوْمَهُ   اذا ذُكِرَ الاقوامُ ان يَتَقَنَّعا (1)

Un membre du clan de la saḫīna (2) *a le devoir de se voiler la face, en entendant mentionner les (autres) tribus.*

L'habitude des Mecquois païens de recourir au courage des Aḥābīś, d'employer des nègres à la guerre, n'était pas de nature à les relever dans l'opinion des habitants du désert. Un distique proclame crûment ce sentiment et son ancienneté (3) atteste que le recours aux troupes noires n'était pas un expédient de date récente parmi eux :

فضحتم قريشًا بالفرار وانتم   تَعدّون سودانًا عظام المناكِبِ

Votre lâche fuite (4) a déshonoré Qoraiś ; vous préférez enrégimenter des nègres aux épaules carrées.

Pour combattre, le cœur vous manque ; bons tout au plus à figurer dans les rangs d'un cortège (5) !

Il n'y a donc plus de doutes à conserver. Les Mecquois enrôlaient des mercenaires africains, de vrais nègres « aux épaules carrées ». Ce dernier trait nous campe bien devant les yeux ces fils de Cham, nous les montre faits comme ceux de nos jours, et nous enlève de la sorte la possibilité de les confondre avec les Scénites au teint brûlé par les ardeurs du Gaur (6).

---

(1) Qotaiba, *loc. cit.* ; comp. notre *Califat de Yazīd Ier*, p. 45.

(2) Comp. Ḥassān ibn Ṯābit, *Divan*, CLXXV, 9, 15.

(3) هذا شعر كجوا بو قديمٌ ; *Aġ.*, I, 20, 7.

(4) Comp. Al-Ḥaiqaṭān ; Ġāḥiẓ, *Opuscula*, 61, 1.

(5) *Aġ.*, I, 20.

(6) Les « deux Ġaur du Tihāma », غورا تهامة, de nos textes.

Mais que pouvaient bien représenter les mystérieux *Aḥābīš*, si souvent mentionnés dans les pages précédentes ? Wellhausen (1) s'en tire à bon compte, en tranchant avec sa brièveté coutumière : « *Die politischen Verbündeten der Quraisch sind... die Ahabisch.* » C'est, traduite en allemand, la conception de la *Sira*. La forme du vocable, rappelant le nom des Abyssins, invite pourtant à ne pas se contenter de l'explication traditionnelle (2). Effectivement le collectif *Ḥabaš*, « Abyssins », a pour pluriel *Oḥboūš* et pour pluriel de ce dernier la forme *Aḥābīš* (3). Tant *Oḥboūš* que *Aḥābīš* désignent des noirs, des aborigènes de la côte africaine de l'Erythrée. Aux débuts du vɪᵉ siècle de notre ère, il dénotait tout spécialement des soldats, des mercenaires nègres (4). En dépit des douloureux souvenirs laissés par l'occupation éthiopienne, les roitelets du Yémen recrutaient, on l'a vu, parmi les Abyssins, leurs gardes du corps. C'était la mode, semble-t-il, mode d'ailleurs imposée par les répugnances de l'Arabe contre toute contrainte militaire. Jadis, en Europe, pas de cour princière sans garde suisse : ainsi au Yémen, on ne concevait pas le pouvoir royal sans l'appareil traditionnel des *Aḥābīš*. Aboū't-Ṭamaḥān l'atteste dans un curieux distique. Nous avons déjà eu l'occasion de signaler ce poète bédouin parmi les spadassins, *ḥalīʿ*, réfugiés à la Mecque. Comme nous le voyons honoré du titre de *ḥalīf*, allié (5), fêté par le

---

(1) *Reste arab. Heidentums*, 86, n. 3.

(2) Comp. Cl. Huart : « Aḥābich... dont on ne peut s'empêcher de rapprocher le nom de celui de l'Abyssinie, Ḥabach » ; *Nouvelles recherches sur la légende de Salmân du Fars*, p. 3.

(3) Ibn Doraid, *Ištiqāq*, 119, 6 ; *Tāǧ al-ʿAroūs*, IV, 292 ; Dozy, *Supplément*, I, 245. Autre pluriel خُبْشان ; *Aǧ.*, II, 68. Dans Ibn Qais ar-Roqayyāt, *Divan*, p. 179, 1ᵉʳ v., رجال من الاحابيش désigne des Bédouins. Nous verrons pourquoi.

(4) *Aǧ.*, XVI, 73, bas ; 75, 7 ; Ġāḥiz, *Opuscula*, 70, 5 ; Ibn Sikkīt, *Tahḏīb*, Cheikho, 53, 6, cite ʿAǧǧāǧ : احبوش من الانباط, donc étrangers à la race arabe ! « Aḥābīš » = nègres ; Ġāḥiz, *Haiawān*, III, 167, d. l. Eunuques noirs, فتيان من الاحابيش ; Ibn Ǧobair, *Travels*², 194, 6 ; Ibn Baṭṭoūṭa, I, 278.

(5) Du hāšimite Zobair, fils de ʿAbdalmoṭṭalib, un illustre inconnu !

patriciat qoraišite, nous pouvons supposer qu'il mit son épée au service de ses hôtes. Son témoignage mérite donc d'être recueilli :

لوكنتُ في ريمان نحرسُ بابَهُ   اراجيل أحبوش واغضف آلِف

اذا لأتَيْتُني حَيث كنتُ منيتي   يحبُّ بها هاد بأمرى قايف (1)

En guise de traduction, nous transcrivons ici le quatrain bien connu de Malherbe. Les deux poètes ont exploité la même métaphore. Au palais yéménite de Raimān, Malherbe a substitué le Louvre et la garde suisse aux Aḥābīs de son collègue préislamite (2).

> *Le pauvre en sa cabane où le chaume le couvre*
> *Est sujet à ses lois,*
> *Et la garde qui veille aux barrières du Louvre,*
> *N'en défend pas nos rois.*

*
* *

Les *Aḥābīs* de la *Sīra* et des *Ṣaḥīḥ* seraient donc des soldats nègres. Cette question des troupes noires, si longtemps débattue de nos jours (3) au sein des nations colonisatrices (4), la Mecque l'avait résolue depuis treize siècles. Dans les armées qoraišites, nous devons donc nous attendre à rencontrer des bataillons nègres. L'expérience a certainement paru concluante, car nous voyons la tradition conservée jusque sous le califat ʿabbāside (5), même après la création d'une véritable armée arabe au

---

(1) *Aǧ.*, XI, 132 ; Boḥtorī, *Ḥamāsa*, Cheikho, nº 440. Pour Raimān, cf. Hamdānī, *Ǧazīra*, 224, 8. Dans اراجيل, Ibn Atīr, *Nihāia*, II, 70 voit un pluriel de رجالة ou رجال ; *Banāt Soʿād*, Guidi, 196.

(2) Pour ce thème, comp. Boḥtorī, *op. cit.*, nº 383, 397 ; tout le chapitre 53ᵉ.

(3) Ces lignes furent écrites un an avant la grande guerre.

(4) Cf. *L'armée noire* dans la *Revue des deux mondes*, 15 Août 1912, pp. 849-870.

(5) Cf. Ǧāḥiẓ, *Opuscula*, 70, 71 ; Azraqī, W., 194, 12: nègres dans l'armée de Ḥaǧǧāǧ, assiégeant la Mecque ; Balāḏorī, *Ansāb al-Ašrāf*, ms. cit., 697 *b*.

1ᵉʳ siècle de l'hégìre (1). Elle a inspiré au spirituel Ǧāḥiẓ un de ses plus piquants paradoxes, le *Kitāb faḫr as-Soūdān*, publié dans les *Opuscula* (2). Le fécond polygraphe y défend « la supériorité militaire des nègres sur les blancs », على البيضان , à savoir sur les Arabes (3).

En partant tumultuairement pour Badr, les banquiers mecquois commirent, nous l'avons dit, l'imprudence de ne pas attendre la mobilisation de leurs Aḥābīs. A peine prirent-ils le temps de réunir et d'équiper sommairement une petite troupe d'Abyssins. En route, la *Sira* nous montre ces derniers «s'amusant à lancer le javelot», leur arme favorite (4), خرجوا بالحبش يتقاذفون بالحراب (5). Les Mecquois n'auraient pas confié des armes à des esclaves ordinaires. Waḥšī (6), le meurtrier de Ḥamza, était certainement un soldat, rompu au maniement des armes. « Au jet du javelot, il manquait rarement le but, قلا اخطأ بما شيئًا (7). » Dans ces Abyssins armés (8), nous sommes donc autorisé à reconnaître nos Aḥābīs et à leurs supposer une mission plus sérieuse que celle de distraire leurs maîtres,

---

Gendarmerie nègre à Médine sous les Marwānides ; *Aǧ.*, II, 119. Garde nègre de Ḫālid al-Qasrī ; Ibn 'Asākir, éd. Badrān, III, 413, 10.

(1) Principalement par les Omayyades (voir notre *Mo'āwia*), grâce surtout à l'incorporation des Arabes de Syrie, partiellement formés à la discipline romaine.

(2) Édition posthume Van Vloten.

(3) Dans son titre il n'a pas osé mettre على العربان : l'antithèse eût fait scandale !

(4) Cf. Ibn Hišām, *Sīra*, 582, 6. A propos de Waḥšī يقذف بحربة له قتل الحبشة ; Ṭab., *Annales*, I, 1385 ; Samhoūdī, *op. cit.*, I, 187, 189.

(5) Wāqidī, Kr., 32.

(6) Voir sa notice : qualifié « من سودان مكّة » dans *Usd*, V, 83.

(7) Waḥidī, *Asbāb*, 215-216. Waḥšī se serait retiré du combat, après avoir tué Ḥamza ; Ibn Hišām, *Sīra*, 564. Insinuation pour faire croire que les nègres n'étaient pas de vrais soldats. Pour l'habileté des Abyssins à l'escrime, sabre et bouclier, cf. Moslim, *Ṣaḥīḥ²*, I, 328, 1 ; Boḫārī, *Ṣaḥīḥ*, C., I, 116, 117 ; II, 3.

(8) Attachés aux expéditions de Qoraiś, à Badr et à Oḥod. Waḥšī reparaît dans la guerre contre Mosailima sous Aboū Bakr. Rien ne prouve qu'il y représentât seul les gens de sa race.

au cours du voyage, par leur adresse à l'escrime. Ainsi le voudraient les rédacteurs des *Maǧāzi*. Ces nègres formeraient — dans leur exposé — le pendant masculin aux musiciennes, également esclaves, amenées par les riches marchands de Qoraiś. Les *Ṣaḥīḥ* nous montrent quelque part, à Médine, des Abyssins chargés d'amuser la favorite ʿĀiśa par leur escrime. Appartenaient-ils à la garde nègre du Prophète ?

Sur le champ de bataille d'Oḥod, la *Sīra* mentionne la présence « des Aḥābīś et des esclaves de la Mecque, احابيش وعبدان اهل مكّة » (1). En d'autres termes — la conjonction *et* ayant ici une valeur non pas disjonctive mais explicative — les *Aḥābīś* en question ne peuvent être que des Abyssins ; عبدان ne comporte pas d'autre signification. Car, à cette époque, l'immense majorité des esclaves dans l'Arabie occcidentale se composait de nègres. Avant nous, les érudits musulmans ont déjà soupçonné cette identification. Parmi les nombreuses fantaisies étymologiques (2) inspirées par le nom des Aḥābīś, les lexiques énumèrent chez cette milice la couleur foncée du teint, لاسوادهم (3). L'ensemble de ces indices nous permet de conclure en sûreté de conscience à la nationalité africaine des Aḥābīś. Ils formaient des régiments nègres, les précurseurs de nos vaillants ʿAskaris érythréens (4), comme eux originaires des rives occidentales de la Mer Rouge. Coïncidence curieuse ! Chez les anciens Arabes, le vocable *ʿaskar, ʿasākir* aurait désigné des mercenaires, des troupes soldées, par opposition aux combattants indigènes luttant pour la défense de leurs foyers. Ainsi du moins paraît l'avoir entendu le poète médinois Qais ibn al-Ḥaṭīm, mort quelques années avant l'hégire (5). Aurait-il pensé aux condottieri de la Mecque, à ce ramassis de Bédouins et de nègres joints à

----

(1) Hiśām, *Sīra*, 561-562. Wāqidī, Kr., 221, 278-279, عبيد قريش (des nègres) combattent à Oḥod ; Waḥśī en fait partie ; Wāqidī, Kr. 221, 278-279. De même *Soʾāb ;* voir plus loin pour ce dernier.

(2) Voir plus bas. Ibn al-Aṭīr, *Nihāia,* I, 196.

(3) *Tāǧ al-ʿAroūs,* IV, 293.

(4) Lignes écrites à Rome, au cours de la campagne italienne en Tripolitaine, pendant que les *ʿAskarīs* érythréens sillonnaient les rues de la capitale.

(5) Voir son *divan*, éd. Kowalski, XVIII, 3.

l'armée qoraišite, insinué enfin que ses concitoyens, les futurs « Auxiliaires » du Prophète, étaient trop fiers pour accepter des secours mercenaires ? Etant donné les relations médiocrement cordiales ayant toujours régné entre les deux cités, la supposition ne présente rien d'invraisemblable.

*
* *

La conclusion à laquelle ces développements nous ont amené, la *Vulgate* islamique, chronique légendaire imprégnée de préjugés impérialistes, histoire consignée dans les diverses rédactions de la *Sīra* et des *Maǧāzi*, ne pouvait la trouver de son goût. Décidément elle tournait trop peu à l'honneur des concitoyens de Ḫālid ibn al-Walīd, 'Amrou ibn al-'Āṣi (1), de tant d'autres capitaines qoraišites, justement vantés, de l'expansion arabe (2). Elle projetait une ombre fâcheuse jusque sur les exploits fabuleux de 'Alī et de Ḥamza (3), héros des *mašāhid*, des épiques batailles de la foi. Nous devons nous contenter de signaler ici cette antinomie. Les tentatives d'atténuation ne manquent pas pourtant chez nos auteurs, visiblement embarrassés par le rôle militaire revenant à des esclaves nègres. C'est ainsi qu'à Oḥod ils ont placé les Aḥābīš mecquois à la suite du Médinois Aboū 'Āmir ar-Rāhib (4). La combinaison leur permettait d'humilier en même temps le chef chrétien, devenu odieux à la tradition médinoise pour avoir préféré son indépendance personnelle au régime autocratique établi par le Prophète à Médine. Une autre version

-----

(1) Ce dernier, antérieurement à son départ pour Médine, aurait consacré tout son temps au commerce et aux négociations diplomatiques.

(2) A la Mecque, ceux des « faubourgs », الظواهر, où demeuraient la plupart des esclaves, se vantent des services militaires rendus aux Biṭāḥīš ou patriciens; comp. *Aǧ.*, IV, 155, bas.

(3) Il tue 31 ennemis de sa main à Oḥod ; *Osd*, III, 185. Pour 'Alī, voir le résumé de ses exploits dans *Osd*, IV, 19-21.

(4) Voir ce nom à l'*index* d'Ibn Hišām, *Sīra* ; Samhoūdī, I, 203.

va jusqu'à prétendre qu'on leur a refusé le droit de combattre pour les laisser à la garde des bagages (1). Autant de remaniements qui trahissent l'embarras des annalistes anciens ! Comment n'ont-ils pas éveillé plus tôt les soupçons des, orientalistes, s'obstinant à voir dans les Aḥābīš *die politischen Verbündeten der Quraich* » (Wellhausen) ?

A Oḥod, grâce à l'écrasante supériorité du nombre et à la fougue de ses Aḥābīš, la Mecque triompha de Médine et de Mahomet. Ce succès va soumettre à une nouvelle épreuve l'ingéniosité des vieux chroniqueurs, désireux de sauvegarder l'amour-propre des combattants (2). Au cours de la bataille, neuf porte-drapeaux s'étaient fait tuer en défendant l'étendard de Qoṣayy (3). Il faut renoncer à compter les fragments de provenance poétique dont se compose la mosaïque de la *Sīra*. Cette compilation s'empresse de recueillir, à la suite de Ḥassān ibn Ṯābit (4), le geste tout à l'honneur du courage mecquois. Après la mort de ses défenseurs d'office, le drapeau serait demeuré abandonné, si une des femmes emmenées par les païens « pour se donner du cœur», لئلا يغزوا (5), si une certaine 'Amra al-Ḥārityya (6) ne se fût dévouée pour le relever. Dans l'armée mecquoise, « on ne rencontrait plus, au dire de Ḥassān, d'épaules assez robustes pour soutenir ce noble fardeau, lequel réclame des héros ;

كَمْ طلق حمَلَهُ الوِاتق منهم   اِنَّا يحملُ اللواء النجومُ (7)

« Sans la vaillante Ḥārityya, reprend l'impitoyable chantre de Médine, les Qoraiš eussent été vendus comme des esclaves sur les marchés du Ḥiǧāz »,

____

(1)   Waqidī, Kr., 227 ; *Aǧ.*, XIV, 12.

(2)   Battus par des nègres !

(3)   Le grand étendard de la Mecque, hérité de l'ancêtre Qoṣayy, l'auteur légendaire de la Constitution qoraišite.

(4)   *Divan*, v, 17 ; Waqidī, Kr., 223, etc.

(5)   Ṭab., *Annales*, I, 1385 ; Ibn Hišām, 557 ; Samhoūdī, I, 200. Dans les armées du Prophète, on leur assigne le rôle de cantinières et d'infirmières !

(6)   Sa généalogie dans Waqidī, Kr., 201.

(7)   *Divan*, v, 22. Scolion, *ibid.*, p. 19, النجوم الاشراف المرقون .

فلولا الحارثيّة اصبحوا   يُباعون في الاسواق بَيْعَ الجلاب (1)

En dépit des insinuations contraires de la *Sīra*, des nègres — sans parler de Waḥšī — ont dû combattre à Oḥod, puisque nous voyons l'étendard finalement repris par Ṣo'āb (2), un Abyssin, lequel se fit littéralement hacher pour sa défense. Nouveau détail exploité par l'implacable Ḥassān : « Vous avez, clame-t-il aux Mecquois, abandonné l'emblème de votre honneur militaire à un nègre, la dernière des races qui foulent la poussière de cette terre ». Voilà qui s'appelle parler clair !

جعلتم فخركم فيه لعبدٍ   بن النّم مَن يَطأْ عَفَرَ التُّرابِ (3)

Ḥassān a, nous le savons, la langue fort méchante (4), et en veut aux Mecquois. A tout prix, il a tenté d'embellir la lamentable défaite, à Oḥod, d'abord de ses compatriotes et ensuite des musulmans. Le plus surprenant, c'est l'inconscience de la *Sīra*, se bornant à traduire en prose les allégations du redoutable satirique (5). Nous n'aurons garde de déplorer cette naïveté. En nous permettant de surprendre une fois de plus ses procédés de documentation, cette méthode achève de nous enlever nos dernières illusions sur la politique réaliste des concitoyens de Ḫālid ibn al-Walīd. Les témoignages sont trop précis, trop concordants pour pouvoir être éliminés.

------

(1) Ibn Hišām, *Sīra*, 571.

(2) Pour tout arranger, on le dit esclave des 'Abdaddār, les porte-drapeaux officiels ; Wāqidī, Kr., 225 ; Ibn Aṯīr, *Nihāia*, I, 70, 7. La *Sīra* n'explique pas comment le drapeau passe de 'Amra à Ṣo'āb. Pour se guider, elle n'a que le vers de Ḥassān (Ibn Hišām, *Sīra*, 570-571, 610 ; Wāqidī, *loc. cit.*), où elle est allée s'inspirer. Ses lacunes répondent exactement à celles de la documentation poétique, qui lui a servi de canevas.

(3) *Divan*, cc, 2.

(4) Ibn Hišām supprime nombre de ses vers ; *Sīra*, 523, 524, 10 ; 572, 581, etc.

(5) Sans *isnād* ou avec des *isnād* quelconques, حدثني بمن اهل العلم ; Ibn Hišām, *Sīra*, 570, 7. Wāqidī les supprime pour le détail de sa narration.

Dans leur langage savoureux, les Bédouins les comparaient au lézard ; parce qu'au moment du danger ces prudents financiers se renfermaient dans les limites du territoire sacré (1), comme le lézard dans son trou, الحَرَّم [1. سُمِّي قريش البطاح الضبّ للرومها [للرومها] (2). La pittoresque similitude vise les Mecquois du centre, ceux des quartiers aristocratiques, les gros banquiers de la cité, قريش البطاح (3). A Médine, les Anṣāriens, les vainqueurs de Badr — ils pouvaient parler en connaissance de cause — les jugeaient avec encore moins de ménagements. Ils les comparaient à de vieilles mégères chauves ; sur le champ de bataille, ils n'auraient déployé ni plus de cœur ni plus de résistance (4). Les Juifs de Médine croyaient devoir prévenir Mahomet de ne pas tirer des conclusions exagérées de son trop facile triomphe sur un ramassis de bourgeois présomptueux, « sans entraînement ni formation militaires, اغمار لا يعرفون القتال (5) ». L'empereur Guillaume ne s'est pas exprimé avec plus de dédain sur le compte de « la misérable armée de French. ». Ce fut au point que le Prophète, pour défendre la réputation des Mecquois, jugea utile de protester devant ses Compagnons anṣāriens (6). Un des fuyards de Badr, le Maḫzoūmite Ḥāriṯ ibn Hišām s'était vu violemment pris à parti par Hassān ibn Ṭābit. Le malheureux, poète lui-même, n'imagina pas de meilleure défense à opposer que le vers suivant : « Continuer *seul* le combat, c'était courir à la mort. Bravade inutile ! Mon sacrifice n'eût pas retardé le succès de l'ennemi » ;

---

(1) Ainsi firent-ils au début de la guerre du Fiǵar.

(2) Balāḏorī, *Ansāb*, ms. cité, 22 *b*.

(3) Comp. la formule : من قريش الظواهر ولبسّ من قريش البطاح ; *Osd*, III, 173. Pour les clans entrant dans la composition du dernier groupe, voir *Chroniken*, W., II, 339, bas ; Lammens, *La Mecque*, 53 etc.

(4) Comp. les vers de Kaʿb ibn Mālik sur Badr ; Ibn Hišām, 528, 8, etc. ; Ibn Aṯīr, *Nihāia*, II, 272.

(5) Ibn Hišām, *Sīra*, 383, 7 ; Wāqidī, Kr., 178 ; Ibn Aṯīr, *Nihāia*, III, 170.

(6) Wāqidī, Kr., 110, 5 ; 178, 1. Devant les mêmes, il défend la réputation de beauté des Mecquoises ; *Osd*, III, 273, 7 d. l.

وعلمتُ اني إن اقاتِلُ واحدا   اقتلُ ولا يضرر عدوّي مَشْهدي (1)

Impossible d'avouer plus naïvement sa couardise et celle des vaincus
à la fameuse journée. Le vers fâcheux (2) n'empêcha pas le rimeur Maḫzoūmite de continuer à jouir de l'estime générale. Lorsque, dix ans plus
tard, il quitta définitivement la Mecque, toute la cité tint à honneur de
lui faire la conduite. « Jamais on n'assista à pareille scène de désolation
et de larmes », لم يُرَ يوم كان اكثر باكيًا وباكية (3). Evidemment ces hommes se
connaissaient entre eux et savaient se montrer indulgents pour les moins
pardonnables défaillances du courage viril (4). Raison de plus pour la
Sira, pour l'histoire officielle, de chercher à dissimuler que ces personnages, — dont on oublie momentanément la longue opposition au Prophète — se soient mis à couvert derrière des esclaves et des nègres,
احابيش وعبدان اهل مكّة. Faut-il revenir sur la synonymie de ces vocables ?
Si les Aḥābīš représentaient l'ensemble des « alliés politiques, *die politischen Verbündeten* » de Qoraiš, comment leur nom serait-il devenu la
dernière des injures ? C'est pourtant le cas chez Ḥassān ibn Ṯābit, virtuose
de l'invective, mais excellent témoin pour le style de son époque. S'atta-
quant à des Bédouins, ennemis du Prophète, le satirique médinois les
traite de « ramassis d'Aḥābīš, sans généalogie, à la façon des nègres »,
انتم احابيش جُمِّعتم بلا نَسَبِ (5). Dans la conception traditionnelle, ce trait, qui
est et veut être méchant, se change en *telum imbelle sine ictu*.

----

(1) Ḥassān ibn Ṯābit, *Divan*, III, 11, etc. ; CLI ; Qotaiba, *Ma'ārif*, É.
(le sigle É renvoie à une édition égyptienne), 95, 4 ; Ibn Hišām, *Sīra*, 523. Pour
les compositions poétiques de Ḥariṯ, voir Ibn Hišām, 517, 523, 530, 569.

(2) Très admiré dans les anthologies ; cf. *'Iqd*⁴, I, 43 : « rien de plus beau
que l'excuse de.... ».

(3) Cliché reproduit dans le *ḥadīṯ* à des centaines d'exemplaires. Comp.
Aġ., XI, 152 ; *Berceau*, I, 196 ; Samhoūdī, *Wafā'*, I, 327 ; II, 409, 3.

(4) A Ḥodaibyya, Mahomet leur fait jurer de ne pas fuir ; *Osd*, III, 265, 6.

(5) *Divan*, LXI, 3.

On pouvait pardonner aux concitoyens d'Ibn Ġod'ān, d'Aboū Oḥaiḥa et d'Aboū Sofiān d'avoir fait appel au courage de leurs voisins bédouins (1), aux brigands, *loṣoūṣ*, d'Aslam et de Ġifār ; des compatriotes après tout ! Nous entendrons plus tard le calife Mo'āwia, l'incarnation de la science gouvernementale chez les Arabes (2), féliciter les nomades de pouvoir se battre pour Qoraiś (3). Ce grand manieur d'hommes pouvait se permettre ce genre d'éloquence (4). Non pas pourtant au point d'en imposer à la finesse des poètes. Tout en subissant la fascination exercée par l'illustre souverain omayyade, les bardes bédouins (5) observaient malicieusement que « la tribu de Qoraiś gardait pour elle les délices du pouvoir et utilisait les Arabes dans la défense des provinces les plus exposées, comme le Horāsān ;

تولَّت قريش لذَّةَ العيش واتَّقَت . بنا كلَّ فجّ مِن خراسان أغبرا (6)

Antérieurement à l'hégire et au mouvement impérialiste arabe, issu des *fotoūḥ*, de l'épopée des conquêtes, les nomades se montrèrent moins endurants. Leurs poètes se vantent « des coups vigoureux portés aux mangeurs de *saḥīna* ». Que n'auraient-ils pas fait, ajoutent-ils, « si la nuit, si le respect pour le territoire sacré » n'avaient arrêté leur fureur ?

---

(1)   C'est l'interprétation de la *Sīra* pour la question des Aḥābīś.

(2)   Voir notre *Mo'āwia* et la Conclusion du *Berceau de l'Islam*, I, 332-334.

(3)   *'Iqd⁴*, II, 41, 16. Le vrai type du courage mecquois, c'est le Prophète, c'est encore Aboū Bakr, tous deux dans le عريش, tente de feuillage à Badr, surveillant, dirigeant à distance les manœuvres ; *Osd*, III, 212. Dans les *masā-hid*, les Anṣārs se font surtout tuer. A Badr, l'ange Gabriel reproche naïvement au Prophète : انت في الظنّ واصحابك يقاتلون في الشمس ; *Osd*, V, 166, 5. Trait délicieux et sans arrière-pensée !

(4)   Mahomet présente les Bédouins comme destinés à combler les vides et compléter le nombre des musulmans ; *Osd*, III, 90, 8.

(5)   Comp. les vers de 'Amrou ibn Ma'dikarib ; *Aġ.*, XIV, 40, bas.

(6)   Aboū Tammām, *Ḥamāsa*, Freyt., 667. On présente les Bédouins comme « la réserve de l'islam », مادّة الاسلام ; *Osd*, III, 380 ; cf. notre *Berceau*, I, 332 etc.

يا شِدَّةَ ما شَدَدْنا عير كاذِبةٍ   على سَخِينةٍ لولا اللَّيلُ والحَرَمُ (1)

Les Banoū Ḡifār s'étaient mis, nous le savons, au-dessus de ces scrupules religieux (2). Les autres Bédouins ne parlaient de rien moins que de « les renvoyer à coups de sabre tous en masse lécher leur *saḥīna* à la Mecque »,

اذًا لَضرْبِتم حتى يعودوا   بِمكّةَ يلعَقون بما السخِينا (3)

Ces invectives passionnées, on aurait tort de les prendre à la lettre. Mais il devenait temps d'écarter tous ces souvenirs, d'étouffer l'écho de ces rappels, humiliants pour l'amour-propre des gouvernants qoraiśites. Voici donc le biais adopté par la *Sīra* et par l'historiographie, écrites sous la surveillance jalouse des califes de Bagdad, bénéficiaires intéressés des vieilles prétentions qoraiśites.

Après le *fatḥ*, occupation, de la Mecque, le Prophète se proposait de marcher contre les Hawāzin. Ses concitoyens lui conseillèrent de mobiliser les esclaves nègres, en vue de cette expédition (4). Ce recrutement ne leur était donc pas inconnu. Mais à leurs ouvertures Mahomet aurait répondu : « Aucun fond à faire sur les soldats Abyssins ; affamés, ils volent ; rassasiés, ils se livrent à la débauche», لا خير في الحبش إن جاعوا سرقوا وإن شبعوا زنوا (5). Le verdict est péremptoire et l'exécution complète ! Que les Qoraiś polythéistes, les vaincus de Badr, du Ḥandaq et du *fatḥ* ont été de médiocres soldats (6), qu'habituellement des mercenaires les ont suppléés sur les champs de bataille, il devenait difficile d'en disconvenir ouvertement. Un compromis s'imposait ! Le Maître, dont la Tradition ne cesse

----

(1) Ḡāḥiẓ, *Avares*, 258 ; *Aḡ.*, XIX, 76 ; *ʿIqd*⁴, III, 92.

(2) Voir plus haut, au début de cet article.

(3) Ḡāḥiẓ, *Avares*, 258 ; cf. notre *Yazīd*, 46.

(4) *Aḡ.*, I, 32. Il s'agissait principalement des nombreux esclaves noirs des Maḥzoūmites.

(5) *Aḡ.*, I, 32 ; Soyoūṭī, *Mauḍoūʿāt*, I, 231.

(6) Ils assistent surtout en spectateurs à la bataille de Ḥonain : كثير شحم بطونهم , ainsi les décrivaient les Anṣārs.

d'invoquer l'autorité, n'avait-il pas loué Ḫālid ibn al-Walīd d'avoir « consacré ses esclaves (1) au service d'Allah », في سبيل الله (2), en d'autres termes, à la guerre sainte. Seulement — et sur ce point on n'admettra aucun tempérament, aucune concession — les Aḥābīs de Qoraiš n'avaient rien de commun avec les nègres, avec « ce rebut de l'humanité », avait dit Hassān ibn Ṯābit (3) dans son invective contre les Qoraiš. Bédouins authentiques, ces Aḥābīs appartenaient aux tribus du Tihāma, du Ḥiǧāz méridional, aux groupes nomades de Kināna (4) et de Ḥozāʿa. Voilà les milieux, exclusivement arabes (5), où les Qoraiš, en vertu d'accords conclus, allaient recruter leurs auxiliaires, تستجلب العرب في واديها (6). Il leur arriva même de prendre une tribu entière à la solde de la Mecque أستاجروا حيًّا من قبائل العرب (7).

Il faut avoir l'esprit bien mal fait pour ne pas se contenter d'explications aussi satisfaisantes. Reste pourtant une difficulté : l'étrange ressemblance du vocable *Aḥābīs* avec le nom des riverains occidentaux de l'Érythrée. Rien de moins embarrassant que cette étymologie pour la

---

(1) رقيق, évidemment nègres ; la Mecque comptait alors peu d'esclaves blancs. Ḫālid était Maḫzoūmite ; cf. *Aǧ.*, I, 32.

(2) Aboū ʿObaid, *Ǧarīb al-ḥadīṯ*, ms. de Kuprulu, Stamboul, 100 ; Ibn Aṯīr, *Nihāia*, II, 20.

(3) *Divan*, cc, 2, cité précédemment.

(4) جمع من كنانة غير غزل ; Ibn Hišām, *Sīra*, 701, 9, poète mecquois contemporain.

(5) Qotaiba, *Maʿārif*, É., 207 ; *ʿIqd*, II, 47 ; Azraqī, W., 71 ; Bakrī, *Moʿǧam*, 263-264 ; Ibn Doraid, *Ištiqāq*, 119 ; Yāqoūt, *Moʿǧam*, É., III, 211 ; *Aǧ.*, XIX, 76, 4. Depuis l'hégire, Ḥozāʿa pencha surtout vers l'alliance avec Mahomet ; Wāqidī, Kr., 329 ; Ṭab., *Annales*, I, 1535.

(6) Wāqidī, Kr., 211. Comp. Ḥassān, cité plus haut : جمعتهم بلا نسب, les Bédouins de diverses tribus, réunis au hasard du recrutement. La Tradition n'en demandait pas davantage.

(7) Wāqidī, Kr., 362. L'article *Aḥābīs* manque à l'*Encycl. de l'Islam*. Faut-il les reconnaître dans les ارباش واتباء قريش qui au *fatḥ* résistent à Ḫālid ibn al-Walīd ? Ṭab., *Annales*, I, 1635 ; Ḥazimī, *Nāsiḫ wa Mansoūḫ*, 154 ? I. Aṯīr, *Nihāia*, IV, 190, bas.

fertile imagination des philologues arabes, jamais à court de rapprochements et de gloses opportunistes. Ces opérations se trouvent singulièrement facilitées par la souplesse et la variété inouïes des racines de l'idiome bédouin. Donc, au sujet d'*Aḥābīš*, ce serait s'égarer, au dire des glossateurs, d'y vouloir reconnaître une relation étymologique avec le nom des *Ḥabaš, Oḥboūš* ou Abyssins. Ne possède-t-on pas le verbe تحبّش « se réunir »; explication patronnée par d'éminents philologues arabes (1) ? Les Aḥābīš étaient — on veut bien en convenir — des *bravi* soldés, des mercenaires à gages. Mais si la Mecque s'est décidée à acheter leur concours pour compléter ses cadres, combler les vides de son organisation militaire (2), ce fut en leur qualité de confédérés de Qoraiš (3). Des conventions antérieures avaient prévu le cas, déterminé le *casus foederis*. Quant au nom collectif donné aux condottieri, Aḥābīš rappelait le mot Ḥabašī, où l'alliance aurait été solenellement jurée, حلفاء قريش تحالفوا تحت جبل يقال له حبشيّ فسمّوا الاحابيش (4). Quoi de plus simple ? Foin de l'hypercritique! Celle-ci soulèvera sans doute une nouvelle difficulté : pourquoi, à propos d'une convention mecquoise, aller chercher hors du *ḥaram* le théâtre d'un serment religieux ? A la Mecque, les sanctuaires abondaient et, au dire de la Tradition, on accourait des quatre coins de l'Arabie, sans parler de la Syrie et de la Mésopotamie (5), afin d'y conclure ou renouveler des alliances. Le lieu de la convention n'a pu être imposé ou conseillé par une des tribus contractantes, celles-ci appartenant aux groupes ennemis de Kināna et de Hozāʿa. Certains auteurs semblent avoir soupçonné la valeur de l'objection. Ainsi Yaʿqoūbī place

------

(1) Ibn Sikkīt, *Tahḏīb*, Cheikho, 53, 706 ; Hammad ar-Rāwia cité dans Qotaiba, *Maʿārif*, W., 302. Comp. Ḥassān ibn Ṯābit, *Dīvan*, LXIII, 3. Voir les variantes au texte d'Ibn Hišām, *Sīra*, 246, 1, vol. II, p. 80.

(2) Ainsi aurait agi un chef de Baǧīla, استأجر ; *Aǧ.*, XVIII, 213, 3 d. l.

(3) Cf. *Aǧ.*, XVI, 66, 67 : récit peu ancien et d'inspiration ʿabbāside.

(4) Ibn Doraid, *op. cit.*, 119. Comp. Ibn Hišām, *Sīra*, vol. II, 80.

(5) I. S., *Ṭabaq.*, I¹, 44, bas; c'est ainsi qu'on amène à la Mecque les tribus de Kalb et de Taǧlib.

au parvis de la Ka‘ba la confédération ou *ḥilf* des Aḥābīš (1). Présentée de la sorte, la mise en scène devient plus impressionnante, mais en supprimant l'étymologie complaisante fournie par le mont Ḥabašī, elle remet en question la manipulation philologique.

*
* *

A cette dernière exégèse, produit de l'érudition livresque, je reprocherai d'être simplement ingénieuse. Son apparente subtilité ne tient compte ni de la géographie ni même de la grammaire. Le site précis de la convention militaire, sa nature exacte — vallée ou montagne ? — demeurent ignorés (2). On se contente de les mettre dans la région de la Mecque ou dans le district de Tihāma. Une localisation aussi vague doit justement paraître suspecte. Les auteurs des *Mo‘ǧam*, compilations par ailleurs inappréciables pour la richesse de leur documentation, ces auteurs professent trop souvent une répugnance marquée à résoudre par la méthode de l'autopsie les problèmes de la géographie arabe. Ce manque de critique, cette sorte d'inertie intellectuelle diminuent notablement la valeur de leur riche documentation. Yāqoūt, l'expéditif encyclopédiste, propose de placer le site en question dans la verte vallée de Na‘mān (3), le Na‘mān des acacias-arāk (4), dominant les lieux-saints de ‘Arafa et de Minā Il y a même raison de se demander si, au lieu d'une montagne, nous ne finirions pas par en avoir plusieurs (5). *Kāhin* et oracles recherchaient

----

(1) *Hist.*, I, 278, 279. L'histoire s'est inspirée — comme de coutume — de la poésie ; cf. Ibn Hišām, *Sīra*, 556, 3 d. l., où le « Ḥaṭīm » se trouve mentionné, un fétiche dont l'identification reste encore à établir. Voir précédemment p. 147 etc.

(2) Ibn Hišām, *Sīra*, 246, 1, nomme la vallée *Al-Aḥbaš*. Serait-ce pour faciliter le rapprochement avec Aḥābīš ?

(3) Cf. notre *Berceau*, I, 69.

(4) Yāqoūt, É., III, 211.

(5) Azraqī, W., 71, 491, semble distinguer entre Ḥobšī, mont de l'alliance, et Ḥabšī, une montagne quelconque ; « le nom ne dérive pas de celui d'Abyssin », لم ينسب الى رجل حبشي, affirme Azraqī.

volontiers les hauteurs (1). Parmi les nombreuses cimes, couronnées de
hauts-lieux et voisines de la Mecque (2), les exégètes mahométans, voués
à l'interprétation du *ġarīb*, des expressions désuètes du ḥadīṭ (3), ont
cherché un toponyme prêtant à des rapprochements avec les *Aḥābiš*. Ce
genre d'investigations philologiques peut généralement compter sur un
résultat rémunérateur, vue la richesse de la toponomastique au désert.

Nos érudits n'ont pas tardé à découvrir ce nom plus ou moins altéré
dans les archaïques formules de serment, si ordinaires en arabe. A toutes
les périodes de leur histoire, les fils d'Ismaël nous apparaissent comme
des jureurs invétérés. Ce peuple passionné, débordant de vie, ne peut se
contenter d'une affirmation, d'une négation banales, conformément à la
recommandation de l'Évangile : « sit sermo vester *est, est, non, non* »
(Matt. V, 37). Rarement il résiste à l'envie d'y ajouter un serment, parfois une véritable kyrielle de serments. Certaines sourates du Qoran (4)
ne connaissent pas d'autre figure de rhétorique. Les poètes n'en font pas
un moins abusif usage. Elle devenait fréquente surtout dans le style, dans
les oracles des vieux *kāhin* ou devins. Dans ces archaïques formules, les
montagnes saintes, où siégeaient le *kāhin* et son bétyle, devaient jouer un
rôle considérable. Les Scénites aimaient à prendre à témoin le caractère
sacré de ces hauts-lieux (5). Ils se juraient une fidélité « aussi éternelle »
que la masse granitique, « aussi inébranlable que les assises du mont

----

(1) Cf. *Osd*, V, 7, bas ; *Sīra ḥalabyya*, I, 212.

(2) Voir la très copieuse nomenclature de ces montagnes dans les quarante
dernières pages d'Azraqī, W. (= éd. Wüstenfeld).

(3) Introduites par les fabriquants pour leur donner un faux air d'authenticité. Ces artifices abondent dans le ḥadīṭ et continuent à fasciner les islamo-
logues inexpérimentés ou distraits.

(4) Comp. *Qoran*, xix, 69 ; remarquez : ﻧﺮﺛﻚ, placé sur les lèvres d'Allah.

(5) Ǧāḥiẓ, *Ḥaiawān*, IV, 150, bas ; *Osd*, V, 7, bas ; Ibn Hišām, 133, 6 ;
Ibn Aṭīr, *Nihāia*, II, 272 ; III, 45 ; IV, 59, bas ; Hamdānī, *Ġazīra*, 126, 21-26 ;
Bakrī, *Moʿǧam*, 603, bas.

Ḥabaší », ما اقامَ حَبْشِي (1), ou encore ما رسا حُبَْنِي مكانَهُ (2). Dans les serments qoraišites, le nom du Ḥabaší se trouve d'ordinaire remplacé par celui de Ṭaur, de Ṭabīr, de Ḥirā' (3), d'Aboū Qobais, sommets plus rapprochés de l'agglomération mecquoise (4) et infiniment mieux connus, grâce aux évolutions et au cérémonial du pélerinage annuel.

II

Nos étymologistes n'en demandaient pas davantage. La découverte de ces formules les a déterminés à placer près du Ḥabaší le théâtre de la fameuse alliance, de la confédération militaire. Par malheur, ces érudits n'arrivent pas à se mettre d'accord — on vient de le voir — sur la graphie définitive du vocable : *Ḥabaši* (5), *Ḥobši*, *Aḥbaš* ou *Ḥabīš*. Hésitation suspecte et accusant une information livresque ! La forme *Ḥabīš*, de beaucoup la plus rare, se voit préférée par Bakrī. Mais, ajoute ce géographe, les traditionnistes, اهل الحديث, se prononcent pour l'orthographe Ḥobší (6). C'est l'endroit où, un demi-siècle après la mort de Mahomet, devait mourir l'insignifiant 'Abdarraḥmān, fils du calife Aboū Bakr (7).

---

(1) Bakrī, *Mo'ǧam*, 263-264 ; Qotaiba, *Ma'ārif*, W., 302 : ما رسى حبشي (sic) مكانه.

(2) Yāqoūt, *Mo'ǧam*, É., III, 211 (= II, 197, Wüst.). Cet auteur connaît aussi la graphie *Ḥabīš*.

(3) *Aǧ.*, XIII, 39, 85. Ne pas confondre avec la ville de Ḥīra des phylarques laḥmides. Dans les *Ṣaḥīḥ*, cette montagne remplace le Thabor évangélique ; *Osd*, III, 378 ; IV, 63.

(4) Nous étudions leur rôle dans *Les sanctuaires préislamites dans l'Arabie occidentale*, 21 etc.

(5) *Chroniken*, W., II, 17, 46.

(6) Bakrī, *op. cit.*, 263-264.

(7) *Aǧ.*, XIV, 70 ; XVI, 96. On y trouverait son tombeau ; sur ce point l'affirmation d'Azraqī, W., 432, ماتّ بالحبشى فلم يُحمَل الى مكة, doit prévaloir. Il demeure la meilleure autorité pour l'histoire de la région mecquoise. Ses successeurs se contentent de le copier. Comp. *Osd*, III, 306.

Toutes ces divergences insinuent que nos critiques ont ignoré ou préféré ignorer l'étymologie véritable et compromettante d'Aḥābīš. En désespoir de cause, ils se sont arrêtés aux essais d'exégèse dont nous venons de donner des spécimens médiocrement satisfaisants. Ces explications trahissent visiblement l'embarras de leurs auteurs. A leurs yeux, elles présentaient du moins l'avantage d'éloigner tout rapport avec les nègres importés d'Abyssinie, عبدان اهل مكّة, avec les سُودان مكّة (1). Le patriotisme local tenait énormément à ce résultat, disons mieux, à cette confusion.

Dans son empressement pour combler les énormes lacunes de la protohistoire nationale, l'école mecquoise n'a pas suffisamment résisté à la tentation de se documenter chez Ḥassān ibn Ṯābit, malgré l'inspiration nettement antiqoraišite du chantre médinois (2). Mahomet, volontiers indulgent pour son poète lauréat, s'était vu dans la nécessité de le rappeler à l'ordre. Ces maladresses des annalistes mecquois montrent une fois de plus quelles obscurités enveloppaient l'intelligence des vieilles poésies, et cela moins d'un siècle après leur composition ! Voilà comment, en dépit de leur flair linguistique remarquablement délié, les rédacteurs de la *Sīra* en sont arrivés à distinguer malaisément entre une satire et une pièce d'intérêt historique. Désagréable méprise dans laquelle a donné un Ibn Hišām, si familiarisé pourtant avec la littérature poétique et d'ordinaire plus exigeant en matière d'authenticité (3).

Le 61.ᵉ fragment du divan de Ḥassān (4) — ce témoin des rancunes ansāriennes contre l'envahissement de Médine par les *Mohāǧir*, émigrés qoraišites, — renferme des allusions aux faits militaires de la vie du

---

(1) *Osd*, V, 83, à propos de Waḥšī.

(2) Cf. Ibn Hišām, *Sīra*, 572 ; comp. 528. A plusieurs reprises, nous avons eu à la signaler dans les pages précédentes.

(3) Peines prises par lui en vue de vérifier les citations poétiques ; *Sīra*, 337, 6 d. l., 416, 418, 419, 421, 462, 463, 14 et *passim*.

(4) D'après l'édition de Hirschfeld, « Gibb Memorial Fund », malheureusement insuffisante au point de vue critique.

Prophète. Au lieu de Ḥassān, le philologue Aboū Zaid al-Anṣārī (1) revendique la pièce pour Ka'b ibn Mālik, un poète médinois contemporain. Ces hésitations, très motivées quand il s'agit des œuvres de Ḥassān, où les apocryphes abondent, soulignent de nouveau l'incertitude de la tradition et de la critique littéraires, auxquelles nous devons la transmission des anciens recueils poétiques. Quoi qu'il en soit, le morceau est ancien et de provenance médinoise. Dans cette *naqīḍa* ou riposte, l'auteur est censé donner la *réplique* à un rimeur mecquois, Hobaira ibn Abi Wahb. Il y a généralement lieu d'accueillir avec défiance les productions des poètes qoraišites antérieures au *fatḥ* (2), occupation de la Mecque. Voici le passage le plus intéressant pour nous de cette rhapsodie attribuée à Hobaira et composée avec des centons de provenance variée (3) : « سُقْنا كِنانَةَ مِن اطراف ذي يَمَنٍ ; nous avons enrôlé (les nomades de) Kināna depuis les confins du Yémen... (4) ! »

Le ton emphatique suffit pour dater le morceau : il nous transporte à l'époque de l'impérialisme et du califat qoraišites. Parmi les concitoyens d'Aboū Sofiān, personne n'ignorait à ce point le pouvoir limité de la Mecque sur ses indociles voisins. Mais l'énormité même de cette exagération devait la recommander aux compilateurs de la *Sīra* et ils se sont empressés d'incorporer toute la pièce dans leur recueil composite. Voici maintenant la réplique du poète médinois, Ḥassān ou Ka'b :

Dans votre hostilité aveugle, vous avez enrôlé les Kināna contre le Prophète ; mais l'armée d'Allah les confondra.

Hordes d'Aḥābīš, réunis sans (lien de) parenté, défenseurs de l'erreur, victimes des suppôts de l'infidélité !

------

(1) Ibn Hišām, *Sīra*, 613, 9. Le grand-père d'Aboū Zaid, صاحب الغريب ou صاحب النحو (*Osd*, V, 203), était Compagnon ; *Osd*, loc. cit. Aboū Zaid devait donc connaître l'histoire littéraire des Anṣārs.

(2) A propos des élégies consacrées aux morts de Badr, comparez la remarque critique d'Ibn Hišām, *Sīra*, 534, 1 ; cf. *ibid.*, 416, 418, 524, 528, 530.

(3) Comp. رجل من ذي يمن ; Ibn Aṯīr, *Nihāia*, II, 52, bas ; IV, 93, bas.

(4) Ibn Hišām, *Sīra*, 612, 9. On enrôlait parfois les Azd, lesquels étaient Yéménites ; cf. *Osd*, III, 328. Voir plus bas.

أنتم احابيش جُمّعتم بلا نسب   أيّنا الكُفّر غرّتكم طواغيها (1)

Dans ce dernier vers, le vocable *Aḥābīs*, un ἅπαξ λεγόμενον dans la
poésie contemporaine ou préislamite (2), a, de bonne heure, attiré l'attention de la Tradition musulmane.

Cette Tradition, on l'imagine encore parfois (3) se formant, se
développant parallèlement avec l'apparition et la première évolution du
système qoranique. Elle puiserait dans une documentation remontant en
droiture au Prophète, transmise, contrôlée par une nuée de témoins, *nubes
testium*, l'innombrable armée des Compagnons, dont les *Osd* et les *Iṣāba*
nous ont conservé les notices multipliées par les préjugés des compilateurs (4), et non moins par les exigences des tribus, toutes désireuses de
se savoir représentées dans cette galerie d'illustrations islamiques. Cette
conception ne résiste pas à l'examen. Nous sommes heureux d'ajouter
une nouvelle preuve à la démonstration donnée précédemment (5).
Le zèle pieux des épigones, des *tābi'ī*, pour la composition d'une *Vita* du
Prophète, contribua manifestement à promouvoir l'étude de la littérature
préhégirienne. On recueillit avec ardeur les *membra disjecta*, les fragments
épars destinés à former le *Corpus* des divans poétiques. Fiévreusement on
compulsa cette collection pour en extraire les matériaux de la future
Sīra. Encouragés par le résultat des premières recherches, les vieux
annalistes n'ont pu négliger les productions circulant sous le nom de la
célèbre triade poétique médinoise, Hassān, Ka'b, Ibn Rawāḥa, défenseurs

---

(1) Hassān ibn Ṭābit, *Divan*, LXI, 1, 3.

(2) Il paraît seulement dans une réplique de Ka'b ibn Mālik (Ibn Hišām,
Sīra, 614, 5 d. l.), et chez un poète de Ğilār (*ibid.*, 804, 6 d. l.), si le morceau
est authentique.

(3) On consent tout au plus à sacrifier la periode mecquoise ; voir Wellhausen cité dans *Berceau*, I, introduction, VII.

(4) Voir précédemment p. 246, n, 2.

(5) Voir notre *Qoran et Tradition : comment fut composée la vie de Mahomet* ; extrait de *Recherches de science religieuse*, I, 1910.

infatigables d'Aboū'l-Qāsim, الذين يناضلون عن رسول الله صلعم (1), à la fin d'y
compléter leur dossier historique.

Au cours de ce dépouillement laborieux, ils sont tombés en arrêt devant le mystérieux vocable *Aḥābīś*. L'étude des nombreuses collections
Ġarīb al-ḥadīṯ, « expressions rares dans le ḥadīṯ », nous permet de deviner
comment ils sont arrivés à se former une opinion. La comparaison du contexte les a amenés à y voir un terme *technique*, extrait du lexique militaire
de Qoraiś et désignant les recrues de Kināna. La glose avait l'avantage
de flatter l'amour-propre des Mecquois. Bien différente paraît avoir été
l'intention du satirique médinois — on peut choisir entre les trois poètes
cités plus haut — lequel lui a donné la seule signification que le mot
comportât de son temps. A l'en croire, l'armée, réunie par Qoraiś contre
Mahomet, représente, elle lui rappelle un ramassis de nègres, levés de
force et tumultueusement à la façon des Abyssins, des esclaves d'Afrique ;
mais non pas des hommes libres, des Arabes authentiques, spontanément
groupés à la voix du sang, en vertu du *nasab* (2), autour du drapeau et
pour la défense de leur tribu. Le trait cadrait merveilleusement avec le
ton général de la diatribe et atteignait par ricochet le chauvinisme des
financiers mecquois, ennemis du Prophète et des Anṣārs. Ḥassān ibn
Ṯābit (3) excellait dans ces ripostes virulentes et voilà comment on a, de
préférence à ses collègues de la triade, voulu lui attribuer la parenté
littéraire du fragment en question, si dur pour l'amour-propre de Qoraiś.

Dans sa consciencieuse (4) rédaction de la *Sīra*, Ibn Hiśām va nous

---

(1)   Cf. *Osd*, III, 157 ; IV, 248.

(2)   D'où l'expression : جنتهر بلا نسب . D'après la Tradition, le *nasab*, la
généalogie, est la caractéristique exclusive des Arabes. Les انباط, les اعاجم ne
sont désignés que par leur localité, قرية .

(3)   Lequel يقبل على الانساب , « affecte les personnalités », la moralité et la vie
intime ; *Osd*, IV, 248, 3.

(4)   Par les scrupules d'exactitude littéraire que trahit l'auteur. En particulier il semble avoir pris sur lui de contrôler toutes les citations poétiques et
sait discrètement laisser percer son scepticisme au sujet de leur authenticité.

mettre sur la voie d'une solution recevable. Cet auteur distingue, ou pour parler plus exactement, reproduit la distinction déjà insinuée, croyons-nous, dans la version qu'il avait sous les yeux, entre les « Aḥābīs de Qorais d'une part et de l'autre entre leurs confédérés militaires de Kināna et du Tihāma », اجتمعت قريش باحابيشها ومَن اطاعها من قبائل كنانة واهل تهامة ... (1). Cette importante démarcation doit être retenue. Elle se trouve encore plus accentuée dans d'autres textes enregistrés par Wāḥidī, Ṭabarī, Wāqidī (2). Ainsi il est question d'un enrôlement où figurent « deux mille Aḥābīs, sans compter les Bédouins alliés », استأجر القين من الاحابيش ... بِوَرَى مَن (3). Nombreux sont les passages où les mercenaires des Banoū Bakr, à savoir les Ǧifār, se trouvent soigneusement mis à part des Aḥābīs. Que nos compilateurs et annalistes aient tous nettement entrevu cette distinction, que certains parmi eux aient même tacitement admis la synonymie des Aḥābīs et des condottieri arabes, le fait demeure sans conséquence. Avec le procédé de l'ancienne historiographie arabe, où l'on se borne à la reproduction scrupuleuse des *riwāyāt* ou versions, nous savons du moins à quoi nous en tenir. Si, en chronographie, cette méthode représente l'enfance de l'art d'écrire, elle nous offre en revanche la possibilité de remonter à la donnée primitive (4).

Il en résulte, pensons-nous, que le dossier de la question, réuni au Iᵉʳ siècle de l'hégire indiquait suffisamment l'existence d'éléments non bédouins parmi les forces militaires de la Mecque. Ainsi donc, la masse des Aḥābīs proprement dits était sans contredit formée de troupes nègres.

-----

(1) Ibn Hišām, 556, comp. p. 675, 5 d. l. ; Wāqidī, Kr., 199, 9 ; Ṭab., *Annales*, I, 1384, 14-15 ; 1385, 16 ; *Aġ.*, XIV, 12 ; I. S., *Tabaq.*, II¹, 47, 9, الاحابيش وبن تيمه من العرب ; Samhoūdī, *Wufā*, I, 214.

(2) Voir la note précédente ; Ibn al-Atīr, *Kāmil*, É., I, 247, 7 d. l., كبش جميعها والآحابيش.

(3) Wāḥidī, *Asbāb*, 177 ; comp. Ṭab., *Annales*, I, 1635, 12, 16.

(4) Contrairement à la méthode *harmonisante* d'un Ibn al-Atīr, par exemple, dans son *Kāmil*, lequel vise par la fusion des *riwāyāt* à obtenir une narration unique et suivie.

Mais ces soldats abyssins se trouvaient accompagnés, mêlés de nomades, de combattants d'origine arabe au teint moins foncé que celui des descendants de Cham. D'abord les fameux *ḫalī'*, *ṣa'loūk*, *fātik*, ramassis de sicaires et de brigands, *loṣoūṣ*, *šayāṭīn* (1), aux dénominations aussi variées que leurs aptitudes malfaisantes, les *bravi*, réfugiés sur le territoire mecquois (2) et toùjours prêts à vendre leur épée. En ces Scénites, hommes de rapine et de sang, je crois reconnaître les soldats de fortune, les aventuriers à la suite des clans qoraišites, لفّ, ainsi parlent les textes (3). Venaient ensuite, mais dans une proportion plus considérable, les Bédouins des tribus voisines de la Mecque, momentanément rattachés à sa querelle par la convoitise ou par la communauté d'origine. A ces deux catégories, réfugiés et Scénites du Tihāma, les dirigeants qoraišites demandaient de fournir les recrues, les hommes chargés d'encadrer ces troupes mixtes, de maintenir la cohésion parmi ces effectifs d'Africains. Par extension, on a donné aux bandes ainsi constituées, à cette cohue de soudards, nègres et Bédouins, l'appellation d'*Aḥābīš* (4). Ainsi de nos jours, la qualification de Sénégalais, d'*Askaris*, englobe l'élément indigène et européen composant ces formations spéciales dans nos armées d'outre-mer. Mais le vocable Aḥābīš attestait clairement la prédominance numérique des Chamites, esclaves ou autres fixés à la Mecque. Si nous persistions à conserver des doutes à cet égard, les textes seraient là pour rappeler que les Waḥšī (5), les Šo'āb, les Aboū Rowaiḥa « étaient des nègres et appartenaient à l'élément servile de la population qoraišite », من سودان مكة ou من عبدان اهل مكة .

---

(1) Voir le début de cet article, pp. 237 sqq.

(2) Appartenant principalement aux tribus de Kināna.

(3) Waqidī, Kr., 201, 1 ; 211, 3 d. l. ; 213, 1 ; *Aǧ.*, XIX, 76, 3 ; 79, 7 ; *'Iqd*⁴, II, 47. Composés de *ḫalīf*, « partisans, valetaille, etc. ». Cf. *Aǧ.*, XIX, 77, 8, 11, 14, etc. Ajoutez les عضروط, pl. عطاريط ; *Osd*, IV, 382, 9 ; *Aǧ.*, XIX, 75 ; Aboū Zaïd, *Nawādir*, 54, bas ; Ǧāḥiẓ, *Ḥaiawān*, I, 32, 177.

(4) Voilà pourquòi d'authentiques Bédouins (voir plus haut la référence d'Ibn Qais ar-Roqayyāt) ont pu être qualifiés d'Aḥabīš.

(5) Nom fréquemment donné aux nègres mecquois.

Embrigadés de la sorte, habilement encadrés, les Aḥābīś avaient leur *sayyd* particulier, سيّد الاحابيش , leur commandant suprême, toujours un Arabe, appartenant à la région du Tihāma ; de préférence un chef de Kināna, la tribu-mère de Qoraiś (1). Quand le recrutement blanc consistait principalement en Hozā'ites, la nécessité s'imposait alors de choisir un sayyd parmi ces derniers (2) ; procédure suivie antérieurement à l'alliance des Hozā'a avec Mahomet (3). Parfois les rivalités existant entre les groupes nomades parmi lesquels se recrutaient les Aḥābīś — Ğifār et Aslam s'en voulaient à mort — ces rivalités forçaient à nommer deux chefs (4).

Le sayyd des mercenaires était un personnage considérable, jouissant de son franc-parler — même à l'égard d'un Aboū Sofiān — et affectant volontiers vis-à-vis des Qoraiśites ce sans-gêne et cette humeur indépendante, chers aux Bédouins (5). Seuls les clans du patriciat, les *Abṭaḥī*, bénéficiaient du privilège de posséder, sur l'étroit parvis, فناء , entourant la Ka'ba, leurs cercles particuliers, *nādi* ou *maǧlis* (6). Cette faveur enviée, il avait fallu l'octroyer aux Banoū Ğifār, sans doute en considération de leurs services à la guerre (7). La charge de commandant.

----

(1) Ibn Hiśām, *Sīra*, 245, bas ; *'Iqd⁴*, II, 47.

(2) *Aǧ.*, XIX, 76, 4 ; *Osd*, II, 16.

(3) Parfois après, tous les clans de Hozā'a n'ayant pas adhéré à l'alliance ; *Osd*, II, 16. Certains même — nommons les B. Moṣṭaliq — sont durement châtiés par Mahomet.

(4) Ibn al-Atīr, *Kāmil*, É., I, 248, 2. Chef des Aḥābīś tué à la guerre ; *Aǧ.*, XIX, 79, haut.

(5) Ibn Hiśām, *Sīra*, 582, bas. Comp. 245-246.

(6) C'est le sens de la locution fréquente : وقريش في الديتهم ; *Osd*, II, 257, 4 ; Ibn Hiśām, *Sīrā*, 202 ; cf. *Osd*, IV, 55, d. l. ; 56, 3 ; 58. Cf. notre monographie de *La Mecque*, pp. 87 sqq. ; 136.

(7) *Osd*, III, 150, 7 d. l. Quoique possédant de nombreux représentants à la Mecque, nulle part les Hozā'a ne sont signalés comme jouissant de ce privilège. Concession dangereuse ; antérieurement à l'usurpation de Qoṣayy, les Hozā'a avaient possédé la desservance de la Ka'ba et des sanctuaires mecquois. Ils conservaient le regret de ce passé peu lointain.

des Aḥābīs paraît avoir fréquemment changé de titulaire, s'il est permis
d'en juger par l'histoire des six années d'hostilités entre le Prophète et
ses anciens concitoyens. Les Mecquois ne pouvaient se passer des auxiliaires arabes. Mais leur politique ombrageuse tenait à faire sentir leur
dépendance aux sayyd bédouins, à prévenir la menace d'une dictature
militaire. Dignité essentiellement temporaire : c'est la conclusion insinuée
par les locutions fréquentes dans les chroniques se rapportant à cette
période : « كان يومئذ سيّد الاحابيش », tel sayyd remplit *à cette date* la charge
de commandant des Aḥābīs » (1). Cette instabilité, cette surveillance
ombrageuse rappellent des traditions chères à toutes les démocraties et
aussi le caractère jaloux des Mecquois (2).

Par ailleurs, ces marchands avisés n'ont pu commettre l'imprudence
de grouper, d'armer leurs esclaves noirs, sans leur assigner des contrôleurs,
répondant de la discipline chez ces Africains à l'humeur capricieuse, sujets
du puissant royaume d'Aksoum, compatriotes des Abyssins qui, l'année de
l'*Éléphant*, avaient occupé la Mecque. Ces souvenirs plus ou moins récents
pouvaient éveiller en ces esprits mobiles des aspirations dangereuses.
A cette époque, l'Éthiopie formait un état militaire, où l'on guettait l'occasion favorable de reprendre les projets de pénétration (3) en Arabie.
Rien n'y rappelle l'Éthiopie fantaisiste des *Ṣaḥīḥ*, prétendument gou-
vernée par un Négus acquis à l'islam (4), dont le frère serait venu à
Médine s'enrôler dans la domesticité du Prophète (5). Nous voyons les
Aksoumites disputer à la Mecque le commerce de l'Inde et leur marine
tenir la mer Rouge. Ces considérations expliqueront l'empressement des

____

(1) I. S. *Ṭabaq.*, II¹, 70, 13.; *Aġ.*, XIV, 20, d. l.; XIX, 79, 7 ; Ibn Hišām,
Sīra, 245, 748.; *'Iqd*⁴, II, 47. Un des plus célèbres fut un سيّد الاحابيش ; Boḫārī, *Ṣaḥīḥ*,
Krehl, II, 59, 4. Clan de Kināna, fournissant de merveilleux archers ; Wüstenfeld, *Register*, 119 ; Ṭab., *Annales*, I, 1538. *Osd*, III, 307, 4 d. l., fait des Qara
des Asad-Ḥozaima.; comp. Ibn Hišām, 245, d. l.

(2) Cf. Moslim, *Ṣaḥīḥ*², I, 486, 11.

(3) Voir notre monographie de *La Mecque*, p. 290 etc.

(4) Ibn Hišām, *Sīra*, 717. Voir plus haut p. 13.

(5) *Osd*, II, 144.; V, 273.

Qoraišites pour encadrer leurs troupes noires de combattants arabes, responsables de leur loyalisme. Ce fut le rôle assigné aux Bédouins et aux sayyd du Tihāma, placés à leur tête. Cette mission nationaliste devait achever, on voulait bien l'espérer, de rattacher à la querelle de la Mecque ces Scénites, difficiles à tenir en main et jaloux de sa prospérité.

Outre son commandant particulier, le corps mixte des Aḥābīš possédait également son drapeau spécial, sous lequel on les voit combattre à côté des Qoraišites (1). Une convention écrite stipulait dans le détail les modalités de leur coopération militaire, la durée de leur service et aussi les privilèges, les rémunérations auxquelles ils prétendaient. A l'occasion, leurs chefs ne manquaient pas d'en appeler au respect de ces accords (2) et d'exercer en faveur de leurs contribules, de passage à la Mecque — fût-ce contre les plus puissants personnages de Qoraiš — leur droit de protection (3). Auxiliaires des Mecquois, les Aḥābīš arabes demeurèrent toujours trop foncièrement bédouins pour accepter d'être traités en inférieurs ou seulement en stipendiés. On ne pouvait assez ménager des chefs qui menaçaient de « soulever leurs hommes » (4).

III

Ces détails font penser à Carthage, à Venise et autres républiques marchandes, avec lesquelles le milieu de la Mecque préislamite offre une lointaine analogie. Les textes relatifs aux Aḥābīš fourniront, quand on voudra, le canevas d'une *Salammbô* qoraišite. Ibn God'ān, Aboū Sofiān (5),

---

(1) Waqïdī, Kr., 100 ; 201, d. l.

(2) حالفنكم, وعاقدكم ; Ṭab., *Annales*, I, 1539, 2. Au temps d'Ibn Gobair, (*Travels*², 97, 131), la garde des émirs de la Mecque était composée de mègres. La situation s'est à peine modifiée depuis ; Burckhardt, *Voyages*, I, 152, 328, 329. Cf. L. Roches, *Dix ans à travers l'Islam*, 1834-1844, p. 310.

(3) Cf. *Osd*, II, 116.

(4) لا نفرة بالاحابيش ; I. S. *Ṭabaq.*, I¹, 70, 15.

(5) Cf. *Ag.*, XIX, 75 etc.

tel autre de leurs collègues, parmi les *aśrāf*, patriciens du Baṭḥā' (1), se trouvent tout indiqués pour reprendre le rôle d'un Amilcar, d'un Ḥannon. Avec les mœurs faciles de l'ancien paganisme arabe, licence stigmatisée par le Qoran, l'on n'éprouvera aucune difficulté pour découvrir une *Ḏāt an-Niṭāqain*, « à la double ceinture » (2), destinée à rappeller la troublante héroïne de Flaubert (3). De part et d'autre, nous voyons une oligarchie de financiers, le commerce, le capital, obligés d'acheter la protection de dévouements mercenaires.

Au lieu de ces souvenirs classiques, mais perdus dans le clair-obscur de la protohistoire islamique, constatons plutôt combien cette organisation rappelle, si je ne m'abuse, celle des *Askaris* italiens et des troupes coloniales. Les soldats sont nègres, mais les cadres sont blancs, pour autant que cette épithète peut convenir aux Bédouins bronzés du Ḥiǵāz. Dans ces levées, en grande majorité composées d'Africains, les gradés — si ce vocable moderne vient ici à sa place, — le corps des officiers, *sayyd, ra'īs, 'arīf*, les seuls ayant droit aux *anfāl*, au butin et aux dépouilles de l'ennemi (4), tous les galonnés enfin sont invariablement

---

(1) Ce vocable signifie non seulement « lit d'un torrent », mais encore « gravier » ; cf. *Osd*, IV, 42, 2 : فبحث بيدو في البطحا , le « Prophète creusa de sa main dans le gravier ». Ceci pour justifier l'interprétation de Ch. Huber, *Voyage dans l'Arabie centrale*, p. 54 (extrait du *Bull. Soc. Géogr.* de Paris, 1884-1885), contre une critique de la rédaction du *Bulletin*. Huber donne l'interprétation qu'il a recueillie sur les lieux et n'a pu, avec son habitude de l'idiome bédouin, prendre « le contenant pour le contenu », comme affirme la note. Comp. encore *Osd*, IV, 73, 6 : اناخ بالابطح ثمّ كوّم كومًا من البطحا , « il s'arrêta dans l'Abṭaḥ (autre nom du quartier al-Baṭḥā') et fit un amoncellement de gravier ». Autres exemples, Samhoūdī, *Wafā*, I, 49 ; II, 164, bas ; Ibn Aṯīr, *Nihāia*, I, 83 ; IV, 238 ; *Śo'arā*, Cheikho, 771, 5.

(2) Cf. notre *Fāṭima*, 5.

(3) Rappelons les jeunes Bédouines chargées sur le champ de bataille de garder la *qobba* sacrée, le tabernacle-fétiche de la tribu. Voir plus haut nos *Bétyles*, pp. 112 sqq., 124.

(4) Aux esclaves on promet la liberté comme récompense de leur valeur. Ainsi pour Waḥśī à Oḥod. Même règle observée dans les armées du Prophète. Les seuls combattants libres peuvent prétendre au « sahm », part de butin.

pris parmi les Arabes. Pour ce choix, on a dû penser en première ligne aux fameux réfugiés ou *ḫalīʿ* : les Barrāḍ, les Aboū ʾṭ-Ṭamaḥān, les Ḥāǧiz, les Ḥārit̲ ibn Ẓālim (1). L'esprit d'initiative, fécond en ressources — la guerre est affaire de ruse, disaient les Arabes, الحرب خدعة (2), — la carrière aventureuse de ces écumeurs du désert les désignaient d'avance aux préférences des dirigeants de la *Mala'* ou sénat mecquois. Ils connaissaient leur bouillante valeur et ces condottieri ne demandaient — nous l'avons vu — qu'à louer la seule chose qui leur restait encore, à savoir leur épée. Dans leur retraite du *ḥaram*, ils souffraient de leur inactivité momentanée (3). La Mecque savait sans doute apprécier de tels auxiliaires. Autrement on s'expliquerait mal l'octroi du titre envié de *ḥalīf* qoraišite — cette distinction entraînait des obligations militaires (4) — et tous les égards témoignés à des hôtes par ailleurs fort encombrants (5). En considération de ces services, la république voulait bien fermer les yeux sur leurs moins excusables déportements. L'ingénieuse combinaison offrait l'avantage d'occuper utilement le turbulent génie de ces déracinés, de distraire l'irrésistible penchant à la razzia (6) animant les faméliques Bédouins du Ḥiǧāz méridional.

De plus, en prenant à sa solde les sayyd de Ǧifār, de Ḥozāʿa et des autres tribus pillardes du Tihāma, la Mecque se flattait de les compromettre en sa faveur et de les attacher à la défense de ses propres intérêts.

---

(1) Les Qoraiš leur fournissent des armes ; *Aġ.*, X, 28.

(2) Cf. *Berceau*, I, 248. Beaucoup devancent à pied le cheval lancé au galop ; *Osd*, V, 178 ; *Berceau*, I, *loc. cit.* Les notices des *loṣoūṣ* s'étendent avec complaisance sur ces ruses.

(3) Par exemple Aboū ʾṭ-Tamaḥān ; cf. *Berceau*, I, 172.

(4) Cf. I. S., *Ṭabaq.*, III², *passim* : les nombreux *ḥalīf* bédouins des Anṣārs prennent toujours part aux *mašāhid* du Prophète. Citons seulement ceux de la tribu de Balī; *Osd*, III, 337, 347, 369, 398 ; V, 106, 144, 146. Ḥalīf t̲aqafite combat à Ḥonain avec Qoraiš ; *Osd*, IV, 7, 6.

(5) Comp. *Aġ.*, XIX, 75, 4-8, Al-Barrāḍ à la Mecque. Par ses excès il entraînera la république dans la désastreuse guerre du Fiǧār.

(6) Cf. *Berceau*, I, 177.

Assurément ces calculs ne démontrent pas le courage personnel de ces financiers, mais ils justifient une fois de plus le bon renom, l'habileté de la diplomatie qoraišite, احلام قريش (1). Faut-il s'étonner si cette situation complexe n'a pu être dûment observée par les rédacteurs prévenus (2) de la *Sīra* et si l'étroitesse de leurs conceptions, l'obstination dans leurs préjugés chauvinistes ont maintenu si longtemps sur une fausse piste l'érudition occidentale (3) ?

Dans *Fāṭima et les filles de Mahomet* (p. 29), nous nous sommes permis d'articuler des réserves sur le caractère des exploits surhumains, attribués aux héros hašimites, avant tout à 'Alī (4). Parmi tous les rédacteurs de *Maḡāzi*, le šī'ite Wāqidī (5) se distingue principalement par son absence de mesure (6). Nous nous demandons maintenant si les institutions militaires de la Mecque mieux connues ne nous obligeront pas à souligner plus énergiquement nos précédentes réserves ? On voit comment ces prolégomènes, la reconstitution de la Mecque préhégirienne nous ramènent incessamment à la critique interne de la *Sīra*. A propos de cette compilation, nous écrivions dans *L'âge de Mahomet et la chronologie de la Sīra* (7) : « Il ne peut être question de tout rejeter en bloc... Au lieu de

---

(1) Des خلماء قريش ; *Osd*, I, 271 ; V, 21 ; *ḥilm* d'Aboū Sofiān ; *Aḡ.*, XV, 11, 10.

(2) Par le *primat* sans restriction attribué à Qoraiš, كانوا امام الناس وهاديهم ; Ibn Hišam, *Sīra*, 933, 7 ; comp. I. S., *Ṭabaq.*, I², 2; Ibn Daiba', *Taisīr al-woṣoūl*, III, 108, 11. Nous avons traité la question dans notre *Yazīd*.

(3) Comp. C. de Perceval, *Essai*, I, 253 ; Sprenger, *Mohammed*, index s. v. *Aḥābīš* ; Grimme, *Mohammed*, I, 106 ; Cl. Huart, *Hist. des Arabes*, I, 144.

(4) Cf. *Fāṭima*, 45. La notice de 'Alī dans *Osd*, IV, 16 etc., est de même composée en majeure partie d'après des sources šī'ites.

(5) Wāqidī, Kr., 179, 5, منعوفى . . . . من الاحمر والاسود, où — il s'agit de Médine — *aswad* pourrait désigner des troupes nègres. Cf. Caetani, *Annali*, II, index s. v. *Aḥābīš*.

(6) Chez lui les Omayyades sont grotesques ; par ex. voir pp. 268-269 ; les Hašimites, sans en excepter les femmes, toujours sublimes, 281-282 ; comp. 267, 10, etc.

(7) *Journ. asiat.*, 1911¹, 209-250.

renverser la massive construction élevée par la Tradition, contentons-
nous de la démonter pierre par pierre, pour examiner la valeur des
matériaux [employés. Opération fastidieuse mais indispensable ! » Cette
monographie consacrée aux Aḥābīš en fournira, nous l'espérons, une
preuve nouvelle. A qui s'en prendre, si elle diminue notre confiance dans
la documentation de la primitive littérature islamique ?

A en croire la Vulgate historique, 'Alī aurait été élevé dans le giron
de Mahomet, au naturel si pacifique (1). Cet intérieur bourgeois, asile de
la vénérable Ḥadīǵa et de ses filles, n'a certainement pas contribué à
développer les aptitudes militaires du futur mari de Fāṭima. Il se trouva
un des derniers, parmi les *Emigrés*, à rallier Médine au lendemain de
l'hégire (2). Antérieurement à Badr, il ne figure dans aucune attaque de
caravanes, ne prend part à aucune des razzias, opérations d'ailleurs fort
insignifiantes, dont le récit vient rompre la monotonie de cette période
d'installation. Si ces données, toutes extraites de la *Sīra* et des plus res-
pectables *Ṣaḥīḥ*, demeurent recevables, comment le jeune Hāšimite, au
sortir de ces années de vie cachée, sans transition, sans initiation aucunes,
déploie-t-il, à la première rencontre avec l'ennemi, des qualités aussi
héroïques, une telle expérience des combats (3) ? Le commerce par caravanes aurait — on a voulu le supposer — initié les marchands, les courtiers mecquois au maniement des armes, développé chez eux l'esprit
guerrier. Nous aurions mauvaise grâce à y contredire, si les Qoraišites,
rivaux de Mahomet, ne s'étaient préalablement déchargés de toute la
partie militaire dans l'organisation de ces convois. Dans ce milieu, le

------

(1) Cf. *Faṭīma*, 23. Cette conception est utilisée par la Šī'a pour dirimer
entre 'Alī et Aboū Bakr la question si débattue du « premier musulman » en
date. Voir la notice de 'Alī dans *Osd*, IV, 16-18.

(2) Cf. *Fāṭima*. Pour le nombre des filles de Mahomet, voir *ibid.*, pp. 2 etc.
D'après le *Qoran*, xxxiii, 59, نسائك ... قل, on ne peut en admettre moins de deux.

(3) Plus tard même, on contestera au calife cette expérience ; *Fāṭima*, 29.
Comment il essaie de se défendre ; *Aǵ.*, XV, 45.

Maḫzoūmite païen al-Ḥāriṯ ibn Hišām ne paraît pas avoir été seul à se rappeler qu'il était père de famille (1). Nous le savons, la verve gouailleuse des bardes nomades s'est parfois vengée des avanies subies devant les guichets des banques mecquoises, en jetant la suspicion sur le courage des Qoraišites. Mais leur malice ne suffit pas à expliquer ces insinuations pessimistes. Autrement, les ennemis de Mahomet, au courant de ces dispositions, auraient-ils accepté de confier à la loyauté douteuse de Bédouins pillards la défense de leur cité et de leurs richesses ? Pourquoi persévérer dans une politique aussi périlleuse ?

Cependant que les Mecquois enrôlent les Ḥozaʿa et les Ḡifār, les contribules, les parents de ces mercenaires, — sans en excepter ces derniers, —soldés par Qoraiš, traitent avec Mahomet et exercent l'espionnage pour son compte (2). Parmi les Compagnons bédouins du Prophète, les notices hésitent régulièrement pour établir leur généalogie : Ḡifārī, Aslamī ou Ḥozāʿī (3) ? Un Ḡifārī, et non des moindres, — rattaché au clan illustre des Omayyades par le titre de ḥalīf, — se fait tuer pour la cause de l'islam au pied des donjons de Ḫaibar (4). Les Scénites s'amusent à ce double jeu ; ils passent d'un camp à l'autre, au gré de leur humeur mobile ou avec l'intention de provoquer des enchères. Leur présence dans les rangs de l'armée médinoise leur a valu les bénédictions du Prophète enregistrées par les recueils canoniques (5). On achève enfin de pénétrer

---

(1) Comp. les vers de Ḥāriṯ ibn Hišām ; Ibn Hišām, *Sīra*, 523, 10-13 ; il y exploite le thème de la parenté. « A quoi bon se faire tuer pour le drapeau, pour la cause ? »

(2) Surtout les Ḥozāʿa ; *Osd*, IV, 390. Un Ḡifārī prévient Mahomet de l'expédition de Qoraiš ; Waqidī, Kr., 202, 7 ; cf. Caetani, *Annali*, II², 1071, 1072.

(3) *Osd*, III, 244.

(4) *Osd*, III, 270. Les Ḡifār se trouvèrent en nombre à ce siège ; voir plus bas.

(5) Voir plus haut, p. 243. La légende d'Aboū Darr a bénéficié de cette situation ; *Osd*, V, 187-188.

le véritable tempérament des Mecquois, leurs dispositions médiocrement
belliqueuses, en étudiant le luxe de précautions adoptées par la république
qoraišite, afin de prévenir les surprises possibles de la part de ces auxiliaires incertains, qui n'hésitaient pas à recourir à la menace (1), quand
on s'avisait de les contrarier.

*
* *

Car il ne faut pas nous figurer une organisation comprenant des
casernes, des troupes permanentes. Les enrôlements (2) de Bédouins se
faisaient pour le temps de la guerre, pour la seule durée d'une campagne.
Encore les nomades indisciplinés n'attendaient pas toujours le terme de
leur engagement avant de se débander en masse. Nous le savons par
l'histoire du siège de Médine, celui du *Handaq* ou de la *Tranchée*. En
temps de paix, les *halī* ou réfugiés vivaient dans l'entourage de leurs
patrons, les grands banquiers qoraišites (3). Ces *bravi* les suivaient dans
leurs sorties à la Mecque pour les défendre au besoin contre leurs ennemis, ou bien — tel Barrād, — accompagnaient au dehors leurs convois
d'argent et de marchandises. Quant aux Banoū Ḡifār et leurs cousins
nomades du Tihāma et des sous-tribus de Kināna, la plupart s'emplo-
yaient à guider, à convoyer les trafiquants ; ils servaient d'escorte aux
caravanes qoraišites, lesquelles empruntaient et louaient leurs chameaux :
autant de services généreusement rétribués !

Bien différente se trouvait être la condition des Abyssins et des noirs
d'Afrique. Ces ilotes, condamnés au régime de la *ḍarība* ou *ḫarāǧ*, taxe

---

(1) De passer dans le camp de Mahomet ; Ṭab., *Annales*, I, 1539. Voir
plus haut.

(2) Pour les chiffres, voir plus haut. Wāḥidī cite « 2.000 » ; Ibn Saʻd,
Ṭabaqāt, II¹, 47, 9, « 4.000 Aḥabīš et Bédouins enrôlés ».

(3) A la Mecque, les étrangers s'attachent au service des *ašrāf*; cf. *Osd*,
III, 288, bas. De toute nécessité, il fallait s'assurer une protection, *ḥilf* ou
ǧiwār.

quotidienne payable à leurs maîtres, gagnaient misérablement leur vie dans les échoppes de la cité. Ils demeuraient à la disposition de leurs propriétaires, presque tous, principalement les richissimes Maḫzoūmites, cumulant la traite des esclaves avec les autres manifestations de la vie économique. A l'heure du danger, lorsque venait à retentir le *ṣarīḫ*, le cri d'alarme (1), à ce moment critique seulement, on se préoccupait de la mobilisation. Cette opération demandait des semaines, pour ne pas dire des mois. On perdit près d'une année à préparer l'expédition de Oḥod. Des *aśrāf*, gros banquiers mecquois, possédant des relations d'intérêt ou de parenté (2) dans le désert, acceptaient le rôle d'embaucheurs, partaient pour les cantonnements nomades, perdus dans les steppes du Tihāma et les gorges du Ḡaur, à l'effet d'y recruter des hommes de bonne volonté (3). Parfois, ils montaient dans la haute chaîne du Sarāt, au sud-est de Ṭāif, pour y solliciter les Azd (4), ces Auvergnats du Ḥiḡāz. Par l'appât d'une forte solde, استاجروا, ils décidaient les faméliques Bédouins ; ils entraînaient à leur suite les éléments les plus inquiets, les moins recommandables de la tribu, voleurs de pélerins, détrousseurs de caravanes (5), « mangeurs de gerboises et de lézards »,

> *Les hommes de la plaine et ceux de la montagne,*
> *Les chasseurs du désert que la soif accompagne*
> *Et les coupeurs de route aux aguets, dans les soirs.*

Dans l'intervalle, on s'était occupé, à la Mecque, d'équiper, d'armer

---

(1) Ou منذر جيش ; Moslim, *Ṣaḥīḥ²*, I, 319. Cf. Ibn 'Atīr, *Nihāia*, III, 90 ; IV, 136.

(2) Les chefs bédouins étaient leurs associés de commerce, gendres ou beaux-pères ; cf. Ibn Hiśām, *Sīra*, 273 ; comp. *Berceau*, I, 289 etc.

(3) Ibn Hiśām, *Sīra*, 556, bas.

(4) Ils sont *ḥalīf* des Haśimites et d'autres *aśrāf*; *Osd*, III, 250 ; V, 111, 2 ; des Omayyades, III, 402. Ils fournissaient un recrutement estimé, témoin ce ḥadīṯ : « Les Azd ne fuient pas pendant le combat » (Mahomet) ; *Osd*, V, 239.

(5) La route des caravanes qoraiśites traversait la région de Ḡifār ; *Osd*, V, 187.

les Abyssins de la cité (1). On leur assignait alors une nourriture moins grossière, la *ḥazīra*, bouillie composée de pâte et de viande hâchée (2). Mais, à peine la campagne terminée, quand cette troupe, manquant de cohésion, ne s'était pas débandée, — ce fut le cas après le Ḥandaq, — on met une véritable hâte à la licencier. Après avoir conjuré le péril extérieur, la république mecquoise se souciait médiocrement de courir le danger d'une guerre servile, d'exposer les auxiliaires nomades à la tentation de piller ses banques et ses riches magasins. Les Bédouins rentrent dans leurs campements du Tihāma, les esclaves dans leurs ateliers. Les montures, en majorité des chameaux, — seuls les *sayyd* possèdent des chevaux (3), — sont renvoyés se refaire aux pâturages ou aux tribus qui les avaient donnés en location. On restitue les armes aux dépôts ou arsenaux.

Les armes n'abondaient pas ; tous les mercenaires ne semblent pas en avoir été pourvus. Kaʿb ibn Mālik — et rien n'autorise à suspecter ce témoignage — signale à Oḥod : « احابيش منهم حاسِرٌ ومُقنَّعٌ, des Aḥābīs armés et d'autres sommairement armés » (4). Ces derniers sans doute des goujats, chargés des bagages. A moins que le poète médinois n'ait eu en vue le javelot, حَرْبَة, arme de jet spéciale aux Abyssins (5) et fort redoutable entre leurs mains, mais que les Bédouins refusaient de considérer comme une arme arabe.

---

(1) Ibn al-Atīr, *Kāmil*, É, I, 247, 6 d. l. ; *Ag.*, XIX, 77, 5, 20.

(2) Aboū Yoūsof, *Ḥarāǧ*, 128, 8, 12 ; surtout Ǧāḥiẓ, *Avares*, 258 ; comp. Ibn Hiśām, *Sīra*, 274, 1. Plat mecquois ; à Médine, les Anṣārs l'offrent à Mahomet ; *Osd*, III, 359, 2 d. l. ; V, 480, 481 ; Ibn Atīr, *Nihāia*, I, 291-292. Faṭima le prépare au Prophète ; Samhoūdī, I, 332, 366 ; Boḫārī, C., I, 110.

(3) Cf. *Fāṭima*, 82, etc. ; *Berceau*, I, 137, etc. Jamais les Arabes n'ont — à l'encontre des affirmations de la Tradition — sacrifié un cheval — bête de luxe ! — comme ʿaqīqa ; *Osd*, III, 242, 4. C'est une des multiples occasions où les *moḥaddit* trahissent leur ignorance de la situation au désert.

(4) Ibn Hiśām, *Sīra*, 614, 5 d. l.

(5) Voir précédemment, p. 255.

C'est une tâche toujours épineuse de chercher à découvrir dans la Mecque préhégirienne la trace de services publics et d'une organisation municipale (1). La création d'une force armée devrait nous donner le droit de conclure à l'existence d'arsenaux d'Etat. Nulle part il n'y est fait la moindre allusion, ni à la conservation, à la fabrication de munitions et d'engins militaires. Dans la métropole du Tihāma, dans ce milieu de trafiquants, auxquels on a bien gratuitement prêté les vertus guerrières, les armes provenaient toutes de l'étranger : de l'Inde, du Yémen, de la Syrie. Les fines lames de Boṣrā (2) et du pays d'Edom, مشارف الشام, les cuirasses surtout, passèrent toujours pour des objets de luxe, jalousement transmis en héritage (3). Une panoplie, comprenant cuirasse et sabre, fut évaluée l'énorme somme de 100 dīnārs ou *aurei* (4). Sur le champ de bataille de Badr, la partie principale du butin ramassé consista en cuirasses (5). Une de ces cuirasses, échue en partage à ʿAlī, constituera le douaire de Fāṭima, la fille du Prophète. Le Ǧomaḥite Ṣafwān ibn Omayya en possédait une trentaine (6). Aussi comptait-il parmi les plus riches banquiers de la cité.

A défaut d'arsenaux publics, les clans les plus considérés de Qoraiš, — nous venons de nommer Ǧomaḥ, — paraissent avoir possédé leurs dépôts d'armes privés (7). C'étaient de précieux objets d'échange, des

----

(1) Cf. *La Mecque à la veille de l'hégire*, 62 etc.

(2) Ibn Sikkīt, *Tahḏīb*, Cheikho, 165, 3 ; *Aǧ.*, XI, 91, d. l. ; XII, 125, 4 ; 126, 1.

(3) Comp. *Qoran*, xxi, 81, périphrase contournée pour exprimer une cuirasse. Les poètes se vantent que leurs contribules sont اكثر دروعا صافيات ; Aboū Miḥǧan, *Carmina*, Abel, XI, 1-2. Cf. *La Mecque*, 191, 204.

(4) *Osd*, V, 92, bas.

(5) *Aǧ.*, IV, 29. Mahomet possédait « deux cuirasses » ou mieux une cuirasse double, couvrant la poitrine et le dos ; *Osd*, V, 184. Armure de prix en Arabie ! *Osd*, V, 259 ; *Aǧ.*, X, 14.

(6) Aboū Dāoūd, *Sonan*, éd. de l'Inde, II, 69 ; I. S. *Ṭabaq.*, II¹, 108.

(7) Ṭab., *Annales*, I, 1659, 2, etc. ; 1620, 11-12 ; Wāqidī, *Kr.*, 25, 13, 26 ; Ibn al-Aṯīr, *loc. cit.* Même situation à Ṭāif ; cf. Aboū Miḥǧan, *loc. cit.*

articles recherchés dans le commerce et, en temps de paix, ils servaient à armer l'escorte de leurs riches caravanes. Ainsi Ibn God'ān équipa à lui seul une troupe de mille Bédouins de Kināna (1). Aussi est-il, à maintes reprises, question d'énormes provisions de lances, d'épées, de cuirasses, tenues en réserve par les principaux banquiers. Ṣafwān ibn Omayya, — son nom vient d'être prononcé, — possédait un dépôt d'armes des plus importants (2). Celui de Naufal ibn al-Ḥāriṭ était à peine moins considérable. Sur le champ de bataille de Badr, ce Hāsimite racheta sa liberté, en livrant au Prophète, son vainqueur, un millier de lances (3). Au courant de la situation dans sa ville natale, Mahomet s'empressera d'utiliser ces réserves privées, de même qu'il puisera largement dans les banques des financiers qoraišites, pour réorganiser son armée, avant son expédition contre les Hawāzin. Le seul Naufal pourra alors lui céder 3.000 lances (4).

*
* *

Dans les grandes lignes, cette politique défiante des autorités mecquoises vis-à-vis des Aḥābīs, Arabes et nègres, semble copiée sur l'attitude que les Byzantins adoptaient en face de leurs auxiliaires de Ġassān, chargés de la surveillance du *limes* syrien. A la veille d'une campagne,

———————————

(1) *Aġ.*, XIX, 76 ; 78, 4 d. l. ; Wāqidī, Kr., 202, 4-6.

(2) Ḥanbal, *Mosnad*, III, 401 ; VI, 465 ; *Osd*, III, 22. Ḫālid ibn al-Walīd جمل دوابّه في سبيل الله ; Aboū 'Obaid, *Ġarīb* (ms. cité), 100. Ibn Aṯīr, *Nihāia*, I, 195 ; II, 20.

(3) *Osd*, V, 46. Son dépôt d'armes se trouvait à Ġedda. Les premiers musulmans manquaient d'armes, leur fabrication étant monopolisée par les Juifs à Médine. Comp. trait cité, *Osd*, III, 419, 5. Un bâton donné à un combattant par le Prophète se change en sabre ; *Osd*, IV, 3, haut ; 300 cuirasses trouvées à Doūmat al-Ġandal, I. S. *Ṭabaq.*, II¹, 120, 5.

(4) *Osd*, V, 45. Cuirasses de Ḫālid ibn al-Walīd ; *Osd*, V, 325 ; Ibn Aṯīr, *Nihāia*, III, 59-60.

on leur ouvre les arsenaux de Damas (1) et de Boṣrā ; le service de l'*annona* double les rations de blé habituelles. Aussitôt la guerre terminée, les Bédouins du phylarcat ǧassānide se voyaient désarmés, les engins militaires rendus aux arsenaux romains. Contre une race aussi insaisissable, aussi peu sûre que les nomades, l'empire prenait ses précautions. Il y ajoutait la suppression de l'*annona* (2), la fermeture des frontières, toutes les fois qu'il pensait avoir lieu de suspecter la loyauté des Scénites.

Une exception doit être faite en faveur du sayyd des Aḫābīs, des *ḫaliʿ*, réfugiés, des *ṭarīd*, exilés étrangers, mais jouissant du titre de *ḫalīf* qoraiśites. Ce demi-droit de cité leur conférait, entre autres, l'avantage de résider à la Mecque (3). Jamais on ne leur contesta le droit de se faire tuer pour la république marchande. Sur la liste des victimes de Badr, on remarque l'énorme proportion de *ḫalīf* qoraiśites (4). Les chefs des Aḫābīs occupent donc à la Mecque une position en vue et quasi officielle. Aux représentants des indociles Ǧifār, il avait fallu — on s'en souvient — accorder un *nādi* ou lieu de réunion (5) ; et non pas dans les bouges, dans les gorges malsaines, شعاب, des faubourgs, ou ظواهر (6), mais dans le quartier le plus central de la cité, sur le parvis de la sainte Kaʿba. Les sayyd des Aḫābīs parlent avec autorité dans les réunions des Qoraiśites. Ainsi Ibn ad-Doǧonna (7) peut prendre sous sa protection le pieux Aboū Bakr, molesté par ses concitoyens à raison de ses indiscrètes

---

(1) Jamais nommée dans les vieux documents arabes, où Boṣrā éclipse Damas et est toujours citée comme terminus des caravanes de Qoraiś.

(2) Cf. Nöldeke, *Die Ghassān. Fürsten*, 29.

(3) Seule une renonciation solennelle, accomplie devant la Kaʿba, pouvait les en priver ; cf. *Osd*, III, 386, haut ; IV, 54, 4.

(4) Cf. Ibn Hiśām, *Sīra*, 507 etc.

(5) Les clans aristocratiques possèdent le leur près de la Kaʿba ; Ibn Hiśām, 822 ; 993, 4 ; I. S. *Ṭabaq.*, I¹, 137, 9. Voir précédemment, p. 142.

(6) Où l'on confinait la plèbe ; *Aǧ.*, I, 159, 13 d. l.

(7) Ou Doǧaina ; Ibn Hiśām, *Sīra*, 246, 2. Graphie incertaine.

manifestations de ferveur musulmane (1). Le fait est antérieur à l'hégire.
A l'époque des négociations de Ḥodaibyya, un autre sayyd des Aḥābīs se
voit choisi en qualité de plénipotentiaire auprès de Mahomet. C'était le
temps où la Mecque va essayer de masquer par des habiletés diplomatiques l'aveu de son infériorité militaire dans la lutte avec Aboū'l-Qāsim.
Forcée de négocier, elle se refuse à mander auprès de Mahomet des *aśrāf*,
patriciens qoraiśites. C'eût été trop ostensiblement trahir ses inquiétudes
et son besoin de paix. A leur place, elle délègue le chef des auxiliaires
bédouins, Ḥolais ibn 'Alqama, lequel, à cette occasion, nous est dépeint
comme un personnage profondément religieux (2); caractéristique assez
rare parmi les grossiers Bédouins du Tihāma. Pendant cette même période
de laborieuses transactions, un des envoyés du Prophète à la Mecque dut
à l'intervention de ses contribules, les Aḥābīs de Ḥozā'a, d'éviter des
sévices graves et même d'échapper à la mort (3).

Une fois les mercenaires partis en expédition, la population, au lieu
de se réjouir de voir éloignés tous ces éléments de perturbation, se laisse
envahir par l'inquiétude ; la Mecque semble une ville exposée au premier
coup de main (4). Telle fut, du moins, l'impression ressentie par la population, après le départ de la colonne hâtivement organisée pour dégager
la riche caravane de Badr. Il fallut les assurances d'un chef Bédouin afin
de calmer ces terreurs (5). Et pourtant parmi les Aḥābīs, seul un faible

---

(1) Ibn Hiśām, *Sīra*, 245-246 ; Boḫārī, *Ṣaḥīḥ*, Kr., II, 59. A Oḥod, Ḥolais
blâme vertement Aboū Sofiān ; *Aǧ.*, XIV, 21-22. Comp. I. S. *Ṭabaq.*, II¹, 70, 12.

(2) Ibn Hiśām, *Sīra*, 742-745 ; Ṭab., *Annales*, I, 1538-1539 ; *Aǧ.*, IV, 19 ;
I. S., *Ṭabaq*, II¹, 70, 12 : كان يتكلم, est-il dit de ce Ḥolais. Il est appelé ابن الحلس
dans Aboū Yoūsof, *op. cit.*, (édit. du Caire, 1346 H) p. 248. Pour le « ta'alloh »,
voir précédemment p. 185.

(3) Wāqidī, Wellh., 253 ; Ibn Hiśām, *Sīra*, 745-746 ; Ṭab., *Annales*, I,
1541 ; *Osd*, II, 16.

(4) Elle ne possédait pas même une police municipale. Cf. Lammens, *La
Mecque*, pp. 64 etc.

(5) Ibn Hiśām, *Sīra*, 432 ; Ṭab., *Annales*, I, 1296 ; Wāqidī, Kr., 31-32.

contingent avait pu être réuni à temps pour suivre les maîtres qoraišites. Les autres résisteraient-ils à la tentation de s'unir aux Bédouins des environs avec lesquels la ville se trouvait pour lors en délicatesse ? Sans cesse la cupidité, les dédains (1), les dénis de justice des banquiers qoraišites intervenaient pour envenimer ces malentendus. La Mecque s'épouvantait en pensant aux haines grondant dans les échoppes, dans les bouges, dans les ergastules des faubourgs, au x esclaves, aux nègres marrons (2), infestant les steppes du Tihāma, les défilés du Ğaur. Du milieu de cette foule grouillante, surgit de temps à autre un Spartacus arabe, un Aboū Baṣīr (3). Autour de ces agitateurs, généralement des *ḫalīf* mecquois, viennent se grouper les opprimés, les victimes de l'organisation sociale mecquoise, — les مستضعفون de la *Sīra*, — tous les mécontents, les esprits inquiets, avides de changement. Soutenus par Mahomet, réfugiés à Médine, ces nouveaux gladiateurs mènent la guerre de partisans (4), ils interceptent les grands chemins, « ne faisant quartier à aucun des Qoraišites et pillant toutes leurs caravanes, لا يظفرون برجل من قريش الّا قتلوه ولم ير جم عير الّا اقتطموها (5) ». C'était reprendre les traditions des Banoū Ğifār.

Mentionnons enfin une croyance répandue à la Mecque et conservée en d'innombrables ḥadīṯ. Elle annonçait la destruction future de la Ka'ba par les Abyssins (6). Trois quarts de siècle après l'hégire, Ibn Zobair,

---

(1) بوّال على عقبيه , voilà comment ils les interpellent ; *Ağ.*, VIII, 190 et *passim* ; XI, 89, 95. On les dit grossiers, « comme des fauves » ; XII, 35.

(2) الابّاق ; incessamment les maîtres doivent courir après leurs esclaves en fuite ; *Osd*, V, 530.

(3) Transformé en Ṣaḥābī, la *Sīra* (voir note suivante) l'a utilisé pour dramatiser son sujet.

(4) Esclaves marrons tuant leur maître ; Nasā'ī, *Sonan*, II, 113.

(5) Ibn Hišām, *Sīra*, 752 ; *Osd*, III, 360 ; V, 150. Nègres et esclaves marrons allant rejoindre Mahomet ; *Osd*, IV, 26, 14.

(6) Azraqī, W., 193, etc. ; *Chroniken*, W., III, 81 ; Aboū Dāoūd, *op. cit.*, II, 133 ; Ibn Daiba', *Taisīr al-Woṣoūl*, III, 120. Ibn Aṯīr, *Nihāia*, II, 193, 264 ; IV, 188.

quand il releva les ruines de la Ka'ba, se vit forcé de recourir à un stra-
tagème naïf, dans le but de déraciner cette persuasion tenace, en se don-
nant l'air de la réaliser (1). On nous permettra d'y reconnaître un écho
probable des terreurs qu'inspiraient aux Mecquois ces nègres armés, les
Aḥābīs, en majorité d'origine chrétienne. Dans l'éventualité d'un débarquement des soldats du Négus sur les plages du Tihāma, — le cas ne
présentait rien de chimérique (2), — ne seraient-ils pas tentés de rejoindre leurs compatriotes ? « Laissez en paix les Abyssins, aurait dit le
Prophète, tant qu'ils ne prendront pas l'offensive (3). » En d'autres circonstances (4), Mahomet aurait, paraît-il, accolé au nom des Abyssins
celui des Turcs, lesquels reprendront dans les armées du califat 'abbāside
le rôle des Aḥābīs africains.

On voit jusqu'à quel point la cité se trouvait à la merci des mercenaires qu'elle entretenait pour sa défense, et combien le tempérament
guerrier faisait défaut aux concitoyens de Mahomet plus encore qu'aux
autres habitants de la Péninsule. « Les Arabes, assurait Strabon (5), sont
marchands et courtiers, mais de fort médiocres soldats ; οὐδὲ γὰρ κατὰ γῆν
σφόδρα πολεμισταί εἰσιν, ἀλλὰ κάπηλοι μᾶλλον οἱ Ἄραβες.» Précédemment, nous
avons eu l'occasion d'émettre cette conclusion (6) et nous y voici ramené
par l'étude des institutions militaires de la Mecque.

Le Prophète paraît avoir partagé cette conviction ; il connaissait

---

(1) *Chroniken*, W., III, 81, bas. ; *Sīra ḥalabyya*, I, 183.

(2) Cf. Azraqī, W., 193-94. Sous le califat de 'Omar, une expédition en
Abyssinie, destinée à châtier ces insolences, est entièrement exterminée ; *Osd*,
IV, 14. Sous Mahomet, les Abyssins attaquent la côte de la Mecque ; I. S.,
Ṭabaq., II¹, 118, haut.

(3) Aboū Dāoūd, *op. cit.*, II, 133 ; Ibn Daiba', *op. cit.*, III, 110 ; cf. Soyoūṭī, *Mauḍoū'āt*, I, 231-232 ; Ibn Aṯīr, *Nihāia*, II, 59, 8.

(4) Aboū Dāoūd, et Soyoūṭī, *loc. cit.*

(5) *Geogr.*, XVI, c. 4, n. 23.

(6) Cf. *Berceau*, I, 191, etc. Comp. la Bible : Jérém., III, 2 ; Isaïe, XIII, 20 ;
XXI, 13 ; Ezech., XXVII, 22.

par expérience l'organisation défectueuse des Aḥābīs. Ce politique, désireux d'éviter des guerres inutiles, professait qu'il ne fallait recourir aux
armes qu'avec la certitude du succès ; sinon, mieux valait négocier. « Pas
de faiblesse, ne parlez pas de paix, lorsque vous êtes les plus forts », voilà
comment Allah objurgue les fidèles : فلا تَهِنوا وتدعوا الى السَّلْم وانتم الأَعلَون (1).
Cette supériorité militaire, il pensa la tenir enfin, surtout après le traité
de Ḥodaibyya. Préalablement, il avait travaillé à gagner les tribus (2),
au sein desquelles Qoraiš recrutait les cadres de ses Aḥābīs ; les Ḥozā‘a
d'abord, qu'excitait leur rancune contre Qoraiš ; ensuite les Ḡifār (3) et
leurs cousins de Kināna. Ces derniers, il les essaie au siège de Ḥaibar et
y tolérera même la présence de femmes ḡifārites, en qualité de vivandières
et d'infirmières (4). Après ces expériences (5), sachant les banquiers
mecquois démoralisés, abandonnés à leurs propres forces, Mahomet décidera de porter le coup de grâce à sa ville natale. Allah alors lui promet-
tra « la plus éclatante, la moins contestable des victoires, انّا فتَحنا لك فتحًا
مبينًا » (6). Ce sera le *fath* de la Mecque, « le *fath al-fotoūḥ*, la conquête des
conquêtes ». Ainsi la Tradition musulmane aime à qualifier ce fait d'armes.
Avec la fin de la république mecquoise, devenue une simple dépendance
de l'État médinois, le *fath* marqua la disparition du corps mixte des

---

(1) *Qoran*, xlvii, 37 ; comp. iii, 133.

(2) Le Ḡifārī Aboū Rohm occupe deux fois la lieutenance de Médine ;
Osd, V, 197 ; Ibn Hišām, *Sīra*, 810, 905.

(3) Samhoūdī, *op. cit.*, II, 547 : Mahomet leur donne des terrains à Médine ; *masḡid* et emplacement ḡifārites à Médine ; *ibid.*, II, 547-548 ; apanages
ḡifārites à Ḥaibar ; *Osd*, V, 576.

(4) Cf. Ibn Hišām, *Sīra*, 767-769 ; *Osd*, V, 405, bas. Telle semble, du
moins l'explication adoptée par la Tradition musulmane. Comp. nos *Bétyles*,
123 etc.

(5) Il se fait intimer par Allah l'ordre de préparer une forte cavalerie ;
Qoran, viii, 62 ; cf. *Fāṭima*, 83.

(6) *Qoran*, xlviii, 1.

Aḥābīs (1), avec son ancienne signification militaire. Leur nom ne reparaît plus, à partir de cette date, dans les annales de la métropole qoraišite.

----

(1) Non pas des troupes nègres, lesquelles continueront à figurer dans les armées de l'islam. Proportion considérable des nègres en Arabie ; Maqdisī, *Géogr.*, 95, 18. Au Ḥiǧāz, les esclaves en majorité Abyssins ; Ibn al-Aṯīr, *Nihāia*, I, 159. Les gardiens de la mosquée de Médine sont des « Aḥābīs » ; Samhoūdī, *op. cit.*, I, 491. Eloge des Abyssins ; Soyoūṭī, *Mauḍoūʿāt*, I, 230. « Les nègres ont en partage les neuf dixièmes du courage» ; *Kanz al-ʿommāl*, VI, p. 213, nº 3738. Garde nègre du Grand Chérif : « il fallait le voisinage de ces visages d'ébène pour empêcher les Arabes de paraître tout-à-fait noirs » ; Didier, *Séjour chez le Grand Chérif*, p. 244.

L'ANCIENNE FRONTIÈRE
ENTRE LA SYRIE ET LE ḤIĠĀZ
NOTES DE GÉOGRAPHIE HISTORIQUE (*)

En quel point, le long de quelle ligne, se rencontre la frontière historique entre la Syrie et le Ḥiġāz ? Le mouvement dont le Grand Chérif de la Mecque, roi du Ḥiġāz, vient de prendre la direction (1) donne un regain d'actualité à ce problème, et sa solution s'imposera demain aux diplomates, qui seront chargés, après la guerre, de remanier la carte de l'Asie antérieure, d'y déterminer les sphères d'influence et les frontières nouvelles. Il semble opportun de prévoir dès maintenant cette éventualité.

Mais quel critère adopter dans cette discussion ? Le *vilayet ottoman* du Ḥiġāz — une création du siècle dernier — avait achevé de confisquer l'autonomie dont jouirent, depuis le xᵉ siècle de notre ère les Ḥasanides, émirs de la Mecque (2). Admettra-t-on le *statu quo ante bellum*, la frontière septentrionale du Ḥiġāz ottoman, telle qu'elle venait d'être arbitrairement modifiée à la veille du conflit actuel ? Le district de 'Aqaba — une dépendance syro-palestinienne, au moins depuis les temps de Salomon et de la reine de Saba — a relevé du vilayet de Damas jusqu'en 1910.

(*) Paru dans le *Bulletin de l'Institut français d'archéologie orientale*, T. XIV, 1917.

(1) L'article a été composé, après la révolte du Chérif Ḥosain ibn 'Alī contre les Turcs, en Juin 1916.

(2) Snouck Hurgronje, *Mekka*, I, 57 etc. (on y trouvera l'histoire du Grand-Chérifat), et notre article *Le Grand-Chérifat de la Mecque et la révolte arabe*, dans *Les Etudes*, 5 décembre 1916, pp. 553-578.

A cette date, érigé en caimmacamat, l'ancien *moudirat syrien* de 'Aqaba se vit rattaché à Médine, c'est-à-dire incorporé au Ḥiğāz turc (1). Nous n'avons pas à revenir sur les préoccupations politiques qui inspirèrent cette modification, où l'on méconnut trois millénaires d'histoire (2). Tout conseille de chercher une base de discussion moins vacillante, d'établir une ligne-frontière qui corresponde à une tradition d'une historicité plus continue et reposant sur des arguments moins contestables.

*
* *

Dans le *Berceau de l'islam* (3) nous avons rappelé que l'origine de cette religion devait être cherchée dans l'Arabie occidentale, plus exactement dans la province appelée le Ḥiğāz. Cette assertion nous a conduit à examiner comment, aux environs de l'hégire, on se représentait la signification, l'extension géographiques du Ḥiğāz. Il nous a fallu constater combien, pour cette époque lointaine, il devenait malaisé d'aboutir à une solution précise. La documentation utilisée par nous se bornait à des textes, à des renseignements poétiques. Or, chez le Bédouin, rebelle aux généralisations, aux abstractions d'ordre géographique et gouvernemental, incapable de concevoir des groupements humains dépassant le cercle de la tribu ou d'une confédération de tribus, l'idée de province, de circonscription administrative ne correspond à aucune réalité accessible ou simplement utilisable dans le domaine topographique (4). Ce concept

-----

(1) Cf. A. Musil, *Im nördlichen Ḥeğāz*, (Extrait des comptes rendus de *Kaiser. Akademie der Wissenschaften* de Vienne, année 1911, n° XIII), p. 10

(2) Au siècle dernier, des contingents égyptiens occupaient encore les postes depuis 'Aqaba jusqu'à Al-Waǵh que jamais le gouvernement du Ḥiğāz ottoman n'avait songé à revendiquer.

(3) *Le Berceau de l'Islam, l'Arabie occidentale à la veille de l'hégire*, 1 vol., *le climat, les Bédouins*, cité par nous comme *Berceau*.

(4) « Il n'y a pas place dans le cerveau arabe pour les grandes catégories à base géographique... La seule chose qui ait un sens pour lui, c'est la tribu ». (E. F. Gautier, *L'islamisation de l'Afrique du Nord*, Paris, 1927, p. 191).

lui a été inculqué de force par l'organisation postérieure du califat.

Non pas que dans l'immensité des steppes parcourues par ses razzias, tondues par la dent avide de ses troupeaux, son œil observateur, toujours aux aguets, n'ait de bonne heure distingué, marqué de vastes compartiments. Mais ces divisions se rattachent exclusivement à des accidents du sol ou à des phénomènes météorologiques : monts, plaines, plateaux ventilés par la brise, vivifiés par la pluie, dépressions encaissées, brûlées par les *semoûm*. De là les dénominations si fréquentes de *Ḥiǵâz*, de *Naǵd*, de *Ǵaur*, de *Tihâma*, de *Ǵals* (1). Mais cette nomenclature (2) une fois trouvée, l'idée ne vint pas au nomade d'y enfermer une signification se rattachant à la géographie politique. Ainsi dans le Ḥiǵâz, dans le Yémen, il distingue des Ǵaur, des Tihâma, des Naǵd. Dans une même localité, sa subtilité découvre des parties *ḥiǵâziennes* et d'autres *tihâmiennes* (3). La centralisation administrative lui a toujours paru une atteinte à sa liberté, une restriction injustifiée à ses aspirations nettement individualistes et séparatistes. De la géographie, il ne prétend connaître que la partie physique.

Les poètes, ces intellectuels de la société scénite, ne se sont pas élevés au-dessus de cette conception étroite. Si cette circonstance diminue forcément la portée de leur témoignage, par ailleurs il devient difficile d'exagérer l'influence qu'ils ont exercée sur la formation et, tout spécialement,

---

(1) Cf. notre *Berceau*, I, p. 12 etc.

(2) Demeurée très vague ; les auteurs des *Moʿǵam* ne s'y retrouvent plus. Cf. Bakrî, *Moʿǵam*, 5-8, etc. Médine est tantôt du Naǵd, tantôt du Ḥiǵâz ; Bakrî, *op. cit.*, 8. Cf. Snouck Hurgronje, *Verspreide Geschriften*, III, 47, note.

(3) Ainsi pour Médine ; Bakrî, *op. cit.*, 8. La Mecque est dans le Ǵaur du Tihâma ; Hamdânî, *Ǵazîra*, 71, 5. Aṣmaʿî (Yâqoût, *Moʿǵam*, W., I, 523) proclame Ṭaif حجازيّة, parce que chez beaucoup d'auteurs Sarât = Ḥiǵâz (cf. Vollers, *Volkssprache und Schriftsprache im alten Arabien*, 4). Le Yamâma est une ارض تهاميّة ; *Osd*, II, 175, 11 ; comp. Maqdisî, *Géogr.*, 69, 5) ; Naǵd du Yémen, *ibid.*, 70, 4 ; Naǵd du Ḥiǵâz ; 94, d. l. ; 96, 7. Pour Tihâma, voir Ibn al-Atîr, *Nihâia*, I, 121-122 ; Ibn Ḥauqal, 33. « Les deux Ǵaur du Tihâma » ; *Osd*, IV, 66.

sur la terminologie de la science géographique chez les Arabes. Citons un exemple. Marwān ibn al-Ḥakam, gouverneur de Médine, obsédé par les débordements du licencieux poète Farazdaq, lui fit tenir cette admonestation : «Si Farazdaq obtempère à mes avis, dans ce cas, qu'il reste!». Ce monitoire rimé se terminait par فاجلس . Or cette expression peut aussi bien se traduire : «qu'il continue à résider dans le *Ǵals*». Le *Ǵals* un synonyme de Naǵd! Il n'en fallut pas davantage pour suggérer à des philologues, à des géographes ingénieux, que Médine, véritable centre du Ḥiǵāz — on le verra plus bas — passait également comme faisant partie du Naǵd. L'origine de cette subtile exégèse *chorographique* ne me paraît pas comporter une autre explication (cf. Bakrī, 9 ; *Aǵ.*, XIX, 43 ; comp. notre *Moʿāwia*, 416).

Quoi qu'il faille en penser, il est certain que parmi les poètes, le vocable Ḥiǵāz était d'un emploi courant, moins pourtant que celui de Naǵd, la région qui a fourni en plus grand nombre des représentants au Parnasse arabe. Aux poètes cités par nous dans le *Berceau*, pour la période préislamique et mentionnant le Ḥiǵāz, on peut ajouter Ḥoṣain ibn al-Ḥomām (1), ʿAlqama (2), ʿAbīd ibn al-Abraṣ (3), Ḍamra ibn Ḍamra (4), Qais ibn al-Ḥaṭīm (5). Parmi les rimeurs, contemporains de l'hégire, rappelons Labīd (6), Ḥassān ibn Ṯābit (7), ʿAṭārid ibn Ḥāǵib (8), ʿAbbās ibn Mirdās (9) et beaucoup d'autres, dont il serait inutile d'allonger la liste ici. Les graves événements survenus, le séjour de Mahomet à Médine, au

---

(1)   *Aǵ.*, XII, 127, 5 d. l.

(2)   Hamdānī, *Ǵazīra*, 50 ; *Šoʿarā*, Cheikho, 506, 4.

(3)   *Divan*, Lyall, X, 5.

(4)   *Aǵ.*, X, 26, 10 d. l.

(5)   *Divan*, Kowalski, VI, 9. Autres mentions chez les poètes Moḥabbal et Hobaira ibn ʿAmrou an-Nahdī ; Bakrī, *Moʿǵam*, p. 13.

(6)   Hamdānī, *Ǵazīra*, 49, 229.

(7)   *Divan*, Hirschfeld, LXXXIV, 2 ; CXXIII, 4.

(8)   *Aǵ.*, IV, 9, bas.

(9)   Ibn Hišām, *Sīra*, 832, 5.

centre même du Ḥiǵâz, ne pouvaient manquer d'appeler l'attention sur
cette province. Depuis le califat, la mention du Ḥiǵâz va donc se multi-
pliant dans la langue poétique. Cette vogue correspond à une évolution
dans le régime politique, à l'établissement des *ǵond* et des *miṣr*, ou circonscriptions gouvernementales au sein de l'empire arabe, principalement
sous la dynastie des Omayyades. Il faut toujours revenir à cette famille
et à Moʿâwia, quand il s'agit de l'organisation définitive du califat. C'est
bien à tort qu'on a en bloc attribué cette mesure à ʿOmar Iᵉʳ; جَنّدَ الاجناد
ومَصّرَ الامصار, répètent à l'envi les compilateurs. En réalité, le successeur
d'Aboū Bakr usa son énergie indéniable dans la lutte contre l'anarchie,
jusqu'au moment où il en devint la victime. Son principal, mais incontestable mérite fut d'empêcher les séparatistes de prendre le dessus; il sut
préparer l'avènement d'un régime plus stable (1) sous les Omayyades.

Aussi longtemps que le souverain résida à Médine, celui-ci cumulait
les fonctions de calife, de gouverneur et de premier magistrat local. Avec
l'émigration de l'autorité centrale en dehors de l'Arabie (2), il fallut se
préoccuper d'y désigner des remplaçants du monarque, conséquemment
déterminer les limites de leur juridiction, c'est-à-dire établir des cercles
administratifs en cette Arabie, jusque-là régie par des institutions patri-
arcales et n'ayant jamais soupçonné l'existence d'une géographie politique. Parmi ces fonctionnaires, le plus considérable devint naturellement
celui de Médine, la capitale délaissée, laquelle depuis l'hégire avait
graduellement éclipsé la Mecque. Ce dignitaire, fréquemment parent du
souverain, on le nomma indifféremment gouverneur de Médine ou du
Ḥiǵâz. L'essai avait-il réussi, le titulaire s'était-il montré à la hauteur
de la situation, l'usage s'introduisit, sous les Omayyades, de lui confier
également l'administration de la Mecque et de Ṭâif (3). Ce gouvernement,

---

(1) Cf. notre *Yazīd*, (= *Califat de Yazīd Iᵉʳ*), 374-375; 393 etc.

(2) Après le meurtre du calife ʿOṭmân.

(3) Cf. notre *Moʿâwia*, (= *Études sur le règne du calife Moʿâwia Iᵉʳ*), p. 32
(extrait des *Mél. Faculté orientale* de Beyrouth, I-III).

notablement agrandi et réuni dans les mêmes mains, n'en conserva pas moins sa première appellation et insensiblement l'administration métropolitaine s'habitua à englober, sous la dénomination de Ḥiğāz, les territoires relevant de ces trois grandes agglomération urbaines. Voilà comment la bureaucratie, avec ses tendances unificatrices, favorisa la diffusion d'une appellation géographique, non sans en avoir notablement élargi l'extension originale (1), au détriment parfois de la clarté scientifique.

Mais si nous étudions les citations poétiques antérieures à cette période manifestement influencée par une tradition bureaucratique plus tardive, si nous y ajoutons les renseignements où l'on prétend nous donner l'impression de l'époque préhégirienne, nous aboutissons à la conclusion suivante. Au temps du Prophète et pendant le premier quart de siècle consécutif à sa mort, le vocable Ḥiğāz désignait la région dont la position de Médine forme approximativement le centre géographique. Dans les quatre directions, le cercle presque régulier délimitant cette circonscription ne dépasse guère un rayon de cinq journées de distance. C'est invariablement à cette agglomération que nous nous voyons ramenés : le cœur du Ḥiğāz primitif se trouve à Médine. Pour rappeler la cérémonie de l'*istisqā* sous ʿOmar Iᵉʳ, quand Allah accorda la pluie à l'intervention de ʿAbbās, oncle du Prophète, le Lahabide ʿAbbās ibn ʿOtba s'écrie :

بمّتى سَقَى اللهُ الحِجازَ وأهلَهُ * عشيةَ يَـسْتَسْفِي بشَيبِهِ عُمَرُ

Grâce à mon oncle (ʿAbbās), Allah prit en pitié le Ḥiğāz et ses habitants, alors que ʿOmar implora la pluie par les mérites de ce saint vieillard.

Le poète n'a en vue que Médine et la région médinoise (2). A

----

(1) Comp. Hamdānī, *Ğazīra*, 218-219 : énumération poétique (elle date du xᵉ siècle) des régions du Ḥiğāz, on y comprend le Tihāma. Aṣmaʿī (cité dans Yaqoūt, *Moʿğam*, W., II, 205) en exclut la Mecque, parce qu'il a travaillé sur des documents antérieurs au xᵉ siècle chrétien.

(2) Qui seules bénéficièrent du miracle ; Samhoūdī, *Wafāʾ al-wafāʾ*, II, 422. Chez cet auteur, سلطان الحجاز et امر الحجاز , I, 418, 3 ; 422 désigne généralement l'émirat des Ḥosainides à Médine ; *ibid.*, I, 432, نار الحجاز , l'éruption volcanique, survenue près de Médine ; comp. I, 466.

l'occident du district de Yaṭrib, la frontière s'étend jusqu'au rivage de l'Érythrée. Au sud, elle dépasse légèrement la moitié de la distance, séparant Médine de la Mecque, un peu au nord de ʿArǵ (1). A l'est, la ligne-frontière s'insinue capricieusement dans les vallées, dans les brèches ouvertes au cœur de la chaîne montagneuse, prolongation septentrionale du Sarât de Ṭaif, qui conduisent jusqu'aux plateaux du Naǵd (2). La frontière du nord nous reste à déterminer. Ce sera la matière des lignes suivantes.

*
* *

Voyons d'abord quelles populations occupent le Ḥiǵâz. L'indication des tribus ḥiǵâziennes ne peut manquer de nous fournir des précisions, leur habitat nous étant connu par ailleurs. Commençons par un groupe de sédentaires, dont l'histoire se trouve intimement mêlée à celle de l'Arabie occidentale, aux environs de l'hégire : « les Juifs du Ḥiǵâz », يهدان الحجاز . Ainsi les désigne Ḥassân ibn Ṭâbit (3). Or, nous le savons par les récits de la *Sira*, les Israélites habitaient non seulement Médine — où la polémique intarissable du Qoran nous les montre en nombre — mais tout un groupe d'oasis au nord et à l'orient de la région médinoise, Ḫaibar, Fadak, Wâdi'l-Qorâ, Taimâʾ. Ces agglomérations devaient donc être comprises dans le Ḥiǵâz. Une autre mention dans Ḥassân (4), nous ramène de nouveau au centre médinois. Le fougueux poète y menace le calife Moʿâwia d'un soulèvement des Anṣârs et du départ d'une armée

---

(1) Samhoûdî, *op. cit.,* II, 170, 285. ʿArǵ est appelée ارّل تامة « première localité », du Tihâma (Yâqoût, *Moʿǵam*, W., III, 637 ; Bakrî, *op. cit.,* 9), quand on arrive de Médine.

(2) Zobair ibn Bakkâr considère Ḥiǵâz == Ǵals ; d'autres font de ces deux vocables et de Naǵd de purs synonymes : Bakrî, *op. cit.,* 7 ; cf. Ibn al-Aṯîr, *Nihâia*, I, 171.

(3) *Divan*, LXXXIV, 2.

(4) *Divan*, CXXIII, 4.

réunie à Ṣirār ; toponyme dans les environs immédiats de Yaṭrib (1). La province du Ḥiǧāz englobait certainement la grande tribu de Solaim, dont le chantre ʿAbbās ibn Mirdās entretenait d'intimes relations avec les Juifs de Médine, célébrés par lui (2). Vers le sud, cette province semble également avoir touché au territoire des Banoū Hoḏail (3), tribu bédouine qu'on nous montre d'ordinaire errant dans les steppes du Tihāma et dans les vallées du mont Sarāt (4), menace permanente pour les caravanes de Qoraiš et pour les riches domaines des Ṭaqalites.

Il faut déplorer la perte du *Gazīrat al-ʿArab*, la description de la Péninsule arabique, composée par le célèbre Aṣmaʿī. Sa conservation nous aurait permis de déterminer la nature du dossier géographique, réuni par ce grand philologue. Cette documentation devait être en majeure partie d'origine poétique, basée sur les citations des chantres bédouins. C'est la méthode la plus habituelle aux topographes arabes. Des écrivains comme Maqdisī et Samhoūdī, qui se bornent à corroborer par l'érudition livresque l'autopsie ou l'examen des lieux, (5) ces écrivains, forment des exceptions dans la littérature arabe géographique. Or, Aṣmaʿī, cité par Yāqoūt (6), indique parmi les tribus fixées au Ḥiǧāz : « Balī, Aśǧaʿ, Mozaina, Ǧohaina, une fraction des Hawāzin, نفر من هوازن, et la majorité des campements

---

(1) Samhoūdī, *op. cit.*, II, 334. Cf. notre *Moʿāwia*, 65, et notre *Califat de Yazīd Ier*, 119.

(2) *Aǧ.*, XIII, 171 ; Samhoūdī, *op. cit.*, II, 329 ; cf. I, 550.

(3) Cf. Hamdānī, *op. cit.*, 49, 19. Les Banoū Solaim approvisionnent le marché de Médine ; Samhoūdī, *op. cit.,*, II, 544.

(4) Pour le territoire des Hoḏailites, cf. Hamdānī, *op. cit.*, 173, 3, etc. Leurs *loṣoūṣ* se montrent des voisins encombrants pour la Mecque et Ṭaif. Comp. Ibn Ḥauqal, *Géogr..* éd. de Goeje, 25 ; Lammens, *La Mecque*, 52.

(5) Maqdisī, (*Géogr.*, 3, l. 10 ; 6, l. 7 ; 43) affirme qu'ils forment la base des sciences géographiques. « J'ai vu... je n'ai pas visité... », répète-t-il incessamment.

(6) *Moʿǧam*, W., II, 205. Même énumération dans I. S. *Ṭabaq.*, IIᵗ, 97, 18, pour les tribus voisines de Médine ; comp. encore ʿOmar ibn Śabba, cité dans Bakrī, *op. cit.*, 8 ; il ajoute les B. Hilāl.

des Banoū Solaim », عامّة منازل بنی سُلَیم . Les Balī comptaient de nombreux *ḥalīf* « alliés » au sein des clans anṣāriens (1). Parmi les points du territoire occupé par eux on signale la vallée de Ġazl (2), à l'extrémité septentrionale du Wādī'l Qorā (3). Le nom des Ġohaina (4) et des Mozaina revient incessamment dans les annales médinoises. « Entre tous les Arabes, seuls les Mozaina jouissaient du privilège de posséder un *maġlis*, lieu de réunion spécial, à Médine », لا یُعلم حیّ مِن العرب لهـم مجلس بالمدینة غیر مُزَینة (5). Cette prérogative indique suffisamment leurs relations intimes avec les Anṣārs. Quant aux Ġohaina, ils occupaient la longue vallée de l'Iḍam, les environs du mont Raḍwā, où on les trouve encore fixés de nos jours (6).

Outre Médine, parmi les groupements de sédentaires, le Ḥiġâz comptait, nous l'avons dit, Haibar et Fadak. On ne s'étonnera donc pas de voir signaler, dans les plus anciens chroniqueurs, Haibar, comme une des principales localités du Ḥiġāz, قریة الحجاز (7). A son retour de l'expédition

---

(1) Cf. *Osd*, passim, par exemple III, 337, 347 ; V, 106, 144, 146, 244, 257, 320, 406, 552. Comp. leur notice dans *Encycl. de l'islam*, I, 631-632. Un ḥalīf de Balī, asssista au ʿAqaba, (*Osd*, II, 384 ; IV, 158), avec les Anṣārs.

(2) Samhoūdī, *Wafāʾ*, II, 280 (voir plus bas). Balī dans le Wādi'l-Qorā ; I. S., *Ṭabaq.*, II¹, 95, 6. Des Banoū Balī auraient habité Médine, conjointement avec les Juifs, antérieurement aux Anṣārs ou Banoū Qaila ; Samhoūdī, *op. cit.*, I, 114, 1. Pour Aslam, cf. Samhoūdī, I, 551. La tribu de Balī possédait des *oṭm* à Médine ; donc considérés comme mi-indigènes ; Samhoūdī, II, 357, bas. Cf. I, 144.

(3) Hamdānī, *Ġazīra*, 170, 9 etc.

(4) Ch. Huber, *Voyage dans l'Arabie centrale*, 127, signale la région d'Al-ʿAlā comme le « territoire des Beny Geheinah, fraction des Beny Kalb ». « Porte de Ġohaina » à Médine ; Maqdisī, *Géogr.*, 82, 7.

(5) *Osd*, IV, 124 ; cf. Samhoūdī, *Wafāʾ*, I, 549-550. Mahomet trace à Médine le *masġid* des Ġohaina et des Balī, *ibid.*, II, 58.

(6) Hamdānī, *op. cit.*, 170-171 ; L. Roches, *Dix ans à travers l'islam*, 280 ; Samhoūdī, *Wafāʾ*, I, 550-551, 553 ; nommés par un poète sous ʿOmar Iᵉʳ ; 551, 6 d. l.

(7) Ṭab., *Annales*, I, 1375, 14-15, 17 ; 1586, 11 ; Hamdānī, *op. cit.*, 144, 21-22 ; Ibn Hiśām, *Sīra*, 770.

de Qodaíd dans le Tihāma, Mahomet, en remontant vers le nord, dans la direction de Médine, « passa dans le Ḥiǵāz », سلك الحجاز (1) et ne tarda pas à atteindre le canton de Naqī', voisin de l'oasis médinoise (2). Le plus extraordinaire, c'est de voir Moslim (3) attribuer au Tihāma le site de Doū'l-Ḥolaifa, distant de quelques kilomètres de Médine (4). Il faut sans doute lire Ḥolaifa, un nom appartenant à la toponomastique du Tihāma, à moins de reconnaître dans l'emploi du dernier toponyme une notation de géographie physique.

Au premier siècle de l'hégire, Ǵamīl, le chantre de Boṭaina, proclame le Ḥiǵāz sa patrie, انا جميل والحجاز وطنى . Or, ce poète habitait, nous le savons, la section centrale du Wādi'l-Qorā. C'était le séjour de sa tribu, les Banoū 'Oḏra (5), groupe chrétien fixé dans le Wādi'l-Qorā (6). Ce long couloir, jalonné d'oasis et de palmeraies, était donc considéré — à tout le moins pour la moitié méridionale — au temps de Ǵamīl, à savoir, à la fin du 1er siècle H., comme appartenant au Ḥiǵāz. La difficulté consiste à déterminer l'exacte extension du Wādi'l-Qorā. Sa frontière du sud a subi de profondes modifications sous la période omayyade. A cette époque de grande activité agricole en Arabie (7), les défrichements, la création de

---

(1) Ibn Hišām, *Sīra*, 727, 11.

(2) Ibn Hišām, *Sīra*, *loc. cit.* Après l'échec du Ḥandaq, « Aboū Sofiān rentre dans le Tihāma » (I. S., *Ṭabaq.*, III², p. 3, l. 21), c'est-à-dire à la Mecque.

(3) *Ṣaḥīḥ²*, II, 162, 7 d. l.

(4) Cf. Samhoūdī, *op. cit.*, II, 393. Pour le Ḥolaifa du Tihāma, cf. Yāqoūt, W., II, 324.

(5) *Aǵ.*, XIX, 113, 9 ; cf. Yaqoūt, *Mo'ǵam*, W., II, 208, 12-15 ; *Aǵ.*, VII, 86. A leurs députés Mahomet prédit la conquête de la Syrie ; *Sīra ḥalabyya*, III, 259, d. l.

(6) *Aǵ.*, VII, 77 etc. ; I. S., *Ṭabaq.*, II¹, 195, 6 ; Hamdānī, *op. cit.*, 180, 5-7 ; cf. *Berceau*, I, 189-190. Ils occupent « depuis Al-Ḥiǵr jusqu'au Wādi » ; *Aǵ.*, XI, 161, d. l. Faut-il comprendre Wādi = Qorḥ ? Cette équation fréquente devient une source de confusions. Voir plus bas.

(7) Cf. *Berceau*, I, 164, etc. ; *Mo'āwia*, 225 etc.

domaines se multiplièrent dans cette vallée au sous-sol riche en eau (1),
le long de la route qui rejoignait Médine. Cette mise en valeur finit par
atteindre le hameau de Doū'l-Marwa, à une forte journée au nord de
Médine (2), Voilà comment ce dernier site, généralement englobé dans le
Ḥiǵâz (3), se trouve parfois également attribué au Wādi'l-Qorā. Telle
était du moins l'opinion commune à Médine pendant qu'y séjourna Samhoūdī, le consciencieux compilateur du *Wafā' al-wafā* (4). Précédemment
Hamdānī (5) compte « cinq étapes », *marḥala* entre la ville des Anṣārs et
le Wādi ; évaluation difficilement conciliable (6) avec l'opinion rapportée
par Samhoūdī. Ces divergences tiennent, croyons-nous, d'abord à l'imprécision géographique des sources, confondant sous le vocable *wādi* la
région et son centre principal Qorḥ ; ensuite à des raisons d'ordre économique. Le vocable *qaria* désignant un établisssement de sédentaires, le
concept géographique du Wādi (7) a subi les fluctuations — progrès ou
arrêt — des défrichements agricoles aux deux extrémités de l'étroit couloir qui leur devait son nom, « vallée des villages », si caractéristique dans
la stérile Péninsule.

Voilà pourquoi l'accord ne se trouve guère mieux établi pour la

---

(1) Abandonnée sans être utilisée au temps de Yāqoūt, (W., renvoie à
l'édition de Wüstenfeld), IV, 81 : ‏ومياها تتدفّق ضائعة لا ينتفع بها احد‎ .

(2) Samhoūdī, *op. cit.*, II, 372, bas.

(3) Samhoūdī, *op. cit.*, II, 285. Rattaché à Médine (Maqdisī, *Géogr.*, 53,
10).

(4) Samhoūdī, II, 372, 389. Je ne puis accorder le même éloge à l'éditeur
égyptien du *Wafā'* ; Caire, 1326 H.

(5) *Ǵazīra*, 130, 10. La carte jointe au *Mohammed* de Margoliouth, 3e édit.,
fait commencer le Wādi'l-Qorā à Doū'l-Marwa.

(6) A moins qu'il n'entende — cas très fréquent (voir plus bas) — le centre
ou la métropole du Wādi, c'est-à-dire Qorḥ ; c'était le grand marché de Wādi ;
Ibn al-Aṯīr, *Nihāia*, III, 240.

(7) Formait jadis une suite ininterrompue de ‏قرى‎ ; prospérité évanouie à
l'époque de Yāqoūt, *loc. cit.*, Comp. Maqdisī, *op. cit.*, 83-84.

frontière septentrionale du Wādi. Dans la direction de la Syrie, cette limite est parfois étendue jusqu'à Al-'Alā (1). Pour cette région semble avoir été inventée l'appellation de Ḥiǵāz *syrien* (2). Plus d'un auteur refuse pourtant d'accepter le point de vue du poète Ǵamil, fixé dans le Wādi'l-Qorā et proclamant le Ḥiǵāz sa patrie (3). L'opinion de ces opposants nous paraît valable pour la période préislamite, alors que la frontière méridionale du Wādi était encore mal déterminée. Plus tard nous la supposons avoir été mise en avant pour justifier l'attitude prêtée au calife 'Omar vis-à-vis des Juifs et pour expliquer leur permanence dans la région du Wādi, plusieurs siècles après l'hégire. Comme on les avait expulsés de Haibar et de Fadak, oasis appartenant au Ḥiǵāz, on a voulu déduire de cette exception que les cantons du Wādi, continuant à être peuplés par des Israélites, se trouvaient en dehors de cette province (4). Dans cette explication on se figure sans doute écarter la difficulté en affirmant que le Wādi est « situé entre Médine et la Syrie » (5). Ces tâtonnements (6) achèvent de montrer le caractère arbitraire de la mesure décrétée par le second calife, lequel n'aurait pas même eu le courage de l'appliquer rigoureusement aux Juifs de Ḥaibar (7). Des raisons locales très mal connues

(1) Samhoūdī, *Wafā'*, II, 388, bas ; Ibn al-Aṯīr, *Nihāia*, III, 126.

(2) Début du ɪɪᵉ siècle H. ; *Aǵ.*, II, 109, bas. Comp. l'expression les «deux Ḥiǵāz » ; Hamdānī, *op. cit.*, 210, 11 ; *Aǵ.*, X, 53, bas ; *Berceau*, I, 16, n. 3. Plus extraordinaire paraît l'explication citée par Bakrī, *Mo'ǵam*, 10, bas : les « deux Ḥiǵāz sont : le Ḥiǵāz *noir* et le Ḥiǵāz de Médine ; le Ḥiǵāz noir est le Sarāt de Ṡanoū'a », c'est-à-dire des Azd Ṡanoū'a.

(3) Cf. Samhoūdī, *op. cit.*, II, 389 : « Ni Taima' ni le Wadi n'appartiendraient à l'Arabie mais à la Syrie » ; Aboū Dāoūd, *Sonan*, II, 26, 1-2.

(4) Yāqoūt, *Mo'ǵam*, W., IV, 878. Argument repris par Bakrī, *op. cit.*, 9 pour Naǵrān, le Yamāma et le Baḥrain.

(5) Yāqoūt, *loc. cit.*

(6) Comp. Aboū Dāoūd, *Sonan*, II, 25 d. l. : جزيرة العرب ما بين الوادى الى اقصى اليمن .

(7) Hamdānī, *Ǵazīra*, 130, 14 : بتَيير قومٌ من يهود . A ma connaissance, aucun auteur ne signale leur permanence à Ḥaibar, après le califat de 'Omar. Bakrī (*loc. cit.*) conteste l'expulsion des Juifs pour Naǵrān, Yamāma, etc.

ont dû l'inspirer, peut-être aussi les convoitises de certains Ṣaḥābis et, au premier rang, de 'Abdallah, le fils du calife 'Omar (cf. I. Hišâm, 779-780). Elle n'eut pas de caractère général et ne peut se prévaloir — comme on l'a prétendu — d'un soi-disant ordre laissé par le Prophète : لا يجتمعان ديبان في الجزيرة « deux religions ne doivent pas coexister dans la Péninsule » (1).

Si cette défense avait été promulguée, non seulement les Juifs du Wādi, mais ceux du Yémen se seraient vus condamnés à quitter la Sarracène. Aussi ce dicton prophétique a-t-il étrangement embarrassé les juristes. Certains, contre l'unanimité des philologues et des lexicographes, ont prétendu que dans ce *ḥadīṯ*, جزيرة désignait le Ḥiġâz (2). Mais alors les Juifs de Qorḥ auraient dû être expulsés, à moins d'admettre que ce canton du Wādi central n'entrait pas dans les limites de « la province bénie », الاقطار المباركة. Au temps du géographe Maqdisī, Qorḥ localité principale du Wādi, continuait à être habitée par les Juifs (3). Cet auteur n'hésite pas à la comprendre dans le Ḥiġâz, de même qu'il considère la Mecque comme la métropole de cette province (4). Cette dernière conception, inconnue au siècle des Omayyades, répondait aux modifications survenues dans la géographie politique. La Mecque avait repris le premier

---

(1) Cf. Samhoūdī, *Wafā*, I, 227-229 ; curieuses variantes dans Aboū Dāoūd, *Sonan*, II, 25-26.

(2) Samhoūdī ; *op. cit.*, I, 229, 7 ; ou simplement Médine (Ibn al-Aṯīr, *Nihāia*, I, 161, 6). Embarras de Bakrī, *Mo'ǧam*, 9.

(3) Maqdisī, *Géogr.*, 83-84 ; Samhoūdī, *Wafā*, II, 360. Ailleurs 53, 10, Maqdisī, fait de Qorḥ le district et de Wādi'l-Qorā la capitale. Amphibologie incessante : *Aǧ.*, VII, 99, 100 ; cf. VI, 141, 22 ; Ibn Ḥauqal, *Géogr.*, 27, 5 ; Ibn Rosteh, 183.

(4) Maqdisī, *Géogr.*, 69. Il considère la Mecque comme un *miṣr*, une métropole, siège d'un pouvoir autonome (cf. *Géogr.*, p. 47). Dans toute la Péninsule il n'admet que quatre subdivisions (p. 68, d. l.) ; d'où l'obligation de les élargir démesurément.

rang dans l'Arabie occidentale et était devenue la capitale de l'émirat fondé par les Chérifs ḥasanides (1).

Nous le savons, la moitié septentrionale du Wādi était peuplée de Bédouins qoḍaʿites, plus ou moins profondément pénétrés par le christianisme. On les appelait les *Mostaʿriba* (2). Parmi eux on comptait les ʿOḍra, les Ǧoḍām (3), les Bahrā' et des fractions de la puissante confédération des Banoū Kalb (4). Or, à l'encontre des Solaim, des Mozaina, des Ǧohaina, des Balī, aucun de ces groupes nomades n'était rangé au nombre des tribus ḥiǧāziennes. Elles passaient plutôt pour syriennes, spécialement les Ǧoḍām et les Kalb (5). Ces derniers possédaient en effet leurs centres principaux dans la Syro-Palestine. Dans l'ensemble, on peut affirmer qu'ils semblent avoir vécu en dehors du mouvement général de la Péninsule, on pourrait presque dire de la vie arabe. Aussi ne leur connaît-on pas de poète, antérieurement à l'hégire et à la période omayyade (6). Ce fut dans cette dernière période que ces tribus donnèrent toute leur mesure (7) dans le champ de la politique syrienne. Car le divan de Zohair ibn Ǧanāb est un apocryphe fabriqué pour combler cette embarrassante lacune (8). Leur centre d'attraction se trouvait au nord du Wādi'l-Qorā, plus exactement en Syrie.

---

(1) Cf. Snouck Hurgronje, *Mekka*, I, 57 etc. Maqdisī, *op. cit.*, 84, 4, reconnaît le caractère *partiellement syrien* de Qorḥ ; comp. p. 97, 8.

(2) Ibn al-Aṯīr, *Kāmil*, E., II, 115 ; cf. *Yazīd*, 287-288 ; Balāḍorī, *Fotoūḥ*, 135 ; Masʿoūdī, *Tanbīh*, de Goeje, 265.

(3) Cf. *Yazīd*, 279 ; *Aǧ.*, VII, 100, bas.

(4) Yāqoūt, *Moʿǧam*, W., 81, 878. Banoū Balī chrétiens ; *Osd*, V, 475, 476.

(5) Cf. *Moʿāwia*, 281 etc. ; *Yazīd*, 270 etc. Sur les rapports des Banoū ʿOḍra avec la Syrie, cf. *Berceau*, I, 190.

(6) Cf. *Berceau de l'islam*, I, 320, n. 2 ; *Yazīd, loc. cit.* ; Caetani, *Studi di storia orientale*, III, 413.

(7) Cf. *Moʿāwia* et *Yazīd*, aux endroits cités. Ajoutez Lammens, *Marwānides*, 19 sqq. ; 72 sqq.

(8) Sa légende est destinée à montrer l'importance du rôle joué par les Kalb dans l'ancienne Arabie.

Ces particularités aident à comprendre les hésitations que nous constatons, quand il s'agit de déterminer la mouvance géographique de ce district (1). Les influences politiques et religieuses subies par ces tribus achèvent d'expliquer ces incertitudes. Si le Ḥiǵāz proprement dit, dont Médine forme le centre, a été largement ouvert à la diffusion du judaïsme, on n'en peut dire autant du christianisme, très faiblement représenté dans la région de Yaṭrib et dans le Tihāma. En remontant le couloir du Wādi'l-Qorā, les gens du Ḥiǵāz devaient naturellement se trouver *dépaysés*. Ils y constataient partout l'influence d'idées, d'une civilisation étrangère. Au témoignage du Qoran (2), les étranges monuments nabatéens d'Aegra = al-Ḥiǵr produisirent sur les naïfs habitants du désert la plus profonde impression. Cette impression était rendue plus sensible par la présence d'ermitages et de monastères chrétiens (3). A la veille de l'hégire, il semble que sur certains points du Wādi, commandant la route de Syrie, les Byzantins possédaient de petits postes militaires. Ces *maslaḥa* — ainsi les appellent nos textes (4) — étaient occupés par des auxiliaires appartenant aux tribus qoḍāʿites (5). Pour n'en avoir tenu aucun compte, les musulmans s'attirèrent la défaite de Moūta. Averti à temps par ses éclaireurs sarracènes, surveillant les issues du Wādi, le commandant de la troisième Palestine (6) réunit des renforts suffisants pour surprendre la colonne musulmane, imprudemment engagée dans le pays d'Edom. Rendu plus circonspect par cette douloureuse expérience,

____

(1) Ainsi, Ibn Ḥauqal, *op. cit.*, 27, place « Al-Ḥiǵr à une journée de Wādi'l Qorā ». Tenir compte pourtant de l'anphibologie notée plus haut. Aǵ., XX, 97, 0 signale le Wādi (lequel ?) comme l'extrémité de l'Arabie. Aboū Daoūd, *Sonan*, II, 26, 1-2, l'en exclut.

(2) Voir concordances du Qoran *s. v. Tamoūd*.

(3) Cf. *Berceau*. I, 189-190 ; comp. Yāqoūt, *Moʿǵam*, W., IV, 451.

(4) Cf. *Osd*, V, 176.

(5) Wāqidī, *Wellh.*, 310 ; de Goeje, *Conquête de Syrie*, 5-6.

(6) Cf. de Goeje, *loc. cit.*

le Prophète, au cours de sa dernière promenade militaire au nord de Médine, évita de dépasser l'oasis de Taboŭk.

*
* *

Et voilà pourquoi, au sortir du Wādi (1), dans la direction du nord, les contemporains de l'hégire s'imaginaient mettre le pied sur les terres grecques (2). Jadis toute cette région avait constitué une dépendance du royaume de Pétra, des الأنباط , *Anbāṭ*. Ce nom historique continua, depuis la disparition du glorieux État nabatéen, à désigner les indigènes de la Syro-Mésopotamie, ceux-là mêmes dont les caravanes approvisionnaient de céréales, d'huile et de vin le marché de Médine. Dans ces parages, les Ğassānides, au service de l'Empire, gardiens du *limes*, rois de Syrie, ملوك الشام — comme les désignait l'emphase arabe — avaient recueilli l'héritage politique des Nabatéens. Maîtresse de l'ancienne Nabatée, suzeraine du phylarcat des Banoŭ Ğafna, Byzance, si attentive à promouvoir la « pénétration pacifique » en Arabie, n'a pu négliger d'exploiter ces avantages, de monnayer ces titres pour amorcer une marche en avant vers le pays des aromates et des métaux précieux ; pénétration poursuivie même après que l'invasion perse eût balayé l'émirat ğassānide et la dynastie des Banoŭ Ğafna (3).

Une garnison romaine occupa longtemps Leucocome (Ḥaurā'), au sud du golfe Ælanitique. Dans les mêmes parages, mais moins vers le sud, l'Empire possédait la riche oasis de 'Ainoŭnā (4), vraisemblablement la

----

(1)   Cf. *Aǧ.*, XX, 97, 6.

(2)   Cf. *Yazīd*, 283 ; I. S. *Ṭabaq.*, II¹, 92, 10-15 ; de Goeje, *Conquête arabe de Syrie*, p. 5.

(3)   Cf. Yāqoŭt, *op. cit.*, W., II, 356.

(4)   Cf. A. Musil, *Im nördlichen Heǧāz*, 12. Il faut distinguer deux Ḥaurā' (comme pour Yanbo'), le port (Maqdisī, 83) et l'oasis ; Musil, *op. cit.* ; de même pour 'Ainoŭnā, port et oasis ; cf. *Mél. Facult. orient.* de Beyrouth (= *M F O B*), III¹, 414-415.

Οὐνη de Ptolémée (1), devenue plus tard un objet de convoitises pour les
Compagnons de Mahomet. Le Prophète passe pour en avoir accordé
l'investiture au Ṣaḥābī laḥmite et ancien chrétien, Tamīm ad-dārī, une
personnalité mi-légendaire, figurant dans la littérature apocalyptique des
malāḥim. Ce Tamīm résidait, avec sa tribu, les Laḥm-Ġoḍām (2), dans
les déserts situés entre Taboūk et le golfe d'Aila. Il avait donc réclamé
la palmeraie de ʿAinoūnā (3), comme un fief de son pays ; à savoir la
Syrie, se hâte d'interpréter la Tradition (4). Celle-ci reconnaît donc que
cette région revenait à la Syrie. Aveu indirect et d'autant plus précieux !
La Tradition tient avant tout à attribuer au Prophète la prévision et
l'annonce de la conquête des pays du Nord (5) que cette collation doit
attester. Au moyen d'une confusion entre Bait ʿAinoūn et l'oasis de
ʿAinoūnā (6), elle s'obstine à chercher ce dernier site au sud de la Palestine (7) et dans la région d'Hébron.

-----

(1) Cf. *M F O B*, III¹, 414. Yāqoūt, *op. cit.*,, W., III, 465, décompose ainsi
ʿAinoūnā : عَين انا, ʿAin Onā, il ajoute que « Onā est une vallée », وانا وادِ ; il la
situe في طَرف الشام « sur la frontière syrienne ». Maqdisī, *Géogr.*, 54, 18, — qui s'y
connaît — en fait une dépendance de Ṣoġar, donc du district syrien de Šarāt.
Ibn Rosteh, *op. cit.*, 341, la place « sur la route entre Madian et la Mecque »,
وبها مَطالبُ يطلب الناس فيها الذهب ; donc des mines d'or !
    (2) Cf. *Yazīd*, 285 ; comp. tout le chapitre xix ; Samhoūdī, I, 278.
    (3) Cf. *Berceau*, I, 102 ; Ibn Ḥaġar, *Iṣāba*, É., I, 184 ; *Osd*, II, 235, 7 ; V,
145.
    (4) Voir par exemple *Iṣāba* et *Osd* aux endroits cités ; Ibn Hišām, *Sīra*,
774, 4.
    (5) Cf. Balāḍorī, *Fotoūḥ*, 129, grâce à l'insertion dans le ḥadiṯ de جِنى et
مسجد ابراهيم, identifiés avec Hébron ; *Bait Ibrahīm* dans *Osd*, IV, 319, 11. Autant
de variantes où l'on a voulu retrouver Al-Ḥalīl — Hébron.
    (6) Nettement distingués par Maqdisī, *Géogr.*, 29, 9 ; 54, 18. Le premier
toponyme près de Jérusalem. Pour le second voir les notes précédentes.
    (7) Cf. *Osd*, II, 215 ; IV, 319 ; Hamdānī, *Ġazīra*, 130, 23, localise « au
pays de Ġoḍām », notation convenant à la région de Taboūk comme à la Palestine méridionale ; celle-ci également occupée par les B. Ġoḍām. Voir *Yazīd*, aux
endroits cités.

A Aila se trouvait le quartier-général de la Xe *Legio Fretensis*, dont un détachement occupait l'îlot de Jotabé, station importante pour le trafic maritime, dans le golfe Ælanitique (1). On le voit, Byzance maintenait énergiquement la revendication de ses droits historiques sur la frontière syro-arabe. Plus loin, vers le sud au delà des postes de Ḥaurā', de 'Ainoūnā et de Taboūk, son influence s'exerçait principalement par l'intermédiaire du phylarcat ǧassānide, organisme merveilleusement combiné pour agir sur les nomades mobiles. L'empire grec n'avait pu assister sans inquiétude aux entreprises des Laḫmides de Ḥīra contre les oasis de Taimā' et de Doūmat al-Ǧandal (2), sans y flairer une menace pour ses frontières de Syrie. Byzance observait les tentatives de ces émirs pour gagner les chefs du Naǧd et du Tihāma, pour dominer le marché de 'Okāẓ. Ces vassaux des Sassānides ne dédaignèrent pas même les services des *ṣa'loūk*, ou écumeurs du désert — tel Al-Barrāḍ, lui-même ḥalīf omayyade (3).

L'Empire n'hésita donc pas à grandir les dynastes ǧassānides aux yeux des Scénites impressionnables. De bon œil il les vit se former une petite cour à Ǧilliq, à Ǧābia, attirer à eux les poètes, directeurs de l'opinion nomade et guides spirituels des Bédouins, les A'šā, les Nābiǧa, les Hassān ibn Ṯābit (4), qui, à leur tour, étaient sollicités en sens contraire par les générosités et la fastueuse hospitalité des Monḍir et des No'mān de Ḥīra. Par l'intermédiaire du phylarcat ǧassānide, nous voyons le gouvernement impérial réussir à peser sur la politique des régents de

---

(1) Cf. *MFOB*, III¹, 413 ; *Encyclop.* Pauly-Wissowa, I, *s. v. Ailana* ; Baudrillart, *Dict. d'hist. et géogr. ecclés.*, I, *s. v. Aela* ; Caetani, *Annali*, II, 255, note.

(2) *Aǧ.*, XX, 99, 20. Tentatives reprises au siècle dernier par Ibn ar-Rašīd, lequel s'était également introduit à Taboūk ; cf. notre article *Le chemin de fer Damas-La Mecque*, dans *Rev. Or. chrét.*, V, 511.

(3) *Aǧ.*, XIX, 75. Cf. nos *Aḫābīš*, dans *Journ. Asiat.*, 1916², 426 sqq. = *supra*, 237 sqq.

(4) Voir leurs divans.

la Mecque, en suspendant les privilèges accordés à leur commerce (1) sur les terres grecques et, à l'occasion, en lui fermant les frontières de Syrie (2). A leur retour de Ġazza et de Boṣrā, les caravanes qoraiśites touchaient à Aila, terminus de la route stratégique établie par Trajan et soigneusement repérée par les bornes milliaires. Les Ibn Ġodʿān, les Aboū Oḥaiḥa, les Aboū Sofiān, conducteurs de ces riches convois et financièrement intéressés dans leur organisation (3), profitaient de leur passage en cet important « port de mer de la Palestine », فرضة فلسطين (4), pour renouveler leur provision de *dīnārs* byzantins, si appréciés sur les marchés du Tihāma.

César cède donc généreusement aux Ġafnides la suprématie sur tous les nomades de la Transjordanie, de la troisième Palestine et du désert de Syrie et aussi la police de la frontière arabe, surtout depuis que les légionnaires, distraits par les campagnes de Perse et de Mésopotamie, ont dû évacuer les *castella* du *limes* (5). A ces émirs de fournir les contingents auxiliaires, les *goumiers* sarracènes, chargés de tenir garnison dans les blockhaus ou *maslaḥa*, qui surveillent les débouchés du Ḥiġāz et du Wādi'l-Qorā (6). L'influence romaine ne pouvait que gagner à ce partage, à l'extension de leur prestige par delà cette marche mouvante, et les Ġassānides surent l'exploiter pour l'ampliation de leurs domaines. Plus avant dans le désert, ces émirs avaient acquis la propriété d'une *ḥimā*, vaste terrain de pacage à Oqor, en plein pays des remuants Banoū

---

(1) Contrôle exercé aux douanes du *limes* syrien ; Ibn al-Atīr, *Nihāia*, II, 12.

(2) Cf. *Chroniken*, W., II, 144.

(3) Voir notre monographie *La Mecque*, 210.

(4) Cf. Maqdisī, *Géogr.*, 178-179 ; Schlumberger, *Renaud de Châtillon, prince d'Antioche*, 204, 258. Un poète compare à César le Mecquois Ibn Ġodʿān ; Bakrī, *op. cit.*, p. 4, bas.

(5) Je crois les reconnaître dans les قصور الزوم mentionnés dans *Aġ.*, XVI, 49, bas.

(6) De Goeje, *op. cit.*, 5.

Ḍobyān et sur les confins orientaux du territoire médinois (1).

L'histoire du féal poète Samau'al, vassal ġassānide (2), indique, semble-t-il, qu'ils s'entendaient pour affirmer efficacement leur seigneurie sur l'oasis de Taimā', au carrefour des routes de Syrie et du Ḥiġāz. Leurs *méharis*, leurs chevaux sillonnaient incessamment les steppes de l'Arabie occidentale. On retrouve les vestiges de ces raids sur les points les plus opposés du Ḥiġāz, à l'orient et au sud du Wādi, chez les Ġaṭafān, à Atm chez les Banoū Solaim (3) et chez les Banoū 'Auf (4). Une attaque mal combinée contre les palmeraies des Banoū 'Oḏra, d'ordinaire en bonne intelligence avec les dynastes syro-arabes, avait abouti à un échec, tandis que l'expédition contre les Juifs de Ḥaibar, la grande oasis du Ḥiġāz, se vit couronnée de succès (5). Ces opérations militaires aideront à comprendre comment l'imagination des Sarracènes se trouva amenée à décerner aux Ġafnides le titre retentissant de « rois de Syrie ». Il ne se trompaient qu'à moitié lorsque derrière ces émirs, ils croyaient découvrir le colosse romain, tout le prestige attaché au nom de César (6).

C'était, grâce aux subsides de l'Empire, à l'armement fourni par les arsenaux de Boṣrā et de Damas, exceptionnellement aussi à l'appui d'un contingent byzantin que les Ġafnides, élevés à la dignité de patrice, faisaient sentir, jusque dans les environs de Médine, la terreur de la puissance romaine. La vie bédouine « est restée identique à elle-même : être

---

(1) Cf. Nābiġa, Ahlw., XI, 1 ; Yāqoūt, Mo'ġam, W., I, 74.

(2) J'explique ainsi la *nisba* de Ġassānī qu'on accorde parfois à Samau'al, et qui ne me paraît pas comporter une valeur ethnique.

(3) Nābiġa; Ahlw., XXVII, 24 ; Yāqoūt. *op. cit.*, É., I, 104, 105. Cf. *La Mecque*, 237-295.

(4) Nābiġa, Ahlw., XX, 10, 18.

(5) Nabiġa, *op. cit,*, XIII, 1-2. Pour Ḥaibar, cf. Qotaiba, *Ma'ārif*, É., 216 (= W. 314) ; comparer l'hypothèse de E. Littmann dans *Riv. Studi. orientali*, 1911, pp. 193-195. Pour l'attaque contre Taimā', voir introduction, p. 7, au Divan de 'Abīd ibn al-Abraṣ, Lyall ; *Aġ.*, XIX, 99.

(6) Cf. *La Mecque*, 264.

maître des oasis et tenir les points d'eau, c'était, autrefois comme aujourd'hui, avoir les nomades à son entière discrétion (1)». La possession des palmeraies du Wādi'l-Qorā, l'occupation des plantureuses oasis de Taimā' et de Ḥaibar, autant d'opérations préliminaires destinées à la défense du *limes* romain, ensuite à aplanir la route de Médine et de la Mecque. L'on comprendra également comment les Scénites du Ḥiġāz, en débouchant du Wādi, éprouvaient l'impression de quitter leur Sarracène natale, la vieille terre de l'ancêtre Ismaʿīl que le Qoran leur apprendra plus tard à vénérer comme un prophète. Nous le voyons enfin par l'attitude des *Mostaʿriba*, au moment de l'invasion musulmane en Syrie. Ces tribus s'empressent de voler à la défense de ce pays, comme s'il avait été leur patrie, et vont rejoindre l'armée grecque (2). Auraient-elles agi de la sorte si leur place ne s'était trouvée, pour ainsi parler, marquée d'avance à côté des légionnaires d'Héraclius ? L'Empire les considérait en effet comme des « vassaux, liés à lui par un traité de συμμαχία qui... fourniront, moyennant subsides, des contingents militaires, en cas d'expédition... Ils restent distincts des troupes impériales et n'ont pour chefs directs que des compatriotes : ce sont, en somme, les anciens *fœderati* de l'époque romaine, affublés à présent d'un nom grec » (3), celui de σύμμαχοι.

*
* *

Pour sortir des généralités, disons que Al-Ḥiġr et Al-ʿAlā — localités voisines de la moderne Madāʾin Ṣāliḥ, station du pélerinage et du

---

(1) L. Homo, *Les Romains en Tripolitaine et dans la Cyrénaïque* dans *Revue des Deux Mondes*, 15 mars 1914, p. 407.

(2) Cf. *Yazīd*, 295 ; Caetani, *Studi di storia orientale*, III, 414 ; Masʿoūdī, *Tanbīh*, 265. Sur les « Mostaʿriba », voir plus haut p. 308.

(3) Cf. J. Maspero, *Organisation militaire de l'Égypte byzantine*, 45-46. Les Ġoʿdām coopèrent à la défense du *limes* ; *Osd*, IV, 178.

railway ḥiǵāzien — marqueraient la frontière septentrionale du Wādi'l-
Qorā (1). C'était également la limite nord du Ḥiǵāz pour ceux qui
englobaient dans cette province toute la longue vallée du Wādi ; concept
sur lequel l'accord n'était pas réalisé au premier siècle de l'hégire. C'est
sur le même point, près de la dépression, riche en eau souterraine du
moderne, « Wādi'l-Gezel », le Ǵazl de Hamdānī (2), que les Bédouins de
nos jours font commencer le Wādi'l-Qorā (3). Au delà on entrait en Syrie.
Seulement la frontière syro-arabe se déplaçait, avançant ou reculant au
gré des vicissitudes politiques que traversait le Bas-Empire. Byzance se
trouva rarement en mesure d'exercer sur ce point la plénitude de ses
revendications, et les tribus du *limes*, sans en excepter les *Mosta'riba*, ne
demandaient qu'à les confisquer au profit de leur anarchique liberté.
Voilà pourquoi le récit des *Maǵāzi*, campagnes du Prophète, met la Syrie
tantôt au sortir du Wādi'l-Qorā من وراء وادي القرى (4), tantôt se contente de
localiser Al-Ḥiǵr « entre le Wādi (5) et la Syrie » (6), formule opportuniste qui ne compromet rien. Mais cet opportunisme n'en affirme pas
moins qu'au delà du Wādi on convenait que la Syrie était proche. Et
cette conception date au plus tard du Iᵉʳ siècle islamique. Une frontière
demeurée immuable depuis près de 1300 ans mérite apparemment d'être
appelée historique. En réalité — et cette remarque précisera le vague

------

(1) Yāqoūt, *op. cit..* W., II, 208. Comparer dans Ibn al-Aṭīr, *Nihāia.* I,
203, 6 etc., un ḥadīṭ indiquant qu'au nord d'Al-Ḥiǵr (véritable lecture au lieu
d'Al-Haǵar) on entrait en Syrie.

(2) *Ǵazīra*, 170, 10 ; Samhoūdī, *op. cit.*, II, 280.

(3) Cf. Musil, *op. cit.*, 16, et l'esquisse carthographique adjointe, esquisse
volontairement sommaire.

(4) Wāqidī. *Wellh.*, 308 ; Ibn Hišām, *Sīra*, 983, 3 ; I. S., *Ṭabaq.*, II', 94-
95 ; cf. 92, 10-15 ; Wāqidī, Kr., p. 5 ; Mas'oūdī, *Tanbīh*, 265.

(5) Toponyme parfois amphibologique ; certains géographes comprennent
par Wādi'l-Qorā, la localité de Qorḥ, la principale de cette région ; cf. Maqdisī, 53, 10 ; 107, 9 ; 110, 3. Sur cette amphibologie, voir plus haut, p. 305.

(6) Yāqoūt, *op. cit.*, W., II, 208.

des formules arabes — sur ce point extrême du *limes* syrien, comme le long d'autres frontières byzantines (1), il semble avoir existé une sorte de territoire *nullius* ou de zone neutre. Dans la pratique, cette zone était abandonnée aux Barbares, surveillés, sinon efficacement contenus par un petit nombre de postes qu'occupaient des σύμμαχοι ou *goumiers* sarracènes.

Après l'avoir franchie, le site le plus important était l'oasis de Taboŭk, possession des Banoŭ 'Oḏra (2). Dans les plus anciens textes, chez les annalistes, chez les géographes les plus précis, Taboŭk est attribué sans hésitation à la Syrie (3). C'est également l'opinion de Šafi'ī (4). Le topographe Aboŭ Zaid (5) place Taboŭk « entre la Syrie et Al-Ḥiǵr ». Mais cette extension de la zone neutre ne saurait prévaloir contre l'opinion de Maqdisī. Ce géographe très averti croit reconnaître à Taboŭk la continuation du Ǵaur, à savoir de la dépression centrale si caractéristique, du fossé qui coupe la Syrie dans le sens de la longueur (6). Taboŭk fut le terminus de la dernière expédition commandée par Mahomet. Le Prophète n'y rencontra plus le petit poste byzantin مسلحة للروم. Les *goumiers* qui l'occupaient s'étaient retirés devant les forces musulmanes trop notablement supérieures. Il prédit alors que « l'heure de la résurrection ne se lèverait pas avant de voir les Grecs réoccuper Taboŭk »,

----

(1) Cf. J. Maspero, *op. cit.*, 12.

(2) Cf. *Moʿāwia*, 290.

(3) من ارض الروم . Cf. Maqdisī, *Géogr.*, 54, 155, 178, 179, 186 ; Balāḏorī, *Foloŭḥ*, 59 ; Dīnawarī, *Aḫbār ṭiwāl*, 150, 3 ; Masʿoŭdī, *Tanbīh*, 265, تبوك مما يلى ; Bakrī, *op. cit.*, 192 (cf. la contradiction 9, bas, où Taboŭk et دمشق من ارض الشام la Palestine (*sic*) sont attribués au Ḥiǵaz) ; Iṣṭaḫrī, *Géogr.*, 15, 2 : « Taboŭk dans le désert de Syrie » ; à la page 20, 3 met Taboŭk « entre Al-Ḥiǵr et اول الشام » ; Ibn Ḥauqal, *Géogr.*, 27.

(4) Samhoŭdī, *op. cit.*, I, 99.

(5) Cité dans Yāqoŭt, *op. cit.*, W., I, 825. Il s'agit du géographe Aboŭ Zaid al-Balḫī. fréquemment utilisé par Maqdisī.

(6) *Géogr.*, 186. Ailleurs il rattache (p, 54, 18), Taboŭk à Ṣoǵar, capitale du district syrien d'Aš-Šarāt ou pays d'Edom.

لا تقوم الساعة حتى تصير هذه مسلحة للروم (1). Il serait oiseux de rechercher longuement à quelle inspiration correspond cette étrange prédiction. Faut-il la rattacher au cycle de traditions apocalyptiques, où l'on représente Médine comme devant offrir le dernier refuge aux musulmans (2) ?

La saison était rude et le service de l'intendance, chargée de pourvoir à la subsistance de l'armée (3), avait témoigné d'un esprit d'organisation insuffisante. Parvenu à Taboŭk, après des fatigues inouïes, Mahomet ne douta pas être sorti des terres arabes. De bonne foi, il se figura même avoir pénétré au *cœur* du pays grec. Tout dans son attitude témoigne de cette naïve persuasion. Il y a lieu, croyons-nous, d'en tenir compte. Elle a dû être partagée par ses milliers de compagnons, en majorité familiarisés par leurs voyages avec la route de Syrie, avec sa frontière surtout. Les douanes multiples établies le long de cette voie commerciale, les taxes variées perçues par les préposés byzantins et gassānides les avaient forcément initiés à la géographie économique et politique de la région-frontière. Les *routiers* qoraišites signalent la *Taboŭkyya*, route de Taboŭk (4), par où les caravanes atteignaient en droiture la Balqā' ou Transjordanie.

Aboŭ'l-Qāsim aimait, au dire de la *Sira*, à entourer du plus profond mystère les préparatifs de ses razzias, pour dérouter l'espionnage bédouin et surprendre ses ennemis (5). Cette fois l'adversaire ne se trouvant plus en Arabie, il pensa ne pouvoir se dispenser de prévenir les siens des dangers à affronter.

---

(1) *Osd*, V, 176.

(2) Samhoŭdī, *op. cit.*, I, 83-85 ; Moslim, *Şaḥīḥ*, II, 500, 516 ; Ibn al-Aṯīr, *Nihāia*, III, 9 ; Ḍahabī, *Mīzān*, II, 100.

(3) Appelée جيش العسر.

(4) Par opposition à la route d'Aila, طريق المعرقة ; Ṭab., *Annales*, I, 2078, 2079, 2086, 2107 ; Ibn al-Aṯīr, *Nihāia*, III, 88.

(5) Comp. I. S. *Ṭabaq,*, II¹, 96, 15-16 ; comp. 97 ; 120 ; Ṭab., *Annales*, I, 1693.

Avant de partir, il publia donc que l'expédition était dirigée contre les Banoū'l-Aṣfar, les Byzantins, contre le pays de Roūm, les provinces de l'Empire grec et en premier lieu la Syrie (1). Au lendemain de cette brève (2) et prudente promenade militaire, revenu à Médine, il parle dans un message officiel de «son retour du pays grec», منقلبنا من ارض الروم (3). Ce protocole rappelle la définition de Mālik ibn Anas, qui renferme la presqu'île arabique « entre Wādi'l-Qorā et les frontières extrêmes du Yémen » (4). Nous demeurons notablement en deçà de cette délimitation (5), quand nous replaçons au midi de Taboūk l'ancien *limes* syrien. Au sud, nous l'avons déjà noté, mais surtout au nord de cette oasis syrienne, le pays était entièrement occupé par des tribus syro-arabes, kalbites ou ğoḏāmites (6). Les Banoū Ğoḏām occupaient le territoire de Taboūk (7), où ils voisinaient avec les Banoū 'Oḏra. Dans la région de Taboūk et dans les alentours du Wādi'l-Qorā, ces nomades, demeurés en mauvais termes avec le jeune État médinois (8), encouragés peut-être par la présence d'Héraclius au sud de la Palestine (9), auraient opéré une concentration militaire, menaçant la capitale de Mahomet, quand ce dernier s'avisa de les prévenir (10). Les forces considérables—on parle de 30.000 hommes — réunies par lui, semblent indiquer qu'il a cru voir dans ces Bédouins l'avant-garde de l'armée byzantine (11).

---

(1) Ibn Hiśām, *Sīra*, 893-894 ; Wāqidī, Kr., 425 etc.

(2) « Il y séjourna quelques dix jours » ; Ṭab., *Annales*, I, 1703. Ailleurs « vingt jours », évaluation sensiblement équivalente.

(3) Ibn Hiśām, *op. cit.*, 956, 3.

(4) Aboū Daoūd, *Sonan*, II, 25, d. l. ; *Ağ.*, XX, 97.

(5) Aboū Daoūd et d'autres, cités plus haut, excluent le Wādi de l'Arabie.

(6) Cf. *Moʿāwia*, 290 ; *Berceau*, I, 190.

(7) Hamdānī, *Ğazīra*, 129, 13 ; 130, 22-24.

(8) Cf. *Yazīd*, 288 etc.

(9) Voir plus bas. Aux B. 'Oḏra Mahomet prédit la conquête syrienne et la fuite d'Héraclius ; *Sīra ḥalabyya*, 259, bas.

(10) Balāḏorī, *Fotoūḥ*, 59.

(11) Cf. *Sīra ḥalabyya*, III, 145.

La Syrie est fréquemment appelée « le pays de Ǵoḏām (1) ». Les Ǵoḏāmites comptaient parmi les principaux auxiliaires des Byzantins (2). A Moūta, les musulmans les avaient rencontrés dans les rangs des Grecs (3). Depuis la suppression du phylarcat ḡassānide, leurs chefs paraissent avoir assumé la garde d'une partie du *limes* syrien (4). La grande expédition de Taboūk aurait même eu pour objectif principal de dissiper un important rassemblement de Roūm et d'Arabes chrétiens, *Motanaṣṣira* (5), spécialement de Ǵoḏāmites au service de l'Empire (6). Les nomades n'attendirent pas l'arrivée de Mahomet, mais se seraient hâtés de « rejoindre à Damas l'empereur grec » رجعوا الى عظيم الروم بدمشق (7). Voilà du moins comment la *Sīra* (8) s'est expliqué l'attitude des Ǵoḏām et des *Motanaṣṣira*. Sous les Omayyades, la tribu de Ǵoḏām fournira, avec les Kalbites, les plus solides éléments de l'armée syrienne. Ils seront appelés par excellence *Ahl aš-Šām*, au point que *Kalbī* et *Ǵoḏāmī* deviendront synonimes de *Šāmī*, Syrien (9). Les géographes les énumèrent « parmi les tribus arabes qui ont élu domicile en Syrie », تشاءم من العرب (10) et adopté la nationalité de ce pays.

---

(1) *Aǵ.*, I, 15, 15 ; Ibn Qais ar-Roqayyāt, *Divan*, XXXIX, 55 ; Ṭab., *Annales*, II, 1414, 12.

(2) Balāḏorī, *op. cit.*, 135 ; I. S., *Ṭabaq.*, II¹, 64 ; Ṭab., *Annales*, I, 1740. On les trouve préposés aux douanes byzantines ; Ibn al-Aṯīr, *Nihāia*, II, 12.

(3) I. S., *Ṭabaq.*, II¹, 93 ; Ṭab., *Annales*, I, 1611.

(4) Ibn Hišām, *Sīra*, 958 ; cf. *Yazīd*, 292 ; *Osd*, IV, 178.

(5) *Sīra ḥalabyya*, III, 145.

(6) Balāḏorī, *Fotoūḥ*, 59 ; I. S., *Ṭabaq.*, II¹, 119, 2 ; Wāqidī, Kr., 426 ; Ḥamīs, II, 122.

(7) Wāqidī, Kr., 426, 5.

(8) Interprétant peut-être une des stipulations de la συμμαχία .

(9) Voir notre monographie de *Kalb* et de *Ǵoḏām*, dans *Moʿāwia*, 281 sqq. ; *Yazīd* 270 sqq. ; *Les Marwānides*, 47 sqq.

(10) Hamdānī, *Ǵazīra*, 129, 10.

*
* *

Et voilà pourquoi les Bédouins du Tihāma et du Ḥiġáz, en débouchant, au sortir du Wādi'l-Qorā, dans le territoire des Banoū Ġoḍām, ne doutaient pas avoir franchi la frontière de Syrie. La Ḥismā, vaste district de steppes et de pâturages, compris entre Taboūk, la côte et Aila, appartenait, tous le savaient, aux Banoū Ġoḍām (1). Dans sa marche vers le Nord, le Prophète ne jugea pas prudent de dépasser Taboūk avec ses troupes exténuées. Il demeurait encore, semble-t-il, sous l'impression du désastre de Moūta. Il se borna à lancer des bandes contre l'oasis de Doūmat al-Ġandal et à rançonner les localités d'Aila, de Ġarbā' et d'Aḍroḥ (2). Content d'avoir forcé à la retraite le petit poste byzantin, lui-même ne songea pas à annexer Taboūk. Telle avait été pourtant sa pratique constante à l'égard des palmeraies du Ḥiġāz et du Wādi'l-Qorā. Il n'essaya pas même, en guise de dédommagements pour couvrir en partie les énormes frais de l'expédition, de soumettre l'oasis aux conditions exigées de Ḥaibar et de Fadak, à savoir : la cession d'une partie des récoltes. En dehors du Ḥiġāz, loin de sa base de Médine, son sens très affiné des réalités ne lui laissait aucune illusion sur l'inconsistance de sa dernière démonstration militaire.

En revanche, il ne semble s'être accordé aucun repos avant d'avoir établi solidement son pouvoir dans toute l'étendue du Ḥiġāz. Dans cette

---

(1) Yāqoūt, Mo'ǵam, W., II, 267 ; cf. Yazīd, 284. On les disait descendants des Madianites ; 'Iqd al-farīd², II, 55.

(2) Cf. Mo'āwia, 126-128, et l'Addition. La Tradition énumère « trois jours » (lire trois quarts d'heure) entre les deux derniers sites ; Ibn al-Aṭīr, Nihāia, I, 152 ; II, 44. Cette étrange erreur doit être cherchée dans le cycle de ḥadīṭ relatif au حوض ou bassin paradisiaque et dont l'extension est généralement évaluée à plusieurs journées. Les deux localités étant parfois employées dans ce cycle comme points de repère, les traditionnistes ont pensé devoir les distancer pour faire cadrer les renseignements avec les ḥadīṭ majorant l'extension du bassin céleste.

sphère, il ne veut reconnaître que des sujets, des alliés ou des tributaires : les grandes tribus, les Juifs du Ḥiǧāz surtout en avaient fait la dure expérience. Apparemment il a considéré toute la région au nord du Wādi'l-Qorā comme en dehors de cette province. L'expédition de Taboük ne semble avoir eu d'autre but que d'assurer la tranquillité sur les frontières du nouvel État médinois (1). Il ne tarda pas à se retirer, au bout de vingt jours, comme s'il ne s'était pas, malgré ses 30.000 hommes, senti en force à cette extrémité du territoire byzantin. Peut-être les « Compagnons » avaient-ils objecté la présence en Palestine de l'empereur Héraclius, venu pour rapporter à Jérusalem la Sainte Croix reconquise sur les Perses (2). De Bornier lui prête alors cette riposte claironnante :

Les Romains près de nous ? — Je les trouvais trop loin !
Toute guerre me plaît, qui mettra moins d'espace
Entre nous et ces fils de la louve rapace...
Je vois l'Asie ouverte après quelques combats,
Constantinople, clé de l'Europe, là-bas...
C'est l'œuvre de l'islam, c'est moi qui la commence (3).

Un quart de siècle plus tard, le calife 'Oṯmān se trouva assiégé à Médine par ses propres sujets. En établissant une administration arabe en Syrie, les conquérants, novices dans l'art de gouverner, s'étaient contentés d'adopter les grandes délimitations établies par les anciens maîtres du pays (4). C'était le seul parti auquel leur inexpérience politique pût raisonnablement s'arrêter. Les concepts de l'unité de race reliant entre

---

(1) Il se préparait à porter le dernier coup aux منافقون ; on place alors l'incident du « masǧid dissident », الضرار ; ultime ressaut du vieux nationalisme médinois ; cf. *Sanctuaires préislamites*, 50.

(2) Butler, *Arab conquest of Egypt*, 144 ; *Aǧ.*, VI, 95, 5 ; Ibn Sa'd, Wellh. nᵒˢ 2 et 5 ; *Ḫamīs*, II, 31, 39.

(3) Henri de Bornier, *Mahomet*, II, sc. 5.

(4) Comp. notre *Yazīd*, 436 etc.

eux tous les habitants de l'énorme Arabie (1), le vocable même de *Gazīra*, la Péninsule arabe (2), destiné à une si grande fortune dans la littérature postérieure, ne leur disaient rien. Mais le terme et le sens de Ḥiǧāz leur étaient demeurés familiers et non moins le nom de la Syrie. L'enveloppante diplomatie impériale s'était inlassablement chargée de leur rappeler la portée et l'extension de ce dernier terme. Il ne coûta donc aucun effort aux conquérants, encore abasourdis par leurs trop rapides succès, pour maintenir entre le Ḥiǧāz et la Syrie la frontière traditionnelle, ou jadis réclamée comme telle par le gouvernement grec.

Les ancêtres de ces Qoraišites, qui se trouvèrent brusquement placés à la tête du califat, ne s'étaient jamais avisés jusque-là de l'importance que pouvait présenter cette question ; bien moins encore les aïeux des Anṣārs indolents, plus directement intéressés en la matière, mais paralysés par leurs divisions intestines (3). Ni Mecquois ni Médinois n'avaient jamais songé à protester contre les empiétements byzantins le long du *limes* arabe ; et quand ils l'auraient tenté, ils n'auraient pu intervenir efficacement. Pour nous borner à Médine, le pouvoir de cette ville, antérieurement à l'hégire, ne dépassait guère la périphérie de ses clos de palmiers. A quoi bon s'inquiéter ? Au premier siècle de l'islam, les hétérodoxes n'étant pas exclus des « provinces bénies » (4), les régents de l'empire arabe ne découvraient aucune raison pour en modifier arbitrairement l'extension, ainsi qu'il arrivera plus tard aux traditionnistes et

______

(1) Cf. *Berceau*, I, 9 : tendance constante de refuser aux habitants du Yémen la nationalité arabe ; *Aǧ.*, IV, 76 ; XI, 90-91 (tendance exacerbée par l'opposition Qais-Yémen) ; cf. Tirmiḏī, *Ṣaḥīḥ*, Dehli, II, 232, où ceux du Yémen sont placés après les ʿAǧam ; voir *Berceau*, I, 365.

(2) On s'en aperçoit aux hésitations (voir plus haut) pour définir ce vocable.

(3) Et totalement privés de flair politique.

(4) Cf. notre *Moʿāwia*, 401-419. Sous le califat de ʿOmar, des Juifs fonctionnent comme âniers à Médine ; Ibn al-Aṯīr, *Nihāia*, I, 168, 5.

aux juristes, sous l'influence de préventions où la géographie n'a rien à démêler.

Nous le voyons par l'attitude de Mo'âwia. Au secours de 'Otmân serré de près par les rebelles, le jeune gouverneur omayyade de Syrie s'était empressé d'envoyer un contingent de troupes syriennes. Leurs instructions prescrivirent d'attendre près du Wâdi'l-Qorâ et de Taboûk des ordres ultérieurs ou de n'avancer que sur une demande formelle du calife. C'était la dernière grande oasis syrienne ; au delà de la zone neutre on s'exposait à pénétrer dans le Ḥiǧâz. Cette considération explique les tergiversations du gouverneur de Syrie (1), hésitant à s'avancer en armes sur les terres relevant directement de son souverain.

*
* *

Ainsi, aussi loin qu'il nous a été donné de remonter dans le passé de la Syrie, nous avons vu les différents régimes qui s'y sont succédé, depuis David et Salomon, s'empresser de revendiquer la région sise à l'orient du golfe aelanitique, les districts méridionaux de la Nabatée et le pays des anciens Madianites. Continuant les traditions du Haut-Empire, Byzance y a maintenu son occupation et ses représentants, jusqu'à la veille de la conquête arabe. Cette situation de fait, nous l'avons trouvée reconnue publiquement par le Prophète, par ses contemporains, les Aboû Sofiân et les Ḥassân ibn Tâbit (2), et enfin par les tribus locales. Ces nomades n'hésitèrent pas à proclamer leur allégeance syrienne, à accepter loyalement les obligations militaires résultant de leur alliance politique avec le Bas-Empire, à prendre résolument parti contre l'État médinois, fondé

---

(1) Après le meurtre de 'Otmân les troupes syriennes surveillent la frontière et occupent Taboûk ; Ṭab., *Annales*, I, 3087. Les émirs syriens allant à la rencontre de 'Omar Ier s'arrêtent à Sarǧ (Boḫârî, *Ṣaḥîḥ*, C. VII, 21, 6) ; « dernier poste syrien » ; Yâqoût, *Mo'ǧam*, W., III, 77.

(2) Pour ce poète, voir plus bas, p. 326.

par Mahomet, quand ceux-ci s'avisèrent d'étendre les conquêtes au-delà du Wādi'l-Qorā. Cet ensemble de preuves a paru si convaincant que le *ḥadīṯ* lui-même, ensuite les témoins les plus autorisés des premiers siècles islamites n'ont pu s'empêcher de reconnaître les droits de la Syrie sur ces districts, lorsque, attestant leur caractère syrien, ils les détachent du Ḥiǵāz.

Aucun doute ne peut donc subsister. C'est entre Taboŭk et Madā'in Ṣāliḥ que, depuis au moins treize siècles, se trouve fixée la frontière syro-arabe (1). Le tracé court le long d'une ligne irrégulière, allant rejoindre les palmeraies et les champs de mine de 'Ainoŭnā et de Madian. Cette ligne s'incurve notablement au sud de Šaǵb et de Badā (2), dans la direction du Wādi'l-Qorā, pour englober ces deux dernières oasis syrien-nes, étapes sur la route d'Aila et de Médine. Cette situation les fera choisir plus tard par les descendants d'Ibn 'Abbās pour y abriter leurs intrigues ténébreuses contre les califes de Damas (3). C'est le long de ces points de repère qu'il convient de reporter la nouvelle frontière, quand sonnera l'heure de la réglementation générale pour la Syrie de demain (4). Tout nous engage à la rapprocher sensiblement du site, de la latitude de Madā'in Ṣāliḥ (5), où commence géographiquement le Wādi'l-Qorā, dont la partie méridionale paraît avoir été administrativement rattachée à Médine, dans le courant du premier siècle islamique. *A fortiori*, Taimā',

---

(1) Cf. Caetani, *Studi di storia orientale*, III, 261.

(2) Voir la carte jointe à l'édition de Kindī, *Governors of Egypt*, Guest.

(3) Maqdisī, 112 ; Bakrī, *op. cit.*, 9, 1-2 ; Ibn al-Aṯīr, *op. cit.*, I, 68, 8 ; 222, 4 ; Iṣṭaḫrī, *Géogr.*, 27 ; Ibn Rosteh, *Géogr.*, 183, 341, nommées par les poètes Koṯayyr et Ǵamīl ; Bakrī, *op. cit.*, 143.

(4) Nous rappelons que ces lignes datent de 1917.

(5) Les marchands chrétiens de Syrie accompagnaient le *ḥaǵǵ* jusqu'à Al-'Alā (Ibn Baṭṭoŭṭa, *Voyages*, I, 261). Il faut également tenir compte des hésitations motivées d'Aboŭ Dāoŭd, de Šāfi'ī, etc., excluant tout le Wādi de l'Arabie.

la belle oasis, située en dehors de cette ligne et n'ayant jamais fait partie du Ḥiġāz (1) ou du Naġd, doit revenir à la Syrie (2). Mais aucun doute ne peut subsister au sujet d'Aila, la moderne ʿAqaba. Depuis le roi David, en passant par les périodes romaine et franque, elle n'a cessé de relever de la Palestine (3), ainsi que les localités de la côte érythréenne au nord-ouest de Taboūk. « Aila et les deux côté du golfe Ælanitique »

جانبَي آيْلة من عَبْد وحُرْ   ملكا من جَبَل الثلج الى

sont expressément mentionnés par Ḥassān ibn Ṯābit (4) « parmi les dépendances des phylarques ġassānides » à son époque (5). Quant à Aila, cette ville fut jusqu'à la conquête arabe directement administrée par l'Empire. L'assertion du poète médinois n'est réellement valable que pour le territoire désertique d'Aila, ou plus exactement pour les nomades parcourant ce territoire et placés sous la surveillance des émirs ġafnides. Au temps de Maqdisī, xe siècle chrétien, Aila demeurait toujours « le port de la Palestine » (6), c'est-à-dire de la *Tertia Palæstina* ou *Palæstina salutaris*, l'ancien pays d'Edom et de Moab, une région comptant « des bourgs plus considérables, plus importants que la plupart des cités de la Péninsule

----

(1) Excepté dans l'encyclopédiste Yāqoūt, *Moʿǧam*, W., qui s'amuse à collectionner les opinions les plus divergentes : « Taimāʾ entre la Syrie et le Wādīʾl-Qorā » (I, 907) ; « dans le Wādīʾl-Qorā » (II, 208, 4), puis il cite Iṣṭaḫrī, qui la place à une journée du Wādi.

(2) Cf. Aboū Dāoūd, *Sonan*, II, 25, 1-2.

(3) *Encyclopédie de l'islam*, article *Aila*. La frontière égyptienne à l'époque byzantine passe à l'est de Klysma = Qolzom = Suez ; cf. J. Maspero, *op. cit.*, 27 ; Schlumberger, *Renaud de Châtillon*, 204, 258.

(4) *Divan*, CLV, 9.

(5) Cf. Yāqoūt, *Moʿǧam*, W., I, 422.

(6) Maqdisī, *Géogr.*, 178, 11.

arabique », قرى اجلّ واكبر من اكثر مدن الجزيرة (1). Ce géographe (2) croit reconnaître dans Aila « la métropole maritime », حاضرة البحر, mentionnée dans le Qoran (VII, 163). Opinion plausible après tout, puisqu'à son époque, «Syriens, Ḥiǵāziens et Égyptiens, chacun revendiquait Aila pour son pays ». On ne pouvait mieux reconnaître l'importance de la situation. Mais, conclut ce topographe sagace, lequel parmi ses collègues arabes s'est le plus approché de la géographie méthodique, Aila doit sans hésitation revenir à la Syrie ; car « les coutumes, les poids et mesures, tout y rappelle la Syrie. Elle sert de port à la Palestine, d'où lui provient l'ensemble de son exportation (3) ».

Depuis qu'elle a échangé son nom, rappelant près de trois millénaires d'histoire, contre la dénomination banale de 'Aqaba (4), principalement depuis l'occupation turque, fatale à tous les pays arabes, cette prospérité a notablement baissé. Assurément l'Érythrée n'a plus l'importance économique qu'elle conservait encore au temps de Maqdisī. L'arrière-pays son *hinterland*, est redevenu, à la lettre, une *Arabie Pétrée*, nom qui attestait jadis sa dépendance de la splendide métropole de Pétra. La mer Rouge a cessé d'être «la mer de Chine» (5), désignation inattendue, mais évoquant les actives relations commerciales des ports érythréens avec l'Extrême Orient. Seuls des esprits superficiels méconnaîtront l'intérêt majeur pour la Syro-Palestine de conserver cette communication avec la

---

(1) Maqdisī, *Géogr.*, 155, 3. A moins que, dans cette remarque, Maqdisī n'envisage toute la province de Syrie, comme le suggèrent des localités qu'il énumère ensuite : Dārayyā etc.

(2) *Op. cit.*, 178, bas. Il la rattache, 54, 18, à la région syrienne des Šarāt ou pays d'Edom, à distinguer du Sarāt (*sīn*) région montagneuse, voisine de Taif.

(3) Maqdisī *op. cit.*, 179, 2-5.

(4) Sur ce changement, cf. *Encyclop. de l'islam, s. v. Aila*. Ibn Ǵobair, *Travels²*, de Goeje, 72-73, l'appelle « 'Aqabat Aila ».

(5) Maqdisī, *Géogr.*, 63 ; 97 ; 152, 2 ; 195, etc. ; Lammens, *La Mecque*, 18.

mer Rouge, en cette extrémité de ses provinces méridionales, à proximité des routes et du railway menant aux métropoles de l'Arabie occidentale. L'entreprenant seigneur franc, Renaud de Châtillon l'avait compris pour l'avenir de sa principauté « d'Oultre-Jourdain », où, à son insu, il reprenait les traditions et la politique économique des Nabatéens, de Trajan et de Byzance. Aila « était l'unique port de ces régions perdues. Elle commandait la grande route d'Égypte en Syrie et en Arabie, qui passait sous ses remparts et bifurquait en ce point, d'une part vers Damas, de l'autre vers les villes saintes du Ḥiǧāz. Durant tout le temps des Croisades, chrétiens et Sarrasins se disputèrent incessamment la possession d'Aila » (1) et l'accès de l'Érythrée.

Longtemps avant Renaud, l'importance du « plus oriental des deux golfes mélancoliques par lesquels la mer Rouge se termine vers le nord » (2) n'avait pu échapper à la perspicacité de l'empereur Trajan, le créateur de la *Provincia Arabia* et de la voie Boṣrā-Aila. Tout récemment ce bras de mer aux eaux fumantes attira l'attention de l'ex-sultan 'Abdulḥamīd. Sa détermination (3) d'organiser à Aila une base maritime, indépendante du Canal de Suez, faillit le brouiller avec la Grande-Bretagne. La diplomatie du sultan sut du moins garder à la Syrie cette sortie naturelle pour les produits d'une vaste région, l'ancienne Nabatée.

Les changements politiques survenus, depuis la guerre, dans le Proche-Orient, n'enlèvent rien à la valeur d'Aila : bien au contraire ! Une administration intelligente saura sans grande difficulté ranimer ces landes désertes, ressusciter les ressources de toute sorte, rétablir les transactions commerciales, qui firent jadis la prospérité du royaume de Pétra. Elle retrouvera les richesses de son sous-sol, les métaux précieux

---

(1) Schlumberger, *op. cit.*, 204. Pour la route du pèlerinage passant par Aila, cf. Maqdisī, *op. cit.*, 109-110 ; 112 ; Iṣṭaḫrī, *op. cit.*, 27.

(2) Schlumberger, *op. cit.*, 258.

(3) Suggérée par l'Allemagne.

du pays de Madian, cherchés par Burton (1). Madian (2) « sur la mer de Qolzom (Érythrée) et à la latitude de Taboûk, mais plus considérable et à six étapes de cette oasis » (3), Madian a dû posséder un monastère, sinon plusieurs. A différentes reprises, le poète Koṭayyr, médiocrement sympathique aux chrétiens, mentionne « les moines de Madian » (4). Pour les couvents excentriques, exposés aux attaques des Barbares, l'Empire byzantin avait pris, nous le savons, la précaution de les fortifier, parfois même d'établir dans leur enceinte un petit poste militaire (5). Transformés de la sorte en *maslaḥa*, ces monastères-forteresses rentraient dans le système défensif du *limes*, cependant que l'action civilisatrice des moines, attestée par le Qoran (6), prêtait son appui à la pénétration byzantine. Entre Madian et Taboûk le pays était peuplé de Banoû Ǵoḍâm (7) et ces fédérés, σύμμαχοι, ont vraisemblablement fourni la garde des monastères madianites. On montrait à Madian le puits d'où Moïse avait abreuvé les troupeaux de Jéthro, le Šo'aib de la tradition islamite (8). On l'appelle de nos jours « Maǵâ'ir Šo'aib, vallée où des palmiers et des arbres fruitiers de toute sorte forment de délicieuses oasis » (9). En situant

------

(1) Cf. *The gold mines of Midian* et *The land of Midian revisited* ; Ibn Rosteh, *Géogr.*, 341, mines d'or à 'Ainoûnâ.

(2) Comp. l'article *Madian*, dans *Dict. de la Bible*, Vigouroux, V, c. 532-534.

(3) Yāqoût, *Mo'ǵam*, W., IV, 451 ; Iṣṭaḫrī, *Géogr.*, 20.

(4) Voir Yāqoût à l'endroit cité ; Bakrī, *op. cit.*, place Madian en Syrie, mais ajoute la notation inexplicable : سمؤ غزة « en face de Ǵazza » pp. 516-517. Pour les monastères de cette région, voir plus haut p. 22.

(5) Comme au Sinaï ; cf. J. Maspero, *op. cit.*, 11, n. 4 ; 22.

(6) V, 85 ; cf. notre *Berceau de l'islam*, I, 30.

(7) Hamdānī, *Ǵazīra*, 124, 12-13 ; Bakrī, *op. cit.*, 517.

(8) Samhoûdī, *op. cit.*, II, 370.

(9) L. Rochès, *op. cit.* Cette description concorde avec Ibn Rosteh, *Géogr.*, 341.

Madian dans « le pays de Śarāt » (1), l'ancienne Nabatée — un des
greniers ou régions *frumentaires* du Ḥiǵāz — (2) Maqdisī entend
clairement revendiquer l'ancien centre madianite pour la Syrie, comme il
l'avait fait à propos de ʿAinoūnā et de Taboūk (3).

Nous n'en finirions pas, si, pour terminer la discussion de ce problème
géographique, nous voulions énumérer toutes les ruines recouvrant le
pays des Madianites et le district voisin du Wādi'l-Qorā, où Musil prétend
avoir retrouvé le véritable Sinaï biblique (4). Rappelons Śaǵb, ancien
domaine du traditionniste Ibn Śihāb az-Zohrī, si célèbre dans les annales
des Marwānides (5), ainsi que Badā, souvent nommé avec Śaǵb (6). Leur
nombre, leur étendue attestent (7) la prospérité d'antan. Dans le *Berceau
de l'islam* (I, 101-102), nous avons attiré l'attention sur les ressources
de la région comprise entre Taboūk et Aila. Elles alimentaient le
commerce d'Aila où, au dire des poètes, « le froment était commun à l'égal
du sable ».

(8) حلت ارضًا قحطها كثر اجبها

S'il faut en croire un des derniers explorateurs de l'Arabie occidentale, le professeur Musil, Badīʿa, Ḥoraiba, ʿAinoūnā, Ṣarma seraient
autant d'oasis « susceptibles d'une culture intensive, de nourrir des

---

(1) Maqdisī, *Géogr.*, 155, 3 ; comp. 54, 18 où il rattache Madian à Ṣoǵar,
métropole du Śarāt. Pour le site, cf. Maqdisī, 110, 1.

(2) Voir plus haut pp. 22 sqq.

(3) Cf. *Géogr.*, 54, 18 ; Bakrī, *op. cit.*, 516-517.

(4) *Im nörd. Ḥeǵāz*, 18.

(5) Yāqoūt, *op. cit.*, W., III, 302.

(6) Yāqoūt, *op. cit.*, I, 523 ; Samhoūdī, *op. cit.*, II, 258 ; cf Maqdisī, *op. cit.*,
84, 107, 110. Voir plus haut. Forment la frontière du Ḥiǵāz : اوّل عمل فلسطين ,
comme l'assure Ibn Qotaiba, *Maʿārif*, E., 192, 9.

(7) Cf. *M. F. O. B.*, III¹, 411, 412, 414.

(8) Cf. Bakrī, *Moʿǵam*, 358.

milliers d'hommes industrieux. Toute cette partie de la côte érythréenne pourrait être colonisée et devrait former un des plus florissants districts de l'empire ottoman » (1). Cette indication, les maîtres de la Syrie nouvelle auraient tort de n'en pas tenir compte.

---

(1) *Im nörd. Ḥeǵāz*, 12. Ces lignes de Musil datent de 1911.

TABLE ALPHABÉTIQUE (*)

(*) Joint à un chiffre, l'astérisque renvoie aux notes du texte.

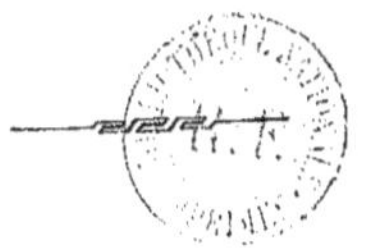

TABLE DES MATIÈRES

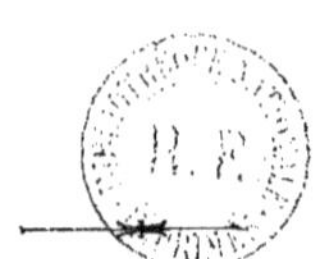